日中経済・人的交流年表

日本と中国　交流40年の歴史

加藤　隆三木　　加藤　安　編

はしがき

　編者は日中国交正常化後の日中関係の流れと共に歩んできた世代である。長年，手元に1冊年表があればと思い，随所メモを書き記録してきた。本書は，日頃メモしてきたものを集め，世に資するつもりで1冊にまとめたものである。

　本書は経済交流と人的交流に主眼を置き，政治と外交の重要な出来事も収録した。長年，日中関係は「経熱」といわれながら，その実態を系統的に述べたものは少ない。本書はそれを補うものである。また，本書が人的交流に注力したのは，国をまたがる活動は人の交流によって成し遂げられるものであり，人の交流があってこそ，両国関係がなりたつのである。ここでは，様々な分野で，それぞれ異なった立場から両国間の交流に注いできたご努力に，敬意を示したい。

　日中国交正常化から40年，終戦からは67年の歳月が経とうとしている。その間，両国間の交流は大きく変化してきた。同じ構成，同じ書き方で全編を貫き通すことは困難である。よって，1972年から2001年は1年に4頁配分し，2002年から現在に至る部分は1年に6頁配分することにした。また，全体の流れがわかるように，終戦から1972年を添付資料として略年表を掲げることにしたが，着眼点と書き方は若干異なる。

　欄の分け方については，日本から見て，中国で何が起こっているのかという意味で，「日中交流」と「中国」を一緒にした。「日本」は参考として右側に置き，「その他」には，香港・台湾・マカオも含めた世界の動きを掲げることにした。また，その年の出来事のバランスとスペースなどを考慮し，欄内の項目を調整した。

　本書には契約関連の項目が少なくないが，契約となれば，未公表のもの，公表したがキャッチできなかったもの，キャッチしたが，全体のバランスから掲げられなかったものがあり，全てを網羅していない。中には代表的なもの，または任意抽出して掲げたものもあり，それは当時の流れと傾向を読み取ってもらうためである。

　本来，中小企業は日本経済，また日中経済交流の中で大きな役割を果たしてきているが，本書の性格上，それらに多くのスペースを割くことが難しかったことは，残念である。また，民間レベルでの人的交流も見落とすことがないよう留意しなければならない。

　本書が参考または根拠にした資料・文献などは，日本と中国，外国のメディア，新聞からテレビ，更にネット情報，書籍から原資料と多岐にわたる。各項目の出所については，全て最後に掲げようかとも考えたが，それぞれの内容は原則2カ所以上で確認し，多くのエビデ

ンスを根拠にしたことにより，各項目の出所は必ずしも一つではないため，それらは特記せず，参考文献も掲げないことにした。ただ，特定なものについては，当該項目の後ろに( )で出典を明記した。

　項目の取捨選択の基準は，原則としてその時において，重要であると判断したもの，または中長期的に見て，一つの流れまたは傾向を示してくれるものを優先した。同格のものだからといって，最初から最後まで選んではいない。

　本書では多くの数値を扱っている。世の統計データは，特に移行期において当初の発表値と若干年後発表した数値とは一致しないものが多い。また発表者によって数値もまちまちである。本書では，後日の修正値を採用したものもあるが，なるべく当初の数値をそのまま使用した。よって，多くの数値は，その時その時のものが多く，また条件・前提なども異なるため，必ずしも一貫性があるとはいえず，参考として使っていただきたい。

　本書の作成と出版に際し，ご指導ご支援くださった方々に，この機会に御礼申し上げます。上海華鐘投資コンサルティング社には，長年情報を提供いただいたことに深謝いたします。北畑弘行様には，海外ビジネスにつき色々と教えてもらい恩に着ます。西尾栄男様には，長年大変お世話になり心から感謝申し上げます。

　また，情報が不足していた時代に蒼蒼社から発行された種々の資料集，日本国際貿易促進協会が毎年出している《日中貿易　必携》，データ・ラボが発行している〈情報ファイル〉，SMBC CHINA MONTHLY, NC ネットワークチャイナ（現在ファクトリーネットワークチャイナ）などは，大変参考になり併せて感謝の意を申し上げます。

　　2012年1月

　　　　　　　　　　　　　　　　　　　　　　　　編者代表　　加藤　隆三木

凡　例

1. 本年表の主な目的は，日中関係，取分け経済に関する出来事とそれに関連する人的交流に重点を置き，時間軸に沿って収録することにある。また，その背景を知るために日本・中国・東アジア・世界の各種出来事も併記した。
2. 収録の範囲は，1972年日中国交回復から，出版前までとした。また，それまでの流れを知るため，1945年終戦から1972年国交回復までを付録として掲げることにした。
3. 各年の出来事は，「日中交流・中国」・「その他」・「日本(参考)」に分けて記載した。
4. 各欄の配分は，国などの帰属とは関係なく，以下とした。
   - 「日中交流・中国」欄には，原則日本と中国の交流に関する出来事，中国本土での出来事を収録した。
   - 「その他」の欄には，世界・東アジアの出来事，台湾・香港・マカオ関連の出来事を主に，また中国と諸外国との交渉事も収録した。
   - 「日本(参考)」欄には，参考として日本での出来事を収録した。

   以上の配分には政治的外交的な要素は配慮していない。また，その年の出来事の量とスペースの関係で，所属欄を調整することもある。
5. 年月日に関する表記は次のようにした。

   例　1-2　→　1月2日を意味する。

   　　2-初　→　2月の初を意味する。

   　　3-上　→　3月上旬を意味する。

   　　4-中　→　4月中旬を意味する。

   　　5-下　→　5月下旬を意味する。

   　　6-末　→　6月末を意味する。

   　　1999.9-9　→　1999年9月9日を意味する。

   　　〜年　→　その年の1月1日から12月31日の出来事を意味する。

   　　年度　→　原則会計年度を指し，日本の場合は一般的にその年の4月1日から翌年の3月31日の出来事を意味する。日本以外は一般的にその年の1月1日から12月31日の出来事を意味する。ただ，その限りではない。

   　　前年比　→　前年同期との比較，または前年の同じ月日現在との比較をいう。スペースの関係で省略することもある。

   　　「。」　→　当該事項の表現が終了したことを意味する。

   　　「，」　→　その後に月日が続く場合は，同じ事柄の継続を意味する。

6. 本書は，数字の表記と内容の密度を考え，左開きの横組みにした。
7. 職務・人名の表記については，原則役職を前に，人名を後にした。敬称は略した。
8. 著名人の死亡については，職位・功過により色々な表現があるが，本年表では「死去」または「逝」で表現した。
9. 組織名・会社名については，本書の性格とスペースの関係で，フルネームで表記することが難しく，一部省略，または略称を使わせていただいた。人名，特に外国人の人名については姓または名を表記した。機構名は，原則財団法人・特別行政法人などを省略したが，強調したい場合のみフルネームにした。日本の会社名は，原則株式会社・有限会社を省略した。中国の会社名は，原則有限公司を省略した。股分有限公司の場合は(股)と省略した。外国の会社名は，業界慣用の名称にした。例えば，シーメンス・AIGなど。一部では，出資比率の「％」を省略し，ホールディングまたはホールディングスを「HD」に，グループを「G」に，委員会を「委」に省略した。
10. 本書に出てくる中国の人名・地名など固有名詞並びに専門用語については，原則現在日本で使用されている漢字に置き換えた。「股份」の「份」は語源から日本で常用の漢字「分」にした。会社名などで意味がある名詞が使用されている場合，日系は慣例に従い日本語に翻訳した。ローカル系の会社名は原則そのままとし，漢字だけを日本で使用しているものに置き換えた。但し，すでに日本で名が通っている会社名は例外としてそれを使用した。例えば，「海爾」はハイアールに，中国石油化学はシノペックに。欧米系の会社名は，通常日本でなじんだ名称を使った。例えば，「西門子」はシーメンスに。出来事で中国語をそのまま引用した場合は，「　」で囲むことにした。例えば，「包産到戸」・「利改税」など。
11. 付録2の略語一覧は以下の通りにした。
    (1) 国名・地域名・政党名・有名企業・有名組織で，その略称がすでに周知しているものは掲げないことにした。
    (2) 海外の組織・法人などにつき，なるべく日本語の名称を掲げた。
    (3) 並べ順は，略語の読み方順とした。先ずは a,b,c,d……，その後にあ，い，う，え，お……と掲げた。

目　次

日中経済・人的交流年表

年表　　1972年日9月末〜2011年　……………………　9

付録1．略年表　1945年〜1972年9月　……………189

付録2．略称一覧　……………………………………247

付録3．日本語と中国語で間違いやすい用語　………251

年表　　1972年9月末〜2011年

1972年（昭和47年）壬子（国交正常化～年末）

日　中　交　流　・　中　国

9-29　日中共同声明調印，日本と中国戦争状態終結，国交正常化。

10-11　国務院，年末まで綿花42.5万トン輸入決定。10-12　国家計画委など，企業損益改善会議で，「三つの100億問題」解決を検討。10-13　湘潭-貴陽鉄道開通，全長902Km，投資額16億元。10-17　全国食糧会議，食糧680万トン不足対策を検討。10-18　国務院，北京語言学院の再建を許可。10-20　藤山愛一郎，周恩来と会談。10-23　北京人民大会堂で国交回復祝賀会。10-28　中国贈与のパンダ2頭，カンカン（康康）とランラン（蘭蘭），上野動物園に到着。10-28　中国電力設備視察団来日，団長水利電力部賈克。10-29　日中覚書貿易協定調印，以後政府間通商協定に引き継ぐ。10-29　北京で国交回復記念桜・唐松贈呈式。

11-1　日本相撲協会代表団訪中，団長武蔵川嘉偉。11-1　文革以来中国初の全国武術大会，済南で開催（～11-15）。11-4　東京でパンダ贈呈式，11-5　パンダのカンカンとランラン，上野動物園で初公開，パンダブーム起こる。11-9　衆議院で日中共同声明支持議案を可決。11-13　国家計画委員会，経済会議を招集（～12-28），経済政策を見直す。11-21　日中経済協会設立，会長稲山嘉寛。11-　日産，中国に乗用車セドリックを輸出。11-　中国全国範囲で大旱魃発生。

12-10　毛沢東の「深く防空壕を掘り，広く食糧を貯え，覇道を称せず」の指示発表，以後各地で防空壕工事加速。12-14　中国，海外へ留学生派遣再開，英へ16名，その後仏へ20名。12-18　外務省，林祐一を中国駐在公使に任命。12-18　全国政治協商会議，日常業務を回復。12-20　日本政府，中国向け輸銀ローンに6.25%金利適用，必要資金の80%まで融資と決定。12-29　東洋エンジニアリング・東工物産，中国とエチレンプラント日本輸出入銀行延払輸出契約調印，国交正常化後輸銀融資適用第1号。12-　国務院，北京石油化工総廠・上海石油化工総廠・遼陽石油化繊総廠エチレンプラント3物件，日本からの輸入を許可，国交正常化後初の大型プラント物件。

年末

・中国人口8億7177万人。国家機関・国営企業の幹部職員数5610万人に達し，財政を圧迫。
・正貨準備，金900万オンス，外貨5億4300万ドル，初めて5億ドル台に。
・自動車保有台数69万7600台。

1972年

・中国国内総生産2530.2億元，1人当り294元。
・食糧生産2億4048万トン，前年比3.9%減。綿花195.8万トン，前年比7.0%減，粗鋼2338万トン，石炭4.10億トン，原油4567万トン，歳入766.56億元，歳出765.86億元。輸出34.4億ドル，輸入28.6億ドル。国務院，海外から化学肥料・合繊プラント計14案件の輸入を許可。
・農業科学者袁隆平，1964年からの研究成果として，南優・威優・汕優など水稲優良品種を開発。
・上海などでマラリア流行，発症10473例，猩紅熱発症21691例。

1972年（昭和47年）壬子（国交正常化～年末）

その他	日本（参考）
10-3 米ソABM制限条約発効。10-5 OPEC，石油会社経営参加交渉で妥結。10-8 キッシンジャー，北ベトナム顧問のレ・ドク・トとパリで秘密会談（～10-11）。10-11 中国，西独と国交樹立。10-17 中国代表団，ユネスコ大会に出席。10-17 韓国大統領朴正煕，非常戒厳令を宣言，国会を解散，改憲を発表，11-12 国民投票で改憲承認，12-14 非常戒厳令解除，12-27 新憲法公布。10-18 米ソ貿易協定調印，ソ連の第二次大戦時対米債務返済協定調印。 11-13 国際海洋投棄規制ロンドン会議，国際海洋投棄規制協定を採択，1980.10-25 日本批准。11-13 元俳優岡田嘉子，34年ぶりにソ連から帰国。11-20 タイ，全国学生センター，日本製品不買運動を展開。11-21 第2次戦略兵器制限交渉（SALT II）第1回交渉，ジュネーブで開始（～12-21）。11-26 中国，ベトナムと1973年度軍事経済援助協定調印。 12-1 日台交流協会設立，会長堀越禎三。12-18 米，大規模北爆再開，ハノイとハイフォンを空爆（～12-29）。12-21 東西ドイツ関係正常化基本条約調印。12-21 中国，オーストラリアと国交樹立。12-22 中国，ニュージーランドと国交樹立。12-23 ポルトガル，アンゴラ・モザンビーク・ギニアなど植民地に自治権を認める。12-27 北朝鮮最高人民会議，社会主義憲法を採択，12-28 金日正，国家主席に選出。12-28 パレスチナゲリラ，バンコクでイスラエル大使館を襲撃。12-30 米大統領ニクソン，北爆停止を指示。	10-2 国際交流基金発足，理事長今日出海，政府出資50億円。10-7 巨人，8年連続セ・リーグ優勝（V8）。10-9 第4次防衛力整備計画正式決定，総額4兆6300億円。10-13 鉄道技術研究所，リニアML100初の公開試験を実施。10-20 大蔵省，円投機抑制のため，外国人の証券投資禁止などを実施，為替管理を強化。10-22 三菱重工長崎造船所，100万トンドッグ稼働。 11-1 古河鉱業，足尾銅山の閉山を決定，1973.2-24 閉山。11-14 東証1部，売買株数10億7664万株の大商い。11-17 大蔵省，外国投資信託の国内販売自由化措置発表。11-24 大蔵省，渡航外貨持出限度撤廃，為替制限緩和。 12-6 運輸省，1973年4月以降生産の自動車排気ガス規制基準決定，12-12 公示。12-10 第33回総選挙，社会党復調，共産党第3党になる。12-12 閣議，ココムリスト改正を決定，68品目規制緩和。12-20 総理府，日本の1971年度科学研究費がGNPの2.02%と発表。12-22 第2次田中角栄内閣発足（～1974.12-9）。12-22 東証ダウ株価，5000円を突破。 **年末** ・外貨準備高183億6500万ドル。 ・郵貯残高12兆2932億円に達す。 **1972年** ・国内総生産93兆4188億円，成長率名目14.5%，実質8.4%。 ・国際収支（経常）66億2400万ドルの黒字。 ・海外旅行者139万人，1963年の約70倍。

1973年(昭和48年)癸丑(1/2)

日中交流・中国

1-2 国家計画委,プラント輸入拡大を立案。1-5 東洋エンジ,ブタジエンプラントを受注。1-10 公使林祐一,北京に着任,1-11 三里屯仮事務所で業務開始。1-13 定陵地下宮殿宝物展覧会,東京で開催。1-15 自民党国会議員団訪中,団長木村武雄。1-17 通産相中曽根康弘訪中,1-18 周恩来と会談。1-31 駐日中国臨時代理大使米国鈞着任,2-1 ホテル・ニューオータニに仮事務所。

2-4 中国,陳楚を駐日大使に任命。2-13 日中漁業協議会代表団訪中。2-19 中国人民銀行,元円レート1元=130円25銭と発表。2-26 中国産原油の日本側輸入会社国際石油設立。2-28 中国肥料代表団来日。2- 松山バレエ団訪中,〈紅色娘子軍〉振付。

3-6 郵電部回復,郵政と電信を傘下に。3-9 中国人民銀行,文革中の個人銀行預金口座凍結を解除。3-10 中共中央,鄧小平の副総理復帰を決定,4-12 正式復帰。3-13 葛飾北斎絵画展,北京で開催。3-13 国家計画委,43億ドルプラント輸入計画を国務院に提出。3-20 クラレ,ポバールプラント受注,69億円。3-22 国務院,43億ドルプラント輸入計画を正式許可(大型化学肥料13件・大型合繊4件・大型石油化工3件・アルキルベンゼン1件・大型石炭採掘機械43件・発電所3件・武漢鋼鉄1.7m圧延機・タービン圧縮機・ガスタービン・タービン製造設備・ベースエンジン等,後ほど51.4億ドルに増額,1977年末まで成約39.6億ドル)。3-23 中国民航機イリューシン62,上海からテスト飛行で初の羽田入り。3-23 日本保険事業訪中団訪中,団長右近保太郎。3-27 中国初代駐日大使陳楚,東京に着任,4-5 天皇に信任状を提出。3-29 初代中国駐在大使小川平四郎赴任,3-31 北京着任,4-3 国家代理主席董必武に信任状を提出。

4-4 日本相撲代表団訪中,北京・上海で親善興業。4-16 中国各界訪日団55人来日(～5-17),団長廖承志,38都道府県を訪問。4-24 日中友好議員連盟,東京で結成,会長藤山愛一郎。4-24 日本棋院,陳毅(故人)に名誉八段を授与。4-25 国際石油,中国化工輸出入公司と大慶産原油輸入契約を調印,年100万トン。4-29 郵政相久野忠治訪中,5-3 周恩来と会談。

5-4 郵政省-中国電信総局,北京で日中海底ケーブル共同敷設取極調印。5-12 松山バレエ団,東京で〈紅色娘子軍〉を公演。5-21 中国産原油日本輸入船,姫路に入港,中国産原油初入荷。5-28 日本写真使節団訪中(～6-15),団長木村伊兵衛。5-28 国家計画委,短期外貨貸付方法を通達。

6-9 中国出土文物展,東京国立博物館で開催。6-16 日本国貿促訪中団訪中,団長藤山愛一郎,6-22 周恩来と会談。6-22 知識青年「上山下郷」会議(～8-7),知識青年下放800万人超える。6-23 在日本中国人殉難者遺骨引き渡し,北京で式典。6-24 神戸市長宮崎辰雄訪中,神戸市と天津市,日中姉妹都市第1号を結ぶ。6-26 国務院,国家計画委の輸入追加額9.3億ドルを許可。6-27 在中国日本人遺骨引き渡し,北京で式典。6-27 中国,水素爆弾実験を発表。

7-11 現代日本伝統工芸美術展覧会,北京で開催。7-24 日本囲碁代表団訪中。7-27 三菱化学など,ポリエチレンプラント受注,58億円。7-30 日本体育協会代表団訪中(～8-4),団長河野謙三。

1973年（昭和48年）癸丑（1/2）

その他	日本（参考）
1-1 英・デンマーク・アイルランド，ECに加盟。1-26 日台交流民間協定調印。1-27 パリでベトナム和平協定調印，19時発効。2-12 米，ドルを10%切り下げ，国際通貨危機再燃。2-15 米大統領補佐官キッシンジャー訪中（～2-19），2-17 毛沢東と会談，2-22 共同声明で相互の首都に連絡事務所設置発表。2-20 在フィリピン日本人商工会議所設立。2-21 ラオス政府と愛国戦線，平和協定調印。2-26 ベトナム和平国際会議，パリで開催（～3-2），12カ国参加，3-2 決議調印。3-9 中国-スペイン国交樹立。3-19 EC6カ国，共同変動相場制へ移行。3-29 南ベトナム駐留米軍撤退完了，ベトナム戦争へ投入した米軍計270万人，46370人戦死。4-30 米民主党本部盗聴事件（ウォーターゲート事件）で大統領ニクソンの側近4人辞任，5-17 米上院特別調査委員会公聴会開始。5-14 在中米国連絡事務所長ブルース，北京に着任。5-29 在米中国連絡事務所長黄鎮，ワシントンに着任。6-2 OPECと国際石油資本，原油の公示価格を11.9%値上げで合意。6-4 ベトナム第1書記ト訪中（～6-11），中国対越援助協定調印，総額24.93億元。6-18 ソ連書記長ブレジネフ訪米（～6-25），6-22 米ソ核戦争防止協定調印。7-17 アフガニスタンでクーデター，王政廃止，共和制へ移行。8-8 金大中，東京のホテル・グランドパレスから拉致，8-13 ソウルの自宅に戻る。8- 中国民航購入のボーイング1号機，上海へ直航。	1-1 地価公示価格，全国平均で前年比30.9%暴騰（4-2 建設省発表）。1-1 70歳以上老人医療自己負担無料化。1-20 国鉄，座席自動予約全面実施。1-24 東証ダウ5359円74銭まで上昇，その後下落。1-30 大蔵省，金融機関に対し土地取得融資の抑制を通達。2-1 アメリカン・ライフ・インシュアランス（アリコ）社，日本で営業開始，戦後初の外国生保の日本での開業。2-2 東証ダウ245円安，5000円割る。2-10 ドル売り激化のため，東京外国為替市場閉鎖，2-14 再開。2-13 神戸銀行と太陽銀行，合併発表。2-14 大蔵省，外国為替相場の変動幅制限を停止，変動相場制へ移行，円急騰。3-2 ドル売りによる欧州為替市場閉鎖を受け，東京外国為替市場再度閉鎖，3-19 再開。3-20 熊本地裁，水俣病訴訟でチッソの過失責任を認定，損害賠償を命ずる。3-31 住友別子銅山閉山，開山から283年。4-2 日銀，公定歩合0.75%引き上げ，12-22 年内5回目の引き上げ，戦後最高の9%に。4-2 国際復興開発銀行円貨債券，東証に上場。4-3 深海底鉱物資源開発懇談会発足。4-27 閣議，第5次資本自由化を決定。5-10 日本貿易会，総合商社行動基準を制定。6-4 経団連・日商など5団体，発展途上国への投資行動指針決める。6-8 政府，新「音訓」・「送り仮名」を決定。7-6 生活関連物資の買占及び売惜しみに対する緊急措置法（投機防止法）公布。7-25 資源エネルギー庁発足。

1973年(昭和48年)癸丑(2/2)

日 中 交 流 ・ 中 国

8-24 中国共産党第10回全国代表大会(～8-28),林彪を永久除名,鄧小平・廖承志ら復権,8-30 中共第10期中央委第1回全体会議,主席に毛沢東,副主席に周恩来・王洪文・康生・葉剣英・李徳生を選出。8-27 いすゞ,8Tトラックなど1万台以上成約(～9-),総額137億円。

9-1 経済界植村甲午郎ら22人訪中,9-5 周恩来と会談。9-1 中国,外国留学生の受入れ再開,初年度383人,1966年より7年ぶり。9-7 住友化学,ポリエチレンプラント120億円成約。9-9 大慶-秦皇島原油パイプライン完成,全長1152Km。9-11 中国経済貿易代表団来日(～10-10),団長劉希文。9-11 三井東圧・東洋エンジ,アンモニアと尿素プラント110億円受注。9-12 中国,全国で50以上埠頭の新規建設を決定。9-18 全国の港で大量滞貨,船舶200隻以上が港湾沖で待機,国務院突貫作業を指示。9-19 金湖号,原油35200トンを積載し鹿島に入港,初の中国籍タンカーの日本入港。9-24 日立,火力発電2基受注,190億円。

10-1 新疆クラマイーからウルムチへの石油パイプライン完成。10-4 小松,中国向けブルドーザー1190台114億円成約。

11-8 中国鉄道技術視察団来日。11-12 日本覚書貿易代表団訪中,団長岡崎嘉平太,11-27 覚書貿易終了パーティー。11-15 三菱自,5Tトラック2100台26億円成約。11-18 三井石油化学,ポリプロビレンプラント70億円受注。11-26 財政部,財政管理の改善を通達。11-28 貴州で大型炭鉱稼働,年120万トン。11-30 横浜市,上海市と姉妹都市を結ぶ。

12-12 毛沢東,政治局会議で各大軍区司令官の相互異動と鄧小平の政治局復帰を提案,12-14 鄧小平の総参謀長任命を提案。12-22 中共中央通知,鄧小平を政治局委員・中央軍事委に復帰。12-22 中央軍事委員会,八大軍区司令官の同時異動を命令。12- 国家計画委・財政部,英・仏・西独などと借款契約調印,総額43億ドル,初の西側からの借款。

年末

・正貨準備,金900万オンス,外貨8300万ドル,建国以来最低を記録。国家機関・国営企業の幹部職員数5758万人,平均年収614元。全国トラック保有台数61万台。

1973年

・中国国内総生産2733.4億元,一人平均310元,初めて300元台に,1958年の200元から15年。財政歳入809.67億元,歳出808.78億元,歳入出ともに初めて800億元台。中国の輸出額116.9億元,輸入額103.6億元,貿易総額220.5億元,初めて200億元台に。

・食糧生産2億6494万トン,綿花256.2万トン,石炭4億1700万トン,粗鋼2522万トン,鉄道輸送量4082.2億トンKm,初の4000億トンKm台,原油5361万トン,初めて5000万トン超える。

・中国から33の公式視察団・訪問団訪日(新華社報道)。中国旅券所持者の日本入国人数1991人(法務省統計),文革前の1963年の約1/7。

1973年（昭和48年）癸丑（2/2）

その他	日本（参考）
9-1 リビア，外国石油会社6社に対し，株式の51％国有化を宣言。9-5 非同盟諸国第4回首脳会議，アルジェで開催（～9-9），資源の権利を主張。9-11 仏大統領ポンピドゥー訪中（～9-17）。9-21 日本-ベトナム国交樹立。 10-6 第4次中東戦争（～10-21），10-15 サウジアラビア参戦。10-6 タイで新憲法早期公布を求める知識人逮捕で抗議活動，10-14 弾圧で死者180人，タノム内閣総辞職，10-16 サンヤ政権発足。10-8 モスクワで日ソ首脳会談，17年ぶり。10-17 石油生産国6カ国，石油価格21％値上を宣言，OAPEC10カ国，イスラエル支持国へ石油供給削減決定。10-23 国際石油資本2社，原油価格30％引上を通告，第1次石油ショック。10-25 エクソン等国際石油資本5社，日本に約10％の石油供給削減を通知。 11-2 韓国首相金鐘泌来日（～11-13），金大中事件政治決着合意。11-7 米両院，大統領戦争権限制限法可決。11-10 米国務長官キッシンジャー訪中（～11-13），毛沢東・周恩来と会談。11-18 南ベトナム解放戦線代表団訪印（～11-23）。11-26 ソ連書記長ブレジネフ訪印（～11-29），経済通商協力協定調印。 12-21 中東和平国際会議，ジュネーブで開催。12-23 湾岸6石油産出国，1974年1月1日から原油公示価格を2倍に引き上げると通告。12-25 OAPEC石油相会議で，友好国日本へは石油必要量を供給すると発表。12-25 日韓，1974年度対韓借款を4540万ドルにすることで合意。12-27 政府，北朝鮮向けタオル製造プラント輸出に初の輸銀資金使用許可。	9-25 通産省，初のエネルギー白書発表。10-1 太陽神戸銀行発足。10-5 公害健康被害補償法公布。10-10 森林伐採更新規程を頒布。10-22 プロ野球，巨人9連覇，V9達成。11-1 大蔵省・日銀，1ドル＝270円で介入決める。11-2 石油ショックで，トイレットペーパー・砂糖・洗剤などの買占騒ぎ。11-16 閣議で石油緊急対策要綱決定。11-23 ガソリンスタンドの日曜・祝日閉店実施。11-25 田中改造内閣発足。11-27 公正取引委員会，石油連盟・日本石油など13社を独禁法違反容疑で強制捜査。11- 石油ショックにより盛り場のネオン消える（～12-）。 12-18 東証ダウ4000円割る。12-18 ダウ・ケミカル社など欧米6社，東証に上場，証取門戸開放。12-22 国民生活安定緊急措置法・石油需給適正法公布施行。12-23 森永ミルク中毒被害者救済問題，国と会社が30億円基金を設け，永久救済で合意。12- 石油供給不足により，化学肥料の生産縮小。 1973年 ・国内総生産113兆7454億円，初めて100兆円台に，成長率名目21.8％，実質8.0％。消費者物価指数11.7％上昇。国際収支（経常）▲1億3600万ドル，6年ぶりの赤字。 ・粗鋼生産量1億1932万トンに達し，初めて1億トンを突破，史上最高を記録。電通，広告取扱高9億2290万ドルで世界首位。 ・各地でゴルフ場造成ブーム，全国で642。 ・石油コンビナート爆発事故続発（出光・徳山・チッソなど14件）。

1974年（昭和49年）甲寅（1/2）

日 中 交 流 ・ 中 国
1-3 外相大平正芳訪中（～1-6），1-5 毛沢東と会談，1-5 日中貿易協定・日中常駐記者交換覚書調印。1-6 帝人，合繊紡糸プラント成約，約50億円。1-17 中国漁業協会代表団来日。1-18 東邦チタニウム・伊藤忠，ポリプロピレン重合用触媒プラント受注，約14億円。1-18 林彪批判・孔子批判運動開始，1-25 郭沫若，批判受ける。1-23 中国青年代表団22人来日。
2-1 奈良市，西安市と姉妹都市を結ぶ。2-4 中国政府，日韓大陸棚協定に反対声明。2-20 北海道アイヌ訪中団訪中（～3-12）。2-23 漢江丹江口水利I期工事完工。2- 全国の港湾沖で240～250隻貨物船積卸を待機，船舶滞貨問題緊迫。
3-2 鉄道無賃乗車多発，治安悪化，国務院鉄道治安強化を指示。3-10 日本婦人科学者代表団訪中，副総理鄧小平と会談。3-14 日本の中国原油輸入協議会結成，6商社11石油会社参加。3-22 成都-昆明鉄道開業（1970.7-1開通），1085Km。3-30 中国卓球代表団来日。3-西安市臨潼県西楊村農民が井戸を掘った際，秦始皇兵馬俑を発見。3- 趙紫陽，広東省革命委員会主任に就任。
4-4 中国代表団，国連第6回特別総会に出席（～4-16），4-10 団長鄧小平，国連特別総会で演説。4-4 国務院と中央軍事委，各港湾滞貨対策を講じる。4-5 福岡市青少年の船345名，上海を訪問。4-18 上海で「大阪日中友好の船」394名歓迎大会，大阪上海姉妹都市を結ぶ。4-18 天津で「神戸-天津友好の船」歓迎会。4-18 太原鋼鉄廠，カラーテレビ用0.12mm冷間薄板を開発。4-20 日中航空協定，北京で調印（5-7 衆議院可決，5-24 発効），4-20 中華航空，台日航路を停止，4-21 日航，日台航路を停止，台北発羽田行きJL704便，最終便となる。
5-8 日商岩井，中国産石炭輸入契約調印。5-10 京都，西安と姉妹都市を結ぶ。5-15 中国華北東部沿海地域で大港油田完成と発表。
6-3 新日鉄，武漢鋼鉄公司向け熱延・電磁鋼板プラントを受注，650億円。6-7 山東臨沂銀雀山前漢墓から，《孫子兵法》・《孫臏兵法》を発見。6-15 日本ライフル射撃代表団，中国に出発。6-17 中国，核実験を実施。6-26 中国展出展代表団来日，団長李永亨。
7-4 上海雑技訪日公演。7-5 中国初の500トンクレーン船完成。7-13 初の中国側主催の中国展，大阪千里万博公園で開幕（～8-11），期間260万人入場。7-15 湖北黄竜灘水力発電所竣工。7-17 毛沢東，政治局会議で初めて「四人組」に言及。7-24 日中両政府，武官3人駐在で合意。7-29 対中鋼材輸出，下半期115万トンで合意，年間合計300万トンに。
8-1 中国初の原子力潜水艦服役開始。8-10 公明党第4次訪中，団長竹入義勝，8-15 鄧小平と会談。8-14 日中友好議員連盟訪中団訪中，団長勝間田清一，8-20 鄧小平と会談。8-22 在中国日本人家族89世帯98人，日本に里帰り。8-23 全国知事会訪中団訪中，鄧小平と会談。8-27 日中航空協定技術取極調印，8-30 同商務協定調印。8-30 中国向け肥料約366億円合意。8-31 国家財政，年初より27.2億元の赤字発生。8-31 大連で2.4万トン級オイルタンカー完成と報道。

1974年（昭和49年）甲寅（1/2）

その他	日本（参考）
1-8 日本赤軍・パレスチナ解放人民戦線，シンガポールのシェル石油タンクを爆破。1-12 ジャカルタで反日デモ。1-19 中国とベトナム，南シナ海で海戦（～1-20）。1-30 日韓大陸棚（東シナ海）協定調印，1978.6-22発効。 2-2 パキスタン，バングラデシュを承認。2-6 パレスチナ・ゲリラ，在クウェート日本大使館を占拠。2-10 国際オリンピック委員会（IOC），中国参加のアジア競技大会を認める。2-19 ソ連，北太平洋海域に向け，多弾頭ミサイル実験を実施。2-21 ザンビア大統領訪中（～3-2），2-24 経済技術協力協定調印。2-25 アルジェリア首相訪中（～3-2）。 3-24 タンザニア大統領訪中（～3-31）。3-27 武漢鋼鉄公司，西独に冷間圧延プラントを発注。 5-6 セネガル大統領訪中（～5-18）。5-11 パキスタン首相訪中（～5-14）。5-18 インド，ラジャスタン州で初の地下核実験を実施，6番目の核保有国となる。5-20 北ベトナム国会代表団，初来日。5-28 マレーシア首相訪中（～6-2），5-31 中国-マレーシア，国交樹立。 6-4 中国武術代表団，メキシコ・米国訪問のため出発。6-28 中国，ベネズエラと国交樹立。6- インドで天然痘流行。 7-1 アルゼンチン大統領ペロン死去（78歳），夫人イサベル，大統領に就任。7-3 米ソ首脳，ABM制限議定書・地下核実験制限条約調印。7-8 ブリュッセルで石油消費国会議（～7-9），仏は不参加。7-13 韓国非常軍法会議，民青学連事件で金芝河ら7人に死刑判決。	1-7 首相田中角栄，東南アジア5カ国訪問に出発。1-15 政府，インドネシアに円借款供与，LNG開発に2億ドル。1-21 1975年度自動車排ガス規制制定。1-29 富士通，読取時間60ナノ秒のMOSICメモリーを開発したと発表。1- 消費者物価指数，前年同月比23.1％上昇。 3-12 フィリピンのルバング島で発見した元日本兵小野田寛郎帰国。3-25 日ソ両国，シベリア開発協力覚書調印 4-1 住商機電貿易・住商機械輸出合併。4-2 改正商法公布，監査制度強化・年1回決算会社の中間配当などを織り込む。 5-1 地価公示価格，平均32.4％上昇で史上最高，1973年度高額所得者上位100人中97人土地所有者明らかに。5-24 土光敏夫，経団連会長に就任。5-31 国際協力事業団（JICA）設立，国際協力機構の前身。 6-1 電力9社，電気料金を大幅値上げ，平均で56.82％アップ。6-6 電源開発促進法など電源3法公布。6-19 横浜地裁，大手メーカの在日韓国人採用内定取消を無効と判決。6-25 国土利用計画法公布。6-26 国土庁設置。 7-7 第10回参議院選，保革伯仲，山口淑子（李香蘭），全国区から立候補し当選。7-10 沖縄伊江島米兵発砲傷害事件，草刈住民に発砲。7-16 家永三郎第1次教科書訴訟判決（高津判決），双方控訴。 8-12 経団連，政治献金企業割当廃止を決定。8-26 東証ダウ，4000円を割る。8-30 東アジア反日武装戦線，東京丸の内三菱重工業本社前に時限爆弾，393人死傷。

1974年（昭和49年）甲寅（2/2）

日中交流・中国

9-13 日本輸銀，対中プラント融資方針を表明。9-14 ハルビンで 300MW 水力発電機完成。9-15 日本農協代表団訪中，副総理李先念と会談。9-15 黄河青銅峡水利ダム完工。9-16 中国国貿促代表団来日，団長王耀庭。9-20 東京晴海で中国展開幕式（〜10-10），王耀庭出席，期間 138 万人入場。9-25 中国石油代表団来日，団長張延万。9-26 外相木村俊夫，国連で中国国連代表喬冠華と会談，平和条約交渉促進で一致。9-28 日中航空所得税免除に関する書簡交換。9-29 日本航空と中国民航，東京-北京定期便就航。9-29 空路開設友好代表団訪中，団長小坂善太郎，中国から王震来日。9-29 渤海湾勝利油田完成。9-30 中国の外貨収支，年初より 12〜14 億ドル赤字発生。

10-3 日中文化交流協会訪中団訪中。10-6 国家計画委員会，全国生産会議を召集（〜10-14），財政赤字対策を討議。10-11 中国中央楽団訪日公演（〜11-6），団長林麗韞。10-12 新日鉄，中国向け鋼鉄設備 194.5 億円受注。10-15 全国で鉄道貨物約 5000 車両滞留。10-29 自民党議員団訪中，団長浜野清吾，鄧小平と会談。10-29 クラレ，ポバールプラント 54 億円受注。

11-8 陸運会長河野謙三訪中，11-10 鄧小平と会談。11-12 外交部副部長韓念竜来日（〜11-19），11-13 日中海運協定調印，11-15 田中角栄と会談。11-15 中国，物資不足による農村からの直接物資買付を禁止。11-18 日本印刷・包装機械展，天津で開幕（〜12-1）。11-22 日本輸銀代表団訪中，団長澄田智。11-22 日本農林水産技術展，北京で開幕（〜12-2），期間 25 万人入場。11-28 国家計画委，石炭配分制度を改革。11-29 元副総理・元帥彭徳懐死去(76 歳)。

12-2 創価学会第 2 回訪中（〜12-6），団長池田大作，12-5 周恩来と入院先で会談。12-10 愛新覚羅・溥傑夫婦来日。12-11 全国在庫整理節約会議，上海で開催，総額 220 億元分が対象に。12-16 国務院，文物保護及び管理並びに輸出基準・鑑定標準を定める。12-19 黄河三門峡水利改造工事完成。12-23 周恩来，長沙に赴き毛沢東に全人代の準備状況を報告，毛沢東から鄧小平の軍事委副主席・総参謀長就任の話し。12-27 大慶—秦皇島石油パイプライン稼働。12-30 黄海で原油試掘成功を発表。12-31 中共中央，産児計画強化を通知。

年末
- 国家機構・国営企業幹部職員数 6007 万人，前年比 249 万人増，初めて 6000 万人超える。

1974 年
- 中国国内総生産 2803.7 億元。食糧 2 億 7527 万トン，粗鋼 2112 万トン，石炭 4.13 億トン，原油 6485 万トン。歳入 783 億 1400 万元，歳出 790 億 2500 万元，財政赤字 7.11 億元。輸出 69.5 億ドル，輸入 76.2 億ドル，建国後初の 6 億ドル台貿易赤字。結婚用具に「自転車・洗濯機・ミシン・ラジカセ・カメラ」が流行る。知識青年下放 1000 万人超える。上海で肝炎流行（〜1976.），48493 例，死者 718 人。
- 年間中国旅券所持者の日本入国人数 3161 人，台湾国府旅券所持者の日本入国人数 60876 人の約 1/20，香港は 15463 人（法務省統計）。

1974年（昭和49年）甲寅(2/2)

その他	日本（参考）
8-7 米大統領ニクソン，ウォーターゲート事件で辞任。8-13 空母ミッドウェーの米軍搭乗兵，日本に核兵器持込明言。8-15 韓国大統領朴正煕，光復節式典で狙撃され，夫人死亡，犯人在日韓国人文世光。8-16 中国，ブラジルと国交樹立。8-19 首相田中角栄訪韓。大統領朴正煕と会談。8-19 国連世界人口会議，ブカレストで開催（～8-30）。 9-1 第7回アジア大会，イランで開催（～9-16）。9-6 韓国で反日デモ，日本大使館に乱入。 10-7 比日友好財団設立。10-18 デンマーク首相訪中（～10-26）。10-26 中国-ベトナム，1975年度援助協定調印。10-29 中国民航，北京-カラチ-パリ国際線就航。 11-3 中国-ラオス，経済協力協定調印。11-5 世界食糧会議（ローマ，～11-16）。11-18 米大統領フォード来日，11-23 ソ連を訪問。11-19 テヘラン-北京-東京国際線就航。11-24 台湾，国民党第10期中央委第5回総会（～11-27），蒋経国，党内での地位確立。11-25 キシンジャー訪中（～1-29）。11-27 北京-テヘラン経由-ブカレスト国際線就航。 12-9 ギリシャ，国民投票で共和制選択。12-9 台湾元高砂義勇隊員李光輝（日本名中村輝夫，アミ族名史尼育唔（スニヨン）），インドネシアのモロタイ島で発見。12-13 中国出土文物展，ワシントンで開催。12-20 台湾国府，国民所得平均700ドル達成と宣告。12-28 中国，南ベトナム臨時政府と1975年度無償援助協定を調印。12-31 米，41年ぶり金解禁，欧州金相場急落。	9-1 原子力船「むつ」放射能漏れ発見，後の原子力安全委員会設立のきっかけに。9-12 首相田中角栄，メキシコ・ブラジル・アメリカ・カナダ訪問に出発。9- アラブ産油国からオイルマネー10億ドル取入決着。 10-1 改正商法施行。10-3 通産省，石油備蓄を90日目標に引き上げ。10-22 閣議，人事院勧告により国家公務員給与の大幅引上決定，32.48％アップ。10- 繊維業界不況深刻（～11-)，東洋紡で希望退職者3300人を募集，鐘紡で工場半年間閉鎖を決定，ユニチカから3工場閉鎖を発表。 11-26 田中角栄，金脈問題で首相を辞任。 12-1 「椎名裁定」，12-4 三木武夫，自民党総裁に選出。12-9 三木武夫内閣（第66代）成立（～1976.12-24）。12-17 経済対策閣僚会議，安定成長路線への転換を確認。 **年末** ・外貨準備高135億1800万ドル。 **1974年** ・国内総生産135兆7321億円，成長率名目19.3％，実質▲1.2％。戦後初の実質マイナス成長。消費者物価指数24.5％上昇。 ・国際収支（経常）▲46億9300万ドル。 ・電力需要，電力9社体制スタート以来初めて前年を下回る。 ・鋼船竣工1678万総トン，史上最高。 ・国連分担金7.15％になり，米ソに次ぐ3位。 ・過剰米処理大きな問題に，1967～1970年産古米739万トンを輸出・工業・飼料用として処理，損失金額約1兆円。

1975年(昭和50年)乙卯(1/2)

日 中 交 流・中 国

1-4 中国漢唐壁画展,東京で開幕。1-5 鄧小平,中央軍事委副主席兼解放軍総参謀長に任命。1-7 三井信託・中央信託,中国銀行とコルレス契約。1-8 日本,対中国鉄鋼製品輸出,150日のユーザンス認める。1-8 中共第10期中央委第2回全体会議(～1-10),鄧小平を中央副主席・政治局常務委員に補選。1-10 中国商品検査視察団来日,団長張明。1-10 中国婦人代表団来日,団長巴桑。1-11 日中友好協会活動家代表団訪中,団長坂田輝昭。1-13 日中経済協会代表団48名訪中,団長稲山嘉寛。1-16 周恩来・李先念と会談。1-13 第4期全人代第1回総会(～1-17),憲法を採択,委員長朱徳,国務院総理に周恩来,副総理に鄧小平を選出。1-15 自民党保利茂訪中(～1-21),1-20 周恩来と会談,三木親書を渡す。1-22 日本資源エネルギー庁熊谷善二訪中。

2-4 石景山発電所で初めて電算機による自動制御を採用。2-4 黄河劉家峡水力発電所完成,1225MW。2-4 営口海城地震,M7.3。2-5 中共中央,軍事委員会弁公会議を撤廃,常務会を設置,葉剣英が担当。2-6 劉家峡-天水・関中地区送電線完成,330kV-534Km。2-14 日中平和友好条約第3回予備交渉(東京)。2-18 日本国際石油,1975年分540万トンで合意。

3-1 解放軍政治部主任会議,張春橋主催。3-5 中共中央,鉄道輸送を強化,3-7 全国鉄道電話会議。3-8 日本中国石油輸入協議会,1975年分210万トン(前年積残60万トン含む)で合意。3-11 中国国貿促代表団訪日(～3-28),団長李川。3-17 全人代第4期常務会第2回会議,内戦戦犯293名の特赦を決定。3-19 最高人民法院,服役中戦犯全員に特赦。3-24 日本学術文化代表団19名訪中(～4-7),団長吉川幸次郎,4-5 鄧小平と会談。3-25 新疆建設兵団,地方政府に移管。

4-4 中国銀行総経理喬培新来日(～4-28),4-16 東京銀行と円-元先物取引協定調印。4-10 日立,ガスタービン発電機受注,約20億円。4-14 第3回創価学会訪中団訪中,団長池田大作,4-16 鄧小平と会談。4-18 日中貿易混合委員会,北京で初会合(～4-19)。4-23 中共中央,対外援助削減を決定。4-25 在北京日本大使館,三里屯から建国門外に移転決定。

5-3 鄧小平,政治局会議を召集。5-5 社会党訪中団訪中(団長成田知巳),北京に到着,5-12 共同声明発表。5-8 中共中央,鉄鋼会議を開催(～5-10)。5-17 日中平和友好条約促進国民集会,東京九段会館で開催。5-20 中国新聞社代表団来日(～6-13),団長新華社長朱穆之。

6-3 稲山嘉寛,国際石油社長に就任。6-3 中国環境保護視察団来日(～6-18),団長曲格平。6-4 日本電子工業・計測器展,上海で開幕(～6-18)。6-6 クラレ,月産100万m人工革のクラリーノプラント受注。6-12 藤山愛一郎・川瀬一貫,周恩来と会談。6-30 河北任丘で油田発見,埋蔵量1.67億トン。6-30 第二汽車製造廠,湖北省十堰でEQ240型開発完了,7-1 生産開始。

7-1 中国初の全線電化鉄道宝鶏-成都線開通,676Km。7-8 秦皇島-北京オイルパイプライン稼働,355Km。7-21 日本経済界友好代表団訪中(～8-5),団長新日鉄社長平井富三郎。7-25 国務院,電力工業強化を通達。7-26 中国,人工衛星を打ち上げ。

1975年(昭和50年)乙卯(1/2)

その他	日本(参考)
2-12 韓国国民投票, 維新憲法を支持。2-28 EC・アフリカ 55 カ国, 通商援助協定調印。2-中国, 仏へ遼寧省向けナイロンプラント発注, 13 億フラン。 3-17 イラン-イラク, 新国境協定調印。3-17 国連海洋法会議, ジュネーブで開催(～5-9), 領海 12 海里, 経済水域 200 海里案まとまる。3-25 サウジアラビア国王ファイサル暗殺。 4-4 マイクロソフト設立。4-5 台湾国府総統・国民党総裁蒋介石逝(87 歳), 4-6 厳家淦, 総統に就任。4-17 カンボジア解放勢力, プノンペン占領。4-18 北朝鮮主席金日成訪中(～4-26)。4-28 蒋経国, 台北で国民党主席に就任。4-30 ベトナム解放戦線軍サイゴン入城, ベトナム戦争終結, 南北統一実現。 5-3 南北ベトナム境界開放。5-8 中国, EC と外交関係樹立。5-12 鄧小平訪仏(～5-17)。 6-5 スエズ運河, 8 年ぶり再開。6-7 日ソ漁業操業協定調印。6-7 フィリピン大統領マルコス訪中(～6-11), 6-9 国交樹立, 貿易協定調印。6-20 南極条約加盟国会議, 12 カ国参加, 南極大陸の資源調査・開発を当面凍結で合意。6-20 オーストラリア首相フレーザー訪中(～6-27)。6-25 中国-モザンビーク, 国交樹立。6-30 日韓議員連盟結成。6-30 タイ首相ククリット訪中, 7-1 国交樹立。 7-9 日台民間航空協定調印, 日台航路再開へ。7-18 米アポロとソ連ソユーズ 19 号ドッキング成功。7-20 初の自民党訪朝団出発, 団長田村元。7-30 欧州安保・協力首脳会議, ヘルシンキで開催, 8-1 ヘルシンキ宣言発表。	1-1 地価公示価格, 前年比で全国平均 9.2%下落, 東京圏 11.4%下落。1-6 23 万トン級タンカー祥和丸, マラッカ海峡で座礁, 原油流出。 2-1 農林省センサス, 農家戸数 495300 戸, 農家人口 23195000, 全人口の 20.7%。2-4 警察庁, 広域暴力団稲川会・山口会に手入れ, 611 人を逮捕, 3-23 1221 人を逮捕, 10-28 1510 人を逮捕。2-14 経済対策閣僚会議, 不況対策 10 項目を決定。2-24 東大宇宙航空研究所, 科学衛星 3 号機「たいよう」打上成功。2-不況深刻化, 完全失業者 100 万人超える。 3-10 山陽新幹線, 岡山-博多間開業。3-13 企業政治献金再開。 4-3 中国石油輸入懇談会, 官民一体で初会合。4-3 警察庁に国際刑事課を設置。4-5 ローソン設立。 5-1 東証ダウ, 4500 円台に回復。5-6 沖縄伊江島米兵発砲傷害事件で裁判権放棄。5-7 閣議, 南ベトナム臨時革命政府承認を決定。5- 東海精機, 百円ライターを発売。 6-11 警察庁, 暴走族総合対策委員会発足, 全国の暴走族 817 グループ, 2.6 万人。6-24 独占禁止法成立。 7-11 私立学校振興助成法公布(1976.4-1 施行), 経常費用の 50%まで国庫補助可能に。7-15 改正公職選挙法・政治資金規制法公布。7-27 共産党-創価学会, 相互不干渉・10 年共存の協定内容を公表(1974.12-調印)。 8-15 三木武夫, 現職の首相として「私人」名義で戦後初の靖国参拝。8-28 興人, 不動産投資失敗で倒産, 負債 2000 億円で戦後最大。

1975年（昭和50年）乙卯（2/2）

日 中 交 流・中 国

8-7 日本石油化学工学者代表団訪中，団長水科篤郎。8-15 日中漁業協定，東京で調印，1972年9月の日中共同声明に基づく航空・貿易・海運・漁業4協定揃う。8-15 日中両国，大阪と上海に相互領事館設置合意，北京で覚書交わす。8-21 芙蓉グループ代表団訪中，団長富士銀頭取松沢卓二。8-30 中央軍事委，全軍各総部・各軍・軍区の人事異動を発表。

9-1 中国，地名・人名のつづりを拼音に統一。9-2 在上海日本総領事館開館。9-9 北京芸術団65名来日公演（〜10-7）。9-12 第3回全国運動会（〜9-28）。9-15「農業，大寨に学ぶ」全国会議。9-18 日本石油友好代表団訪中（〜9-28），団長日中石油輸入協議会会長長谷川隆太郎。9-19 中日友好協会代表団来日(10-10)，団長協会顧問楚図南。9-22 日中漁業安全操業議定書，北京で調印。9-23 農村工作会議開催（〜10-21）。9-24 外相宮沢喜一—外交部長喬冠華，NYで会談，平和条約に言及，9-26 再度会談。9-26 胡耀邦，鄧小平へ中国科学院につき報告。9-29 日中協会，東京で設立，代表岡崎嘉平太・茅誠司・門脇季光。9-30 国務院，直属機構の組織調整を行う。

10-8 日商岩井，中国産アンチモニー地金50トンをヨーロッパへ輸出，初の日本大手商社による第3国向け輸出。10-10 中国陸上競技代表団来日，団長倪志欽。10-16 日本経済団体連合会代表団訪中（〜10-27），団長土光敏夫。10-17 中国土木工程学会鉄道輪軸代表団来日。10-18 日本工業技術展，北京で開催。10-21 日本国際石油会社代表団訪中，団長稲山嘉寛（〜10-30）。10-28 中国土木工程学会水道下水道視察団来日。

11-11 中国科学技術協会代表団来日，団長厳済慈。11-15 通産相河本敏夫訪中（〜11-19）。11-18 日本工業技術展，北京で開幕（〜12-2）。11-21 中国土木工程学会公路視察団来日。11-22 日本電子工業訪中団訪中，団長小林宏治，谷牧と会談。

12-1 日本貿易会代表団訪中（〜12-11），団長水上達三。12-4 日本郵船，中国から10万トン級タンカー受注。12-5 北京放送局代表団来日，団長杜波。12-19 日本国貿促代表団訪中，団長藤山愛一郎。12-19 勝利石油化工総廠完成，稼働。12-24 河南焦作—湖北枝城鉄道開通，753.3Km。

年末

・中国の正貨準備，金1280万オンス，外貨8億9900万ドル。
・自動車保有台数106万5800台，初めて100万台超える。

1975年

・日本の中国向け輸出6698.1億円，初の6000億円台，初めて台湾向け輸出(5412.7億円)を超える。
・中国国内総生産3013.1億元。財政歳入815.6億元，歳出820.9億元，財政赤字5.3億元。食糧生産2億8452万トン，綿花238.1万トン，粗鋼2390万トン，石炭4.82万トン，原油7706万トン。知識青年「上山下郷」，1200万人に達す。
・中国旅券所持者の日本入国人数4441人，台湾国府旅券所持者77091人，香港19318人（法務省）。

1975年（昭和50年）乙卯（2/2）

その他	日本（参考）
8-2 首相三木武夫訪米。8-4 日本赤軍，クアラルンプールの米大使館とスウェーデン大使館を占拠。8-8 日本アジア航空設立，日航全額出資，9-15 日台航路定期便就航。8-10 中華航空，日台航路定期便就航。8-18 中国-カンボジア，経済技術協力協定調印。8-25 第5回非同盟外相会議，リマで開催（～8-30），北朝鮮・北ベトナム・パナマ・PLOの加盟を承認。 9-15 第8回日韓定期閣僚会議，ソウルで開催。9-22 ベトナム第一書記訪中。9-27 OPEC総会，原油10%値上げ決定。 10-4 中国-バングラディッシュ，国交樹立。10-11 日本-ベトナム，85億円無償経済協力協定調印。10-21 キシンジャー訪中，毛沢東と会談。10-23 タンザニア-ザンビア鉄道完成，中国から5億ドル援助。10-29 西独首相訪中（～11-2），10-31 海運協定・航空輸送協定調印。 11-3 中国駐在米国連絡事務所長ブッシュ任期（1974.10-～）完了で帰国。11-6 メトロマニラ完成。11-11 アンゴラ，ポルトガルから独立。11-15 第1回先進国首脳会議（サミット），仏ランブイエで開催（～11-17），日米仏英伊と西独6カ国参加。11-21 南北ベトナム再統一政治協議，サイゴンで開催。 12-1 米大統領フォード訪中（～12-5）。12-1 ラオス，人民代表大会を開催，12-4 王制廃止，共和国制発足。 年末 ・世界の人口約40億。	9-9 宇宙開発事業団，技術試験衛星1号機「きく」打上に成功。9-30 昭和天皇，初の訪米（～10-14）。 10-1 第12回国勢調査，人口111939643人。10-15 アニメ「一休さん」，NETで放送開始（～1982.6-28, 全296話）。 11-2 自民党の借金100億円の半額を，財界肩代わりで合意。11-6 カシオ計算機，4500円電卓を発売，以後電卓大量使用の時代へ。11-7 1975年度一般会計補正予算成立，戦後初の歳出減額補正。11-18 文部省，大学・短大学生数200万超と発表，進学率34.2%，女子学生32.3%。 12-19 閣僚会議，総合エネルギー政策の基本方向を決定。12-20 東京高裁第2次教科書訴訟控訴審。12-22 経済審議会，新経済5カ年計画概要を決定。12-24 財政特例法成立，2兆2950億円の赤字国債発行決定。12-24 コンピュータの輸入自由化実施。12-27 石油備蓄法公布（1980.3-まで90日分備蓄），1976.4-26施行。 年末 ・外貨準備高128億1500万ドル。 1975年 ・国内総生産149兆9716億円，成長率名目10.5%，実質3.1%。国際収支（経常）▲6億8200万ドル。消費者物価指数11.8%上昇。 ・乗用車対米輸出80万台，米輸入台数の50%超える。企業倒産12606件，負債総額1兆9146億4500万円。国立・公立・私立学校教育費総額8兆9146億円。

1976年（昭和51年）丙辰（1/2）

日　中　交　流　・　中　国

1-1　第5次5カ年計画(1976〜1980年)スタート。1-8　国務院総理・中共中央副主席・全国政協主席周恩来逝(78歳, 1917.9〜1919.4- 日本に留学), 1-11　火葬式, 沿道100万人見送り, 1-15　追悼式, 鄧小平が弔辞。1-18　日本経済協会代表団訪中(〜1-22), 団長稲山嘉寛。1-22　日中肥料交渉1975年度下期分, 北京で合意。1-　日本中国研究者代表団訪中。

2-2　華国鋒, 総理代行に就任, 陳錫聯, 葉剣英に代わり軍事委を担当。2-11　日中友好協会(正統)活動家訪中(〜2-27)。2-24　日中鋼材商談開始, 4-15　1976年度上期54万トンで合意, 1975年度下期比, 価格10%アップ, 数量76.2%減。2-25　各省・市・自治区・大軍区責任者会議, 華国鋒主催, 鄧小平を批判。2-下　鉄道輸送大渋滞, 経済に大きな影響。

3-2　日中石油輸入協議会, 1976年度中国石油210万トン輸入で合意。3-8　在大阪中国総領事館開館, 総領事田平。3-10　石炭施設視察団訪中, 団長電源開発理事石井泰安。3-13　山東省莱撫火力発電所完成, 総容量375MW。3-19　中国人民対外友好協会代表団来日(〜4-6), 団長会長王炳南。3-22　国際石油, 1976年度中国産原油400万トン＋200万トン(オプション)で合意。3-22　「友好の翼」139人訪中(〜4-2)。3-24　第2回日中繊維交渉, 東京で開始(〜4-7)。3-25　関経連訪中団訪中(〜4-2)。3-28　神戸中国展, 天津で開幕(〜4-11)。3-29　中国土木工程学会橋梁技術考査団来日, 日建連受け入れ。

4-4　清明節, 百数十万人天安門広場で周恩来を追悼, 4-5　民兵が出動して秩序を維持した際, 衝突発生, 朝日新聞記者負傷。4-6　中国天然ガス精製プラント視察団来日。4-7　政治局会議で鄧小平を党内外全ての職務を解任, 華国鋒が党中央第一副主席・国務院総理に就任。4-21　北京-上海-杭州間幹線通信ケーブル完成, 1800チャンネル, 1700Km。4-23　大阪国際見本市開幕, 中国が初の出展。

5-2　日本銀行総裁森永貞一郎訪中(〜5-11), 中国人民銀行行長陳希愈と会談。5-11　上海京劇団訪日公演(〜6-29)。5-17　日中友好仏教協会代表団訪中, 団長道端良秀。5-21　日中絹交渉, 北京で開始, 5-24　年間輸入54000俵で決着。5-27　国貿促会長藤山愛一郎訪中(〜6-8)。

6-6　大連で10万トン級オイルタンカー用新港使用開始。6-23　日本社会党国会議員代表団訪中(〜7-2), 団長江田三郎, 7-1　李先念と会談。6-29　上海松江黄浦江大橋開通, 全長3048m。

7-6　全人代委員長・政治局常務委員朱徳逝(90歳)。7-6　雲南下関-チベット芒康道路開通, 全長716Km, チベットへの4番目の幹線道路。7-11　日本愛知県代表団訪中, 団長県知事仲谷義明。7-23　天津-上海鉄道複線化完成, 全長1300Km。7-28　唐山大地震(am.3:42), M8.2, 死者20万人以上, 日本人技術者3名死亡。

8-2　唐山大地震の影響で在北京大使館と商社駐在員ら邦人179人帰国。8-23　中国国産5万トンタンカー西湖号, 大連で進水。8-30　人工衛星を打ち上げ。8-31　日中航空混載貨物株式会社設立。

1976年(昭和51年)丙辰(1/2)

その他	日本（参考）
1-3 中国-北朝鮮オイルパイプライン稼動，全長22.6Km，年間送油能力400万トン。1-6 シハヌーク，カンボジア国家元首に就任。 2-2 77カ国閣僚会議(～2-7)，2-7 マニラ宣言。2-4 米上院外交委多国籍企業小委員会公聴会，ロッキード社の航空機売込に際し日本・オランダ・イタリア・トルコに裏金が流れたことを公表，2-6 ロッキード社副会長コーチャン，丸紅を通し200万ドルを日本政界へと証言。2-10 中国-カンボジア，無償援助協定調印。2-19 米大統領フォード，第2次大戦中の日系アメリカ人11万2000人収容命令無効宣言に署名。2-24 アセアン5カ国首脳会議で協和宣言採択，友好協力条約調印。 3-5 為替レート，英1ポンドが初めて米2ドルを割る。3-10 金大中ら11人，ソウル地検に政府転覆扇動罪で逮捕される。3-14 台湾，11の工業団地完成。3-14 エジプト，ソ連との友好条約破棄を発表。3-15 ラオス総書記・首相訪中(～3-24)，3-18 経済技術協力協定調印。3-24 アルゼンチンで軍部クーデター，軍事政権発足。 4-1 アップルコンピュータ創業，1977.1-3 正式設立。4-7 ポル・ポト，カンボジア首相に就任。4-10 日韓絹交渉，年4万俵で妥結。4-13 米大統領，200海里漁業専管水域法案に署名，1977.3-1 実施。4-25 ベトナム全土で再統一総選挙。4-28 ニュージーランド首相訪中。 5-10 シンガポール首相リークァンユー訪中(～5-23)，5-12 毛沢東と会談。5-26 パキスタン首相ブット訪中(～5-30)。	1-12 伊藤忠商事-安宅産業，業務提携を発表，2-14 提携覚書調印。 2-6 衆議院予算委員会で，米ロッキード社の裏献金追及開始，2-16 国際興業の小佐野賢治・全日空の若狭得治・渡辺尚次を証人喚問，2-17 丸紅の檜山広・大久保利春・伊藤宏・松尾泰一郎を証人喚問，2-24 東京地検・警視庁・東京国税局，ロッキード事件で丸紅本社・児玉誉士夫宅など27カ所を合同捜索。2-11〈君よ憤怒の河を渉れ〉封切り，主演高倉健・中野良子。2-26 電力会社，7970億円の設備投資繰上発注決定。 3-9 閣議，領海12海里・経済水域200海里を条件付きで認める方針を決定。3-13 東京地検，児玉誉士夫を約8億5000万円の脱税容疑で起訴。3-26 太平洋第2横断ケーブル開通，全長13000Km。3-末 国債残高15兆7764億円，国鉄累積債務3兆1610億円。3-末 自家用車保有台数1713万台，4大都市圏で2.3世帯1台，地方県で1.8世帯1台に。 4-1 情報処理・ソフトウエア関連業の100%資本自由化を実施。 5-4 外務省，占領時代の外交文書を公開。5-18 中央高速道全面開通。5-20 日銀，金融機関振出の円建て輸出手形を手形売買制度の対象に適用，11-1 輸入手形にも適用。 6-7 全国公害被害者総決起集会，東京で開く。 7-27 前首相田中角栄，東京地検にロッキード事件に関し外為法及び外国貿易管理法違反容疑で逮捕，8-16 受託収賄罪と外為法違反で起訴，8-17 保釈金2億円で保釈。

1976年(昭和51年)丙辰(2/2)

日 中 交 流 ・ 中 国
9-3　中国化工学会石油精製技術考察団来日。9-9　中国共産党中央委員会主席・軍事委員会主席毛沢東逝去(1893.12-27生, 82歳), 9-18　追悼大会, 華国鋒が弔辞。
10-4　外相小坂善太郎, NYで外交部長喬冠華と会談, 日中平和友好条約早期締結で一致。10-4　日本国貿促代表団訪中, 団長藤山愛一郎, 10-9　副総理谷牧と会談。10-5　日本環境保護・油圧空気圧工業技術展, 北京で開催(～10-18), 会期中入場者10万人超える。10-6　華国鋒・葉剣英・李先念, 江青・張春橋・姚文元・王洪文の四人組を逮捕。10-7　政治局会議(～10-14), 華国鋒を党中央委員会主席・軍事委主席に選出, 政治局から党・政府・軍に四人組逮捕を通知。10-8　中共中央・全人代常務委・国務院・中央軍事委, 毛沢東記念堂の建立を決定。10-12　日立, 中国と大型コンピュータ3台仮契約調印, 総額25億円(1977.2-7 ココムに申請, 12-18 米政府, スペック一部変更で同意, 1978.2-2 ココム認可)。10-17　中国, 地下核実験を実施。10-19　仙台で魯迅展開幕式, 中国から代表団(団長朱永嘉, 顧問周海嬰)出席, 11-12　東京で開催。10-20　日中鋼材商談, 1976年下期130～150万トンで合意。10-20　中共中央, 王洪文・張春橋・江青・姚文元調査チームを設置, 審査開始。10-21　北京で150万人集会, 四人組打倒を祝う。10-25　日中海底ケーブル開通式典, 東京と北京で開催。10-28　日中経済協会代表団訪中(～11-9), 団長岡崎嘉平太。10-28　中共中央, 財政難を理由に国家機関・団体・学校・企業・事業組織の銀行預金を凍結。
11-3　日中経済協会理事長渡辺弥栄司訪中(～11-10)。11-9　中日友好活動家訪日団来日(～11-23)。11-10　東洋エンジ他3社, 中国とペレタイジングプラント受注契約調印, 総額43.6億円。11-24　毛沢東記念堂定礎式。11-29　日本作家代表団訪中, 団長井上靖, 12-7　全人代副委員長鄧穎超と会談。11-30　全人代第4期常務委第3回会議, 北京で開催(～12-2), 鄧穎超を副委員長に選出。
12-4　国務院, 教育部・外交部の1977年度留学生受入500名, 留学生海外派遣200名計画を許可。12-7　中国向け肥料商談成約。12-7　人工衛星打ち上げ, 12-10　回収。12-10　第2回「農業は大寨に学ぶ」大会, 北京で開催(～12-27)。12-14　東京大学教授訪中団訪中, 12-15　廖承志と会談。12-14　指揮者小沢征爾訪中。12-21　日本駐在中国大使陳楚離任帰国。

年末
- 国家機関・国営企業の幹部職員数6860万人に, 前年比434万人増。

1976年
- 中国国内総生産2961.5億元, 8年ぶりのマイナス成長。国家財政収入776.6億, 総支出806.2億元, 財政収支29.6億元の赤字。食糧生産量2億8631万トン, 綿花205.5万トン, 粗鋼2046万トン, 石炭4億8300万トン, 原油8716万トン, 初めて8000万トン台。
- 日本対中国輸出4966億円, 中国から輸入4065億円, 共に大幅減少。

1976年（昭和51年）丙辰（2/2）

その他	日本（参考）
6-4 カナダ，200 海里漁業専管水域を宣告（1977.1-1 実施），6-6 メキシコ宣告（7-31 実施），12-10 ソ連宣告（1977.3-1 実施）。6-15 オーストラリア首相フレーザ来日，6-16 日豪友好協力基本条約調印。6-20 オーストラリア首相訪中（～6-27）。6-27 第2回主要先進国首脳会議，サンフアンで開催（6-28）。6-29 ヨーロッパ共産党・労働者党会議，東ベルリンで開催，6-30 社会主義の多様性を承認。 7-14 中国援助のタンザニア-ザンビア鉄道開通・引渡式典，全長 1860Km。7-20 在タイ米軍，撤退完了。7-21 第21回オリンピック・モントリオール大会（～8-1）。7-26 日本アジア航空，日本-台湾-香港線就航。 8-16 第5回非同盟国首脳会議，コロンボで開催（～8-20）。 9-6 ミグ25事件，ソ連空軍ベレンコ中尉，ミグ25で函館に強行着陸，米へ亡命求める。 10-6 タイで軍事クーデター，国家統治改革委員会結成，10-22 タニン政権発足。10-29 米，コントロール・データ社のソ連と中国向けコンピュータシステム輸出を許可。 11-3 米民主党カーター，現職のフォードを破って大統領に当選。11-29 EC会議，ハーグで開催（～11-30），対日貿易不均衡を議題に。 12-8 台湾立法院，外貨管理条例を可決。12-15 OPEC 第48回総会，ドーハで開催（～12-17）。12-20 欧州医師共同体発足，EC9カ国内で医師の自由移動・開業を認める。12-29 ソウル高裁，金大中・尹潽善らに懲役5年の判決，12-31 金芝河に懲役7年の判決。	8-6 岐阜県知事，収賄容疑で不信任案可決。 8-9 三木武夫，長崎の原爆式典に首相として初めて出席。8-20 東京地検，元運輸政務次官佐藤孝行を受託収賄容疑で逮捕，8-21 元運輸相橋本登美三郎逮捕。8-27 日本輸出入銀行，三井物産など推進のイラン石油化学コンビナート合弁事業（総工費 5500 億円）向け888 億円借款供与契約調印。 9-15 三木改造内閣発足。9-29 川崎市議会で全国初の環境アセスメント条例を採択。 10-5 新日鉄大分製鉄所で世界最大高炉（5070 m³）に火入れ。10-11 巨人軍王貞治選手 715 号ホーマー達成，ベブ・ルースの記録更新。 11-6 国鉄運賃大幅値上げ，平均で旅客 50.4%，貨物 53.9%。11-15 建築基準法改正公布，中高層ビルによる低層住宅への日照権侵害を規制。 12-5 第34回衆院選，自民 249・社会 123・公明 55・民社 29・共産 17・新自由 17。12-21 1等 1000 万円のジャンボ宝くじ発売。12-24 福田赳夫内閣（第 76 代）発足（～1978.12-7）。 年末 ・外貨準備高 166 億 400 ドル。 1976 年 ・国内総生産 168 兆 4201 億円，成長率名目 12.3%，実質 4.0%。消費者物価指数 9.3%。 ・国際収支（経常）36 億 8000 万ドルの黒字。対米鉄鋼輸出 694 万トン。 ・戦後出生者，総人口の半数を超える。 ・生活様式に変化，洋式・和式トイレの需要が半々に。

1977年(昭和52年)丁巳(1/2)

日 中 交 流・中 国
1-11 山東勝利石油化工総廠稼働。1-12 参院議長河野謙三訪中,中日友好協会会長廖承志と会談。1-14 北京石油化工総廠エチレンプラント稼働。1-19 公明党代表団訪中(～1-25),団長竹入義勝,1-22 主席華国鋒と会談。1-26 国貿促10団体訪中,王震と会談。
2-2 全国鉄道会議(北京,～2-15),鉄道輸送渋滞の解決を図る。2-3 日中経済協会代表団訪中(～2-6),団長会長稲山嘉寛,廖承志と会談。2-15 全国基本建設会議,北京で開催(～3-30)。
3-2 日中貿易混合委員会,東京で2回目会合。3-3 全国計画会議(～3-16)。3-7 中共中央,軍事委の担当を葉剣英に復帰。3-10 中共中央工作会議,北京で開催(～3-22),陳雲・王震,鄧小平の復帰と天安門事件の名誉回復を提議,華国鋒反対。3-11 日中平和友好条約推進委員会,東京で結成。3-13 全国林業・水産会議,北京で開催。3-18 日本硫安工業協会,中国向け尿素20万トン合意と発表。3-30 日本経済団体連合会代表団訪中,団長会長土光敏夫,4-2 華国鋒と会談。3-31 日中友好議員連盟総会,藤山愛一郎の後任に浜野清吾を選出。
4-4 関西経済界訪中団訪中(～4-12),4-9 李先念と会談。4-5 日中共同で阿波丸引上調査開始(1979年引き上げ,遺骨368体発見)。4-9 国家計画委,カラーブラウン管生産ラインの輸入再開を決定。4-15 上海-蘭州-ウルムチ航路就航。4-16 国貿促藤山愛一郎訪中,李先念と会談。4-26 古井喜実訪中,李先念と会談。4-28 日本報道界代表団訪中,団長広岡知男。4-29 日中友好国会議員団(元田中派)20人訪中。4-30 国際協力事業団法眼晋作,北京で李先念と会談。
5-3 中国展,名古屋で開幕(～5-22),131万人入場,7-17 札幌で開催(～8-7),64万人入場,9-15 北九州市で開催(～10-11),101万人入場。5-7 中国社会科学院発足,本部北京。5-17「全国,大慶に学ぶ」展示会,北京で開幕。
6-13 中国外交部,日韓大陸棚協定を日本国会が可決したことに抗議。6-17 日中肥料交渉,価格大幅アップで決着,尿素54.2万トン・硫安15万トン・塩安27万トン。6-20 国務院,財貿チームを設置。6-24 日中海運協議会と中国遠洋運輸総公司,北京と東京にそれぞれ事務所を開設。6-25 陽平関-安康鉄道開通,全長356Km,中国2本目の電化鉄道。6-28 中国駐在日本大使に佐藤正二任命。6-29 教育部,太原で高等教育会議,高校新卒から新入生募集を検討。
7-4 小川平四郎離任帰国。7-5 工芸品交易会,北京で開幕。7-16 中共第10期中央委第3回全体会議(～7-21),華国鋒の主席就任を追認,四人組を党から除名,鄧小平を党副主席・中央軍事委副主席・国務院副総理・解放軍総参謀長に復帰,党第11回代表大会開催を決定。7-17 国家計画委,国務院へ今後8年間の新技術及びプラント輸入計画を提出,政治局原則許可,内容に化学肥料プラント2件・農薬4件・石油化工プラント3件・北京石化エチレンプラント1件・合繊プラント4件・合成革2件・洗剤3件など。7-20 国務院,計量管理条例(試行)を公布。7-27 日本青年団協議会訪中,李先念と会談。7-29 日中友好国民協議会訪中(～8-19),団長蠟山道雄。

1977年(昭和52年)丁巳(1/2)

その他	日本(参考)
1-1 EC・カナダ・ノルウェー, 200海里経済水域を実施, 200海里時代に入る。1-3 IMF, 英の経済危機救済のため39億ドル支援を決定, 1-10 国際決済銀行から英支援30億ドル決定, 内日本分担4億5000万ドル。1-15 インド, 200海里経済水域を宣言。1-20 カーター, 米大統領に就任。 2-5 EC, 日本製ボールベアリングにダンピング課税を通告, EC初の対日経済制裁措置。2-11 日米漁業協定調印, 入漁料を支払うことに。2-11 ホンダ, ニューヨーク証券取引所に上場, 日本自動車メーカとして初。2-16 日米, 繊維輸出規制枠全廃で合意。 3-1 米ソ両国, 200海里経済水域を実施。3-7 第1回アラブ・アフリカ首脳会議, カイロで開催, 60カ国参加。3-17 日本-モンゴル, 無償経済援助協定調印, 日本対モンゴル戦争賠償交渉終了, 無償経済協力総額5250億円。 4-14 米, 韓国から核ミサイルを撤去開始と発表。4-27 ビルマ大統領訪中(〜5-12)。 5-7 第3回主要先進国首脳会議, ロンドンで開催(5-8)。5-20 日米, 日本製カラーテレビの輸出数量につき, 日本側自主規制で合意, 1976年輸出数量の60%。 6-5 アップルⅡ発売, 世界初のパソコン。6-6 スーダン大統領訪中(〜6-16), 6-9 経済技術協力協定調印。6-7 ベトナム首相訪中(〜6-11)。6-16 コンゴ首相訪中(〜6-21), 6-19 経済技術協力協定調印。6-18 ラオス総書記・首相訪中(〜6-20)。6-30 東南アジア条約機構(SEATO)解散。	1-10 東証ダウ, 5000円台に乗る。1-20 初の5年もの割引債券発行, 990億円。1-27 ロッキード事件丸紅ルート, 東京地裁で初公判, 1-31 ロッキード事件全日空ルート初公判。 2-17 仙台高裁, 百里基地訴訟で自衛隊合憲判決。2-23「きく2号」打上成功, 日本初の静止衛星。 3-12 日銀, 公定歩合を0.5%引き下げ, 6.0%に, 4-19 5.0%に, 9-5 4.25%に。3-20 東大入試で初めて全盲生が合格。 4-4 三菱電機, オーブンレンジを発売。4-5 ミノルフォンレコード, 千昌夫のレコード〈北国の春〉発売, 作曲遠藤実, 作詞いではく, 1年後からヒット。4-6 電電公社, 64kビットの超LSI開発成功と発表。4-24 動力炉・核燃料開発事業団の高速増殖炉「常陽」, 臨界に達す。 5-2 領海法・漁業水域暫定措置法公布, 領海12海里, 漁業水域200海里, 7-1 施行。5-2 大学入試センター発足。5-10 衆議院本会議, 日韓大陸棚協定批准承認案を可決, 1978.6-22 公布。5-18 沖縄地籍明確化法成立。5- 安川電機, ロボット溶接機を発売。 6-2 ロッキード事件, 児玉ルート初公判。6-12 樋口久子, 全米女子ゴルフ選手権で優勝, 日本人として初。 7-14 日本初の静止気象衛星「ひまわり」を打上げ。7-21 ロッキード事件小佐野ルート初公判。 8-11 日立造船有明工場, 50万8731トンのタンカーEsso Atlantic号完成。8-28 瀬戸内海で赤潮異常発生。

1977年（昭和52年）丁巳（2/2）

日中交流・中国

8-2 駐日中国大使符浩着任。8-8 鄧小平，大学入学制度回復を指示，8-13 大学新入生募集会議（〜9-25），入試制度回復決定，10-12 国務院承認。8-10 駐中国日本大使佐藤正二着任。8-10 国家機関・国営企業全面昇給。8-12 中国共産党第11回全国代表大会（〜8-18），文革終了・四つの現代化を宣言，8-19 第11期中央委第1回全体会議，主席に華国鋒，副主席に葉剣英・鄧小平・李先念など選出，8-25 軍事委主席に華国鋒，副主席に葉剣英・鄧小平・劉伯承就任。

9-7 日中議連訪中団訪中（〜9-14）。9-9 毛沢東記念堂完成式典。9-14 新自由クラブ河野洋平訪中，鄧小平と会談。9-18 国家科学技術委員会設立，主任方毅。9-19 日中長期貿易取極推進委員会設立準備会設立，委員長稲山嘉寛，顧問土光敏夫・藤山愛一郎。9-25 東京北京間気象回線設置に関する取極，北京で調印。9-26 稲山嘉寛-劉希文会談，9-30 第2回，長期貿易枠組合意。9-26 日中生糸・絹製品2回目交渉，基本合意。9-26 東方歌舞団，再建後初の公演。9-29 日中商標相互保護協定，北京で調印，1978.3-1 発効。9-29 NYで日中外相会談。

10-3 日中協会訪中団訪中（〜10-7）。10-11 日本演劇代表団訪中。10-14 日中長期貿易取極推進委員会設立，委員長稲山嘉寛，顧問土光敏夫・藤山愛一郎，石油・原料炭・金融決済など部門を設置。10-20 自民党議員37人，日中平和友好条約促進協議会を結成，会長小坂善太郎。10-20 上海で日本造船工業展覧会（〜11-3）。10-25 中国報道界代表団来日，団長張香山。

11-6 各学校から工宣隊撤退を決定。11-11 千代田化工・三井物産，天然ガス精製プラント受注，約50億円。11-25 日中長期貿易取極推進委員会代表団訪中（〜11-29），団長新日鉄会長稲山嘉寛，11-25 李先念と会談の際，上海で製鉄所建設協力の要請あり，11-29 稲山嘉寛-劉希文会談，原油・鋼材交渉で数量合意。11-26 全国電力会議，北京で開催。

12-10 胡耀邦，中央組織部長に就任，冤罪の名誉回復に着手。12-10 文革後初の大学入試。12-12 中央軍事委員会会議（〜12-31）。12-17 日中科学技術交流協会，東京で設立，会長名大名誉教授有山兼孝。12-17 住友グループ訪中団訪中，北京で李先念と会談。12-19 中国文字改革委員会，〈第二次漢字簡化方案（草案）〉を発表。12-26 鞍山新高炉稼動，2580㎥，銑鉄年150万トン。12-27 日中肥料交渉，1978年（1〜6月分）尿素45万トン・硫安11万トンで合意。

年末
・国家機関・国営企業の幹部職員数7196万人，初めて7000万人超える。

1977年
・中国国内総生産3221.1億元。食糧2億8273万トン，綿花204.9万トン，粗鋼2374万トン，石炭5.5億トン，原油9364万トン，セメント5565万トン。
・歳入874.5億元，歳出843.5億元，財政収支初めて30億元超える黒字。
・日本の輸出，中国向5209億円，台湾向6862億円，香港向6234億円。

1977年（昭和52年）丁巳（2/2）

その他	日本（参考）
7-5 パキスタンで軍事クーデター，陸軍参謀長ハク，臨時評議会を結成。7-13 ニューヨークで落雷が原因で大停電発生（～7-15）。7-21 エジプト・リビア，軍事衝突，7-29 収束。7-25 第10回米韓安保協議会（～7-26），在韓米地上軍を段階的撤退で合意。 8-6 首相福田赳夫，東南アジア訪問に出発，8-7 第2回アセアン首脳会議に出席，8-18 マニラで東南アジア外交3原則を発表。8-18 中国，INTELSAT に加盟。8-22 米国務長官バンス訪中（～8-26）。8-30 ユーゴスラビア大統領チトー訪中（～9-8）。 9-7 米，パナマと新パナマ運河条約を締結，1999年末運河のパナマ返還で合意。9-13 使用済み核燃料の再処理施設運転に関する日米共同決定合意。9-16 ビルマ大統領訪中（～9-20）。9-20 ベトナム，国連に加盟。9-23 台湾，10大建設後に12プロジェクト建設を行うと表明。9-28 カンボジア首相ポル・ポト訪中。 10-4 カメルーン大統領訪中（～10-10）。10-20 タイで軍部クーデター，国防相サガット，革命委員会議長に就任。 11-19 台湾桃園県長選挙不正で民衆暴動。11-19 エジプト大統領サダト，イスラエルを初訪問，中東和平交渉開始，11-20 イスラエル国会でイスラエル国家存在承認・パレスチナ国家創設の演説。11-20 ベトナム総書記レ・ズアン訪中（～11-25）。 12-14 パキスタン軍法管制首席官ハク訪中。12-25 チャップリン死去（88歳）。12-31 カンボジア，ベトナムと断交。	9-3 巨人王貞治，756号本塁打，ハンク・アーロンを抜き世界記録樹立。9-5 国民栄誉賞創設，王貞治が初の受賞者に。9-5 日銀，年初来3回目の公定歩合引き下げ，年初の 6.5％ が 4.25％に。9-28 日本赤軍，ボンベイ上空で日航機をハイジャック。 10-1 伊藤忠商事，安宅産業を吸収合併。10-5 福岡地裁，カネミ油症訴訟で患者側全面勝訴の判決。10-24 全国サラ金被害者の会，弁護士の支援の下大阪で結成，全国で初。 11-1 ダイハツ工業，FF 小型車シャレードを発売。11-25 日銀，円高回避のため7億7000万ドルの円売ドル買介入（～11-28）。11-29 ハイジャック防止法公布，12-19 施行。11-30 東京都立川米軍基地全面返還。11-30 小西六写真工業，世界初の自動焦点カメラを発売。 12-9 ソウル地下鉄車両輸出で三菱商事・丸紅など日本の商社，巨額手数料の支払いが明るみに。12-13 社会党大会，委員長に飛鳥田一雄を選出。12-15 年初より円高傾向，1ドル=238円。 **年末** ・外貨準備高 228億4800万ドル。 **1977年** ・国内総生産 187兆6800億円，成長率名目 11.4％，実質 4.4％。国際収支（経常）109億1800万ドル。消費者物価指数 8.1％上昇。為替レート，1年間で22％円高。 ・年間輸出 21兆6481億円，初の20兆円台，貿易総額 40兆7799億円，初の40兆円台。貿易黒字 2兆5163億円，初の2兆円台。

1978年(昭和53年)戊午(1/2)

日 中 交 流 ・ 中 国
1-5 新日鉄,上海宝山製鉄所建設に関する文書交わす。1-7 北京図書館,文革中の閲覧禁止書を部分的開放。1-10 教育部,1978年度研究生(院生)募集を正式通達。1-17 三井造船,探査船2隻を受注,約35億円。1-31 日中長期貿易取極委,日中長期貿易協議委に改組,委員長稲山嘉寛。
2-14 日中長期貿易協議委代表団訪中,2-16 稲山嘉寛,劉希文と長期貿易取極調印,1978年から8年間で貿易額200億ドルで合意。2-17 教育部,全国重点大学88校を指定。2-18 中共第11期中央委第2回全体会議(〜2-23)。2-24 全国政治協商会議第5期全国委員会第1回会議,北京で開催,鄧小平を主席に選出。2-26 第5期全人代第1回総会(〜3-5),3-5 新憲法採択,四つの現代化を明記,葉剣英を委員長に,華国鋒を総理に選出。
3-4 教育部,1978年度留学生・教師・通訳300名海外派遣を通知。3-7 教育部,大学の職制を1960年規定に復帰すると通達。3-10 公明党矢野絢也訪中,3-14 鄧小平と会談。3-11 国務院,日本からライン輸入で上海新製鉄所建設を決定。3-18 全国科学大会(〜3-31)。3-20 国家計画委・基本建設委,技術導入とプラント輸入計画を通達,外貨枠総額85.6億ドル,内1978年度発注枠59.2億ドル,支払枠11.7億ドル。3-22 社会党飛鳥田一雄訪中。3-28 中国経済代表団来日(〜4-22)。
4-5 三菱グループ,中国と長期技術協力締結。4-5 中共中央,「右派」名誉回復を決定。4-12 中国漁船108隻,尖閣諸島で海上デモ,日本が抗議,4-26 退去。4-19 新日鉄,中国技術輸出入公司と宝山製鉄所建設協力協議書調印。4-20 中共中央,工業発展に関する決議案(工業30条)を配布。
5-1 「北京電視台」を「中央電視台」に,「北京電台」を「国際広播電台」に改称。5-13 中国基本建設代表団来日(〜6-13)。5-15 商震死去(東京,90歳)。5-22 人民銀代表団来日(〜6-13)。5-23 上海宝山製鉄所建設に関する議定書・技術提携契約,北京新橋飯店で正式調印。5-25 クラレ・西日本貿易,人工革プラント契約,70億円。5-29 外相園田直,NY国連本部で外交部長黄華と会談。
6-5 三菱商事,吉林省向けエチレンプラント契約,21億円。6-12 郭沫若逝(86歳,1914.1-〜1937.7-断続的に日本に留学・滞在)。6-23 大日本塗料,咸陽市向けブラウン管蛍光体製造ライン成約発表,936万ドル。6-25 衆議院代表団訪中,団長始関伊平。6-26 中国外交部,日韓大陸棚協定批准書交換・発効に抗議。6-26 中央電視台,初のW杯サッカー試合衛星中継。6-27 旭硝子,咸陽市向けブラウン管ガラス製造ライン成約,6500万ドル。
7-1 大日本スクリーン,咸陽市向けカラーテレビ用シャドーマスク製造ライン成約,20億円。7-4 日中肥料交渉,尿素など64.5万トンで合意,9-11 尿素など12.5万トン追加。7-6 国務院会議,海外資金及びプラント導入問題を討議(〜7-9)。7-7 日揮,大慶向けエチレンプラント受注,250億円。三井グループ訪中,李先念と会談。7-17 日本国鉄訪中団訪中(〜7-28),団長高木文雄。7-21 日中平和友好条約締結交渉,北京で再開。7-23 石油開発技術交流団訪中,日中共同で渤海油田開発基本合意。7-28 日立,咸陽市向けカラーテレビ用ブラウン管製造ライン成約,年96万本,150億円。

1978年（昭和53年）戊午(1/2)

その他	日本（参考）
1-7 中国-ブラジル貿易協定調印。1-8 外相園田直訪ソ、1-10 首相コスイギンと会談。1-10 中国-ベトナム、1978年度貨物供給及び支払協定調印。1-19 仏首相バール訪中（～1-24)、1-21 科学技術協定調印。1-26 鄧小平、ビルマを訪問（～1-31）。1- ベトナムから中国へ帰国華僑13万人を超える。 2-3 鄧小平、ネパールを訪問（～2-6）。2-5 中国原子力発電所視察団訪仏（一2-28)。2-24 中国-フィリピン1978年度貿易協定調印。 3-3 日米犯罪人引渡条約改正調印。3-16 香港でソ連型風邪大流行、患者300万人に。3-21 蒋経国、総統に当選。3-29 タイ首相訪中（～4-4)。3-31 北京-カラチ-アジスアベバ就航、中国初のアフリカ航路。 4-3 中国-EC貿易協定、ブリュッセルで調印。4-14 ソマリア大統領訪中（～4-18)。4-28 日本、対ベトナム160億円無償援助決定、ベトナムは旧南ベトナム債務を引き継ぎ返済。 5-4 北京-ウルムチ-ベオグラード-チューリッヒ就航。5-5 華国鋒訪朝（～5-10)。5-15 ルーマニア大統領ニコラエ・チャウシェスク訪中（～5-20)、経済技術長期協力協定調印。5-20 蒋経国、国民党総裁・国府総統に就任、台湾出身の謝東閔を副総統に指名。 6-16 中国、ホーチミン駐在総領事の任命を取り消し、広州・昆明・南寧駐在ベトナム総領事館閉館をベトナムに通知。6-22 日韓大陸棚協定批准書交換、発効、協定調印から4年半。 7-7 中国、アルバニアに援助停止を通知。7-25 英で世界初の体外受精児誕生。	1-4 円新高値、1ドル=237円90銭、以後円急騰、10-31 1ドル=175円50銭、12-4 円急反落、年末1ドル=195円10銭。1-26 大蔵省、為替管理の自由化・簡素化措置を発表、外貨預金・海外送金・金取引の制限緩和。 3-20 動燃事業団原子炉「ふげん」臨界に、7-29 送電開始、出力165MW。3-22 電電公社、光ファイバーで海底通信成功と発表、距離70Km。3-25 成田空港開港で機動隊と反対派衝突、3-26 反対派、管制塔に進入破壊、115人逮捕。3-26 社会民主連合結成、代表田英夫。3-28 東京ダウ、5360円34銭、以後上昇傾向、11-27 6000円超える。 4-18 石油税法公布。4-30 植村直己、単独犬橇で北極点に到着。4-30 首相福田赳夫訪米（～5-7)、5-2 米上下両院で演説。 5-12 閣議、省エネルギー法案正式決定。5-20 成田新東京国際空港開港式、建設12年で工費6000億円。5-22 日銀、輸入決済手形制度実施。 6-1 石油新税を実施。6-2 最高裁、外務省公電漏洩事件で記者西山太吉に有罪判決。6-4 成田市、空港開港で騒音値103ホンと測定。6-12 宮城県沖でM7.5の地震発生。6-21 日韓大陸棚協定実施に伴う石油・天然ガス資源開発特別措置法公布。 7-21 新日鉄八幡製鉄所洞岡最後の高炉操業停止。7-30 沖縄県、右側から左側通行に回復、1945.6-24より33年ぶり。7-30 外務省、戦後外交文書44冊公表。7- 原発の月発電量56億8600万kWh、水力発電量を上回る。

1978年(昭和53年)戊午(2/2)

日中交流・中国

- 8-8 外相園田直訪中, 8-10 鄧小平と会談, 8-12 日中平和友好条約調印, 8-16 全人代可決。8-19 東芝, TV用IC製造ライン受注, 2400万ドル。8-22 日揮, 人工革MDI製造ライン受注, 70億円。8-28 輸銀, 中国銀行へ円建バンクローン総額2000億円超決定。8-30 国貿促藤山愛一郎訪中。8-30 日中友好議員連盟浜野清吾訪中。8- 伊藤万, 上海絲綢輸入出公司へ10万ドル縫製機器を提供, 代わりに輸出代金で返済, 日中間衣料品分野初の補償貿易案件。

- 9-8 関経連訪中団訪中(～9-18)。9-11 通産相河本敏夫訪中(～9-15), 長期貿易取極5年延長合意。9-11 第4回創価学会訪中, 団長池田大作。9-25 日中経済協会訪中(～9-29), 団長稲山嘉寛, 9-27 李先念と会談, 貿易センター建設基本合意, 李先念より製鉄所建設と改修協力の要請あり。9-25 外相園田直, NYで外交部長黄華と会談。9-25 国務院, 工商行政管理総局設置を決定。

- 10-6 中国からセメント22年ぶり受注。10-8 江藤淳訪中, 鄧小平と会談, 鄧小平初の「一国二制度」発言。10-22 副総理鄧小平・外交部長黄華来日(～10-29), 10-23 平和友好条約批准書交換, 首相福田赳夫と会談, 昭和天皇と昼食会, 10-24 田中角栄を訪問, 10-26 新幹線で京都に移動。10-24 石油公団第2次訪中, 渤海湾・珠江沖油田開発基本合意。10-26 中国で日本映画週間,〈追捕〉(君よ, 憤怒の河を渉れ), 主演高倉健・中野良子,〈望郷〉(サンダカン八番娼館), 主演田中絹枝代栗原小巻,〈狐狸的故事〉(キタキツネ物語)を上映, 中国で文革後初の日本映画公式上映。10-30 東京銀行柏木雄介訪中, TC発行など合意。10-31 中国経済委員宝華来日。

- 11-1 日商会頭永野重雄訪中(～11-14)。11-5 東洋運搬機, 建設車両10億円受注, 11-8 同35億円受注。11-9 日中協会茅誠司訪中。11-10 宝山向け発電機器, 三菱1.9億ドル受注。11-13 神鋼ファウドラー, 大慶向け排水処理受注, 15億円。11-17 「右派」の名誉回復完了と報道。11-23 民社党佐々木良作訪中(~11-29)。11-27 公明党竹入義勝訪中(~12-5)。11-28 日中貿易混合委員会合(北京, ～11-29)。11-28 宇部興産, アンモニアプラント受注, 140億円。11-28 香港-広州フェリー再開, 30年ぶり。11-30 住金, 江西貴渓向け銅精錬プラント受注, 12-5 広西向け受注。

- 12-6 武漢鋼鉄廠, 1.7m圧延工場完成。12-9 日中海運仲裁協定調印。12-9 通産省, 上海宝山向けコンピュータシステム, ココム承認と発表。12-14 対外貿易部部長李強, 香港を公式訪問, 建国以来初の国務院部長の香港訪問。12-18 中共第11期中央委第3回全体会議(～12-22), 経済改革と対外開放路線を決定。12-22 新日鉄, 中国技術輸出入総公司と宝山鋼鉄総廠向け基本契約調印, 12-23 起工式。12-25 政治局会議, 新設秘書長に胡耀邦。12-26 中国公費留学生50名, 米に出発, 建国後初の対米公費留学生派遣。12-28 三井石油化学, 南京向けポリエチレンなど受注, 400億円。

1978年
- 中国の年間石炭生産量6.18億トン, 原油1億405万トン, 初めて1億トン超える。中国貿易総額206.4億ドル, 初の200億ドル台, 輸入108.9億ドル, 初めて100億ドル超える。

1978年（昭和53年）戊午（2/2）

その他	日本（参考）
8-9 中国-リビア，国交樹立。8-16 主席華国鋒，ルーマニア・ユーゴスラビア・イランを訪問（～9-5）。8-23 中国大陸と台湾の学者，同時に東京で開催した第19回高エネルギー物理国際会議に出席（～8-30）。 9-5 首相福田赳夫，首相として初の中東産油国訪問に出発。9-8 鄧小平，北朝鮮を訪問。 9-12 タンザニア首相訪中（9-15）。9-14 ルーマニア首相訪中（～9-19）。 10-6 外交部長黄華訪伊，伊と科学技術協力協定調印，10-10 訪英。10-9 副総理方毅，西独と科学技術協力協定調印，10-14 仏と科学技術協力協定調印。10-11 上海造船所建造の紹興号，ポーランド側に引き渡し，初の中国製船舶輸出。10-21 GM会長マーフィー訪中（～10-27）。10-24 メキシコ大統領訪中（～10-30），10-27 文化協定・観光協定を調印。 10-31 台湾，南北高速道路全線開通，372.8km。 11-1 米下院小委員会で，ソウル地下鉄車両輸出の際裏金が日本還流の証言。11-3 ソ連-ベトナム，友好協力条約・経済協定などをモスクワで締結。11-5 鄧小平，タイ・マレーシア・シンガポールを訪問（～11-14）。 12-4 中国，仏と経済長期協定を北京で調印。 12-9 第8回アジア大会（バンコク，～12-20）。 12-10 中国，航空機内で行われた犯罪などに関する条約（1963年東京で作成，1979.2-12発効）に加入。12-16（米現地時間12-15）米中両国，同時に1979年1月1日から国交正常化声明を発表。12-17 OPEC総会，1979年の原油価格を4段階で値上げすることを決定。	8-1 郵便貯金のオンライン化開始。8-22 大蔵省，サラリーマン金融に対し指導監督の強化を表明。 9-2 閣議，内需拡大など総合経済対策を決定。 10-4 原子力安全委員会発足，原子炉設置許可に係る安全審査及び安全審査指針の策定を担当。10-5 池袋サンシャイン60オープン。 10-16 衆議院，日中平和友好条約を可決，10-18 参院で可決，成立。10-16 原子力船「むつ」佐世保に入港。10-17 靖国神社に東条英機・広田弘毅らA級戦犯14人を合祀，1979.4-19 公に。10-18 無限連鎖講（ネズミ講）防止法成立，11-11 公布，1979.5-11 施行。 10-26 新日鉄，4製鉄所の9ラインを停止，11-10 石川島播磨重工業，3工場を閉鎖。10-31 円対ドル相場175円50銭，過去最高を記録。 11-10 リニアモーターカーのテスト走行，時速347Kmで世界新記録。11-27 日米第4回安全保障協議委員会開催，日米防衛のための指針を決定。11-28 政府，アジア開発基金とアフリカ開発基金へ拠出増額を決定，アフリカ開発基金は15%で1位に。11-29 全国の原子力発電容量，1000万kWを超える。 12-7 大平正芳内閣（第68代）発足（～1979.11-9）。 年末 ・外貨準備高330億1900万ドル。 1978年 ・国内総生産206兆6703億円，初めて200兆円台に，成長率名目10.1%，実質5.3%。 ・国際収支（経常）165億3400万ドル。

1979年（昭和54年）己未（1/2）

日中交流・中国
1-5 貴州天然ガス肥料廠稼働，年100万トン。1-11 中国，農村地区の階級認定大幅緩和。1-12 参院議長安井謙訪中（～1-24）。1-15 胡喬木来日（～1-26）。1-16 中国石油開発代表団来日。1-16 日中漁業協定改訂（北京）。1-27 日立，カラーテレビ10万台受注。1- 年初より中国向けプラント受注発表相継ぐ（1-7 日経金，貴陽アルミ精錬300億円，1-8 東洋エンジ，エチレン・硝酸・リン硝安総額1020億円，1-11 日本触媒化学，アクリル酸エステル65億円，1-11 旭化成，タイヤコード140億円，1-11 日揮など，エピクロロヒドリン100億円，1-16 三菱重工，スチレンブタジエンゴム65億円，1-17 日揮，ハイドロクラッキング150億円，1-25 鐘紡，ポリエステル連続重合160億円，1-25 千代田化工，減圧残油熱分解90億円）。
2-2 日本電気，中国向けマイクロ波通信システム受注，2-14 コンピュータシステム受注。2-4 全国工商局長会議（～3-12），自由市場開設を検討。2-6 鄧小平，訪米帰途来日（～2-8）。2-22 中国銀行代表団来日。2-26 中国技術進出口から1978年12月以降調印プラント契約延期発効の申し入れ，既契約7500億円中影響受ける物件4200億円（通産省），6-4 宇部興産アンモニア2物件再開，6-26 エチレン1物件と宝山を除き，ほぼ原契約通り再開。2-28 日中長期貿易協議委員会訪中（～3-2）。
3-1 国務院，食糧・綿・豚肉など18品目買上価格順次引上を決定。3-5 《文匯報》でRado腕時計CM，文革後初の外国企業新聞広告。3-7 東京銀行，中国銀行向け融資枠80億円設定。3-13 国務院，国家外貨管理局設置・中国銀行改革を決定。3-14 東京都，北京市と姉妹都市結ぶ。3-17 中日長期貿易協議団来日，団長劉希文，3-29 日中長期貿易取極延長と増額合意。3-20 中国鉄道部長郭維城来日，4-3 首相大平正芳と会談。3-20 深圳市・珠海市新設決定。
4-1 中国人民銀行，預金金利利上げ。4-8 全人代副委員長鄧穎超来日，4-16 京都嵐山周恩来記念碑除幕式に出席。4-11 三井三池，中国向け採炭設備受注，120億円。4-27 国際交流基金，中国の32大学へ日本語教材を贈呈。
5-9「中日友好の船」下関入港，団長廖承志，6-5 長崎出港。5-14 中国銀行総経理卜明来日，5-15 輸銀と石油・石炭資源開発融資基本事項覚書を調印，4200億円，5-18 邦銀22行総額20億ドル長期融資枠設定・邦銀31行総額60億ドル短期融資枠設定合意，8-16 正式契約。5-18 国防部副部長粟裕，防衛庁長官山下元利を表敬訪問。5-25 日中航空協議，長崎・杭州を第3寄港地で合意。
6-12 宝山製鉄所契約保留問題，7.25％（5年）で決着。6-13 副総理・経済委主任康世恩，訪米帰途訪日。6-15 中国駐在日本国大使吉田健三赴任，6-20 信任状提出。6-18 第5期全人代第2回総会（～7-1），刑法・中外合資経営企業法を採択。6-25 ユニチカ，内蒙古向けカシミヤプラント成約，30億円。6-26 松下電器，上海向け白黒テレビ用ブラウン管製造ライン成約，年160万本，6-29 松下幸之助，鄧小平と会談。6-27 上海石化Ⅰ期輸入設備検収完了。6-28 公明党竹入義勝訪中（～7-9），鄧小平と会談。6-30 残留孤児題材の映画〈桜〉（さくら），中国で封切り。

1979年（昭和54年）己未（1/2）

その他	日本（参考）
1-1 米，中国と国交樹立，台湾国府と断交。1-3 欧州議会議長エミリオ・コロンボ訪中(～1-8)。1-7 ベトナム軍，プノンペンを陥落。1-11 カンボジア，ヘンサムリン政権成立。1-16 イラン国王，エジプトに亡命。1-17 第2次石油危機勃発。1-29 副総理鄧小平訪米(～2-4)，1-31 科学技術交流協定・文化交流協定調印。 2-8 中国-ポルトガル，国交樹立。2-12 イラン革命。2-17 中越国境で，中国軍が大規模な軍事行動(～3-16)。2-21 欧州共同体(EC)委員長ロイ・ジェンキンス訪中(～3-1)。 3-26 エジプト-イスラエル平和条約，ワシントンで調印。3-27 OPEC臨時総会，原油価格9.05%値上決定。3-28 米スリーマイルズ島原子力発電所大量放射能漏れ事故，3-30 州知事，非常事態宣言，住民避難，4-6 終息。 4-3 中国，中ソ条約終了をソ連側へ通告。4-4 イラン，イスラム共和国成立。4-10 米，台湾関係法を制定。4-29 国連事務総長ヴァルトハイム訪中(～5-2)。4-30 台湾から米軍撤退完了。 5-4 サッチャー女史，英首相就任，先進国で初の女性首相。5-9 首相大平正芳，フィリピンを訪問，5-10 日比友好通商航海条約を締結。 6-7 中国銀行初の在外支店ルクセンブルグ支店開業。6-8 イラン，全銀行国有化。6-22 中国-アイルランド，国交樹立。6-24 米大統領カーター来日，6-25 昭和天皇と会談。6-28 OPEC総会，原油価格大幅値上げ決定。6- 広東省から香港への密航盛ん。 7-7 米中貿易協定調印。7-25 山下元利，防衛庁長官として初の訪韓。	1-4 為替レート，1ドル=196円80銭，以後円安傾向に。1-5〈燃えろアタック〉，テレビ朝日で放送(71回，～1980.7-11)主演荒木由美子。1-13 国公立大で初の共通一次試験実施(～1-14)，受験者327163人。1-17 国際石油資本，対日原油供給削減を通告。1-25 日商岩井社長，ダグラス・グラマン疑惑で成功報酬密約を認める。 3-12 三井のイラン石化コンビナート工事凍結。 4-8 第9回統一地方選挙，東京は鈴木俊一，大阪は岸昌，神奈川は長洲一二当選。4-17 日銀，公定歩合を0.75%引き上げて4.25%に，7-24 1%引き上げ，11-2 更に1%引上げて6.25%に。 5-8 日本電気，パソコンPC-8001を発表，9-28 発売。5-11 無限連鎖講防止法施行。5-16 田辺製薬，スモン訴訟の原告患者と和解合意，補償額約65億円。 6-11 富士山クリーン活動でゴミ197.4トン回収。6-15 総合エネルギー対策推進閣僚会議，原子力発電強化・石炭発電促進などを決定。6-18 車の運転免許証所持者，4000万人超える。6-21 松下幸之助，私財70億円を以って松下政経塾を設立。6-22 エネルギー使用合理化法(省エネ法)公布，10-1 施行。6-28 東京で第5回主要先進国首脳会議開催(～6-29)，6-29 石油危機対応の「東京宣言」を発表。 7-11 東名高速日本坂トンネル内で玉突き炎上事故，173台延焼。7-20 最高裁，企業採用の内定取消無効の判決。7-31 松下電子工業，電子真空管生産終了，日本でなくなる。

1979年(昭和54年)己未(2/2)

日中交流・中国

7-6 民社党塚本三郎訪中。7-8 中国国際信託投資公司(CITIC)設立許可,董事長栄毅仁,10-4 設立。7-13 中共中央,反右派運動を正式否定。7-26 石川島播磨,唐山向けセメントプラント受注,120億円。7-30 全人代第5期常務委第10回会議,外国投資管理委と輸出入管理委設置を決定。

8-27 中国京劇院三団来日(～10-4),東京・神戸・大阪・福岡・名古屋で公演。

9-1 副総理谷牧来日(～9-12),9-3 首相大平正芳と会談,外相園田直に円借款を正式要請。9-4 上野動物園ランラン病死。9-11 上海-長崎定期航空便就航。9-19 中国,日本企業駐在員に長期ビザ発給開始。9-21 ソニー会長盛田昭夫,鄧小平と会談。

10-1 対中資金協力日本政府調査団訪中(～10-9)。10-1 西安秦始皇兵馬俑博物館開館。10-4 石油公団,中国石油天然ガス勘探公司と渤海南部石油共同探査契約調印。10-8 日中経済協会稲山嘉寛訪中(～10-12)。10-27 日中青年研修協会設立,会長岡崎嘉平太,中華全国青年聯合会と提携で中国青年研修生の受入を始める。10-30 トヨタ自販,北京に整備工場贈呈文書調印。

11-1 中国,副食品一斉大幅値上げ,職工総数約1億人以上を対象に月5元の副食品手当を支給。11-1 中国留学生友の会,東京で結成。11-6 新疆天山毛紡織品合弁契約調印,1981.1-1 開業。11-9 フジタ工業,中国土木工程公司と契約,中国人作業員をイラク高速道路建設現場に派遣。11-19 全国保険会議(～11-27),中国人民保険,国内保険業務再開へ。11-20 京和設立,日本初の中国系合弁企業,1980.1- 開業。11-21 国務院,自然科学奨励条例を公布。11-25 渤海2号石油採掘船沈没事故。

12-5 首相大平正芳訪中(～12-9),12-6 鄧小平と会談,日中文化交流協定調印,12-9 円借款1979年度500億円合意,日中友好病院建設へ無償援助を表明。12-5 日本ビクター,天津向けカラーテレビ組立ラインを受注,年15万台。12-6 東京銀行と日本輸出入銀行に北京事務所設立許可,中国銀行に東京事務所設立許可。12-6 石油公団,中国石油天然ガス探査開発公司と渤海湾石油天然ガス調査開発契約調印。12-14 松下電器,カラーテレビ製造ライン成約発表,北京で年15万台。12-14 四川ビニロン廠稼動,中国で最大規模。12-20 大成建設,中国建築工程公司江蘇分公司と契約,中国人作業員をイラク病院建設現場に派遣。12-24 日立,カラーテレビ組立ライン成約,上海で年20万台。12- 東工物産,北京で日本企業初の駐在事務所を正式開設。

年末
・農村社隊企業,150万社2000万人超える。北京市の自転車300万台超え,史上最多。

1979年
・中国国内総生産4062.6億元,初の4000億元台,一人当り419元。中国の輸出211.7億元,輸入242.9億元,輸出入とも初めて200億元を超え,貿易赤字31.2億元,初めて30億元を上回る。
・中国旅券所持者の日本入国者数11622人,初めて1万人を超える(法務省)。

1979年（昭和54年）己未 (2/2)

その他	日本（参考）
8-15 台湾《美麗島》創刊。8-28 日本-北朝鮮，貿易代金支払基本合意書調印，未払代金を10年間均等払で合意。 9-3 第6回非同盟国首脳会議，ハバナで開催（～9-9），94カ国参加。9-10 ホンダの米国現法ホンダ・オブ・アメリカ，オハイオ州の二輪車工場操業開始。 10-1 米-パナマ，新パナマ運河条約施行，運河を共同管理に。10-13 日本，1979年度ベトナム経済協力の実施を凍結。10-15 総理華国鋒，仏・西独・英・伊を訪問（～11-6）。10-17 中ソ，モスクワで関係正常化交渉（～11-30）。10-26 韓国朴正熙大統領，KCIA部長金載圭に射殺される。 11-3 上海-香港間コンテナ船定期便就航。11-4 イラン，米大使館を占拠事件。11-26 国際オリンピック委員会，中国のオリンピック復帰を決定。 12-3 イラン・イスラム共和国憲法成立。12-10 台湾美麗島事件，152人逮捕。12-12 韓国全斗煥，粛軍クーデターを起こす。12-15 日本共産党代表団訪ソ，12-24 共同声明。12-27 アフガニスタンでクーデター，カルマルが革命評議会議長に就任，ソ連軍侵攻。12-31 米台相互防衛条約失効。 **1979年** ・台湾の総生産332.0億ドル，成長率8.2%，一人当り1900ドル。年間輸出入貿易308億ドル，13億ドルの黒字。台湾の年間渡米留学生数5463名，初めて5000人を超える。 ・香港の総生産223.9億ドル，一人当り4541ドル。	8- 伊藤園，中国から烏龍茶長期輸入契約調印，1980. 缶入り烏龍茶を試販，日本初，1981.2- 正式販売。 9-27 東証ダウ，6500円超える。 10-2 国際電電(KDD)社員2人，成田空港で脱税行為発覚，10-18 国際電電1978年度の交際費22億円と判明，多くは政治家への贈答と接待で問題化，10-25 社長辞任。10-7 第35回総選挙，自民248，社会107，公明57，共産39，社民35，新自ク4。10-12 閣議，三井グループのイラン石油コンビナート計画へ政府出資200億円決定。10-22 日本鉄道建設公団，1978年度の組織的カラ出張28134件，計2億7371万円と判明，総裁更迭へ。 11-2 日銀，公定歩合を1%引き上げて6.25%に。11-9 第2次大平正芳内閣（第69代）発足（～1980.6-12）。 12-12 リニアモータ・カー，国鉄宮崎試験センターで時速504Km。12- NTT，自動車電話など第1世代(1G)携帯電話サービス開始。 **年末** ・外貨準備高203億2700万ドル。 **1979年** ・国内総生産224兆29億円，成長率名目8.4%，実質5.5%。ドル換算1兆92.3億ドル，一人当り8711ドル。国際収支（経常）87億5400万ドル。年間平均対ドル為替レート1ドル=219.1円，前年比9.3円安。 ・エチレン生産量1196万トンで史上最多，以後減少。外食産業総売上13兆円に達する。吉野家店舗279（海外23），売上222億円に。

1980年(昭和55年)庚申(1/2)

日中交流・中国

1-1 新日鉄,宝山鋳造工場向け700億円受注。1-14 国務院,特許制度導入決定。1-22 対外貿易部長李強来日,1-24 首相大平正芳と会談。1-22 国営企業「利潤」保留方法試行開始。1-28 遼河油田・ガス田商業生産開始。1-29 中国贈与のパンダ・ホアンホアン,上野動物園に到着,2-6 歓迎式。1- 四川・陝西・内蒙古・甘粛で大型炭田相次いで発見(〜3-)。

2-1 日中両政府,広州と札幌に総領事館相互開設合意。2-8 石油公団,中国石油天然ガス勘探公司と埕北油田開発協力合意。2-9 国務院,税関管理体制改革・海関総署設置を決定。2-22 中国核学会初会議(北京,〜2-28)。2-23 中共第11期中央委第5回全体会議(〜2-29),2-25 鄧小平,総参謀長を辞任,習仲勲名誉回復,2-29 中央書記処を再設,総書記に胡耀邦,劉少奇名誉回復。

3-1 在広州日本国総領事館開館,総領事田熊利忠着任。3-15 民航総局,解放軍から分離。3-17 日中外交事務レベル第1回定期協議,東京で開催(〜3-18)。3-17 中央財政経済指導チームを設置,組長趙紫陽,国家能源委員会を設置,主任余秋里。3-21 三菱重工,宝山向け圧延設備成約,850億円。3-24 広東・福建両省会議(〜3-30)。3-31 中国電子技術輸入出公司設立。

4-1 中国,外貨兌換券を発行。4-1 日本,中国に特恵関税を与える。4-2 副総理余秋里来日(〜4-16),首相大平正芳と会談。4-4 輸銀北京事務所開設。4-4 北京航空食品公司設立(中国民航総局51,香港美心集団49),改革開放後初の合弁会社,中国外国投資管理委外資企業許可第1号,5-1 開業。4-7 NHK,日中共同制作のテレビ・ドキュメンタリー〈シルクロード〉放送開始(〜1981.3-2)。4-7 東京銀行北京事務所開設。4-13 鑑真和上像,里帰り実現,4-19 揚州大明寺で展示(〜4-25)。4-14 日中両政府,北京語言学院日本語研修センター設置合意,8-11 発足。4-25 日本対中国円借款,北京で公文交換。4-28 通産相佐々木義武,余秋里・康世恩と会談,炭鉱開発・渤海油田・石炭供給など協議。4-30 日本対中国有償資金協力(円借款)L/A調印,6件(兗州-石臼所鉄道101億円・広州-衡陽鉄道拡充33.2億円・北京-秦皇島鉄道拡充25億円・秦皇島港拡充49.15億円・石臼所港建設70.85億円・五強渓水力発電所1.4億円),日中間初の円借款成立。

5-1 北京-通遼鉄道開通,806Km。5-8 首相大平正芳,チトー葬儀参加の際,ベルグラードで総理華国鋒と会談。5-16 中共中央・国務院,深圳・珠海・汕頭・厦門に経済特区設置を決定,8-26 全人大で承認。5-18 中国,太平洋海域に向けICBM発射試験,5-21 第2回試射。5-26 日中共同制作映画〈望郷の星〉,サントリースペシャル番組としてTBSで放送,初の日中共同制作のテレビドラマ,主演栗原小巻・高飛。5-27 華国鋒来日(〜6-1),中国総理で初,首相大平正芳と会談,日中閣僚会議設置で合意,5-28 日中科学技術協力協定調印,5-29 共同声明。5-29 日中石油開発・埕北石油開発,東京で中国石油天然気ガス公司と渤海湾西部・南部石油共同開発協定を調印,12-18 日中仏共同で試掘開始。5-31 鄧小平,農村生産請負制を肯定。

6-30 上野動物園カンカン急死。6-30 国家商品検験総局発足。6-30 中国,海南島開発を決定。

1980年（昭和55年）庚申（1/2）

その他	日本（参考）
1-4 米，ソ連のアフガニスタン侵攻への報復措置を発表。1-5 米国防長官ブラウン，中国を訪問（～1-13），対ソで米中協調一致。1-15 首相大平正芳，オーストラリア訪問に出発。1-18 中国-スリランカ，経済技術協力協定調印。1-24 米中技術協力協定6件，北京で調印。1-26 エジプト-イスラエル，国交樹立。1-29 米中海上貨物船定期便就航。2-7 中国-コロンビア，国交樹立。3-12 ボーイング会長ウィルソン訪中。4-7 米，イランと絶交。4-10 中ソ友好同盟相互援助条約失効。4-15 世界銀行総裁マクナマラ訪中，鄧小平と会談。4-17 IMF，中国加盟承認，台湾脱退。4-21 イラン，日本向け原油の船積停止。4-22 北京長城飯店設立許可（シェラトングループ経営，中国国際旅行社北京分社51，米ES PDCC49），初の中外合弁星付高級ホテル，1983.6- 完成。4-24 興銀-中国銀行-香港華潤-米ファースト・ナショナル・バンク・オブ・シカゴ，香港中芝興業設立合意。4-24 米，イラン人質救出作戦，4-25 失敗。4-28 在上海米総領事館開館。4-30 首相大平正芳，北米3カ国を歴訪（～5-11）。5-5 ユーゴ大統領チトー死去（87歳）。5-15 世銀理事会，中国の代表権回復を決定。5-27 韓国光州事件，戒厳軍が光州民衆を鎮圧。6-2 日本，イラン向け新規輸出契約に対し貿易管理令を発動。6-3 中国，世界知的所有権機関に加入。6-22 第6回先進7カ国首脳会議，ベネチアで開催（～6-23）。6-27 中米合弁の北京建国飯店起工式，1982.3-29 開業。	1-11 本田技研，米オハイオ州に小型自動車工場建設計画を発表，1982.11-1 稼働。2-1 農林業センサス結果発表，農家戸数4661384戸，内専業農家623133戸。2-19 日銀，公定歩合1％引き上げ，7.25％に，3-19 更に1.75％引き上げ9％に，8-20 引下げに転じ，8.25％に，11-6 7.25％に。3-7 山口百恵，婚約を発表，引退・結婚までの200日，百恵フィーバー。3-10 都市銀行6行間現金自動支払機のオンライン運営開始。3-15 山田洋次監督の〈遙かなる山の呼び声〉上演。3-31 過疎地域振興特別措置法を公布，過疎地域市町村計1119。3-末 1979年度日本対中国投資件数1，金額14百万ドル（大蔵省統計，届け出ベース）。4-25 東京銀座で1億円拾得，所有者名乗り出ず。4-28 任天堂，電子ゲーム機「ゲーム＆ウォッチ」発売，以後2年間で900万個売れる。5-1 犯罪被害者など給付金支給法公布。5-7 富士通，日本語電子タイプライターを発売。5-14 石油代替エネルギー法成立。6-3 原子力安全委員会，原子力防災指針を決定。6-12 首相大平正芳急逝（70歳），内閣官房長官伊東正義が首相臨時代理に就任（～7-17）。7-11 原子力委員会放射線廃棄物対策専門部会で太平洋投棄を提起，その後問題化，8-14 南太平洋首脳会議で日本の海洋投棄停止を決議。7-15 牛丼の吉野家倒産，負債115億円，1983年更生計画認可，1987年債務完済，再建。7-17 鈴木善幸内閣（第70代）発足（～1982.11-27）。

1980年（昭和55年）庚申（2/2）

日 中 交 流・中 国

7-8 華国鋒，大平正芳葬儀参列のため来日（〜7-10）。7-26 中国映画〈桜〉，日本で上映，主演程暁英・許還山。7-26 中外合弁企業労働管理規定・同登記方法・同建設用地暫定規定公布。7- 東京海上北京事務所開設，外国保険会社として初。

8-23 中国外交部，伊藤律の中国在留を発表，9-3 30年ぶり帰国。8-30 第5期全人大第3回総会（〜9-10），首相に趙紫陽選出。

9-1 日中文化交流政府間協議第1回会議，東京で開催。9-2 外相伊東正義訪中（〜9-4）。9-9 初の複線電化鉄道石家荘-陽泉間開業。9-10 在札幌中国総領事館開館。9-11 北京で日中長期貿易取極第2回定期協議。9-16 日本輸銀，中国銀行へのバンクローン契約調印，銭家営炭鉱開発など4件で210億円。9-22 日本石油連盟訪中。9-25 外相伊東正義，NYで外交部長黄華と会談。9-27 中共中央，初めて「包産到戸」を正式認める。

10-4 中国人民対外友好協会会長王炳南来日。10-22 天津無線電廠カラーテレビ生産ライン試生産開始，中国初の海外カラーテレビ技術導入案件，ライセンサー日本ビクター。10-23 ロックバンドのゴダイゴ，第1回日中友好音楽祭（天津）に参加，中国で初のロックバンド公演，音響照明は綜合舞台提供。10-28 四日市-天津，姉妹都市を結ぶ。10-29 外国企業の中国常駐事務所に関する暫定規定公布。

11-10 政治局会議（〜12-5），華国鋒の辞任に同意。11-20 特別法廷で四人組裁判開始。11-21 日中東シナ海大陸棚に関する実務者会議（〜11-22）。11-25 日本オリエンタルリース-中国国際信託投資-北京市機電設備，北京で中国東方租賃有限公司合弁契約調印，中国初の中外合弁リース会社。11- 国家科学委・計画委・エネルギー委，広東・華東・遼寧で原発建設を決定。

12-1 広東国際信託投資公司(GITIC)開業。12-3 初の日中閣僚会議，北京で開催，12-5 共同声明発表。12-5 日本対中国借款公文交換，12-9 日本対中国有償資金協力（円借款）L/A調印，4件（兗州-石臼所鉄道Ⅱ31.1億円・北京-秦皇島鉄道拡充Ⅱ112億円・秦皇島港拡充Ⅱ137.7億円・石臼所港建設Ⅱ98.6億円）。12-10 国務院，厦門経済特区を許可。12-13 福日テレビ合弁契約調印（資本金7300万元，日立48％），初の大型日中合弁会社。12-14 個人所得税法施行細則・中外合資経営企業所得税法施行細則公布。12-15 渤海油田日中共同探査試掘開始。12-18 外貨管理暫定条例頒布。12-22〈人民日報〉，初めて毛沢東の文革での過ちに言及。

年末

・外貨準備高▲12億9600万ドル，史上唯一マイナス残高。

1980年

・国内総生産4545.6億元，前年比11.9％増，一人当り463元。
・日中間貿易総額2兆1186億円，初の2兆円台。日本の輸出，中国向け1兆1408億円，台湾向け1兆1687億円，香港向け1兆770億円，3者同時に初の1兆円台。

1980年（昭和55年）庚申(2/2)

その他	日本（参考）
7-4 中国シンドラー電梯設立, 8-4 傘下に上海エレベータ廠, 改革開放後上海初の合弁工場。7-19 第22回オリンピック・モスクワ大会, 日米中と西独など67カ国不参加。7-29 米ダグラス社, 海外不正支払最終報告書を提出, 日本に特別手数料密約疑惑浮上。 8-16 崔圭夏, 韓国大統領を辞任。 9-1 全斗煥, 韓国大統領就任。9-1 ポーランド, グダニスクで自主管理労組（連帯）結成。9-9 イラン-イラク全面戦争勃発。9-16 ワシントンで米中経済合同委第1回協議, 9-17 領事条約・民間航空協定・海運協定・繊維協定等調印。9-17 韓国軍法会議, 金大中に死刑判決。 10-1 中国, IMF・世界銀行年次総会に初出席。10-2 米台協定調印, 在米台湾機構に外交特権を授与。10-10 中国, 航空安全に関するハーグ条約・モントリオール条約に加盟。10-22 米中食糧貿易協定調印。10-27 韓国, 新憲法公布。 11-10 米中書留小包郵送業務開始。11-11 米中農業科学技術協力諒解備忘録調印。11-17 米経済貿易展, 北京で開催, 米中国交樹立後初の米政府主催の展示会。11-28 天津中仏ワイン合弁契約調印（レミ・マルタン極東59）。 12-5 中国経済貿易展, NYで開幕。12-16 OPEC総会, 原油価格を10%値上決定。12-末 台湾の人口, 17805067人。 1980年 ・台湾の総生産414.0億ドル, 成長率7.3%, 一人当り2325ドル。香港の総生産285.4億ドル, 一人当り5640ドル。	8- 1905年以来の冷夏, 農作物に大被害。 9-10 電電公社, 超高純度光ファイバー開発成功と発表。9-12 東証ダウ, 7000円台に乗る。9-24 イラン・ジャパン石油化学コンビナート工事現場, イラク空軍機が爆撃。 10-1 国勢調査, 人口117060396人, 内外国人668675人。10-1 新エネルギー総合開発機構（NEDO）発足。10-24 農林水産省, 冷害による被害状況調査結果を発表, 被害農地面積は全耕地の52.7%, 被害見込額6919億円, 戦後最大。 11-6 日銀, 公定歩合を1%引下げて7.25%に, 11-16 預金準備率引下実施。11-18 農林水産省, 第2期減反目標を策定, 1981年度631000ha。 12-1 資本取引原則自由化, 輸出認証・輸入届出の廃止など施行。12-24 日本輸出入銀行, ソ連の第3次極東森林資源開発計画・南ヤクート原料炭開発計画へ2088億円借款合意。 年末 ・外貨準備高252億3200万ドル。 1980年 ・国内総生産242兆8387億円, 成長率名目8.4%, 実質2.8%, 一人当り9146ドル。貿易赤字2兆6129億円, 史上初の2兆円台赤字。国際収支（経常）▲107億4600万ドル。 ・粗鋼生産1億1104万トンで米国を抜き, 世界首位。自動車生産台数11042884, 台数で米国を抜いて, 世界1位に。 ・労働者の実質賃金, 平均月額263386円, 戦後初めて前年比マイナス。

1981年(昭和56年)辛酉(1/2)

日 中 交 流 ・ 中 国
1-1　第6次5カ年計画(1981～1985年)スタート。1-1　婚姻法施行。1-1　学位制度発足。1-1　新疆天山毛紡織品有限公司開業,紡織業初の中外合弁,東洋紡が香港天山毛紡織経由で間接出資。1-4　長江葛洲壩堰き止め。1-8　衆院副議長岡田春夫訪中。1-9　参院議長徳永正利訪中(～1-18),1-11　趙紫陽と会談。1-14　国務院,機械設備輸入を制限。1-14　統計・会計・編集者・記者・通訳など職称規定を頒布。1-15　初の原子炉完成と報道。1-16　国務院常務委,国庫券条例を可決。1-19　中国側から上海宝山製鉄所II期工事の中止・延期の通告, 1-21　新日鉄公表。　1-21　国務院,技術導入と設備輸入暫定条例を頒布。1-25　中国最高人民法院特別法廷,江青・張春橋らに死刑判決, 1983.1-25　無期懲役に減刑。1-26　北京日中友好病院設計・基金リスト贈呈式。1-末　中国側,南京・勝利等石油化学コンビナート建設中止を通告,プラント契約への影響約2200億円。
2-11　大来佐武郎訪中, 2-12　鄧小平と会談。2-18　日中友好病院建設契約書,北京で調印。2-20　国務院,非合法出版物と組織の対処につき通達。2-27　中国人口学会設立。
3-1　外貨管理暫定条例施行。3-2　中国残留日本人孤児47人初来日(～3-16)。3-3　日中渡り鳥保護協定,北京で調印。3-6　国家経済委,工鉱業製品契約試行条例を頒布。3-10　財政部,国営企業の利潤上納から納税制度への変更を試行。3-11　日本国貿促会長藤山愛一郎,北京で趙紫陽と会談, 3-13　鄧小平と会談。3-12　日本繊維工業展,北京で開幕。3-17　日中経済協会土光敏夫訪中, 3-18　鄧小平・趙紫陽と会談。3-20　日中文化無償基金(5000万円)交換公文,北京で調印。
4-3　全国工商局長会議,国内市場と商業の更なる開放を決定。4-6　日中石油共同開発,渤海南部で石油試掘成功と発表。4-9　中国輸出入管理委副主任周建南来日。4-9　プラント工事中止に関する日中協議開始。4-10　日中友好議員連盟訪中,団長古井喜実, 4-13　趙紫陽と会談, 4-14　鄧小平と会談。4-10　日中外交事務レベル第2回定期協議(北京,～4-11)。4-10　全国海関長会議,東南沿海地区密輸横行対策を検討, 8-28　広東・福建・浙江密輸撲滅会議,北京で開催。4-15　福日テレビ有限公司設立, 6-8　操業開始。
5-1　中国社会科学院日本研究所設立。5-17　NHK,上海広播事業局と共同でテレビドラマ〈真理子〉を上海で撮影(～5-28)。5-21　中国石炭開発総公司,北京で設立。5-23　陝西省で日本と同種の野生トキ7羽を発見。5-25　日本海外経済協力基金北京事務所開設。5-27　国務院,広東・福建両省と経済特区会議,経済特区10政策を制定。5-29　海外経済協力基金総裁細見卓,北京で谷牧と会談。5-29　東風汽車聯合公司,湖北十堰で設立。5-29　国家名誉主席宋慶齢逝(90歳)。
6-17　衆院議長福田一訪中(～6-27)。6-20　日中共同でオルドス盆地調査開始。6-23　日中科学技術合作委第1回会議(北京,～6-24)。6-26　上海灯泡廠モノクロブラウン管ライン稼働,年160万個。6-27　中共第11期中央委第6回全体会議(～6-29),建国以来の歴史問題に関する決議を採択,文革を全面否定,党主席華国鋒辞任,後任胡耀邦,鄧小平党中央軍事委主席に就任。

1981年（昭和56年）辛酉 (1/2)

その他	日本（参考）
1-7 中国民航機，初のニューヨーク飛行。1-8 中仏共同でトンキン湾北東部海域で石油試掘，5-28 成功と発表。1-19 中国籍定期貨物船，初めて米国航路に就航。1-20 イラン，米大使館人質を解放。1-20 レーガン，大統領に就任。 2-17 バンク・オブ・アメリカ北京事務所開設。2-19 米下院，日本製乗用車の輸入禁止法案を可決。2-21 オランダ政府，台湾への潜水艦輸出を正式許可。2-23 ローマ法王ヨハネ・パウロ二世来日（～2-26）。2-23 ベルギー－中国，対中国借款契約を調印。2-23 スペイン国会で，治安警備隊が国会を占拠，2-24 投降。 3-2 IMF，中国へ 4 億 5000 万 SDR 融資を承認，IMF 初の対中国融資。3-3 全斗煥，韓国大統領に就任。3-9 日ソ，第 3 次シベリア森林資源開発基本契約調印，日ソ経済協力再開後初の契約。3-29 台湾，国民党第 12 回代表大会，蔣経国が主席に再選。 4-3 米中共同中国神農架調査完了。4-7 スウェーデン首相訪中。4-12 米スペースシャトル初の宇宙飛行，コロンビア号。 5-4 首相鈴木善幸訪米に出発，5-8 共同声明発表。5-10 ポーランドの連帯議長ワレサ来日。5-13 ローマ法王ヨハネ・パウロ二世，サンピエトロ広場で狙撃される。5-21 ミッテラン，仏大統領に就任。 6-5 米 LA 在住の患者がカリニ肺炎発症，1983.5-20 AIDS と判明，初のエイズ患者。6-7 イスラエル軍，イラク原子力施設を空爆。6-10 国連事務総長ヴァルトハイム訪中。	1-6 外為市場で円急伸，1 ドル=200 円を突破，日銀大規模円売介入。1-17 動力炉・核燃料開発事業団東海村再処理工場，本格操業開始。1-30 日産自動車，英政府と英で小型乗用車生産につき合意。 2-5 神戸新交通ポートアイランド線開業。2-13 行革推進 5 人委員会，経団連・日商・日経連・関経連・経済同友会のトップによって結成。 3-11 国鉄経営再建特別措置法施行令公布，赤字ローカル線 77 線廃止へ。3-16 第 2 次臨時行政調査会発足，会長土光敏夫。3-20 神戸ポートアイランド博覧会開幕（～9-15），1600 万人入場。3-末 1980 年度日本対中国投資 6 件，12 百万ドル（大蔵省統計，届け出ベース）。 4-9 貨物船日昇丸，東シナ海で米原潜に当てられ沈没。4-18 敦賀原発で放射能漏れ事故，6-17 通産省，6 か月の運転停止命令。4-23 イラン・ジャパン石油化学への日本出資会社送金停止。 5-1 日本製乗用車の対米輸出，自主規制で妥結，6-4 カナダ向け輸出自主規制，6-8 西独向け輸出自主規制，7-9 イギリス向け輸出自主規制。5-7 サウジアラビア石油化学設立，三菱グループが中心，5-22 閣議で日本側出資額 45%の 216 億円政府出資決定。5-25 銀行法，25 年ぶり全面改正。5-25 不快用語整理法公布・施行。5-25 日本－アセアン貿易投資観光促進センター設立協定調印。 6-1 改正銀行法公布。6-9 首相鈴木善幸，西ヨーロッパ 6 カ国訪問に出発（～6-21）。6-9 改正商法公布。

1981年(昭和56年)辛酉(2/2)

日中交流・中国

7-4 テレビドラマ〈姿三四郎〉，中国で放送，主演竹脇無我，日本のテレビドラマ中国で初放送。7-6 第2回東南沿海3省密輸取締会議。7-15 商品の不正転売横行対策として，国務院から不正取締通達。7-24 日中長期貿易第3回定期協議，東京で開催。7-30 葛洲壩水力発電Ⅰ期1号機送電開始。7-31 外相園田直，カンクンで南北サミット準備会議期間中外交部長黄華と会談。

8-14 日中友好病院無償援助公文交換。

9-4 日本政府，対中国プラント輸出で約3000億円の資金供与を決定。9-5 国務院，税制改革を通達，所得税徴収開始，工商税を製品税・増値税・営業税に。9-7 竹下登・二階堂進訪中，9-8 鄧小平と会談。9-8 公明党訪中，団長竹入義勝，9-9 鄧小平と会談。9-14 27000トン級貨物船長城号，大連で進水。9-15 北京地下鉄Ⅰ期，国家検収完了，23.6Km。9-17 土光敏夫訪中，趙紫陽と会談。9-23 宝山鋼鉄総廠Ⅱ期5契約終了，日中間で合意。9-24 中国近海油田探査完了，6油田を発見。9-28 中国国際交流協会設立，会長李一氓。

10-1 東勝羊絨衫廠稼働，三井物産と内蒙古紡織工業公司の共同事業，世界最大規模のカシミア工場。10-21 中国駐在日本国大使鹿取泰衛赴任，10-24 信任状提出。10-22 首相鈴木善幸，カンクンで総理趙紫陽と会談，1982年相互訪問で合意。10-29 興銀北京事務所開設。

11-5 上海高橋石油化工公司設立，中国初の多業種企業。11-10 全人代代表団来日(〜11-20)，団長彭沖。11-11 日本プラスチック・食品加工展，上海で開幕(〜11-20)。11-16 ワールドカップで中国女子バレーボール優勝，「三大球技」で初の世界チャンピオン。11-30 第5期全人代第4回総会(〜12-13)，経済契約法・外国企業所得税法を採択。11- 地下足袋メーカ力王，南通に合弁会社。

12-1 日中友好病院施工監督契約・工事請負契約調印，12-2 定礎式。12-2 海南島対外開放。12-10 中国国際旅行社東京事務所開設。12-15 第2回日中閣僚会議(東京，〜12-16)，副総理谷牧・外交部長黄華・経済委主任袁宝華・基本建設委主任韓光・対外貿易部長鄭拓彬・財政部長王丙乾ら出席，12-16 宝山製鉄所・大慶石化資金協力3000億円公文交換。12-17 経済合同(契約)法公布。12-18 日本対中国有償資金協力(円借款)L/A調印，1件(商品借款400億円)，貸付先外国投資管理委員会。12-28 石油・石炭・鋼材・銑鉄などの計画外輸出許可証制発足。

年末
・正貨準備，金1267万オンス，外貨27億800万ドル。

1981年
・中国国内総生産4891.6億元，一人当り492元。
・日本対中国輸出1兆1146億円，輸入1兆1701億円，日本の入超1964年以来17年ぶり。
・大慶油田6年連続原油5000万トンを生産。
・日本人の中国向け出国者数109977人，初めて10万人を超える(法務省統計)。

1981年（昭和56年）辛酉（2/2）

その他	日本（参考）
7-2 日米欧主要国，対中国戦略物資輸出規制大幅緩和，140品目に及ぶ。7-14 米議会で日系人戦時強制収容公聴会始まる。7-15 中国，米ABC・CBS・NBC記者常駐許可発表。7-17 イスラエル軍，ベイルートを爆撃，7-20 レバノン南部に侵入，7-24 停戦。7-21 主要先進国第7回首脳会議（オタワ，〜7-22）。8-8 サウジアラビア，中東和平につき8項目を提案。8-13 鈴木自動車・いすゞ自動車，米GM社と小型車で提携。8-25 公明党，初の訪韓。9-4 ドイツ銀行北京事務所開設。9-10 第11回日韓閣僚会議。9-22 中・西独鉄道協力協定調印。9-30 葉剣英，対台湾9カ条を発表。10-1 米輸出入銀行対中融資協定調印。10-6 サダト暗殺される。10-6 中国外貿部長鄭拓彬，台湾との通商4カ条を提案。10-23 米原子力技術展，北京で開幕。10-29 OPEC臨時総会，原油価格値下を決定。11-16 中国銀行NY支店開業。12-13 ポーランド，ワレサ軟禁される。12-14 イスラエル，ゴラン高原を併合，12-17 国連安保理，無効を宣言。12-15 韓国，夜間外出禁止令を解除。12-22 在NY中国総領事館開館。 年末 ・台湾の外貨準備高72億4000万ドル。 1981年 ・台湾の総生産481.4億ドル，成長率6.2%，1人当り2654ドル。 ・香港の総生産305.9億ドル，1人当り5906ドル。1980年代初に香港資本の対中国内地第1次投資ブーム。	8-3 日立，米GE社と高性能ロボット技術提携調印。8-17 東証ダウ，8000円台に乗る。9-14 首相鈴木善幸，首相として初の沖縄公式訪問。10-1 住宅都市整備公団発足。10-1 内閣，常用漢字表1945字を決定，当用漢字1850字廃止。10-16 北炭夕張新鉱ガス突出事故，93人死亡，12-15 北炭夕張炭鉱，会社更生法適用を申請，負債721億円。10-19 福井謙一京大教授，ノーベル化学賞受賞。10-28 榎本三恵子，ロッキード事件公判で「蜂の一刺し」証言。10-30 レコード会社13社，大手レンタル店4社を著作権侵害で提訴，1984.6-2 著作権法改正施行，貸与権新設，使用料取ることに。11-5 東京地裁，ロッキード事件で小佐野賢治に懲役1年の実刑判決。11-22 日本納税者連合発足。11-25 日本道路公団の工事発注で全国規模の談合が発覚，公共工事で組織的な談合大きな問題に，12-26 日本土木工業協会会長前田忠次，引責辞任。11-27 行政改革関連特例法成立。12-10 臨時行政調査会土光敏夫，首相に増税なき行革・財政再建を提議。 年末 ・外貨準備高284億300万ドル。 ・国債残高83兆5533億円。 1981年 ・国内総生産261兆682億円，成長率名目7.5%，実質4.2%，1人当り9944ドル。輸出33兆4690億円，初の30兆円台。 ・癌が脳卒中を抜き，死因で1位に。

1982年（昭和57年）壬戌（1/2）

日 中 交 流 ・ 中 国
1-1 農村工作会議議事録(1号文件)配布。1-1 個人外貨管理細則公布。1-4 日本民間金融機関43社，中国向け協調融資700億円合意。1-8 本田技研，嘉陵機器向け2輪技術供与発表。1-11 中共中央，密輸入と汚職収賄取締緊急通知。1-18 国庫券40億元，1982年度発行決定。1-19 輸出入管理委・対外貿易部・対外経済連絡部・外国投資管理委，対外経済貿易部に統合。1-22 CITIC，東京市場で100億円私募債発行契約調印，主幹事野村証券，東京市場で初の中国社債発行。1-30 外国企業海洋石油資源開発条例発布。1- 広州・深圳で大量の米ドル偽札発見。
2-2 駐日中国大使符浩離任。2-3 三菱重工，安慶アンモニアプラント向けタービン3億円受注。2-5 汚染物排出費徴収暫定方法公布。2-15 中国海洋石油総公司設立。2-16 輸銀，鮑店炭鉱など7物件で中国銀行へ420億円供与契約調印。2-17 中国残留日本人孤児30人，第2次肉親捜しで来日(～3-8)。2-18 日中淮南炭田劉荘鉱区共同調査合意。2-20 国務院，機械設備輸入審査改善通知。2-21 外国企業所得税法施行細則公布施行。2-23 日中鉄道協力実務者協議(～2-25)，中国側から北京-秦皇島鉄道電化協力の要請。2-24 駐日中国大使宋之光着任。2- 国際協力事業団(JICA)，北京事務所を開設。
3-1 宝山圧延プラント納入延期合意。3-8 日中産業技術交流協会設立。3-8 全人代，国家経済体制改革委員会を設置，主任趙紫陽。3-9 東工物産，中国向けポリエステル紡糸プラント3件35億円受注発表。3-25 新潟鉄工，中国向けABS樹脂プラント40億円受注発表。3-30 日中外交事務レベル第3回定期協議，東京で開催(～3-31)。
4-1 副総理薄一波来日(～4-14)。4-1 住友商事，儀征ポリエステル紡糸プラント約30億受注。4-12 中国婦女代表団来日，団長全国婦女聯合会主席康克清。4-26 日本対中国有償資金協力(円借款)L/A調印，5件(兗州-石臼所鉄道Ⅲ32億円・北京-秦皇島鉄道拡充Ⅲ92億円・秦皇島港拡充Ⅲ91億円・石臼所港建設Ⅲ185億円，商品借款Ⅱ200億円)，貸付先対外経済貿易部。
5-6 中国船舶工業総公司設立。5-7 中国汽車工業公司設立。5-14 国家建設土地収用条例公布。5-19 日中共同でオルドス石油・ガス探査合意。5-31 総理趙紫陽初の来日(～6-5)。
6-8 昭和電線，中国向け銅線加工設備3億円受注。6-8 東洋紡，中国向けポリエステルプラント19億円受注。6-14 日中友好病院1982年度資金供与64億8000万円公文交換。6-20 国務院，世銀の華北平原農業プロジェクトを許可。6-21 中国石炭輸出入総公司設立。6-22 輸出入動植物検疫条例公布。6-25 石川島播磨，秦皇島港石炭積出設備100億円受注。
7-1 中国第3次人口「普査」，1031882511人。7-1 経済契約法施行。7-3 中国初の碩士学位授与完了，8562名。7-12 故宮博物院展，東京で開催(～9-27)。7-20〈人民日報〉，文部省の歴史教科書検定と内容を批判，7-26 歴史教科書問題で紛糾(～9-9)，7-27 閣議，方針確認，7-29 文部省初等中等教育長，駐日中国公使に検定制度を説明，8-1 中国，文部大臣訪中日程取止を通知。

1982 年（昭和 57 年）壬戌（1/2）

その他	日本（参考）
1-6 韓国夜間外出禁止令，一部地域を除き 34 年ぶり解除。1-11 米，台湾へ武器供給を決定，6000 万ドル，4-14 中国政府抗議。2-13 仏企業国有化法公布。2-22 南南会議，ニューデリーで開催（〜2-24），44 カ国参加。3-9 伊大統領ペルチーニ来日（〜3-15）。3-25 米中共同で平朔炭鉱調査合意。4-2 アルゼンチン軍，英が実質支配のフォークランド（マルビナス）島に上陸，占拠，5-21 英軍上陸，6-14 島内ア軍降伏，7-12 戦闘停止合意。4-19 デンマーク，対中国無利子借款契約調印，1 億 2500 万クローネ。5-7 米副大統領 H・W・ブッシュ訪中。5-21 ベルギー，対中国借款協定調印。5-22 ココム，日立と IBM の大型コンピュータ中国向け輸出許可公表。5-26 クウェートから福建投資公司へ 2000 万ドル低利借款，初のオイルマネーによる対中借款，7-5 安徽省へ 5000 万ドル，11-8 湖南省へ 3500 万ドル。6-22 米 FBI，IBM 産業スパイ事件を摘発，日本大手メーカ社員 6 名を逮捕。7-20 韓国〈東亜日報〉，文部省の歴史教科書検定と内容を批判，前後に台湾・香港・北朝鮮・ベトナム・マレーシアなどから抗議。8-3 韓国外相，在ソウル日本大使前田利一に教科書訂正要求の覚書。8-4 オーストラリア首相訪中。8-11 日米長期漁業協定交渉，ワシントンで基本合意。8-13 米中繊維交渉第 1 ラウンド。8-17 米中，台湾向け武器売却問題で妥結，共同声明を発表。8-27 韓国，教科書問題で日本政府見解を原則受け入れ。	1-25 トヨタ自動車工業とトヨタ自動車販売，合併覚書調印，7-1 合併，トヨタ自動車発足。2-8 ホテルニュージャパン火災，死者 33 人。2-9 日航機，羽田沖に墜落，死者 24 人，機長は心神症により不起訴。2-11 トヨタ，米自動車工場建設計画を発表。2-17 東京証券取引所，外国証券会社へ門戸開放を決定。3-23 東京金取引所開設。3-30 東邦亜鉛安中工場の農作物被害訴訟，公害裁判史上初の故意責任認定。3-末 1981 年度日本の対中国投資，件数 9 件，金額 26 百万ドル（大蔵省統計，届け出ベース）。4-1 500 円硬貨発行。4-15 首相鈴木善幸，来日の仏大統領ミッテランと会談。4-21 三菱自動車・三菱商事，韓国現代自動車の株式 10％を取得。4- スズキ，インド政府と四輪車合弁生産基本合意。5-6 富士通，ワープロ・マイ・オアシスを発売。6-3 首相鈴木善幸，仏・米・ペルー・ブラジルを訪問。6-4 日米航空交渉暫定協定調印。6-23 東北新幹線，大宮-新潟間開業。6-26 新聞各紙，文部省の教科書検定結果を報道，「進出」など用語に変更。6-30 総理府戦後処理問題懇談会発足。7-9 キャノン，小型全自動カメラ「スナッピィ 50」を発売。7-16 横浜地裁，校内プール事故で全身麻痺の中学生と親に対し，市に 1 億 4160 万円の賠償命令，学校災害で最高額。8-20 ブラジルのカラジャス鉄鉱開発事業に，日本政府・民間企業から総額 5 億ドル資金協力合意。

1982年(昭和57年)壬戌(2/2)

日中交流・中国

8-3 中国,全国84工場318の低圧電気製品に対し初の生産許可証を授与。8-8 政府,教科書問題で外務省情報文化局長・文部省学術国際局長を中国へ派遣。8-9 工商企業登記管理条例発布。8-10 教科書問題で日中公式会談(―8-12)。8-11 北京テレビ廠モノクロテレビライン稼働,松下電器技術供与。8-17 広東と福建の密輸入取締強化。8-23 首相鈴木善幸,教科書問題の早期解決意向を表明,8-26 官房長官宮沢喜一,政府見解を発表,9-9 中国側,日本政府見解を受け入れると表明,教科書問題決着。8-23 海洋環境保護法公布,商標法公布。

9-1 中国共産党第12回全国代表大会(―9-11),新規約を採択,党主席廃止,総書記制を採用,中央顧問委を設置。9-12 中共第12期中央委第1回全体会議,総書記胡耀邦,軍事委主席鄧小平。9-13 中共中央顧問委第1回会議,主任に鄧小平,中共中央紀律委員会第1回会議,中紀委第一書記に陳雲。9-15 日中共同製作映画<未完の対局>(一盤没有下完的棋),東京と北京で上映式,監督佐藤純弥,主演三国連太郎・松坂慶子・杜澎・沈丹萍。9-23 日中長期貿易第4回定期協議,1983〜1985年日本への原油年800〜860万トンで合意。9-23 中国,金装飾品の売買解禁。9-26 首相鈴木善幸訪中(―10-1),趙紫陽と会談,9-28 鄧小平と会談。9-27 1983年度国庫券条例公布,総額40億元。9-27 中国中日国交正常化10周年慶祝代表団来日,団長王震。9-29 石家荘―太原電化鉄道全線開通,中国初の複線電化幹線鉄道。

10-7 第1回日中民間人会議,東京で開催(―10-9)。10-7 中国貨物船西江号,宮崎県都井岬沖で沈没。10-14 日本民間金融機関44社,中国銀行へ700億円協調融資契約調印。10-15 国家体制改革委員会,全国の大中工業企業の「経済責任制」への移行8割以上完了と発表。10-16 日中共同でタングステンなど探査合意。10-18 日本対中国有償資金協力(円借款)L/A調印,4件(兗州―石臼所鉄道IV118億円・北京―秦皇島鉄道拡充IV309億円・石臼所港建設IV23億円,商品借款III200億円),貸付先対外経済貿易部。

11-9 日中友好協会代表団訪中,鄧小平と会談。11-26 第5期全人代第5回総会(―12-10),新憲法を採択,国家主席復活。11-26 出光石油など日本の5社,中仏共同海上油田開発に参加。

12-3 経済特区の自主権限拡大。12-3 陝西カラーブラウン管総廠稼働,中国初のカラーブラウン管生産ライン,年96万本。12-7 天松有限公司設立,兼松江商香港・天津外貿・天津経済開発の合弁,初の日中商社合弁(香港経由)。12-25 陝西省楡林地区で大型炭鉱発見,埋蔵量780億トン。

年末
- 外貨準備高,69億8600万ドル,前年比42億7800万ドル,158%急増。

1982年
- 中国国内総生産5323.4億元,一人当り528元,初めて500元超える。食糧3億5450万トン,綿花359.8万トン,粗鋼3716万トン,石炭6億6600万トン,原油1億212万トン,初めて1億トン超える。

1982年（昭和57年）壬戌 (2/2)

その他

9-1 メキシコ，全銀行の国有化を発表。9-2 米-英-仏-西独，深海底開発条約を調印。9-6 第12回アラブ首脳会議，モロッコで開催（〜9-9）。9-15 北朝鮮主席金日成訪中（〜9-25）。9-15 イスラエル軍，西ベイルートを占領。9-17 英首相サッチャー来日，9-22 訪中（〜9-26），香港問題を協議。

10-4 西独キリスト教民主同盟党首ヘルムート・コール，首相に就任。10-6 米中繊維交渉第2ラウンド。10-12 中国，西独と技術協力協定調印。10-15 シーメンス北京事務所開設。

11-3 世銀，中国港湾近代化に1億2400万ドル，第2世銀，農業教育に7540万ドル融資承認。11-10 ソ連書記長ブレジネフ死去（75歳），11-12 アンドロポフ，ソ連書記長に就任。11-12 連帯委員長ワレサ釈放。

12-9 中国，国連海洋法条約に加盟。12-13 第3回米中合同委員会会議，ワシントンで開催（〜12-15）。12-20 総理趙紫陽，アフリカ11カ国を訪問（〜1983.1-17）。12-23 金大中，釈放後家族と出国，米国へ。12-31 世銀，中国中小企業設備更新で7000万ドル融資決定。12- 天津奥梯斯（OTIS）に設立許可，1984.7-16 設立。

年末
・台湾の外貨準備高85億3000万ドル。

1982年
・台湾の総生産485.6億ドル，成長率3.6%，一人当り2631ドル。
・香港の総生産316.3億ドル，一人当り6014ドル。

日本（参考）

9-2 国鉄のリニアモーター・カー，日向市の試験で世界初の有人浮上走行に成功。9-20 日本-イラン，イラン・ジャパン石油化学事業工事再開準備開始で合意。9-21 横綱北の湖，通算873勝，大鵬を抜いて史上1位に。9-24 第一勧業銀行シンガポール支店，外国為替取引で過去4年間97億円損失と発表。

10-2 首相鈴木善幸，退陣を表明。10-2 鈴木自動車，乗用車・トラック製造でインド国営のマルチ社と合弁契約調印。10-9 北炭夕張炭鉱閉山。10-9 映画〈蒲田行進曲〉上映，製作松竹，監督深作欣二，主演松坂慶子・風間杜夫・平田満。

11-1 賭博・風俗摘発情報を業者に提供し金銭を受け取った大阪府警巡査長を逮捕，警官ら15人逮捕・124人処分・本部長自殺の大事件に。11-14 首相鈴木善幸訪ソ（〜11-16）。11-15 上越新幹線，大宮-新潟間開業。11-24 中曽根康弘，自民党総裁に当選。11-27 中曽根康弘内閣（第71代）成立（〜1983.12-27）。

12-6 東証ダウ，8020円53銭を記録。12-23 電電公社，初のテレホン・カード使用の公衆電話を有楽町スキヤ橋に設置。

年末
・外貨準備高232億6200万ドル。

1982年
・国内総生産274兆866億円，成長率名目5.0%，実質3.4%，1人当り9164ドル。
・粗鋼生産9955万トン，10年ぶり1億トン割る。
・パイオニア，LD式カラオケシステムを発売，カラオケに革命もたらす。

1983年(昭和58年)癸亥(1/2)

日中交流・中国

1-1 中共中央, 農村経済政策(第二の1号文件)を配布。1-3 植物検疫条例公布。1-18 日中両政府, 中国残留日本人孤児養父母扶養費を日本側負担で合意。1-20 中国, 合繊製品値下げ・綿製品値上げを実施。1-28 日本石油公団, 中国海洋石油公司と渤海油田共同開発, 7年6億ドルで合意。

2-9 中国, 婦女児童誘拐取締を強化。2-15 輸銀, 中国銀行へ420億円バンクローン。2-18 首相特使二階堂進訪中(～2-21), 2-20 武漢で総書記胡耀邦と会談。2-25 第3回中国残留日本人孤児45人, 肉親探しのため来日(～3-12)。2- 南通力王生産開始, 江蘇省外資系工場稼動第1号。

3-1 商標法施行。3-1 外交部初の新聞発表会。3-15 外国企業常駐代表機構登記管理方法施行。3-16 社会党代表団訪中(～3-19), 団長副書記長曾我祐次。3-17 全国「利改税」会議(～3-29)。3-18 光大実業設立許可, 4-11 北京に設立, 会長王光英, 5- 香港に紫光実業として登記, 8-18 開業, 1984.7- 中国光大集団に改名。3-19 葛洲壩-武昌500kV送電線完成。3-22 日中外交事務レベル第4回定期協議, 北京で開催(3-23)。3-23 日本向け中国産石油1983年度800トンで合意。

4-1 財団法人中国残留孤児援護基金設立。4-3 副総理姚依林来日(～4-18)。4-4 中国非鉄金属工業総公司発足。4-5 武装警察部隊設立。4-8 国家経済委員会, 中外合弁企業優遇策6項目発表。4-19 CITIC董事長栄毅仁来日。4-28 前外相桜内義雄訪中。

5-1 海南島と4経済特区の台湾投資家優遇措置発表。5-上 日本の合繊6社, 中国向けポリエステルわた4000トン受注, 1年半ぶり。5-11 全国外資利用会議(～5-20)。5-19 四川ビニロン廠完成, 中国初の天然ガスを原料とする大型合繊プラント。

6-6 第6期全人代第1回総会(～6-21), 6-18 国家主席に李先念, 常務委員長に彭真, 中央軍事委主席に鄧小平を選出, 総理趙紫陽再任。6-10 全人代副委員長・中日友好協会会長廖承志逝(1908.9-25 日本東京大久保に生まれ, 1928年早稲田中退), 6-24 追悼会, 6-25 北京で勲一等旭日章授章授賞式。6-14 第4回日中高級事務レベル会議, 東京で開催(～6-15)。

7-1 中国初の食品衛生法試行。7-1 国家安全部発足。7-11 中日友好協会名誉会長に王震, 会長に夏衍就任。7-12 中国石油化工総公司, 北京に設立。7-19 1983年度日本対中国円借款, 北京で公文交換。7-20 日中友好病院建設援助72億円公文交換。

8-1 外貨管理局, 華僑企業・外資企業・中外合資経営企業外貨管理実施細則を公布施行。8-5 日中航空路, 韓国上空経由で20分短縮。8-8 国務院, 建設据付工事請負契約書条例などを頒布。8-15 日本対中国政府有償資金協力(円借款)L/A調印, 4件(兗州-石臼所鉄道 V 115億円・北京-秦皇島鉄道拡充 V 332億円・石臼所港建設 V 52億円, 商品借款 IV 191億円), 貸付先対外経済貿易部。8-20 新日鉄, 宝山操業指導契約調印, 約200億円。8-21 衆議院代表団訪中, 団長岡田春夫, 国家主席李先念と会談。8-22 国務院, 経済契約仲裁条例を公布。8-26 中国, 外国人との婚姻登記規定公布。8-31 財団法人善隣学生会館, 財団法人日中友好会館に改組。

1983年（昭和58年）癸亥(1/2)

その他	日本（参考）
1-19 中国布朗路特海洋工程，北京で設立（米ブラウン RI 49)，初の採油設備中外合弁。 2-14 海洋投棄規制条約締結国会議（〜2-18），2-17 放射性廃棄物の海洋投棄は安全性確認完了まで停止と決議。2-17 中国，アジア開発銀行加盟申請開始。2-24 世銀，1982年世界負債一覧表を公表，ブラジルが最多で838億ドル。2-24 米議会で戦時中日系人強制収容は不当と結論。 3-7 第7回非同盟国首脳会議，ニューデリーで開催，99カ国2機構参加。3-8 米中共同で平朔露天炭開発合意，6-20 霍林河露天炭開発合意。3-14 OPEC臨時総会，1981年の値下げに継ぎ，再度値下げを決定。 4-初 世銀，中国の石油開発に1億80万ドル融資。4-11 上海汽車でサンタナ1号車完成。4-18 在ベイルート米大使館爆破事件。4-21 黒竜江省開墾に世銀3530万ドル，第2世銀4500万ドル融資決定。 5-5 北京ジープ設立，中国初の完成車合弁メーカ，1984.1-15 開業。5-5 中国，仏から初の原子炉輸入契約。5-5 中国民航機，ハイジャックされ韓国に着陸。5-7 中国民航局長訪韓，初の中韓政府間交渉。5-20 中国，IMFへ4.5億SDR繰上返済。5-23 中国，国際工業所有権保護協会に加盟。5-24 世銀総裁クローセン訪中，5-31 中国へ24億ドル借款合意。 6-8 中国，南極条約加盟。 7-3 上海ベル電話設備合弁契約調印。7-18 中国，関税協力理事会に加盟，95番目。7-30 米中第2回繊維交渉妥結。	1-11 首相中曽根康弘訪韓（〜1-12)，1-12 中曽根康弘-全斗煥会談，経済協力40億ドルで合意。1-27 青函トンネル前進導坑着工19年で貫通。 2-1 老人保健法施行。2-4 日本初の実用静止通信衛星〈さくら2号a〉打上成功。2-12 通産省，1983年度対米乗用車輸出自主規制を前年同様168万台と発表，11-1 1984年度は185万台と発表。2-18 トヨタ，GMと米で小型乗用車生産の合弁契約調印。2-24 大蔵省，長期国債3000億円を発行，償還期間15年。2- 戦後最長不況(1980.3-〜)終了。 3-24 中国自動車道，着工17年で全線開通。3-末 金融機関からサラ金業者への貸出残高1兆995億円（大蔵省6-30公表）。3-末 1982年度日本対中国投資件数4，金額18百万ドル（大蔵省統計，届け出ベース）。 4-1 神奈川県公文書情報公開条例施行，初の情報開示制度。4-4 NHK，第31回連続テレビ小説〈おしん〉放送開始（〜1984.3-31)，原作・脚本橋田壽賀子，主演小林綾子・田中裕子・乙羽信子，年間平均視聴率52.6%。4-15 東京ディズニーランド開園，10-14までの6か月で入場者615万人。 5-13 貸金業規正法・改正出資法（サラ金規制）公布。5-26 首相中曽根康弘訪米。 6-6 国債発行残高，初めて100兆円超える。6-7 政府，対癌10カ年総合戦略決定。6-10 高校教育用マイクロ・コンピュータ導入率，公立で49.8%，私立で32.3%。6- 日産セドリックY30V6発売，後に中国へ輸出し人気車に。

53

1983年(昭和58年)癸亥(2/2)

日 中 交 流・中 国
9-2 全人代第6期常務委第2回会議,中外合資経営企業所得税法改正。9-2 海上交通安全法公布。9-3 原子力発電所指導チーム発足。9-4 第3回日中閣僚会議(北京,〜9-6)。9-5 石油公団総裁・出光石油開発社長訪中,中海油と南部大陸棚石油探査開発契約調印。9-6 所得に対する租税に関する二重課税回避および脱税防止のための日中政府協定(第1回日中租税協定),北京で調印(1984.6-26発効),日中関税協定調印。9-15 国家会計審査署発足。9-15 日用雑貨など350品目統制価格廃止。9-17 国務院,中国人民銀行の機能を中央銀行業務に限定。9-19 日中経済協会稲山嘉寛訪中(〜9-23)。9-20 中外合資経営企業法実施条例公布。9-26 社会党委員長石橋政嗣,中国側の正式招待で訪中(〜10-2)。9-29 外相安倍晋太郎,NYで外交部長呉学謙と会談。
10-1 中国,「ガソリン票」を発行,全国で使用。10-11 中共第12期中央委第2回全体会議(〜10-12),精神汚染批判を提起。10-15 平頂山簾子布(タイヤコード)廠検収合格,稼動。10-24 第2回日中科学技術協力委員会会議(〜10-25),10-26 原子力平和利用会議。10-24 三菱重工,中国海洋石油平台工程から埕北油田共同開発設備を受注,約200億円。10-26 海南島三亜港対外開放。10-31 ホンダ,嘉陵機器廠へ70cc二輪技術供与。10-31 ヤマハ,北方工業公司へ小型バイク技術供与。10-31 三洋電機(蛇口)操業開始,ラジカセ・テレビなどの製造。10- 中国銀行,日本国債約400億円を購入(〜11-)。
11-16 日中長期貿易委員会-中日長期貿易協議会,定期協議を開催。11-23 総書記胡耀邦来日(〜11-30),11-24 首相中曽根康弘と会談,21世紀委員会設置で一致,11-25 衆議院で演説。
12-1 配給券「布票」使用終了。12-1 松下電器,広州広播へカラーテレビ生産ライン輸出成約。12-12 日中共同で中国ウラン開発・放射性廃物処理研究合意。12-17 都市私有建屋管理条例公布。12-20 第2回日中原子力協議(〜12-21)。12-20 北京-秦皇島鉄道全線レール敷設完了,全長281Km。12-22 スーパーコンピュータ「銀河」,国家検収合格。12-22 秦皇島石炭専用埠頭Ⅰ期使用開始。12-30 中国工商銀行,北京で業務開始,1984.1-1設立。

年末

- 正貨準備,金1267万オンス,外貨89億100万ドル。

1983年

- 国内総生産5962.7億元,一人当り583元。
- 糧食総生産量3億8728万トン,綿花生産量463.7万トン,大幅増産。
- 中国,海外における工事・労務輸出契約424件金額9.1億ドル。
- 1979〜1983年 国務院の中外合弁許可188件,金額約8億ドル。
- 石ノ森章太郎原作のテレビドラマ〈燃えろアタック〉(排球女将),上海・天津・成都など各地のテレビ局で放送,主人公小鹿純子アイドルに,主演荒木由美子。

1983年（昭和58年）癸亥（2/2）

その他	日本（参考）
8-15 胡耀邦，1997年7月1日に香港の主権を回復すると明言。8-17 日比友好議員連盟結成。8-19 米中第2次繊維交渉妥結。8-21 フィリッピン野党指導者アキノ元上院議員，マニラ空港で射殺。 9-1 大韓航空機ニューヨーク発ソウル行き，ソ連機に撃墜され，乗客乗員269人全員死亡。 10-9 韓国大統領ラングーン爆発事件，11-4 ビルマ，事件を北朝鮮の犯行と断定，絶交。10-11 IAEA，中国の加盟決定，1984.1-1 正式加盟。10-15 西独で反核行動週間，10-22 最終日，西独・英・伊で200万人参加。10-26 鶯歌海油田で米石油掘削船ジャワー号，台風で沈没，79人遭難。 11-1 上海耀華ピルキントンガラス設立。11-1 中国，欧州共同体と正式に関係樹立。11-13 中国からソ連へ観光団出発，18年ぶり。11-29 中海油，米2社と南シナ海石油共同探査・開発契約調印。 12-11 ローマ法王，ルター派教会を訪問，500年ぶり新旧教会正式和解。12-15 ガット繊維委員会年次総会，中国の国際繊維協定加盟を承認。12-28 米，国連ユネスコから脱退を表明。12- 米，巡航ミサイルを英国に，パーシングIIを西独に実戦配備。 年末 ・台湾の外貨準備高118億6000万ドル，前年比33億3000万ドル増。 1983年 ・台湾の総生産524.2億ドル，成長率8.5%，一人当り2798ドル。	7-2 新日鉄，米スペシャル・メタルズ社買収交渉破談と発表，国防総省反対。7-15 任天堂，家庭用ゲーム機「ファミコン」を発売。 8-13 金融機関，土曜日休日制を一斉実施。 9-8 大正製薬名誉会長上原正吉の遺産税，遺産669億円の85%で確定，史上最高額。9-24 〈おしん〉，視聴率65.9%，11-12 62.9%。 10-3 三宅島の雄山噴火。10-12 東京地裁，ロッキード丸紅ルート判決公判，田中角栄に受託収賄罪で懲役4年，追徴金5億円の実刑判決。10-14 日本初の体外受精児誕生。10-20 趙治勲，囲碁名人戦で初の4連覇達成。 10-22 日銀，公定歩合を0.5%引き下げて5.0%に。10-22 国鉄の北海道白糠線廃止に，国鉄ローカル線廃止第1号。 11-9 米大統領レーガン来日，首相中曽根康弘と会談。11-11 郵政省，都市型有線テレビ事業に初の認可。11-20 第5回東京女子マラソンで佐々木七恵が優勝，マラソン国際大会で日本女子初優勝。 12-18 第37回衆議院総選挙，自民250に。12-27 第2次中曽根康弘内閣（第72代）発足（～1986.7-22）。12-28 東証ダウ，9893円82銭。 年末 ・外貨準備高244億9600万ドル。 ・日本のテレビ普及率23%。 1983年 ・国内総生産285兆583億円，成長率名目4.0%，実質3.1%，一人当り9952ドル。 ・パソコンとワープロ，急速に普及。 ・日本ビクター，VHSカラオケを発売。

1984年（昭和59年）甲子（1/2）

日 中 交 流 ・ 中 国

1-1 統計法施行。1-1 農村問題に関する通知（第三の1号文件）配布。1-24 鄧小平，深圳・珠海地区を視察（～1-29）。1-28 輸出入商品検査試験条例公布。1-31 日中文化交流無償協力公文調印。

2-15 鄧小平，上海宝山鋼鉄総廠を視察。2-22 中国産原油日本向け1984年800万トンで合意。2-25 中国残留孤児第5次調査団50人来日（～3-7）。2- 東芝，京秦鉄道電化設備受注，約32億円。

3-2 厦門航空設立，初の民間航空会社。3-3 ダイハツ，天津で軽トラック製造技術移転契約調印，中国で初の日本車組立。3-12 特許法公布，1985.4-1 施行。3-16 日中友好議員連盟代表団訪中（～3-19），団長伊東正義。3-16 日中両政府，原子力圧力容器平和利用の書簡を交換。3-17「社隊企業」，「郷鎮企業」に改称。3-21 日航開発，京倫飯店の経営請負合意。3-23 首相中曽根康弘訪中（～3-26），総理趙紫陽・主席鄧小平と会談，第2次円借款（1984～1990年度，4700億円）供与・21世紀委員会設置などで合意。3-26 沿海港湾14都市座談会（～4-6）。3-31 建国前最大規模の私営水上輸送公司民生輪船公司，重慶で再起。3- 日立，中国向け電算機受注，18億円。

4-6 居民身分証試行条例公布。4-7 工業製品生産許可証試行条例公布。4-10 対外経済貿易部，30品目に対し輸出許可証制を実施。4-27 民社党委員長佐々木良作訪中（～5-7）。4-30 建設相水野清訪中（～5-5），5-2 李鵬と会談，日中道路交流会議設置で合意，9-4 東京で第1回交流。4-30 海関総署，中外合資経営企業輸出入貨物の監視管理と免税規定を公布，5-1 施行。

5-6 三菱重工，中国向け原子炉容器成約。5-8 国務院，環境保護委員会設置を決定。5-10 国営工業企業自主権拡大暫定規定公布。5-11 全人代常務委，水汚染防止法を採択。5-15 第6期全人代第2回総会（～5-31），新兵役法・民族自治法を採択。5-17 大塚製薬（天津）生産開始，中国初の合弁製薬会社。5-19 日本動燃，中国のウラン資源調査協力協定調印。5-23 日中第5回高級事務レベル会議（北京，～5-24）。5- スズキ，長安機器廠と軽自動車ライセンス合意，7- 正式契約。

6-1 中国最大の石化プラント南京エチレン着工，日本・西独から輸入。6-1 日本国際貿易促進協会関西本部，日中経済貿易センターに改称。6-4 防衛審議官新田勇訪中，現役として初の訪中。6-4 池田大作訪中（～6-10），6-6 胡耀邦と会談。6-25 スーパーコンピュータ「銀河」完成。6-26 第2回日中民間人会議，北京で開催，科学技術協力委設立合意。6- 広東三洋冷気機設立（資本金6700万ドル，三洋電機グループ50）。6- ダイハツ，北京向け軽自動車5200台受注，20億円。

7-1 中国銀行，国内居住者定期外貨預金開始。7-2 北京日中友好病院竣工。7-7 国防部長張愛萍来日，7-9 東京で防衛庁長官栗原祐幸と会談。7-9 国家経済委主任張勁夫来日（～7-24）。7-13 大連市に省レベルの経済管理権限を授与。7-16 国務院特区弁公室設置。7-25 北京天橋百貨股分有限公司設立，中国初の股分公司。7-26 第4回日中原子力協議（～7-28）。7-29 許海峰，オリンピックで中国初の金メダル。7- 大成建設，雲南省ルブゲ水力発電所工事受注，約100億円。

8-4 中国駐在日本国大使中江要介赴任，8-11 信任状提出。8-30 副総理李鵬来日（～9-11）。

1984年（昭和59年）甲子（1/2）

その他	日本（参考）
1-1 ブルネイ独立。1-7 総理趙紫陽初の訪米出発（～1-23），1-12 工業技術協力協定調印。 2-3 カルフォルニア大学ロサンゼルス校医学部，世界初の受精卵移植児誕生発表。2-9 ソ書記長アンドロポフ死去，2-13 後任にチェルネンコ。2-18 シンガポール石化（住友化学系現法）稼働，初の海外大型石化コンビナート。 3-19 米中合同委員会第4回会議，3-21 二重課税防止協定仮調印。3-21 蔣経国，大統領に就任，副大統領李登輝。 4-26 米大統領レーガン訪中（～5-1），4-28 鄧小平と会談。4-29 米中，平朔露天炭開発合弁合意（資本金6億ドル，米52，中48）。 5-6 李鵬，西独を訪問（～5-16），5-9 原子力平和利用協定調印。5-7 米ベトナム帰還兵枯れ葉剤集団訴訟，化学薬品会社7社が1億8000万ドル支払で和解。5-16 北朝鮮主席金日成，23年ぶりソ連訪問（～7-1）。5-29 総理趙紫陽，欧州歴訪に出発，5-30 仏と投資促進保護協定・二重課税回避協定調印。 6-11 中国国防部長張愛萍初訪米，米国防長官ワインバーガーと会談。6-末 年初から中国入国の外国旅行者 565万人。 7-1 上海ベル電話設備設立。7-16 天津 OTIS 設立，米 OTIS・CITIC・天津電梯の合弁，12-1 開業。7-18 香港総督ユード，代議制グリーンブックを発表。7-20 台湾，「中国台北」名義で五輪出場決定。7-28 ロサンゼルスオリンピック（～8-12），中国参加，ソ連等15カ国不参加。 8-29 スイス銀，初の中国向け借款，4000万スイスフラン。	1-5 中曽根康弘，現職の首相戦後初の靖国神社年頭参拝。1-9 東証株価，初の1万円台。 2-12 三井物産，イラク空軍機空爆のため，イラン・ジャパン石油化学建設工事再開中止を表明，10-20 技術者など帰国。2-24 呉清源九段引退（69歳）。2-29 大沢商会倒産，負債総額1250億円，戦後3番目の大型倒産。 3-末 1983年度日本対中国投資5件，金額3百万ドル（大蔵省統計，届け出ベース）。 4-1 三陸鉄道，久慈-宮古間と釜石-盛岡間開業，初の第三セクター鉄道。4-11 米連邦取引委員会，トヨタ-GM 小型乗用車のカリフォルニア州合弁申請を許可，12-4 生産開始。4-25 日本鋼管，米鉄鋼メーカ第7位のナショナル・スチール社の50％株式を取得したと発表。 5-2 昭和石油とシェル石油合併，昭和シェル発足。5-12 NHK，衛星テレビ放送開始。5-25 国籍法・戸籍法改正公布，母親が日本人の場合も同等権利に。 6-1 大蔵省，外貨資金の円転換規制を撤廃。6-30 トヨタ自動車 1984年6月期決算発表，売上高5兆4726億円，製造業で初の5兆円企業に（8-24発表）。 7-5 北九州市スナックに，音楽著作権使用料の支払を命じる初の判決。7-23 リッカーが東京地裁に和議申請，負債総額1100億円，戦後4番目の大型倒産。 8-9 電力9社の最大発電容量1億767万kW，初めて1億kWを超える。8-14 健康保険法改正公布，本人1割負担に。8-31 日本の車運転免許保有者 5000万人超える（警視庁数字）。

1984年（昭和59年）甲子（2/2）

日中交流・中国

9-10 日中友好21世紀委員会初会合（東京・箱根，～9-12），日中青年交流センター・日中関係長期展望専門委・日中経済科学技術交流専門委・日中青年文化交流専門委設立で基本合意。9-15 国務院，外貿体制の改革・行政と経営分離図る。9-18 日中経済協会稲山嘉寛訪中。9-20 薬品管理法公布，1985.7-1施行。9-24 日本217団体の青年3000人訪中，北京・上海・西安など6都市で交流，9-30 北京で交流大会，10-8帰国。9-25 大連経済技術開発区設置許可，10-15 起工式。9-25 天津汽車製造廠，ダイハツ技術供与の軽自動車「大発」1号車完成，初の日本ブランド中国組立車。9-25 外相安倍晋太郎，NYで外交部長呉学謙と会談。9-27 対中無償援助49億円契約調印。

10-7 公明党訪中，団長竹入義勝（～10-19）。10-12 中国環球租賃の日中西独合弁契約調印。10-16 第1回日中スーパー囲碁NEC杯開幕。10-20 中共第12期中央委第3回全体会議，経済体制改革を決定。10-23 北京日中友好病院開院式。10-25 日中1985年度円借款公文交換。10-26 輸銀，中国銀へ円建26億ドル相当バンクローン契約調印。10-26 日本対中国有償資金協力（円借款）L/A調印，8件（衡陽-広州鉄道輸送拡充101.92億円・鄭州-宝鶏鉄道電化75.75億円・秦皇島港丙丁バース46.31億円・青島港拡充22.03億円・連雲港拡充24.25億円・天生橋水力発電124億円・天津上海広州3都市電話網拡充11.54億円・商品借款V309億円）。10-30 国家原子力安全局設置。

11-1 サントリー，CITICなどと合弁で中国ビール市場に参入。11-5 三井銀行，中国銀行上海分行へ瑞金大厦向け85億円（後に100億円に増額）融資調印，外銀から上海市金融機関への初の直接融資。11-6 中国銀行の円建公募債200億円取極調印。11-12 通産省，対中国投資の海外投資保険受理開始。11-15 経済特区など企業所得税・工商統一税減免暫定規定公布。11-19 三井建設，上海瑞金大厦建設工事79億円受注。11-22 第6次中国残留孤児第1班（黒竜江省）45人来日，11-29 第2班（遼寧省）45人来日。11-27 国庫券60億元発行決定。11- 富士通，コンピュータ50億円受注。11- 三菱重工，大慶ポリエチレンプラント80億円受注。11- 川崎重工など，大慶アクリルファイバープラント200億円受注。11- いすゞ，中国油田向け大型トラック3000台約120億円受注。

12-3 党と政府機関・幹部の商売従事・企業経営禁止。12-7 環境保護局発足。12-11 第2回日中渡り鳥保護実務者会議，トキ貸与合意。12-15 パンダ救済に5000万円無償援助書簡交換。12-17 日中原子力協定第5回政府間協議，東京で合意。12-23 輸銀，中国銀行へ資源開発用バンクローン5800億円供与覚書調印。12-26 日中両政府，長崎・福岡に総領事館設置文書交換。

年末

・正貨準備，金1267オンス，外貨82億2000万ドル。

1984年

・国内総生産7208.1億元，一人当り695元。

・日本の対中国輸出入貿易額3兆1321億円，初の3兆円台，対台湾輸出入貿易額2兆1752億円。

1984年(昭和59年)甲子(2/2)

その他	日本(参考)
9-2 中豪航路就航。9-5 中国,国際刑事警察機構に加入。9-6 韓国大統領全斗煥来日。9-12 アセアン,東南アジアの非核化原則同意。9-26 中英,香港返還共同声明仮調印。10-1 カナダ輸出振興財団,中国銀行へ20億ドル融資。10-7 西独首相コール訪中,10-10 鄧小平と会談,武漢開発及び技術協力6件交換公文調印。10-10 上海大衆汽車合弁契約調印(上海汽車他50,VW50),1985.2-16 営業免許取得,1985.3-21 設立。10-12 アイルランド共和国軍(IRA),サッチャーの宿泊ホテル爆破事件。10-30 米,貿易関連包括法(オムニバス法)成立。10-31 インド首相インディラ・ガンジー暗殺。11-11 3M 中国設立,中国初の経済特区外の外資独資,1985.3-7 開業。11-16 上海トラクター,タイCPグループの香港易初投資と合弁,上海易初オートバイ発足。12-2 インドのボパール近郊で,米ユニオン・カーバイトの子会社(殺虫剤工場)から有毒ガス漏れ事故発生,2600人以上死亡,5万人以上中毒。12-18 英首相サッチャー訪中(～12-20),12-19 総理趙紫陽と1997年香港返還文書を交わす。12-19 中国,工業知的財産権保護のパリ条約加入を申請。 年末 ・台湾外貨準備高156.6億ドル,38億ドル増。 1984年 ・台湾の総生産591.7億ドル,成長率10.6%,一人当り3112ドル。 ・香港の総生産327.5億ドル,一人当り6064ドル。	10-1 関西国際空港会社設立。10-7 「怪人21面相」による森永菓子青酸ソーダ混入事件(～10-13),その前後に大手食品会社をターゲットにした事件多発。10-12 日銀,フィリピン中央銀行と3000万ドル救済融資に関する取極を調印。11-1 日銀,1万円・5千円・千円の新札を発行。11-30 マツダ,小型乗用車の米国工場建設を決定。11-30 日本石油―三菱石油,業務提携発表,1999.4-1 両社合併,日石三菱として発足。12-17 日銀総裁に澄田智就任。12-25 日本電信電話株式会社法・電気通信事業法・関係法律調整法公布,電気通信事業の独占状態終了,電電公社民営化実現。 年末 ・外貨準備高263億1300万ドル。東京外為終値1ドル=251円58銭。 ・日本のビデオカセットレンタル店,全国で6000店舗に達する。 1984年 ・国内総生産302兆9749億円,成長率名目6.3%,実質4.5%。1人当り10528ドル。 ・輸出40兆3253億円,輸入32兆3212億円,貿易黒字急増,初めて8兆円台に。対米貿易大幅黒字問題化。国際収支(経常)350億300万ドルの黒字。 ・1984年度政府開発援助(ODA)年度実施実績43億1900万ドル,フランス抜き2位。 ・カラーテレビ生産1496万台,内輸出930万台,VTR生産2712万台,内輸出2207万台。

1985年（昭和60年）乙丑（1/2）

日中交流・中国

1-1 国営企業，廠長任期制を導入。1-8 国務院，上海経済発展戦略を許可。1-10 技術移転暫定規定公布。1-31 CITIC 董事長栄毅仁来日（〜2-9）。1- 北京長富宮中心有限公司設立許可（シー・シー・アイ49，北京市旅遊公司51）。1- CITIC，東京市場で300億円を公募で起債，主幹事大和証券。

2-3 JARTS，鉄道部と新北京駅技術協力契約調印。2-13 中国国際租賃有限公司合弁契約調印（三井物産33，中国投資銀33，中国技術輸出入33）。2-20 中国初の南極「長城基地」落成式。

3-1 対外開放都市 100 に。3-1 日本商工会議所会頭五島昇訪中（〜3-9）。3-4 中外合弁企業会計制度公布。3-10 輸出入関税条例施行。3-14 トヨタ会長豊田英二訪中（〜3-26）。3-15 第 6 期全人代第 10 回総会（〜3-21），渉外経済契約法可決。3-23 日中海運協議，定期フェリー開設合意。3-26 第 6 回日中事務レベル協議（東京，〜3-27）。3-30 神戸-寧波貨物船定期便就航。3- 日中友好会館，後楽寮と別館完成。3- 上海太平洋大飯店設立許可（資本金1200万ドル，青木建45，興銀 5，上海旅遊他 50）。3- 秦山1号機（加圧水型軽水炉）着工。

4-1 特許法施行。4-2 経済特区外資銀行・中外合資銀行管理条例公布。4-5 外国為替管理違反処罰施行細則公布。4-8 国家計画委主任宋平来日。4-8 水利電力部長銭正英来日。4-15 日立造船，宝山連鋳設備 600 億円受注。4-21 彭真，全人代委員長として初の来日（〜4-29）。4- 中国銀行，東京市場で200億円を公募で起債，主幹事野村証券。4- 長城竹中建設工程設立許可（資本金 35 万ドル，竹中 50，長城工程 50）。4- 北京・天津・上海・広州等大都市で交通渋滞が社会問題に。

5-1 会計法施行。5-8 在長崎・在福岡中国総領事館開設。5-8 上海聯誼大厦完成，上海初の渉外高層オフィスビル。5-17 国家経済委主任呂東来日。5-20 旅行社管理条例公布。5-23 中央軍事委拡大会議（〜6-6）。5-23 中共中央・国務院，指導幹部の子女・配偶者のビジネス経営参加を禁止。5-24 技術導入契約管理条例公布。5- 日本料理店「五人百姓」（京樽 40，北京飯店 60）開業。5- 中国太平洋租賃有限公司設立許可（日本リース20，長期信用銀 5，上海対外貿易他75）。

6-3 東京銀行，中国銀行へ 10 年間20 億ドル融資発表。6-4 中央軍事委主席鄧小平，軍事委拡大会議で解放軍100 万人削減を表明。6-11 輸銀，中国銀行へ油田開発向け607億7800 万円融資文書調印。6-12 数学者華羅庚，来日中心臓病のため急逝。6-24 日中海上フェリー，鑑真丸就航。6-27 パンダのチュチュ（初初），上野動物園で出生，日本国内初のパンダ出生。6-29 上海東洋租賃合弁契約調印（日商岩井他 50）。6- 上海国際貿易中心有限公司設立（興銀・興和不動産 50）。

7-1 国家機関・国営企業，新給与制度発足。7-10 日本国貿促会長桜内義雄訪中，総理趙紫陽と会談。7-17 中国人民銀行，外国からの借款・融資は全て同行が管理すると通達。7-19 参院議長木村睦男訪中（〜8-5）。7-22 大手商社7 社，中国糧油総公司と中国産トウモロコシ250〜300 万トン輸入成約。7-25 公明党竹入義勝訪中（〜8-5）。7-25 国家版権局設立。7-30 第 4 回日中閣僚会議，東京で開催（〜7-31），国務委員谷牧出席。7-31 日中原子力協定，東京で調印。

1985年（昭和60年）乙丑（1/2）

その他	日本（参考）
1-5 クウェート，中国沙溪口水力発電に1000万ドル低利資金供与。1-17 上海ヒルトンホテル法人登記，上海初の外資系五つ星ホテル。 2-1 豪，中国水力発電に3億ドル低利資金。2-8 金大中，2年ぶり米国より帰国，自宅軟禁に。2-16 ベトナム軍，ポルポト派マライ山を制圧。 3-11 ソ連，ゴルバチョフを書記長に選出。3-15 広州汽車合弁契約調印（プジョー他34，広州汽車46，CITIC20），7-22 法人登記，9-26 設立。3-19 中国，工業知的財産権保護のパリ条約に加盟。3- 南京汽車工業聯営，伊イベコとSシリーズ車ライセンス契約調印。 4-11 中仏協議（～4-16），経済協力協定・借款文書調印。4-13 米マクドネル・ダグラス，上海航空工業とMD-82型機の現地生産契約調印。4-15 第2世銀，中国農業に1億2380万SDR融資決定。4-29 中国の遠洋漁業船団，初のアフリカ漁場入り，8-19 操業開始。 5-27 香港返還の中英連絡チーム発足。5-28 南北朝鮮赤十字会談再開，12年ぶり。 6-2 趙紫陽訪英，6-3 経済協力・原子力協定調印，6-8 西独訪問，6-10 二重課税防止・原子力協定・5000万マルク借款文書調印。 7-3 日産の裕隆汽車への資本参加を台湾国府許可。7-9 副総理姚依林訪ソ，7-10 長期貿易・経済技術協力協定調印。7-15 CITIC，香港で初のHKドル建債3億HKドル発行。7-21 主席李先念訪米（～7-31），原子力協定調印。 9-2 カンボジア，ポルポト退任，後任ソンセン。9-22 G5，ドル高是正のため協調介入合意（プラザ合意）。	1-1 国籍法・戸籍法改正施行。1-2 首相中曽根康弘訪米。1-17 原子力発電容量2000万KW超える。1-21 経団連使節団，初のアセアン派遣。1-28 日米次官級協議，通信機器・エレクトロニクス・木材・医療品の分野別協議（MOSS）開始合意。1-31 TDK，完全無担保普通社債を発行，戦後初。 2-17 元首相田中角栄，脳梗塞で東京逓信病院に入院，2-28 帰宅，療養生活始まる。 3-10 青函トンネル本坑貫通，53.85Km。3-14 東北・上越新幹線，大宮－上野間開通。3-17 つくば万博（～9-16）。3-27 日本たばこ産業設立，資本金1000億円，全株式政府保有，4-1 開業。3-28 日本電信電話（NTT）設立，資本金7800億円，全株式政府保有，4-1 開業。 4-15 三菱自，米クライスラーと米で小型乗用車生産合弁事業覚書調印。4-24 改正国民年金法公布。4- 月刊《MRI中国情報》創刊。 5-1 新日鉄，マレーシアでの合弁会社ペルワジャ・トレンガヌ製鉄所操業開始。5-14 閣議，外国人登録法関連の政令改正を決定。5-31 半導体集積回路保護法公布。 6-1 改正男女雇用機会均等法公布。6-21 東京で先進10カ国蔵相会議（G10）開催。6-22 大蔵省，外銀9行に信託業務参入を許可。 7-23 トヨタ自，米とカナダに単独で乗用車工場建設を決定，12-11 立地をケンタッキーに決定。 8-12 日航機，御巣鷹山山中に墜落，死者520人。8-13 三光汽船，会社更生法適用申請，負債総額5200億円，戦後最大。8-15 中曽根康弘，内閣総理大臣資格で初の靖国参拝。

1985年（昭和60年）乙丑（2/2）

日 中 交 流・中 国

8-17 宝山1号高炉火入れ，9-15 操業開始。8-20 駐日中国大使宋之光離任。8-26 全人代第6期常務委第12回会議（～9-6），計量法・居民身分証条例を採択。8-26 社会党田辺誠訪中。8-27 日本対中国有償資金協力（円借款）L/A 調印，7件（衡陽-広州鉄道輸送拡充Ⅱ268.22億円・鄭州-宝鶏鉄道電化Ⅱ132.58億円・秦皇島港丙丁バースⅡ37.23億円・青島港拡充Ⅱ39.37億円・連雲港拡充Ⅱ57.72億円・天生橋水力発電Ⅱ123.53億円・天津上海広州3都市電話網拡充Ⅱ92.35億円），貸付先対外経済貿易部。8-27 日産ディーゼル，第二汽車と技術提携。

9-3 科学技術庁長官竹内黎一訪中。9-7 駐日中国大使章曙着任。9-7 通産相村田敬次郎訪中。9-9 渤海油田ヘリ事故。9-16 中共第12期中央委第4回全体会議，新老交代決定，9-18 全国代表会議，9-24 第5回全体会議，政治局大幅入れ替わり。9-20 日中経済協会稲山嘉寛訪中。9-27 中国銀行，主幹事野村証券と公募起債契約調印，東京で1.5億ドル。9- 北京日本学研究センター設立。

10-1 日中石油開発，埕北油田商業採油開始。10-3 人民元対米ドルレート，1ドル=3.0083元，初めて3元台。10-8 日本援助で建設した中国初の太陽光発電所（10kW），甘粛省楡中県で完成。10-10 第1回日中外相定期会議。10-15 日中友好21世紀委第2回会合，北京・大連で開催（～10-17）。10-20 対外友好協会代表団来日（～11-12），帰国後団長周而復党籍除名処分。10-22 福建投資，主幹事野村証券と公募起債契約調印，東京で100億円，地方金融機関として初。10-23 首相中曽根康弘，NY で総理趙紫陽と会談。10-30 日本船舶振興会会長笹川良一訪中，鄧小平と会う。

11-8 石油資源開発，中海油と珠江沖石油探査契約調印。11-15 アジア太平洋貿易博，北京で開催（～11-30）。11-18 第7回日中高級事務レベル協議。11-20 第1回日中スーパー囲碁，聶衛平逆転優勝。11-25 興銀・日本生命など14社，中国銀行と102億円協調融資契約調印。11-26 宝山Ⅰ期工事完工式典。11-28 厦門国際銀行開業，初の中外合弁銀行。11- 中国銀行，東京で300億円公募起債，主幹事野村証券。11- 上海国際機場賓館設立許可（シャロン50，民航上海50）。

12-3 国貿促会長桜内義雄訪中，鄧小平と会談。12-15 京秦電化鉄道複線全線開通。12-26 日中長期貿易交渉，1986年から5年間石炭・石油数量合意。12-28 北京で中国初の特許証書発行式。12- CITIC，東京で1億ドル公募起債，主幹事山一証券。12- 万泉公寓設立許可（日商岩井・清水建・野村不動産他50，海淀農工商連合他50）。12- 北京空港飲食服務設立（サントリー20，東光20，民航他60）。12- 中国映画資料館，北京・上海で日本映画回顧展，日本映画40余部上映。

年末
・外貨準備高26億4400万ドル。都市数324，都市部世帯数5351万戸，人口2億1187万人。

1985年
・中国国内総生産9016億元，一人当り858元，初めて800元超える。
・山西省石炭の年間生産量，2億トンを超える，中国全国の約1/4。

1985年（昭和60年）乙丑（2/2）

その他	日本（参考）
10-8　IMF・世銀合同総会，ソウルで開催，発展途上国の累積債務・通貨問題など討議。10-15　ソ連共産党中央委総会，党綱領大幅修正。10-16　台湾行政院，台湾企業の海外投資を緩和。10-25　世界銀行北京事務所開設。10-28　総理趙紫陽，コロンビア・ブラジル・アルゼンチン・ベネズエラを訪問（～11-12）。10-28　米中，広州でヘリ共同生産契約調印。10-29　シーメンス，中国政府と機械・電気・電子分野での協力協議書調印。11-15　英-北アイルランド，北アイルランド問題合意書調印。11-19　米ソ首脳，ジュネーブで会談，戦略核50％削減で共同声明。11-28　中国，アジア開発銀行加盟を正式申請。12-11　米上下両院，財政均衡法案を可決。12-18　香港特別行政区基本法諮詢委員会発足。12-30　中国-タイ経済協力合同委員会第1回会議，新貿易議定書調印。 年末 ・台湾の外貨準備高225.6億ドル，前年末比69.0億ドル増。 ・フィリピン，1960年に国土の60％あった森林が27％まで減少。 1985年 ・台湾の総生産620.8億ドル，成長率5.0％，一人当り3224ドル。 ・香港の総生産349.1億ドル，一人当り6394ドル。 ・香港資本の対中国大陸第2次投資ブーム始まる。 ・航空機事故死者1700人を超え，史上最多。 ・インドネシア，丸太輸出禁止。	9-1　道路交通法改正公布，シートベルト着用義務付け。9-18　閣議で政府開発援助（ODA）第3次中期目標を決定，1986年から7年間で総額400億ドル。10-1　国勢調査結果，日本の人口121048923人。10-1　東海道・山陽新幹線に100系新型車両登場。10-18　首相中曽根康弘，靖国神社の秋の例大祭参拝見送り。10-19　東京証券取引所，債券先物取引を開始。10-25　東証債券相場急落，1979年大口取引開始以来最大の下げ幅。11-29　東証，メリルリンチなど米英証券6社の入会を承認，初の米英証券会社入会。11-29　過激派による国電大規模破壊活動，首都圏・関西34ヵ所でケーブル切断。12-20　特定石油製品輸入暫定措置法公布，ガソリン等輸入自由化。12-28　郵便貯金残高100兆円を超える。 年末 ・日本の対外純資産1298億ドルに達し，英国を抜いて世界1位。 ・外貨準備高267.2億ドル，前年比2.7億ドル増。 1985年 ・国内総生産325兆4019億円，成長率名目7.4％，実質6.3％，ドル換算1兆3629億ドル，一人当り11282ドル。 ・バブル全盛期始まる（～1990.3-） ・自動車の輸出，720万台に達す。 ・任天堂ファミコン650万台売れ，爆発的人気。 ・帰国子女，1万人を超える（小62％，中25％，高13％）。

1986年（昭和61年）丙寅（1/2）

日　中　交　流・中　国

1-1　第7次5カ年計画(1986～1990年)スタート。1-1　解放軍, 多兵種集団軍体制へ移行完了。1-6　第二汽車製造廠竣工。1-6　中央機関大会(～1.9), 中央機関党風是正指導チームを設置。1-7　銀行管理暫定条例・城郷個体工商業戸所得税暫定条例公布。1-10　全人代常務委会議(～1-20), 漁業法を可決。1-14　輸銀, 渤海油田開発向け中国銀行へ357億6500万円融資。1-15　中外合資経営企業外貨収支バランスに関する規定を公布。1-16　在瀋陽日本国総領事館開設。1-20　日中両政府, 1985年度無償援助公文交換。1-22　日中長期貿易交渉, 原油・石炭数量合意。

2-1　中国大都市で郵貯開始。2-3　日中外交事務レベル第6回協議, 北京で開催。2-4　上海商城起工, 鹿島と米2社で請け負い, 総投資額1.75億ドル。2-　上海投資信託公司, 東京市場で250億円を公募で起債, 主幹事野村証券。2-　CITIC, 東京市場で400億円公募で起債, 主幹事大和証券。

3-3　科学研究者王大珩・王淦昌・楊嘉墀・陳芳允, 中国のハイテク事業につき提案, 3-5　鄧小平, 検討を指示, 11-＜ハイテク研究発展計画綱要＞(863計画)作成完了。3-4　国務院, 対外経済開放地区環境管理暫定規定を許可。3-11　全人代第6期常務委第15回会議(～4-12), 鉱産資源法を可決。3-18　ダイハツ, 天津へシャレード技術供与契約調印。3-19　日本対中国無償援助公文交換, 日中青年交流センター等4件。3-20　第一生命・日債銀, 中国銀行へ150億円協調融資合意。3-23　中国貨物船石嘴山号, 日本の神子供島沖で難破。3-23　公明党訪中, 団長矢野絢也。3-25　第6期全人代第4回総会(～4-12), 民法総則・義務教育法・外資企業法を採択。3-　上海太平洋大飯店有限公司設立許可(青木建45, 日本興銀5, 上海旅遊等50), 6-　着工。3-　中国銀行, 東京市場で二重通貨債200億円を公募で起債, 主幹事日興証券。

4-11　外交部長呉学謙来日(～4-14)。4-12　外資企業法公布施行。4-15　第3回日中民間人会議(東京)。4-16　江西銅生産基地(貴渓)稼動, 中国で最大規模。4-21　三菱電機・川重など, 鉄道部向け交流機関車80台受注。4-21　税徴収管理暫定条例公布。4-23　鄧小平, 前首相福田赳夫と会談, 年内解放軍百万人削減を表明。4-　中国銀行, 東京市場で500億円公募で起債, 主幹事野村証券。

5-9　石臼港石炭埠頭使用開始。5-12　北京で居民身分証の交付開始。5-21　日本全国知事会鈴木俊一訪中。5-25　全人代第6期常務委第16回会議, 土地管理法を可決。5-27　日中経済協会・通産貿易拡大代表団163人訪中, 団長河合良一。5-28　日中両政府, 1986年度借款公文交換。

6-4　日本対中国有償資金協力(円借款)L/A調印, 7件(衡陽-広州鉄道輸送拡充Ⅲ244.91億円・鄭州-宝鶏鉄道電化Ⅲ94.62億円・秦皇島港丙丁バースⅢ70.11億円・青島港拡充Ⅲ26.20億円・連雲港拡充Ⅲ110億8500万円・天生橋水力発電Ⅲ180.15億円・天津上海広州3都市電話網拡充Ⅲ79.16億円), 貸付先対外経済貿易部。6-16　中国国貿促会長賈石来日。6-16　日本中国製品開発輸入研究会設立。6-25　土地管理法公布。6-末　中国都市部貯蓄額, 1069億8000万元, 初めて1000億元突破。6-　高倉健・吉永小百合・田中邦衛, 北京・杭州・上海を訪れる。

1986年（昭和61年）丙寅(1/2)

その他	日本（参考）
1-1 スペイン・ポルトガル，ECに加盟。1-10 日米，分野別市場開放で交渉決着。1-15 ソ連外相シェワルナゼ来日。1-27 国連UNDP，中国向け第2次資金援助(1986～1990年)1億3000万ドル発表。1-28 米スペースシャトル・チャレンジャー，打上直後爆発。 2-7 フィリピン大統領選挙，2-25 コラソン・アキノ，大統領に就任，2-26 マルコス，国外に脱出，ハワイに亡命。2-9 イラン軍，イラクのファオ港を占拠。2- GE，南通350MWと石家荘350MW火力発電所受注，3-22 融資2億1000万ドル決定。 3-1 ソ連共産党第27回大会，党綱領改定。3-10 中国，アジア開発銀行(ADB)に正式加入。 4-13 中曽根康弘-レーガン，キャンプデービットで会談。4-26 ソ連のチェルノブイリ原子力発電所4号炉でINESレベル7の大規模原発事故発生，4-27 スウェーデンで放射性物質を検出，4-28 ソ連当局発表，5-4 日本で放射性物質検出。 5-1 米上院外交委，中国向け5.5億ドル航空機電子部品輸出を許可。5-12 仏，中国へ13億4570万フラン借款契約調印。5-13 ADB総裁藤岡真佐夫訪中。5-15 中英投資保護協定・借款協定調印。 6-2 世銀，中国エネルギー分野へ3億700万ドル融資承認。 7-1 EU委員長ドロール訪中。7-1 日米半導体交渉決着。7-25 モスクワで中国経済貿易展，33年ぶり。 8-5 フィリピン政府，新人民軍と地域停戦合意。	1-30 日銀，公定歩合を0.5％引き下げて4.5％に。1-31 円相場急騰，1ドル＝191円台に。 2-4 日産，韓国大宇と商用車技術供与契約調印と発表。2-17 日本電気・東芝両社，4メガビットの記憶素子を開発と発表。2-17 日本マイクロソフト設立。2-22 トヨタ自，台湾国瑞との乗用車合弁を台湾国府認可。 3-3 全日空，グアム線就航，国際線定期便運航開始，7-16 LA線就航，7-26 ワシントン線就航。3-4 野村証券，ロンドン証取の会員権を取得，日本の証券会社として初。3-10 日銀，米・西独と協調利下げ，公定歩合を0.5％引き下げて4.0％とする。3-末 発電量構成，原子力26％で石油火力25％を上回る。 4-1 改正男女雇用機会均等法施行。4-21 日銀，米と協調利下げ，公定歩合を0.5％引き下げて3.5％とする。 5-2 第12回主要先進国首脳会議，東京で開催。5-8 英チャールズ皇太子・ダイアナ妃来日。5-19 富士重・いすゞ自，米インディアナ州に自動車生産合弁会社設立計画を発表。5-23 改正公職選挙法公布(6-21施行)，議院定数是正，8増7減。5-27 安全保障会議設置法公布(7-1施行)，国防会議廃止に。5-28 斎藤英四郎，経団連会長に就任。 6- 年初より東京及び周辺で地価急騰，業者の投機買いが全国に広がる。 7-6 第38回総選挙，第14回参議院選挙，自民党両院で安定多数獲得。7-22 第3次中曽根康弘内閣(第73代)発足(～1987.11-6)。7-30 東北自動車道全線開通。

1986年(昭和61年)丙寅(2/2)

日中交流・中国

7-2 対中国投資促進代表団訪中，団長佐治敬三。7-3 古河電工と西安電纜廠との合弁会社設立。7-5 人民元 15.8%切下実施。7-5 初の全国律師(弁護士)代表大会，北京で開催。7-8 中国国内衛星通信ネットワーク完成。7-10 日中原子力協定発効。7-11 国営企業労働契約制施行暫定規定公布。7-18 日本食品開発総合技術展，北京で開催(～8-1)。7-18 中国銀行東京支店開業。7-20 北京長富宮(ニューオータニ)飯店定礎式。7- 天津国際租賃有限公司設立(太陽神戸 17.5, オリエントリース 12.5, 兼松江商 16, 香港天松 2, 米GATXリース 2, TITIC他 50)。

8-1 国家土地局設立。8-4 瀋陽防爆器械廠破産宣告，初の国営企業自己破産。8-13 笹川良一，北戴河で胡耀邦と会談，8-14 笹川記念保健協力財団，衛生部と中国医学研修生奨学金協議書調印。8-18 対中無償援助 34 億 8500 億円公文交換，身体障害者リハビリ研究センター・浄水場など。8-19 全国「発票」(公式領収書)管理暫定方法公布。8-23 公明党委員長竹入義勝訪中(～9-4)。

9-4 国務院，上海閔行と虹橋 2 経済開発区を許可。9-5 関西財界訪中，団長関経連会長日向方斉，鄧小平と会談。9-22 外相倉成正，NYで外交部長呉学謙と会談。9-22 日中友好 21 世紀委第 3 回会合(東京・大磯，～9-24)。9-23 日中経済協会斉藤英四郎・河合良一訪中。

10-6 日本商工会議所・日中経済協会・CITIC，東京で第 1 回日中産業協力会議を開催，CITIC董事長栄毅仁出席のため来日。10-11 外国企業投資奨励規定公布。10-15 日中海運民間協議，東京で開催。10-19 北京マラソン，児玉泰介 2h7m35s で日本新。10-20 日銀総裁澄田智訪中。10-22 元全人代委員長・軍事委副主席葉剣英逝(90 歳)。10-23 作家山崎豊子，胡耀邦に会う。10-29 日中青年交流センターに関する公文交換，無償援助 103 億 9100 万円(3 年分)。

11-8 首相中曽根康弘訪中(～11-9)，日中青年交流センター定礎式に出席，胡耀邦総書記と会談。11-12 第 2 回日中経済討論会，日本で開催。11-15 全人代第 6 期常務委第 18 回会議(～12-2)，企業破産法(試行)を採択。11-15 東芝，北侖向け 600MW 火力発電受注。11-24 中国海関，外資企業輸出用輸入原材料・部品管理方法を公布。11-27 第 7 回日中外交事務レベル協議。11-28 松下電器，北京カラーテレビブラウン管合弁合意。

12-11 TITIC, 東京市場で 100 億円債券発行，日興証券と契約。12-12 外資系企業の外貨担保人民元融資暫定規定公布。12-16 東芝，中国技術輸出入公司と咸陽・上海・南京向けカラーテレビブラウン管ライセンス契約調印。12- 上海三菱エレベータ設立許可(資本金 950 万ドル，三菱電機 15, 香港菱電工程 10, 上海機電実業/中国機械輸出入 75), 1987.1- 設立。

年末
・中国の外貨準備高 20 億 7200 万ドル。中国全国の自転車保有約 8000 万台。

1986年
・中国の国内総生産 1 兆 275 億元，初めて 1 兆元超える。

1986年(昭和61年)丙寅(2/2)

その他	日本（参考）
9-8 英国日産,本操業開始,日本の自動車メーカによる初の乗用車欧州現地生産。9-15 中国-パキスタン,原子力平和利用協力協定調印。9-20 ガット閣僚会議,多角貿易交渉を開始（ウルグアイ・ラウンド）。9-21 第10回アジア大会,ソウルで開催（～10-5）。9-23 中仏英3カ国の銀行と企業,北京で大亜湾原子力発電所融資契約を調印。9-26 国際原子力機関,原子力事故の早期通報と相互援助を決定。9-27 7カ国蔵相会議(G7)初会合,米から日・西独内需拡大要求。9-28 台湾民主進歩党結党。10-11 レーガン-ゴルバチョフ,レイキャビクで会談。10-12 英女王エリザベス2世訪中（～10-18）。10-15 ソ連,アフガニスタンから部分撤退開始。11-4 日米繊維交渉,日本側譲歩で妥結。11-12 IMF,中国の輸入代金7億1700万ドル融資決定。12-1 中外運DHL国際航空快件,北京で設立（DHL50,中国対外貿易運輸集団50）。12-4 メキシコ大統領訪中（～12-10）。12-6 台湾立法院議員選挙,民主進歩党が躍進。12-7 ベトナム,書記長にグエン・バン・リン選出。12-11 南太平洋非核地帯条約発効。12-28 OPEC,1バレル18ドルの固定価格を決定。 年末 ・台湾外貨準備高463.1億ドル,237.5億ドル増。 1986年 ・台湾の総生産754.5億ドル,成長率11.6%,一人当り3878ドル。 ・香港の総生産401.1億ドル,一人当り7267ドル。	8-15 首相中曽根康弘,靖国神社公式参拝を見送り。8-20 円相場急騰,1ドル=152.55円に。9-1 国会図書館新館開館。9-6 土井たかこ,社会党委員長に当選,日本の議会政党で初の女性党首。9-30 郵政省,郵便物の鉄道輸送を全廃。9-30 労働省〈婦人労働白書〉発表,1985年働く女性1548万人（内パート333万人）,専業主婦を20万人上回る。10-1 住友銀行,平和相互銀行を吸収合併。10-28 衆議院本会議,国鉄分割・民営化関連8法案を可決。11-1 日銀,公定歩合を0.5%引き下げ,3.0%に,低金利時代に入る。11-15 三井物産マニラ支店長若王子信行誘拐事件。11-28 国鉄分割・民営化関連8法案成立,12-4公布。12-10 三井不動産,NYのエクソンビルを6.1億ドルで取得,その後日本の不動産会社の対米不動産投資活発化。12-30 1987年度政府予算案決定,防衛費GNP比1%枠を超える。 年末 ・外貨準備高422億3900万ドル,前年比155億1900万ドル増。 1986年 ・国内総生産340兆5595億円,成長率名目4.7%,実質2.8%,1人当り16535ドル。 ・日本の対外貿易黒字過去最高の14兆4017億円,内対米貿易黒字6兆6872億円。国際経常収支858億4500万ドルの黒字。 ・大都市圏を中心に,土地価格高騰。 ・テレホンカードの年間発行枚数,1億枚を超える。

1987年(昭和62年)丁卯(1/2)

日中交流・中国
1-1 土地管理法施行。1-11 自民党幹事長竹下登訪中(〜1-15), 1-13 鄧小平と会談。1-12 三菱銀行・明治生命, 中国銀行へ49億2000万円協調融資調印。1-14 輸銀・東京銀行, CITICへ北京国際テニス向け約30億円融資調印。1-16 政治局拡大会議, 胡耀邦総書記辞任, 後任代行に総理趙紫陽決定。1-18 副総理田紀雲来日(〜1-27)。1-21 福建ウーロン茶飲料設立(伊藤園・東京丸一49)。1-26 日本電気硝子, 安陽向けブラウン管ガラスプラント約93億円受注。1- 北京新万寿賓館着工(鹿島・西武・物産他50)。
2-1 中国銀行北京支店, 元建て長城クレジットカードを発行。2-10 三井石化, 済南テレフタル酸プラント約100億円受注。2-13 中国民航管理体制改革案発表, 中国民航を国際・東方・南方など6航空会社体制に。2-19 住友銀行他18社, 京広センター向け1億1000万ドル協調融資発表。2-22 TEC, 盤錦エチレンプラント約120億円受注。2-23 中国残留日本人孤児第15次調査団来日, 来日調査終了, 1981年3月より来日2135人, 身元判明548人。2-24 国貿促桜井義雄訪中。2-26 京都市の光華寮, 大阪高裁が台湾所有と判決。
3-3 社民党前委員長佐々木良作訪中。3-28 国務院, 株式債券管理強化を通達。3- 〈863計画〉実施開始, 2005年まで計330億元を補助。 3- 上海美術電影製片廠, 川本喜八郎を監督に招聘, 〈紀昌学箭〉を題材にしたアニメ〈不射之射〉を制作, 中国初の外国監督によるアニメ制作, 1988.3- 完成。
4-1 上海日本人学校, 虹橋に開校。4-1 耕地占有税徴収開始。4-3 中国製輸送機「運12-1型」, スリランカ向け出荷, 初の中国製航空機輸出。4-4 福岡-北京直行便就航。4-5 民航, 北京-大連-成田線就航。4-8 深圳蛇口招商銀行開業, 中国初の民間企業出資銀行。4-15 中日友好協会王震来日。4-15 TEC, 上海石化エチレンプラント受注発表。4-15 北京発展大厦起工(野村中国投資50)。4-27 中国, 新紙幣使用開始。4-29 第9回日中高級事務レベル協議。
5-6 大興安嶺で広域火災, 6-26 鎮火。5-8 共同通信社辺見庸に国外退去命令, 5-11 出国。5-10 法門寺唐時代舎利発見。5-16 日中協会理事長野田毅訪中。5-22 北京松下カラーブラウン管合弁契約調印(資本金5億元, 松下グループ50)。5-25 斉魯エチレンプラントⅠ期稼働。5-29 栗原祐幸, 防衛庁長官として初訪中(〜6-4)。5-29 北京四通弁公(事務)設備設立(三井物産25)。
6-1 公明党矢野絢也訪中(〜6-9), 6-4 鄧小平と会談。6-10 日中共同開発の埕北油田全面商業生産, 7-2 中国側へ移管。6-11 全人代第6期常務委第21回会議(〜6-23), 技術契約法を許可。6-14 建設銀行, 国内で3億5000万元石化建設債を発行。6-15 興銀など日米欧金融機関, 建設銀行へ2億2000万ドル協調融資。6-15 前田建設など日中仏4社, 大亜湾原発建屋300億円で受注発表。6-19 福建富士通通信ソフト合弁契約調印(富士通49)。6-24 日中両政府, 1987年度円借款公文交換, 850億円。6-25 中国汽車工業連合会発足。6-26 第5回日中閣僚会議(〜6-28), 北京で開催, 無償援助43億3400万円公文交換。

1987年（昭和62年）丁卯(1/2)

その他	日本（参考）
1-27 中信（香港），キャセイ航空株式 12.5% 取得発表。1-28 長城工業-米テレサット，中国製ロケットで米衛星打上契約調印。2-8 フィリピン新憲法承認。2-9 中ソ国境交渉，9 年ぶりモスクワで再開。2-12 台湾国府，16 プロジェクト建設計画を発表。2-22 G7，パリで開催，内需拡大・為替安定で一致。3-7 世銀・第 2 世銀，中国へ 4 億 7000 万ドル融資決定。3-9 米最高裁，清朝時代の湖広鉄道債券償還の訴えを退ける。3-19 カナダ，中国へ 4 億 7000 億カナダドル無償援助決定。3-26 中国-ポルトガル，共同声明合意発表，1999 年 12 月 20 日マカオ返還を明記，4-13 正式調印。4-4 世銀，上海の汚水処理にハードローン 4500 万ドル，ソフトローン 7800 万ドル承認。4-11 ソ連軍，モンゴルより一部撤兵を開始。5-19 国連，世界人口 50 億人突破発表。5-19 デュポン，上海金山石化向けポリエステルプラント 5200 万ドル契約調印。5-20 スイス，第 2 回対中借款 1 億スイスフラン契約調印。5-27 西独，中国へ借款 1 億マルク・無償援助 6370 万マルク文書調印。5-28 攀枝花 II 期，12 カ国 24 行協調融資 2 億 1000 万ドル契約調印。6-5 中英，1949 年以前請求権相互放棄合意。6-8 世銀，甘粛省開発に 1 億 7050 万ドル融資決定。6-11 中仏合弁会社 HCCM，大亜湾原発を受注，原子炉 2 基と工事。6-15 国際銀行団 41 行，中国へ 2 億 4000 万ドル協調融資。6-25 世銀，上海電源開発へ 1 億 9000 万ドル融資発表。6-30 米上院，東芝製品輸入禁止条項を包括貿易法に加えることを決定。	1-5 大蔵省，政府保有の日本電信電話（NTT）株式 165 万株売出開始，価格 119.7 万円，11-10 第 2 次，255 万円 195 万株。1-17 厚生省，神戸市在住の女性（29 歳）を日本初のエイズ患者と認定，1-20 死亡。1-19 東京外国為替市場で円急騰，1ドル=149 円 98 銭，初めて 140 円台に突入。2-23 日銀，公定歩合を 0.5% 引き下げ 2.5% とする。3-17 アサヒビール，スーパードライを発売。4-1 国鉄分割・民営化により，JRグループ7社営業開始，国鉄清算事業団発足，累積赤字 10 兆 1828 億円，長期負債 25 兆 0625 億円。4-17 日本が日米半導体協定を順守していないとして，米政府が通商法 301 条により対日経済制裁，戦後初の本格的対日制裁発動。4-末 日本の外貨準備高 686 億 2000 万ドル，西独を抜いて世界一になる（6-26 IMF発表）。5-15 工作機械不正輸出事件，通産省，東芝機械をココム違反として処分発表。5- 山崎豊子〈大地の子〉，《文藝春秋》5 月号より連載開始（〜1991 年 4 月号）。6-11 大陸貿易，ソ連イルクーツク木材公団と製材工場設立契約調印，初の日ソ合弁。7-4 自民党竹下派経世会結成，田中派議員 113 人入会。7-9 日本人の平均寿命，男 75.2 歳，女 80.9 歳で世界最長寿をキープ。9-26 外国人登録法改正公布。9-30 野村証券，9 月期で経常利益 4937 億円，利益日本一に（11-17 発表）。9- 通産省，業界に輸出関連法規遵守基本方針（CP）の作成を要請。

69

1987年(昭和62年)丁卯(2/2)

日中交流・中国

7-4 中共中央・国務院,幹部公費出国厳格管理を通達。7-4 東京銀行,渤海石油公司へ40億円融資。7-6 日本対中国有償資金協力(円借款)L/A調印,7件(衡陽-広州鉄道輸送拡充IV87.89億円・鄭州-宝鶏鉄道電化IV313.96億円・秦皇島港丙丁バースIV34.51億円・青島港拡充IV86.83億円・連雲港拡充IV119.11億円・天生橋水力発電IV113.72億円・天津上海広州電話網拡充IV93.98億円)。7-9 裏千家,北京で茶会。7-28 旭硝子G,上海向け苛性ソーダプラント契約調印,約40億円。

8-7 大亜湾原発I期着工。8-16 中日友好21世紀委符浩・劉徳有来日(～8-20)。8-28 全人代第6期常務委第22回会議(～9-5),大気汚染防止法を可決。8- 深圳投資管理公司設立,中国初の国有資産管理会社。8-末 中国,1982年1月から日本での債券発行計19回,3650億円と2.5億ドル。

9-9 民社党塚本三郎訪中(～9-15)。9-9 深圳政府,初の土地使用権有償譲渡。9-10 衆議院で日中友好促進決議。9-21 日中石油開発,渤海南部・西部油田開発取極調印。9-23 揚子エチレンII期完成,稼働。9-25 第2回東京国際映画祭(～10-4),〈古井戸〉(監督呉天明)グランプリ受賞。

10-6 北京図書館新館開館,1998.12-12 国家図書館に改名。10-19 通産省貿易局長畠山襄,ココム規制問題協議のため訪中(～10-21)。10-20 中共第12期中央委第7回全体会議,胡耀邦総書記辞任を承認。10-20 通産省,ココム規制の行政例外を36品目から42品目に拡大決定,12-14 行政外リスト公表。10-25 中共第13回全国代表大会(～11-1),党政分離・若返り人事。10-28 東芝機械の対中契約で遅れ発生(直契約24億円,他9億ドル),中国対外経済貿易部,契約履行求める。10- マブチモータ大連設立(マブチモータ100),大連初の外資独資企業。

11-2 中共第13期中央委第1回全体会議,総書記に趙紫陽,中央軍事委主席は鄧小平再任。11-10 残留孤児第1回補充調査50人来日。11-10 中国駐在日本国大使中島敏次郎赴任。11-12 社会党土井たか子訪中(～11-19)。11-14 江沢民,上海市書記に任命。11-20 第6回全国運動会,広州で開幕。11-24 総理代行に李鵬副総理が就任。11-30 日中友好21世紀委員会第4回会合,北京で開催(～12-2)。11- 温州の私営集団公司,3万社を超える。

12-1 深圳市で中国初の土地オークション。12-4 竜羊峡水力発電所2号機稼働,中国の発電容量1億kWに達す。12-8 通産省,東芝機械の対中契約7件許可と発表。

年末
- 中国の外貨準備高29億2300万ドル。
- 中国の新型城鎮集団企業,23万余社,従業員1200万人,年生産経営額600億元に達す。
- 中国の発電設備容量,10289.7万kW。

1987年
- 日本の対中国投資額(実行ベース)2億1970万ドル,各国投資総額の9.5%(商務部数値)。
- 中国国内総生産1兆2059億元,一人当り1112元,初めて千元超える。

1987年(昭和62年)丁卯(2/2)

その他	日本（参考）
7-14 台湾,戒厳令を解除,38年2カ月ぶり。8-24 ベルギー,中国へ4億6300万ベルギーフラン借款調印。8-25 ルクセンブルグ,中国向け1億ルクセンブルグフラン借款調印。9-10 中国最大の米中合作平朔露天炭鉱開業式。9-15 台湾〈自立晩報〉記者李永得・徐璐,本土入り取材。9-16 モントリオール会議,1999年までフロンガス半減決議。9-21 中海油,米・伊と珠江口油田開発補助取極調印。10-9 中国銀行,ロンドンで初起債,2億ドル。10-13 西独で初の中国国債発行,3億マルク。10-19 ブラックマンデー,NYダウ下落22.6%,508ドル。10-20 米中,ロケット上段技術供与合意発表。10-22 石洞口第2発電所成約,600MW×2超臨界石炭火力,12-21 スイス,中国銀へ1億1755万ドル融資取極調印。11-1 台湾,本土への親族訪問を許可。11-8 伊で原発国民投票,80%原発反対。11-9 ADB,初の対中国融資,1億ドル。11-12 金大中,平和民主党結成。11-29 大韓航空機ビルマ上空爆破事件。12-7 ゴルバチョフ訪米,12-8 INF全廃条約調印。12-16 盧泰愚,大統領に当選。 年末 ・台湾外貨準備高767.5億ドル,304.4億ドル増。 ・南極のオゾン,50%まで減少。 1987年 ・台湾の総生産1016.5億ドル,成長率12.7%,一人当り5167ドル。 ・香港の総生産492.4億ドル,成長率13.1%,一人当り8825ドル。	10-12 マサチューセッツ工科大学教授利根川進,ノーベル生理学・医学賞受賞。10-20 東証平均株価,ニューヨーク株式市場の影響を受けて暴落,3836円48銭安の21910円08銭,下落率14.9%で戦後最大。11-6 竹下登内閣（第74代）発足（〜1989.6-3）。11-18 日本航空（JAL）,民間会社として発足,12-15 政府保有株放出。11-20 全日本民間労組連合会（連合）結成,55単産540万人参加。12-14 首相竹下登,第3回アセアン首脳会議（マニラ）に出席,20億ドル供与表明。 年末 ・日本の外貨準備高809億7000万ドル,前年末比387億3100万ドル増。 ・日本の対外資産残高1兆ドルを超え,対外純資産2407億ドル。 ・東京外国為替市場で1ドル=122円。 ・国土庁の住宅地公示価格,東京圏1m²平均53.13万円,地価高騰ピークに達す。 ・日本の国債発行残高150兆円を突破。 1987年 ・国内総生産354兆1702億円,成長率名目4.0%,実質4.1%,ドル換算2兆4309.6億ドル,一人当り19921ドル,米を抜いてOECD諸国中5位になる。 ・日本の対米貿易収支,568億ドルの黒字,米国の貿易赤字1700億ドルの33.4%を占め,日米貿易摩擦深刻化。 ・公団住宅（練馬・光ガ丘パークタウン）,応募倍率6137で最高を記録。

1988年(昭和63年)戊辰(1/2)

日中交流・中国

1-1 天安門,観光客に開放。1-11 全人代常務会議,密輸罪懲罰補充規定・汚職罪賄賂罪懲罰補充規定を可決。1-15 国家土地管理局・上海市政府,国家土地使用証・集団土地使用証を600の企業・個人に交付,中国初の土地使用証交付。1-19 上海でA型肝炎流行(～7-16),市内発病者310746人。1-20 技術導入契約管理条例施行細則公布。1-21 水法公布,7-1施行。1-22 財団法人日中友好会館,本館完成,4- 全館オープン。1-28 第8回日中外交事務レベル協議,北京で開催。

2-2 1988年度国庫券発行額90億元決定。2-13 海南省土地管理法公布,外国人へ土地使用権売買・担保可能に。2-27 残留孤児第2回補充調査団50人来日。2-28 日中,第2次円借款の使い残し900億円と黒字還流1000億円につき合意。

3-1 光大国際信託投資,北京で設立,三菱商事・北京光大実業公司・光大金融公司が出資。3-7 第2回日中貿易拡大協議会,北京で開催。3-8 伊藤忠,康華へ10億ドル資金供与趣旨書調印。3-10 中国初の試験管受精卵児北京で出生。3-11 在福岡中国総領事館銃撃事件。3-14 日中友好21世紀委中国側首席委員,王兆国から張香山へ交代。3-15 中共第13期中央委第2回全体会議(～3-19)。3-24 上海市郊外列車衝突事故,修学旅行で私立高知学芸高校生ら193人乗車,内生徒と教師27人死亡,5-11 慰問団来日,6-7 重体の生徒1名死亡。3-25 第7期全人代第1回総会(～4-13),憲法改正で私営経済を容認,国家主席に楊尚昆,全人代委員長に万里,総理に李鵬を選出。3-25 富士銀行,康華と康富国際リース合弁契約調印。3-26 中国映画〈芙蓉鎮〉,日本で上映。

4-18 伊東正義,首相特使として訪中。4-18 在大阪中国総領事館襲撃事件。4-21 海南省発足。4-27 西安唐華賓館開業,三井不動産初の大型中国事業。4-28 第4回日中民間人会議,北京で開催。4-28 北京松下カラーブラウン管有限公司定礎式。

5-3 外相宇野宗佑訪中,北京で日中外相定期協議。5-4 海南島投資開発奨励規定公布。5-5 通産相田村元訪中。5-5 三和銀行,康華発展総公司・康華国際信託投資公司と業務協力取極調印。5-5 日-中-ネパール共同登山隊12人全員エベレスト登頂。5-17 OECF総裁山口光秀訪中,李鵬と会談。5- 住友金属工業,和歌山製鉄所厚板ラインを鞍山鋼鉄へ売却調印,40億円。

6-1 日本駐在中国大使章曙離任,6-4 後任の中国大使に楊振亜任命,6-21 着任。6-9 衆院議長原健三郎訪中(～6-16)。6-9 上海市,土地使用権を担保に人民元・外貨貸付開始。6-15 東京で第9回日中長期貿易定期協議。6-23 残留孤児第3回補充調査35人来日。6-23 工商行政管理局発表,私営企業22.5万社,従業員360万人,工業総生産の1%。

7-1 中国国際航空設立。7-9 上海虹橋開発区26号地1.29万㎡50年使用権国際入札実施,日本の孫子企業有限会社1億416万元で落札,初の中国土地国際入札落札。7-16 日中投資保護協定合意。7-22 国務院,国有資産管理局設置を決定。7-26 第2次円借款1988年度分公文交換。

1988年（昭和63年）戊辰（1/2）

その他	日本（参考）
1-1 台湾,「報禁」解除。1-1 ABB 発足。1-12 CITIC, ロンドンで18カ国の銀行と共同で150億円債券発行合意。1-13 台湾総統蒋経国逝（87歳），1-27 李登輝，国民党代理主席に就任。1-15 中国-ポルトガル，マカオに関する共同声明批准書を交換，発効。 2-7 中国，ソ連から火力発電4基（営口・南京）輸入を決定。2-25 盧泰愚（ノ・テウ），韓国大統領に就任。 4- 中仏共同事業として，大亜湾原発2号機着工。 5-6 中英最大合弁会社上海耀華ガラス生産ライン稼働，総投資額4.3億元。5-12 厦門航空2510便，厦門-広州飛行中台湾にハイジャック，5-13 旅客機，厦門に帰還。5-17 アウディ，長春一汽とアウディ100型ライセンス契約調印。5-18 中英，経済技術協力協定調印。 6-20 日米貿易交渉妥結，牛肉とオレンジ輸入自由化（牛肉・オレンジ生果は1991年4月より，オレンジ果汁は1992年4月より）。6- 上海市投資信託，ロンドンで150億円債券を発行。 7-5 米マクドネル・ダグラス社，中国向け大型旅客機の機首，中国で現地生産決定。7-6 英北海油田洋上プラットフォームで爆発事故，死者166人。7-7 台湾で国民党第13回大会，党主席に李登輝当選。7-8 ココム，電算機・電話・医療機械分野で対中輸出緩和。7-18 イラン・イラク戦争国連停戦決議。 8-3 米上院，包括貿易法案を採決，東芝・東芝機械制裁とスーパー301条など含む。8-20 イラン・イラク戦争終結。	1-1 地価公示価格，史上最高レベル。 2-10 ファミコンソフト〈ドラゴンクエストⅢ〉発売，即日100万個完売。 3-2 日米特別協定改定調印，在日米軍基地日本人従業員人件費を日本側負担に。3-13 青函トンネル開通，世界最長の58.85Km。3-17 東京ドーム落成式。3-末 日本全国1987年度の一般廃棄物4650万トン，ゴミ処理問題深刻化。3- SMAP結成。 4-5 警視庁，中国向け電子測定器不正輸出で極東商会と新生交易を摘発，5-18 岩崎通信機書類送検。4-10 瀬戸大橋開通，世界最長の9368m道路鉄道併用橋。4-19 日本電信電話，総合デジタル通信（ISDN）サービス開始。 5-28 閣議，総合土地対策要綱を決定。5- 通産省，非該当貨物リスト公表再開。 6-1 日本証券業協会，証券会社のインサイダー取引管理規則を制定，7-1 実施。6-14 閣議，政府開発援助（ODA）第4次中期目標を決定，1988～1992年の5年間で500億ドル以上，過去実績の2倍以上に。 7-2 公益財団法人国際研修交流協会設立。7-3 石川島播磨重工業・三菱重工・日本鋼管など，欧亜大陸を結ぶ第2ボスポラス大橋を完成。7-5 リクルート事件，リクルートコスモス社の未公開株式譲渡問題で，中曽根康弘・安倍晋太郎・宮沢喜一らの秘書の関与が公に，7-6 リクルート会長江副浩正辞任。7-13 日本企業157社，米「フォーチュン」が選ぶ米企業を除く「世界上位500社」に入り，国別で首位。 9-3 株価指数先物取引，東証・大証で開始。

1988年（昭和63年）戊辰（2/2）

日中交流・中国

8-3　日本対中国有償資金協力（円借款）L/A調印，16件（大同-秦皇島鉄道121.31億円・鄭州-宝鶏鉄道V75億円・北京市地下鉄25.1億円・秦皇島港丙丁バースV31.84億円・青島港拡充V130.43億円・連雲港拡充V82.97億円・五強渓水力発電24.7億円・天生橋水力発電V40億円・4都市ガス整備60.59億円・輸出基地700億円・観音閣多目的ダム28.46億円・4都市上水道整備80.5億円・北京下水処理場26.4億円・北京市上水道整備106.14億円・天津上海広州3都市電話網拡充V72.97億円・経済情報システムモデル8.8億円）。8-8　宝山鋼鉄聯合集団公司発足。8-12　通産省，8月15日より電子計算機の対中国輸出制限を緩和すると発表。8-25　首相竹下登訪中（～8-30），第3次円借款1990～1995年度の6年間，42案件，8100億円供与表明，日中技術交流会議設置で合意，敦煌・西安を訪問，8-27 日中投資保護協定，北京で正式調印。

9-7　中国初の気象衛星風雲1号，ロケット長征4号で軌道に乗る。9-10　中国人民銀行，一部の定期預金に対し，インフレ連動金利を実施。9-23　日中経済協会岡崎嘉平太・斎藤英四郎・河合良一訪中，9-24 鄧小平と会談。9-26　中共第13期中央委第3回全体会議（～9-30），価格と賃金改革。

10-6　日中仏教学術交流会，北京で開催。10-23　外国人への開放エリア542に。10-31　中国初の高速道路上海－嘉定高速道路開通（1984.12-21起工），16Km，総工費2.3億元。

11-3　第3回日中経済討論会，北京で開催（ー11-4）。11-18　日中友好21世紀委員会第5回会合，東京・日光で開催（～11-20），日本から石川忠雄，中国から張香山出席。11-30　会計監査条例公布，1989.1-1施行。11-　トヨタ，瀋陽金杯へハイエース技術供与（～1997.6-まで）調印。

12-1　日本国貿促会長桜内義雄訪中，12-2 鄧小平と会談。12-9　中国製300MW原発用タービン発電機，秦山原発に据え付け。12-10　葛洲壩水力発電所完工，発電機21基，総容量2715MW。12-26　通産省，対中ココム規制16品目緩和と発表，12-31実施。12-28　大同-秦皇島電化鉄道Ⅰ期工事完成，全長653Km，円借款プロジェクト。12-29　上海市黄浦江横断トンネル開通。

年末
・中国の外貨準備高33億7200万ドル。

1988年
・日本対中国投資額（実行ベース）5億1453万ドル，各国投資総額の16.1%（商務部数値）。
・中国の総生産3950.6億ドル，一人当り352ドル。年間インフレ率18.5%。
・中国の輸出入額1027.9億ドル，前年比24.4%増，内輸出額475.2億ドル，輸入額552.7億ドル，貿易赤字77.5億ドル。
・「倒爺」横行，「平価」・「議価」の二重価格を利用した空転売問題化。
・農村の出稼ぎ者，5000万人超える。
・中国旅券所持者の日本への入国者数112389人，初めて10万人を超える（法務省数値）。

1988年(昭和63年)戊辰(2/2)

その他	日本（参考）
9-17 第24回オリンピック・ソウル大会(～10-2)，160カ国・地域参加，北朝鮮不参加。9-20 中国，IAEAと保障協定調印，民間核施設査察受けることに。9-27 北方工業-ダイムラー・ベンツ，大型車両製造ライセンス契約調印。9-28 基隆-那覇-厦門海上航路開通，厦門に第1船到着。9-29 米ディスカバリー打上成功。10-4 ココム，対中輸出緩和第2次措置，電子交換機・プリント板など10数品目。10-5 EC委員会代表部北京事務所正式開所。10-12 社会党石橋政嗣訪韓，韓国との公式交流開始。10-28 上海大衆汽車生産ライン稼働。11-1 ココム，1989年から電算機・ICなど40品目対中輸出審査に包括許可制導入を決定。11-8 米大統領選，共和党 H・W・ブッシュ当選。11-14 台湾国府，葬儀出席の大陸住民に「入台旅行証」を発行，許可第1号許松林，父親の葬儀。11-28 中国-モンゴル，国境条約調印。12-1 銭其琛訪ソ，32年ぶり中ソ外相会談。12-1 パキスタン，人民党総裁ブット首相指名，イスラム圏初の女性首相。12-19 インド首相ガンジー，中国を訪問，34年ぶり。12-28 中国，西独と原子力安全協力協定調印。12-31 インド-パキスタン，核施設相互不攻撃で合意。 年末 ・台湾外貨準備高739億ドル。 1988年 ・台湾の総生産1232.4億ドル，成長率7.8%，一人当り6192ドル。 ・香港の総生産582.9億ドル，成長率7.9%，一人当り10353ドル。	10-3 東京市場のドバイ原油スポット価格，1バレル当り10ドルを割る。10-8 学校教育法施行規則改正，帰国子女の高校転入改善。10-20 大蔵省，政府保有NTT株式の第3次売出，190万円150万株。11-4 三菱重工・三菱電機・日立・富士通など日本企業9社，米戦略防衛構想(SDI)に参加。11-14 青梅信用組合職員オンラインシステム利用による9億7000万円詐取事件。11-16 消費税導入など税制改革関連6法案，衆議院本会議で可決，12-21 参議院で可決，成立，12-30 公布，1989.4-1 施行。11-29 全市町村に一律1億円を配分する方針決定，「ふるさと創生」資金。12-5 国会外国公館等周辺地域の静穏保持法成立。12-9 副総理・蔵相宮沢喜一，リクルート疑惑で辞任。 年末 ・日本の外貨準備高976億6200万ドル，西独を抜いて世界一に。 ・対外資産残高1兆4693億ドルに達し，英国を抜いて世界首位。 1988年 ・国内総生産380兆7429億円，成長率名目7.5%，実質7.1%，ドル換算2兆9218.5億ドル，1人当り23843ドル。 ・韓国・台湾・香港など新興工業経済地域(NIES)からの輸入急増。 ・外国製乗用車(外車)の輸入増加，10万台超える。外国製日本車(現地日系工場生産車)の逆輸入始まる。

1989年(昭和64年/平成元年)己巳(1/2)

日中交流・中国

1-9 日中投資開発コンサルタント,東京で設立,発起人岡崎嘉平太。1-11 中国の預貯金3800億元超える。1-12 中日友好協会会長孫平化来日,首相竹下登と会談。1-19 土地管理法公布。1-21 法務省,不適格処分の日本語学校24校中の23校に7月末まで改善を求める。1-26 第1回日中原子力協議,北京で開催。1- 国務院,武漢鋼鉄公司「三包一掛」を許可。1- 中国の股分公司(中国型株式会社),6000社超える。

2-15 全人代第7期常務委第6回会議(～2-21),輸出入商品検査試験法を可決。2-20 国務院,対外貿易公司整理整頓につき通知。2-23 外交部長銭其琛,国家主席特使として天皇葬儀参列のため来日(～2-25),2-24 首相竹下登と会談。2-24 残留孤児第4次補充調査57人来日。2-26 南極「中山基地」完成。2- 中国国家図書館,NECのACOS-630を2システム導入。

3-3 輸銀,中国銀行と第2次資源開発融資協定調印,遼河油田など陸地油田の開発に725億9800万円。3-5 チベットでラサ事件,3-8より戒厳令。3-6 第9回日中外交事務レベル定期協議,東京で開催。3-9 第5回日中貿易混合委会議,東京で開催。3-15 技術契約法実施条例公布。3-20 第7期全人代第2回総会(～4-4),行政訴訟法を可決。

4-1 中国標準化法施行。4-4 行政訴訟法公布。4-12 総理李鵬来日(～4-16),4-13 平成天皇を訪問,両陛下に訪中の招き,4-14 日中投資保護協定発効通知公文交換。4-14 中国の人口,11億人に達す。4-15 前総書記胡耀邦逝(73歳),その後記念活動各地に広がる。4-24 興銀など,中国へ1億ドル協調融資調印。4-29 国務院副総理姚依林来日,第11回日中高級事務レベル協議に出席。

5-2 三角債務整理開始。5-5 特別国債50億元発行決定。5-7 外相宇野宗佑,北京で外交部長銭其琛と会談。5-16 1989年度日本対中国資金供与公文交換,971億7900万円。5-18 北京で100万人デモ,5-20 戒厳令発動。5-23 日本対中国有償資金協力(円借款)L/A調印,11件(大同-秦皇島鉄道Ⅱ62.79億円・北京市地下鉄Ⅱ14.9億円・青島港拡充Ⅵ265.14億円・連雲港拡充Ⅵ74.9億円・五強渓水力発電Ⅱ60.2億円・天生橋水力発電Ⅵ192.35億円・4都市ガス整備Ⅱ89.31億円・観音閣多目的ダムⅡ89.34億円・4都市上水道整備Ⅱ45.3億円・北京市上水道整備Ⅱ48.66億円・経済情報システムモデルⅡ28.9億円)。

6-4 天安門事件発生。6-4 日本政府,北京市への渡航自粛勧告,6-7 中国全土への渡航自粛勧告。6-20 日本,対中国新規援助凍結を決定。6-23 中共第13期中央委第4回全体会議(～6-24),趙紫陽を総書記から解任,江沢民を任命。6- 湖南・江西・浙江・四川・安徽・江蘇・河北・吉林・青海で大雨洪水災害(～7-)。

7-1 外国商会会議所管理暫定規定施行。7-1 特許文献館,北京で開館。7-22 国有土地使用権譲渡許可権限に関する通達。

1989年（昭和64年/平成元年）己巳 (1/2)

その他	日本（参考）
1-20 インドネシア石油公社，2月から値上げを通告。1-20 H・W・ブッシュ，米大統領に就任。1-26 米中，ワシントンで米国製人工衛星の中国製ロケット打上に関する覚書調印。 2-1 ソ連外相シェワルナゼ訪中（〜2-5）。2-15 ソ連軍，アフガニスタンから撤退完了。2-25 H・W・ブッシュ訪中，2-26 鄧小平と会談。 5-1 沖縄近海に墜落した水爆搭載機の未回収が公に（1965年水没）。5-4 ADB第22回年次総会，北京で開催（〜5-6）。5-5 モントリオール議定書締約国会議，フロン全廃などのヘルシンキ宣言を採択。5-12 全人代委員長万里，米・カナダを訪問（〜5-25）。5-15 ソ連書記長ゴルバチョフ訪中（〜5-18），ソ連首脳30年ぶりの訪中，5-16 鄧小平と会談。5-25 米，通商法スーパー301条を日本などに適用，不公正貿易国に指定。5-25 ソ連最高会議議長にゴルバチョフ当選。 6-3 イランのホメイニ師死去，6-4 最高指導者に大統領ハメネイ決定。6-8 世銀，対中融資審査延期決定。6-13 西独政府，対中新規開発援助凍結。6-18 ビルマ連邦，国名をミャンマー連邦に改称。 7-6 米大統領，B757旅客機3機の対中輸出を承認。7-10 ソ連シベリアのクズネック炭鉱で11万人スト，7-17 ウクライナーのドネック炭鉱で30万人スト，10-28 終息。7-14 第15回先進国首脳会議（〜7-16）。 8-19 東独市民約1000人，ハンガリー経由でオーストリアに越境，9-1 ハンガリー，約1万人の東独市民出国を許可，9-11 出国。	1-7 昭和天皇逝去（87歳），皇太子明仁即位，平成に改元。2-13 東京地検，リクルート前会長江副浩正を贈収賄容疑で逮捕，3-4 起訴。2-24 昭和天皇大葬の礼。 3-2 通産省，28業界団体に5種のフロンの使用量を7月から30%削減を要請。3-14 大阪地裁，知事交際費公開を求めた住民請求を初めて認める。3-18 伊藤みどり（19歳），フィギュアスケート世界選手権で金メダル，日本人初。 4-1 消費税3%課税実施。4-1 日本，ココム規制包括輸出許可制度を導入。4-11 首相竹下登，リクルート社から総額1億5100万円を受け取っていたことを衆院予算委で話す。4-21 任天堂，ゲームボーイを発売。4-30 日本の外貨準備高，初めて1000億ドル超える。4-30 東証一部株式時価総額，初めて500兆円を超える(NY証券市場は345兆円相当)。 5-6 総合中央卸売の太田市場開場。5-27 東京湾横断道路（川崎−木更津間15.1Km）起工式。5-31 日銀，公定歩合を2.5%から0.75%引き上げ，10-11 0.5%引き上げ，12-25 0.5%引き上げて4.25%に。 6-1 NHK第1・第2衛星テレビ本放送開始。6-3 宇野宗佑内閣（第75代）発足（〜8-10）。6-15 円相場急落，1ドル＝151円30銭。6-24 美空ひばり逝（52歳）。6-30 東京金融先物取引所，取引開始。 7-23 第15回参議院選挙，社会46・自民36・公明10・共産5・民社3・連合11，参院で与野党逆転。

1989年(昭和64年/平成元年)己巳(2/2)

日中交流・中国

8-1 外相三塚博, パリで外交部長銭其琛と会談。8-1 個体工商戸・私営企業の税徴収強化。8-6 朱鎔基, 上海市書記に任命。8-8 日本政府, 中国南方水害地区に対する緊急援助を決定, 200万ドル。8-12 青島市黄原原油貯蔵タンク, 雷で爆発。8-18 外務省, 北京市を除く中国全土への渡航自粛勧告を解除, 経済協力再開。8- 自動車・家電製品など9品目の輸入に国家商検局の「安全認証」が必要となる。

9-4 軍事委主席鄧小平, 政治局に書簡, 軍事委主席辞任の意向伝える。9-10 公務出国者, 電気製品「一大一小」免税規定を出国期間6カ月以上に変更。9-15 居民身分証制度, 全国で実施。9-17 日中友好議員連盟訪中団訪中, 団長伊東正義, 総理李鵬と会談, 9-19 鄧小平と会談。9-25 外務省, 北京への渡航自粛勧告を解除。9-28 外相中山太郎, NYで外交部長銭其琛と会談。9-末 中国で生産した各種自動車, 1949年10月建国から40年で累計500万台。

10-5 中国駐在日本国大使中島敏次郎離任。10-20 水中文物保護管理条例公布。10-31 集会デモ法・社会団体登記管理条例を公布。10- 日中貿易拡大協議会・日本貿易会,〈日中一般貿易売買契約条項集〉(英文版) 作成のため, 日中貿易契約条項検討委員会を設置, 委員長佐久間謙司。

11-1 中国駐在日本国大使橋本恕着任, 11-9 信任状提出。11-6 中共第13期中央委第5回全体会議, 北京で開催(〜11-9), 鄧小平の中央軍事委主席辞任に同意, 後任江沢民, 第一副主席に楊尚昆。11-10 中央軍事委拡大会議。11-11 日中長期貿易第10回定期協議, 北京で開催。11-13 日中経済協会代表団訪中, 鄧小平と会談。11-20 中日友好協会孫平化来日, 第4回日中友好交流会議に出席。11-27 日本国貿促代表団訪中, 11-29 江沢民と会談, 12-1 鄧小平と会談, 鄧小平の外国訪問者と最後の公式会見。11- 上海浦東開発区建設工事開始。

12-16 国家外貨管理局, 人民元の為替レートを21.2%切下げると発表, 即日実施, 1ドル=4.72元に。12-16 中国民航CA-981便, 北京近くでハイジャック, 福岡空港に着陸, ハイジャック犯逮捕, 後程機体・乗客・犯人を中国に引き渡す。12-26 環境保護法成立, 即日公布施行。

年末
- 中国の外貨準備高55億5000万ドル。外債残高413億ドル(中国外貨管理局)。
- 外資系企業(許可済)2.2万社。国家機関・国営企業幹部職員, 1億108万人, 初めて1億人超える。
- 1980年から中国国営企業による海外直接投資645社, 9億5100万ドル。

1989年
- 日本の対中国投資額(実行ベース)3億5634万ドル, 前年比▲30.7%, 各国投資総額の10.5%。(商務部数値)。
- 中国の総生産4373.4億ドル, GDP一人当り384ドル。
- 粗鋼年間生産量6000万トンを超える。鶏卵生産量600万トンを超え, 世界一に。

1989年（昭和64年/平成元年）己巳（2/2）

その他	日本（参考）
9-5 日米構造協議第1回会合。9-23 G7,ドル高抑制の共同声明。9-25 世銀・IMF合同開発委が共同声明，累積債務・地球環境に言及。9-26 ベトナム軍，カンボジアから撤退完了。10-4 中国，国連知的財産権組織商標国際登録マドリード協定に正式加入。10-12 米通商代表来日，建設業界の談合防止など求める。10-18 フィンランド，中国へ680万ドルソフトローン供与，「6・4」後初の西側対中融資。10-18 西独，対中融資凍結解除を決定，上海地下鉄に4億6000万マルク低利資金供与方針内定。10-18 東独，書記長兼国家評議会議長ホーネッカー辞任。11-9 東独，旅行制限法を改正，西独との国境を開放。11-10 ベルリンの壁取り壊し始まる。12-1 中国政府代表団，インドネシアを公式訪問，1967年断交以来22年ぶり。12-2 米ソ首脳，地中海のマルタで会談，東西冷戦終結を宣言。12-16 海峡両岸経済貿易協議会-海峡両岸商務協調会第1回会議，香港で開催（～12-17）。12-19 米大統領，通信衛星の対中輸出を承認。12-20 米軍，パナマに侵攻。12-22 ルーマニア，チャウシェスク政権崩壊。年末・台湾の外貨準備高732億2000万ドル，前年比6億8000万ドル減。1989年・台湾の総生産1491.4億ドル，成長率8.2%，一人当り7417ドル。・香港の総生産671.8億ドル，成長率2.6%，一人当り11807ドル。	8-3 運輸省，リニア新実験線を甲府市郊外に決定。8-10 海部俊樹内閣（第76代）発足（～1990.2-28）。9-22 横綱千代の富士，本場所通算965勝で最多を記録。9-27 横浜ベイブリッジ開通。9-27 ソニー，米コロンビア映画を買収。10-9 幕張メッセ，オープン。10-26 東京モーターショー初開催。10-17 政府，外国人単純労働者を受け入れない方針を確認。10-25 広島市水道局のコンピュータ・システム，富士通が1円で落札。10-31 三菱地所，米ロックフェラー・センターを買収，2200億円。11-4 沖ノ鳥島の護岸工事完了。11-21 総評解散，日本労働組合総連合会（新連合）と全国労働組合総連合（全労連）発足，12-9 全国労働組合連絡協議会（全労協）発足。12-21 フジテレビ，開局30周年記念ドラマ〈さよなら李香蘭〉を放送（～12-22），主演沢口靖子。12-22 土地基本法公布。12-29 東証日経平均株価，史上最高値の38915円87銭，以後値下げに転じる。年末・日本の外貨準備高839億6000万ドル。1989年・国内総生産410兆1222億円，初めて400兆円台，成長率名目7.7%，実質5.4%。ドル換算2兆8972.7億ドル，1人当り23550ドル。・世界各国の海外直接投資額1979億ドル，内日本441億ドルで世界一（日本貿易振興会）。・日本の労働力不足により，フィリピン・タイなどからの不法滞在者急増，推定10万人余。

1990年(平成2年)庚午(1/2)

日 中 交 流・中 国
1-4 全国経済体制改革会議(〜1-8)。1-6 初の国有資産管理会議(〜1-10)。1-11 北京市戒厳令解除。1-16 国務委員兼国家計画委主任鄒家華来日(〜1-25)。1-18 日中政府間科学技術協力委員会第5回会議,北京で開催(〜1-19)。1-19 外国記者常駐外国新聞機構管理方法公布施行。
2-5 深圳で経済特区会議開催(〜2-8)。2-11 中国汽車工業総公司,北京で設立。2-15 残留孤児第5回補充調査49人来日。
3-9 中共第13期中央委第6回全体会議(〜3-12)。3-15 第4回日中経済貿易協議。3-20 第7期全人代第3回総会(〜4-4),香港基本法・合弁企業法改正可決。3-20 オークラガーデンホテル上海設立開業,野村中国投資が投資。3-21 神戸-天津航路,「燕京」(9960トン)就航。3-26 国務院,全国三角債務整理を通知。3-29 日中投資促進機構,東京で設立,会長池浦喜三郎。
4-1 中国都市規画法施行。4-3 江沢民,国家軍事委主席に就任。4-11 第10回日中外交事務レベル協議,北京で開催(〜4-12)。4-18 浦東開放正式発表。
5-1 上海市,浦東開発政策10カ条を公布。5-1 秦皇島石炭専用埠頭Ⅲ期操業開始。5-1 ラサ市戒厳令解除。5-3 前自民党政調会長渡辺美智雄訪中,江沢民と会談。5-18 社会党代表団訪中,団長山口鶴男。5-19 外商投資開発経営大型土地暫定管理方法公布。5-28 創価学会名誉会長池田大作訪中,5-31 江沢民と会談。
6-2 国家環境保護局,初の中国環境公報を発表。6-7 中日投資促進委員会,北京で設立,会長対外経貿部沈覚人。6-7 日中投資促進機構会長池浦喜三郎訪中,李鵬と会談。6-10 笹川日中友好基金協議書調印。6-14 三菱信託銀行,中国国際航空のボーイング機購入代金に1億2600万ドル融資。6-26 日中友好21世紀委員会第6回会議,北京・天津で開催(〜6-30)。6-30 国務委員兼国家教育委主任李鉄映来日(〜7-8)。6- 国務院,上海外高橋保税区を許可,中国初の保税区。
7-1 第4回人口普査,中国人口1133682501人(国家統計局1990.10-3発表)。7-4 日中東北開発協会経済視察団,大連などを訪問。7-5 花岡事件補償交渉開始。7-10 香港-日本海底光ケーブル使用開始。7-16 外務省審議官小和田恒,首相特使として訪中(〜7-18),第3次円借款方針を伝える。7-17 中日友好協会会長孫平化来日。7-17 通産省,東京で国家計画委と第12回日中高級事務レベル協議。7-19 日中投資合同委員会,北京で第1回会合(〜7-20)。7-25 自民党宏池会代表団訪中,団長宮沢喜一,7-30 江沢民と会談。7-31 中国国内郵便料金大幅値上げ。
8-5 国務院三角債務整理チーム,全国の企業支払遅滞解決案を作成。8-13 KDD-郵電部-AT&T,東京で上海-九州海底光ケーブル敷設協議書調印。8-19 海外華僑と香港マカオ対本土投資奨励規定公布。8-20 瀋陽-大連高速道路全線開通。8-27 衆院議長桜内義雄訪中。8-28 全人代第7期常務委第15回会議(〜9-7),著作権法・鉄道法・帰国華僑及び親族権益保護法を可決,9-7 公布。8-29 前副首相金丸信訪中(〜9-5)。

1990年（平成2年）庚午（1/2）

その他	日本（参考）
1-19 国務院，上海市地下鉄1号線を正式許可，独から資金供与4億6000万マルク計画。2-2 米輸出入銀行，中国向けプラント代金115万ドル融資，「6・4」後西側初の公的資金供与。2-8 世界銀行，中国への融資再開決定，IDA経由中国西北部地震被災地区へ人道援助3000万ドル。2-11 南ア，マンデラを釈放。2-17 香港特別行政区基本法起草委員会で香港特別行政区基本法（草案）可決，4-4 公布。3-11 リトアニア，ソ連から独立を宣言。3-13 ソ連臨時国民代議員大会，憲法改正，独裁体制を放棄。3-14 江沢民，総書記就任後初の北朝鮮訪問。3-15 ゴルバチョフ，初代大統領に就任。3-21 ナミビア，南アフリカから独立。4-7 米国製商用人工衛星アジア1号，中国製ロケット長征3号で軌道に乗る。4-23 総理李鵬訪ソ（～4-26），国境兵力削減協定など調印，中ソ関係改善後初の首脳訪問。5-24 韓国大統領盧泰愚来日。5-25 海峡両岸経貿協調会-海峡両岸商務協調会，北京で会談。5-31 中国民航局，米ボーイング社から旅客機72機購入契約調印，約40億ドル。6-1 ブッシュ-ゴルバチョフ会談，戦略核削減で合意。6-10 ペルー大統領選，日系のフジモリ当選。6-12 ロシア共和国，主権を宣言。6-27 世界人口，53億に達す（国連統計）。7-1 東西ドイツ，経済・通貨を統合。7-9 第16回先進国首脳会議，ヒューストンで開催。8-2 イラク，クエートに侵攻。8-6 国連安保理661号決議，対イラク経済制裁。8-6 総理李鵬，インドネシア・シンガポール・タイを訪問。	1-8 首相海部俊樹，欧州8カ国訪問（～1-18）。1-13 初の大学入試センター試験。1-18 長崎市長本島等，市役所前で右翼団体幹部に銃撃され，重傷。1-24 日本初の月周回探査機「ひてん」打上成功。2-18 第39回衆議院総選挙，自民275・社会136・公明45・共産16・民社14・社民連4。2-28 第2次海部俊樹内閣（第77代）発足（～1991.11-5）。3-22 東京市場で円・債券・株式トリプル安。3-27 大蔵省，不動産融資の総量規制を金融機関に通達。4-1 太陽神戸三井銀行発足。4-1 大阪花と緑の博覧会開催（～9-30）。5-15 ゴッホの〈ガシェ博士の肖像〉，大昭和製紙名誉会長斉藤了英が落札，8250万ドル（約125億円）で史上最高額。6-23 海部俊樹，現職の首相として初めて沖縄戦没者追悼式に参列。7-5 チャイコフスキー国際コンクールのバイオリン部門で，諏訪内晶子（18歳）優勝，日本人で初。7-6 川崎市議会，オンブズマン制度条例案を採択，11-1 実施。7-15 世銀からの借款を完済，最初の借款から37年。8-5 政府，経済制裁としてイラクから石油の輸入禁止・経済協力凍結を決定。8-22 クウェート滞在の日本人245人，バグダッドに移動，一時軟禁状態に，12-12 全員帰国。8-29 首相海部俊樹，中東支援策を発表，8-30 多国籍軍へ10億ドル支援を決定。8-30 日銀，インフレ防止のため公定歩合を0.75％引き上げ6％に。

1990 年（平成 2 年）庚午（2/2）

日中交流・中国

9-3　第 5 回日中民間人会議（東京）。9-10　浦東新区開発開放規定 9 カ条発表，浦東開発スタート。9-16　日中経済協会訪中団訪中。9-20　元首相竹下登訪中（～9-23）。9-27　外相中山太郎，NY で外交部長銭其琛と会談。9-28　日本の銀行団，深圳市カラーブラウン管プロジェクトに 8200 万ドル協調融資。9-末　中国 14 の沿海都市と 5 の経済特区の外資系企業計 11335 社に，出資総額（契約ベース）459.7 億ドル。9-　中国の大学に在学する外国人留学生 11000 人に達す。

10-2　厦門航空厦門発広州行き 8301 便，飛行中ハイジャック，広州空港で爆発。10-3　衆院議長桜内義雄訪中，第 11 回アジア大会出席。10-5　裏千家千容子夫人訪中。10-5　「長城」ロケットによる衛星打上累計 30 に。10-8　第 1 回日中技術貿易協議。10-12　全国検察機関第 2 回反汚職・賄賂会議。10-23　新華社社長穆青来日。10-31　商業部長胡平来日。

11-2　第 3 次円借款初年度第1回分 365 億円，公文交換。11-3　北京日中青年交流センター竣工式。11-3　第 2 回長城計画日中青年交流使節団訪中。11-11　副総理呉学謙，天皇即位式典出席のため来日（～11-14）。11-12　儀征合繊稼動，中国最大合繊プラント。11-17　人民元為替レート 9.57％切り下げ。11-19　日本対中国有償資金協力（円借款）L/A 調印，7 件（黄石長江大橋 37 億円・武漢長江第 2 大橋 47.6 億円・観音閣多目的ダム III 64.45 億円・3 都市上水道整備 88.66 億円・雲南化学肥料工場 26.33 億円・内モンゴル化学肥料工場 25.03 億円・渭河化学肥料工場 45.04 億円）。11-19　日本の金融機関 10 行，中国の石化向け 8000 万ドル協調融資調印。11-26　上海証券取引所開設，中国建国後初の証券取引所。11-26　残留孤児調査団 38 人来日。11-30　国貿促桜内義雄訪中。

12-7　中国国際友好連絡会来日，団長黄華，首相海部俊樹と会談。12-18　日中長期貿易協定，東京で 5 年延長調印。12-20　全人代第 7 期常務委第 17 回会議，密輸入・ポルノの制作販売伝播犯罪者取締に関する決定を採択。12-21　第 3 次円借款 1990 年度第 2 回分，426 億円資金供与公文交換。12-25　中共第 13 期中央委第 6 回全体会議（～12-30），10 年計画と 5 カ年計画を可決。

年末
- 外貨準備高 110 億 9300 万ドル，初めて 100 億ドル超える。個人金融資産（人民元部分）1 兆元超える。
- 中国大陸の都市部人口 3 億 3186 万人，全人口の 29.4％。全国の個人経営者 1329 万戸，従業員 2092 万人，登記資本金 397 億元。私営企業 98 万社，従業員 170.3 万人，登記資本金 95 億元。

1990 年
- 日本対中国投資額（実行ベース）5 億 338 万ドル，41.3％増，各国投資総額の 14.4％（商務部数値）。
- 中国国内総生産 3830.0 億ドル，1 人当り 332 ドル。海関税収 283 億元。中国の腕時計生産量 8600 万個，置（掛）時計 3000 万個に達す。漁業捕獲量 1237 万トン，日本を抜いて世界首位に。石炭生産量 10.8 億トンで世界一に。粗鋼 6635 万トン。原油生産量 1 億 3831 万トンで世界 5 位，天然ガス生産量 147.7 億 m³。小麦生産，1 億トンを超える。

1990 年（平成 2 年）庚午 (2/2)

その他	日本（参考）
9-6　分断後初の半島南北首相会談。9-12　蘭新鉄道，ソ連側と接続，第 2 大陸間ランドブリッジ開通。9-19　IOC 総会，五輪憲章のプロ禁止削除決定。9-30　韓国-ソ連，国交樹立。 10-3　中国，シンガポールと国交樹立。10-3　東西ドイツ統一。10-17　米輸出入銀行，上海浦東 ABS 樹脂プロジェクトに 1450 万ドル融資。10-18　米下院，対中最恵国待遇停止を決議，大統領拒否権を行使。10-20　中韓民間代表事務所相互開設で合意。10-22　EC12 カ国外相理事会，対中制裁解除決定。 11-1　世銀・IDA，中国農業向け総額 2 億 7500 万ドル融資発表。11-19　NATO-ワルシャワ条約機構，不戦条約を調印。11-20　西独 VW 社，第一汽車とゴルフ合弁契約調印。11-21　台湾海峡交通基金会発足，1991.3-9 正式設立。11-29　国連安保理，イラクへの武力行使容認決議。11-29　ADB，中国農業銀行へ 5000 万ドル融資決定。 12-4　世銀，中国工業分野へ 1 億 1430 万ドル融資決定。12-7　中英，第 2 次対中借款残額 2 億 5000 万ポンド実行覚書調印。12-19　仏，中国へ混合借款 13 億 1000 万フラン。12-20　仏シトロエン，第二汽車と合弁調印。 年末 ・台湾外貨準備高 724 億 4000 万ドル。 1990 年 ・台湾の総生産 1601.7 億ドル，成長率 5.4%，一人当り 7870 ドル。 ・香港の総生産 748.4 億ドル，成長率 5.4%，一人当り 13130 ドル。	9-4　臼井儀人〈クレヨンしんちゃん〉，《漫画アクション》で連載開始，その後アジアで大人気。9-14　政府，多国籍軍へ 10 億ドル支援決定。9-24　金丸信，北朝鮮を訪問。 10-1　第 15 回国勢調査，人口 123611541 人。10-15　沖縄県議会，ホテルの海浜独占禁止条例を可決。 11-8　自民・社会・公明・民社 4 党幹事長・書記長会談，国連平和協力案合意。11-12　平成天皇即位の礼。11-17　長崎県の雲仙・普賢岳噴火，200 年ぶり。 11-29　年初来海外渡航者 1000 万人に達す。 12-2　日本人初の宇宙飛行士秋山豊寛，ソ連のソユーズ TM11 号でバイコヌール基地から宇宙へ飛び立つ，12-10　帰還。12-19　緒方貞子，国連難民高等弁務官(UNHCR)に指名される。12-20　政府，1991～1995 年度防衛力整備計画を決定，総額 22 兆 7500 億円。12-27　公取委，セメントメーカ 12 社をヤミカルテルで排除勧告。12-27　東京地検，元環境庁長官稲村利幸を 17 億円の脱税容疑で起訴。12-28　東証終値 2 万 3848 円 71 銭，1989 年末の史上最高値より約 4 割の値下げ，時価総額は年初の 590 兆円から 365 兆円に減少。 年末 ・外貨準備高 785 億ドル。 1990 年 ・国内総生産 442 兆 7810 億円，成長率名目 8.0%，実質 5.6%，ドル換算で 2 兆 9962.2 億ドル，一人当り 24273 ドル。 ・交通事故死者 11227 人，1975 年以来最多。

1991年（平成3年）辛未（1/2）

日中交流・中国

1-1　第8次5カ年計画(1991～1995年)スタート。1-4　土地管理法実施条例公布。1-8　蔵相橋本龍太郎訪中(～1-11)。1-10　国家禁毒委員会初会合。1-17　日中投資合同委員会作業部会第1回会議開催。1-21　全国自動車会議(上海，～1-24)，「三大三小」方針実行へ。1-22　日本対中国有償資金協力(円借款)L/A調印，7件(神朔鉄道42億円・海南島道路開発71億円・民用航空管制システム32.57億円・大鵬湾塩田港第1期76.13億円・五強渓水力発電Ⅲ31億円・海南島通信開発26.63億円・9省市電話網拡充178億円)。1-23　対外開放市・県，733に。

2-9　天津テレビタワー完工，10-1放送開始，高さ415.2mでアジア最高。2-20　百孚公司，金・外貨の違法売買で1800万ドルの損失，処分発表。2-21　広州駅に出稼者7.1万人殺到。

3-3　全国企業集団会議(～3-5)，大型集団公司100社設立を目標に。3-5　中国人民銀行，上海の外銀支店設置申請を受理。3-8　自民党議員渡辺美智雄訪中，首相李鵬と会談。3-19　日中経済貿易第5回定期会議(東京)。3-20　国務院資産整理チーム発足。3-21　通産相中尾栄一訪中。3-22　国務院，都市家屋立退条例を発布。3-25　第7期全人代第4回総会(～4-9)，上海市長朱鎔基を副首相に補選。3-28　日本対中国有償資金協力(円借款)L/A調印，6件(衡水-商丘鉄道56.95億円・宝鶏-中衛鉄道55.72億円・青島道路開発88億円・武漢天河空港62.79億円・北京十三陵揚水発電所130億円・青島通信開発40.34億円)。

4-1　第2回日中原子力協議。4-5　外相中山太郎訪中(～4-7)。4-19　日中友好21世紀委員会第7回会議，東京・福島で開催(～4-23)。4-20　中国人民銀行，預金金利を1％引き下げ。4-22　北京日本商工会議所，正式認可，7-10　発足。4-30　日本政府，中国へ6.9億円無償援助を決定。

5-1　食糧・食用油大幅値上げ。5-3　北京日中青年交流センター開館式，中曽根康弘・竹下登出席。5-4　海南経済特区外国投資条例公布施行。5-5　児童工禁止規定公布。5-12　国務院，天津保税区を許可。5-14　江青(毛沢東夫人)，秦城監獄で自殺。5-21　中国，企業名称登記管理規定公布。5-28　国務院，深圳の福田・沙頭角保税区設置を許可。5-30　著作権法実施条例公布，6-1　施行。

6-5　日中投資促進機構，北京で第1回合同会議，首相海部俊樹出席。6-11　外資金融機関中国常駐代表機構設置管理方法公布施行。6-14　ルブゲ水力発電所全発電機送電開始，初の世銀ローン水力発電プロジェクト完成。6-24　斉魯石化エチレンプラント，国家検収完了。6-25　外交部長銭其琛来日(～6-28)。6-28　中国銀行，東京市場で200億円債券公募。6-28　中国銀行，タリム油田探査開発に12億ドル日本から借り入れ。

7-1　中国，外国投資企業・外国企業所得税法施行。7-3　深圳証券取引所正式開業。7-5　日本石油公団-中国石油天然ガス総公司，タリム石油探査取極調印。7-11　国務院，個人経営炭鉱の整理整頓を通達。7-24　中国人民建設銀行・工商銀行，共同で100億元国家投資債の発行を決定。

8-10　首相海部俊樹，中国・モンゴルを訪問(～8-14)。8-31　中国全国三角債清算会議(～9-4)。

1991年（平成3年）辛未（1/2）

その他	日本（参考）
1-17 米軍主体の多国籍軍，イラクを攻撃，湾岸戦争始まる。1-31 仏プジョー，広州で1992年まで505型現地生産合意。 2-8 一汽大衆汽車設立（VW40，一汽60），9-1開業，12-5 ジェッタ1号車完成。2-26 台湾国府，公務員の大陸への親族訪問を緩和。 2-28 湾岸戦争終結。 3-31 ワルシャワ条約機構の軍事機構解体。 4-16 ソ連大統領ゴルバチョフ，現職大統領として初来日。4-23 国連，中国工作機械業界改造プロジェクトで1200万ドル援助協定調印。 5-3 米国商会，北京で発足。5-15 江沢民訪ソ，5-16 東部国境協定調印。5-28 ADB，上海南浦大橋に7000万ドル融資決定，11-19 完成。 6-17 南ア，アパルトヘイト体制終結宣言。6-28 ソ連・東欧経済相互援助会議（コメコン）解散。 7-1 ワルシャワ条約機構解体。7-10 エリツィン，ロ大統領に就任。7-22 瀋陽金杯客車設立，香港華博・海南華銀・金杯汽車の合弁，トヨタのハイエースを製造。7-24 中仏，200億フラン融資協議書調印。7-31 米ソ首脳会談，モスクワで戦略兵器削減条約（START）に調印。 8-10 中国とベトナム関係正常化合意。8-12 新華社記者範麗青・中国新聞社記者郭偉鋒，台北に到着，大陸記者初の台湾入り。8-19 ソ連，保守派クーデター，ゴルバチョフ大統領軟禁，8-21 クーデター失敗。8-20 エストニア，独立宣言，8-21 ラトビア，独立宣言。8-24 ゴルバチョフ，共産党を解党，書記長を辞任，74年にわたる共産党支配に幕。8-26 中国-モンゴル，中国経由貨物輸送につき合意。	1-1 地価公示，1991年調査値を機に下落に転じ，バブル経済崩壊へ。1-1 電話番号，東京03地域の市内局番が全て4桁に。1-24 内閣，多国籍軍支援に90億ドル（約1兆2000億円）追加支出を決定。1-30 日本，平壌で北朝鮮と第1回国交正常化政府間交渉。 2-9 美浜原発2号機冷却水漏れ事故。 3-7 日本政府，南アフリカへ初のODA供与。3-末 1990年度日本国内の自動車生産台数1359万台で史上最高を記録，以後減少。 4-1 牛肉とオレンジの輸入自由化開始。4-1 東京新都庁業務開始。4-24 地価税法成立，1992.1-1 施行。4-24 ペルシャ湾機雷除去のため海上自衛隊派遣決定，4-26 出港。 5-8 消費税法改正成立，10-1 施行。5-8 暴力団不当行為防止法成立，5-15 公布，1992.3-1 施行。5-14 第58代横綱千代の富士，引退を表明（35歳），通算1045勝。5-15 育児休業法公布，1992.4-1 施行。5-18 敦賀の高速増殖炉もんじゅ完成。5-24 大店法改正公布，1992.1-31 施行。 6-20 東北・上越新幹線，東京駅に乗り入れ。 6-20 野村証券の大口投資家へ約160億円巨額損失補填発覚。 7-1 日本銀行，公定歩合を0.5％引き下げて年5.5％に。7-12 日本政府援助でペルー野菜生産技術センターに出向いていた日本人技師3人，ゲリラに殺害される。7-17 首相海部俊樹，ロンドンでソ連大統領ゴルバチョフと会談，対ソ援助で合意。7- ミサイル部品不正輸出事件。

1991年（平成3年）辛未（2/2）

日　中　交　流　・　中　国

9-5　北京-九竜鉄道，全線着工，2300Km。9-14　中国最大水力発電所二灘発電所起工。9-20　全国で三角債務整理開始（～10-20），副総理朱鎔基指揮，170億元投入。9-23　中央会議（～9-27），企業の自主権拡大決定。9-24　中国人民銀行行長李貴鮮来日。9-25　日中友好議員連盟伊東正義訪中。9-27　日中両政府，1991年度対中国円借款公文交換。

10-4　日本対中国政府有償資金協力（円借款）L/A調印，23件（衡水-商丘鉄道Ⅱ65.5億円・神木-朔県鉄道Ⅱ99.4億円・南寧-昆明鉄道54.61億円・宝鶏-中衛鉄道Ⅱ93億円・北京市地下鉄第2期32.81億円・海南島道路Ⅱ58.55億円・合肥-銅陵道路大橋47.09億円・重慶長江第二大橋47.64億円・民用航空管制システムⅡ78.5億円・海南島海口港25.89億円・大鵬湾塩田港第1期Ⅱ36.91億円・石臼港第2期25.06億円・五強渓水力発電Ⅳ81億円・天生橋第一水力発電43.67億円・3都市上水道整備104.03億円・海南島通信開発9.2億円・9省市電話網拡充Ⅱ115.76億円・雲南化学肥料工場Ⅱ56.9億円・九江化学肥料工場28.87億円・鹿寨化学肥料工場28.98億円・内モンゴル化学肥料工場Ⅱ60.92億円・渭河化学肥料工場Ⅱ61.6億円・蘇北通楡河灌漑40.18億円）。10-8　公明党委員長石田幸四郎訪中。10-11　日本石油公団，地質鉱産部と共同で江蘇省南部探査開始。10-14　副総理鄒家華来日（～10-17）。10-15　日中科学技術交流シンポジウム，東京で開催。10-18　南京揚子石化エチレンプラント，国家検収完了。10-24　中国棋院，北京で設立。

11-12　第4回日中経済討論会，東京で開催。11-16　国有資産評価管理方法発布。11-23　日本国貿促第20回経済代表団訪中。11-26　残留孤児調査団51人来日，通算22回目。11-29　大連工業団地日中合弁開発合意。11-30　上海真空電子，額面100元で100万株発行，上海で初のB株放出。11-　資生堂，北京麗源と合弁契約調印，12-　資生堂麗源化粧品設立。

12-2　副総理田紀雲来日（～12-11）。12-3　日中文化交流協会團伊玖磨訪中。12-5　外国投資企業輸出入許可証申請実施規則施行。12-14　日中海底光ケーブル建設保守協定調印。12-15　中国初の原発秦山発電所送電開始，300MW。12-19　日中技術・設備契約モデルフォーム作成第3回会談。12-26　日中間で対中投資における中国の税優遇を租税協定の見なし課税に反映させるための公文交換。

年末
- 中国の外貨準備高217億1200万ドル，初めて200億ドル台に。中国の国債発行額累計1285億元，残高865億元，対外債務残高525億ドル。中国大陸人口1141907793人（軍人不含，公安部数値）。

1991年
- 日本の対中国投資額（実行ベース）5億3250万ドル，前年比5.8％増，各国投資総額の12.2％。
- 中国国内総生産3997.8億ドル，一人当り342ドル。輸出入額1357億ドル，前年比17.6％増，内輸出718.4億ドル，輸入637.9億ドル。

1991年（平成3年）辛未（2/2）

その他	日本（参考）
9-4 中英両政府，香港新空港建設諒解備忘録調印。9-16 比上院，米軍基地を1992年末までに撤廃を決議。9-17 韓国と北朝鮮，国連に同時加盟。9- ココム，新産業リストを発行。 10-17 ADB総裁垂水公正訪中。10-21 カンボジア問題パリ国際会議，10-23 最終合意。10-22 IMF専務理事カムドシュ訪中，IMF中国事務所開設協議書調印。 11-5 ベトナム書記長ド・ムオイ訪中，両国関係正常化を宣言。11-8 仏伊英の銀行8行，北京エチレンプラントに1億ドル協調融資。11-15 米国務長官ベーカー訪中(〜11-17)，1989年以来初の米高官訪中。 12-初 イスラエル経済貿易代表団訪中。12-8 ソ連のスラブ系共和国ロシア・ウクライナ・ベラルーシ，ソ連邦解消の協定に調印，12-26 独立国家共同体を宣言，ソ連邦解体。12-16 中国台湾海峡両岸関係協会設立。12-24 天津-仁川間貨客定期便就航。12-25 ゴルバチョフ大統領辞任。12-29 中国，核不拡散条約(NPT)参加を決定。12-30 旧ソ連の11共和国首脳会議，1992.1-1 独立国家共同体(CIS)発足。12-31 中国，パキスタン向け原子力発電所(300MW)輸出契約調印。 年末 ・台湾外貨準備高824.1億ドル，99.7億ドル増。 1991年 ・台湾の総生産1794.0億ドル，成長率7.6%，一人当り8727ドル。 ・香港の総生産860.9億ドル，成長率5.0%，一人当り14972ドル。	8-14 NTT移動通信企画設立(2000.4-1 NTTドコモに社名変更)。 9-27 老人保健法改正案成立，自己負担金増額。9-28 台風19号，九州から北海道まで通り抜ける。9-30 借地借家法改正案成立(1992.8-1 施行)，定期借地権など創設。 10-3 証券取引法改正案成立，1992.1-1 施行。10-16 日本，国連安保理の非常任理事国に当選，7回目。10-22 政府，南アへの経済制裁解除を決定。 11-5 宮沢喜一内閣(第78代)発足(〜1993.8-9)。11-6 公正取引委員会，ラップ材メーカ大手8社を独禁法違反で刑事告発。11-13 篠山紀信，宮沢りえの写真集《Santa Fe》を出版。11-21 成田空港問題シンポジウム，政府-反対派の初の直接対話。 12-1 橋本大二郎，高知県知事に当選，初の戦後生まれの知事。12-3 国連平和維持活動(PKO)協力法案・国際緊急援助隊派遣方案，衆議院本会議で可決。12-26 法務省，永住資格者外国人登録の指紋押捺廃止を決定。 年末 ・外貨準備高720億6000万ドル，前年比64億4000万ドル減。日本の対外純資産3830億ドル，前年比16.8%増加。 ・バブル崩壊による金融機関の不良債権，数10兆円から100兆円規模に。 1991年 ・国内総生産469兆4218億円，成長率名目6.0%，実質3.3%，ドル換算3兆4139億ドル，一人当り27557ドル。

1992年（平成4年）壬申（1/2）

日中交流・中国

1-1 中国，関税分類にHS方式を導入。1-3 副総理兼外相渡辺美智雄訪中（～1-6）。1-10 日本社会党代表団訪中（～1-12），団長田辺誠。1-16 第12回日中外務次官級定期協議（北京）。1-18 鄧小平，武昌・深圳・珠海・上海など視察（～2-21），一連の講話（南方講話）。1- 緑の地球ネットワーク，山西省大同市渾源県で緑化協力開始。

2-20 全人代常務会議，北京で開催（～2-25），領海及び隣接区域法・中ソ東部国境協定を許可。

3-9 上海浦東外高橋保税区開業，初の自由貿易機能付き保税区。3-20 第7期全人代第5回総会（～4-3），三峡ダム建設決議採択，賛成1767・反対177・棄権664・無効25。

4-1 糧食の買上販売価格を調整。4-6 総書記江沢民来日（～4-10）。4-15 第14回日中高級事務レベル会談，東京で開催（～4-16）。4-17 宝山製鉄所II期プロジェクトスタート。4-23 北京王府井マクドナルド店開業，初日顧客数39642人。4-27 四川化工総廠合成アンモニアプラント稼働。

5-3 日本国貿促会長桜内義雄訪中。5-4 参議院議長原田裕二，モンゴル訪問の帰途訪中，全人代委員長万里と会談。5-5 建設銀行，上海で王咏梅へ住宅ローン1.2万元，中国初の個人向け住宅ローン。5-11 前首相海部俊樹訪中（～5-14）。5-15 国務院，上海第一ヤオハン有限公司設立を許可，中国初の中外合弁商業小売業，9-29 起工式。5-16 国務院生産弁公室廃止，経済貿易弁公室を設置。5-23 中国最大のデパート上海第一百貨商店，股分有限公司に改組。5-25 全人代委員長万里来日（～6-1）。5-25 上海シャープ電器設立，上海広電などとの合弁，1993.11- 生産開始。5-28 上海金属交易所開業，中国初の原材料先物市場。

6-23 全民所有制工業企業転換条例公布。6-23 日中貿易契約条項検討委員会，中国対外経済貿易部対日貿易合同条項研究会と共同で〈日中一般貨物売買契約条項集〉（契約標準フォーム）を完成。6-26 第3次日本対中国エネルギーローン覚書，東京で調印。6-30 上海石油化工総廠30万トンエチレンプラント稼動。

7-9 興銀上海支店，上海遠東集装箱へ410万ドル融資，初の外銀による浦東外資企業への融資。7-11 鄧穎超逝（88歳）。7-15 第一汽車集団設立。

8-10 深圳株式買付騒動（～8-11）。8-18 海南島洋浦土地使用権譲渡契約，海南省と熊谷組（HK）間で調印。8-24 社会党委員長田辺誠訪中（～8-25）。8-27 元首相田中角栄訪中。8-28 五羊本田摩托（広州）開業式，本田技研と広州摩托車との合弁。8-29 第2回日中知的所有権協議（～8-31），医薬品・農業の物質特許を米国並みに保護することで合意。8-31 第8回日中友好21世紀委員会会議（北京，～9-1）。

9-15 第3次円借款1992年度分合意，21項目1373億円。9-21 副総理呉学謙来日（～9-27）。9-28 上海第一八佰伴設立（資本金5000万ドル，ヤオハン19，香港ヤオハン国際36，上海一百45）。9- 中国人民銀行，華夏（北京），国泰（上海），南方（深圳）の3社に証券公司設立許可。

1992年（平成4年）壬申（1/2）

その他	日本（参考）
1-17 米中両国知的財産保護に関する諒解備忘録, ワシントンで調印。1-23 国連安保理733号決議, 対ソマリア武器輸出禁止。1-24 中国－イスラエル, 国交樹立。1- 年初より香港資本の対中国第3次投資ブーム始まる。 2-7 欧州連合条約（マーストリヒト条約）調印。2-10 日ロ平和条約作業部会初会合。 3-5 マカオ特別行政区基本法作成委員会第8回会議, 広州で開催（〜3-9）。3-15 国連カンボジア暫定行政機構（UNTAC）発足。3-31 パンアメリカン航空機爆破事件等に関する国連安保理748号決議, 対リビア武器・航空機等輸出禁止。 4-5 日中米ロ, アジア太平洋地域安全保障4カ国会談, 北京で開催（〜4-7）。4-12 仏ユーロ・ディズニーランド開園, ヨーロッパ初のディズニーパーク。4-26 G7, ワシントンで開催。4-27 ユーゴスラビア社会主義連邦共和国解体。4-29 米ロサンゼルスで黒人抗議暴動。 5-7 ビャンバスレン訪中, 30年ぶりのモンゴル首相訪中。5-8 中海油, 米クエストンと南海海底石油共同開発契約調印。5-18 神竜汽車発足（シトロエン25, 仏金融機関5, 東風70）。5-18 インド首相ナラシンハ・ラーオ訪中。 6-8 大陸の科学者談家楨・呉階平・鄒承魯・張存浩・盧良恕, 華中一ら訪台, 大陸学者団体初の台湾訪問。 7-25 第25回オリンピック・バルセロナ大会（〜8-9）。7-30 中国, 世界版権公約に正式加入。 8-24 中国－韓国, 国交樹立。	1-7 米大統領H・W・ブッシュ来日, 1-8 日米首脳会談, 1-9 東京宣言発表。1-16 首相宮沢喜一訪韓。1-31 大店法改正施行, 規制大幅緩和。 2-13 東京地検・警察庁, 東京佐川急便を強制捜査, 2-14 前社長渡辺広康ら4人逮捕。 3-1 暴力団対策法施行。3-14 東海道新幹線に「のぞみ」登場。3-18 日本医師会, 尊厳死を容認。3-25 ハウステンボス, 長崎県に開業。3-27 青森県六ヶ所村で国内初の民間ウラン濃縮工場稼働。 4-1 育児休業法施行。4-1 太陽神戸三井銀行, さくら銀行に社名変更。4-7 宮城県岩沼市の病院で, 初の顕微受精ベビー誕生。4-22 北方四島からビザなしで第1陣来日, 5-11 北方領土にビザなし渡航第1陣, 日本を出発。4-28 最高裁, 台湾出身の元日本兵補償訴訟で原告の上告を棄却。 5-1 国家公務員の完全週休2日制実施。5-20 外国人登録法改正成立, 永住者の指紋押捺制度廃止, 1993.1-8 施行。5-22 日本新党, 元熊本県知事細川護熙を中心に結成。 6-15 国連平和維持活動（PKO）協力法案, 参議院で可決, 成立, 8-10 施行。6-19 金融制度改革関連改正法成立, 1993.4-1 施行。 7-1 首相宮沢喜一, ワシントンで米大統領ブッシュと会談。7-1 東京-山形ミニ新幹線「つばさ」運行開始。7-2 労働時間短縮促進法公布, 9-1 施行。7-20 証券取引等監視委員会発足。7-21 政府, ベトナムへODA供与を決定, 18年ぶり。

1992年(平成4年)壬申(2/2)

日中交流・中国

10-6 日中両政府, 1992年度対中国円借款公文交換。10-12 中国共産党第14回全国代表大会(〜10-18), 党規約改正, 社会主義市場経済方針確定。10-15 日本対中国有償資金協力(円借款) L/A 調印, 21件(衡水-商丘鉄道Ⅲ49.51億円・神木-朔県鉄道Ⅲ12.31億円・南寧-昆明鉄道Ⅱ99.04億円・宝鶏-中衛鉄道Ⅲ129.01億円・北京市地下鉄第2期Ⅱ62.35億円・チチハル嫩江道路橋21億円・合肥-銅陵道路大橋Ⅱ38.94億円・民用航空管制システムⅢ98.96億円・大鵬湾塩田港第1期Ⅲ33.77億円・秦皇島港バース34.18億円・石臼港第2期建設事業Ⅱ35.83億円・連雲港墟溝港区第1期59億円・湖北鄂州火力発電所40億円・五強渓水力発電Ⅴ54億円・天生橋第一水力発電Ⅱ66.83億円・9省市電話網拡充Ⅲ143.58億円・長距離電話網31.45億円・九江化学肥料工場Ⅱ87.13億円・鹿寨化学肥料工場Ⅱ30.69億円・内モンゴル化学肥料工場Ⅱ83.08億円・渭河化学肥料工場Ⅲ162.62億円)。10-19 中共第14期中央委第1回全体会議, 党総書記・中央軍事委主席に江沢民再選。10-23 平成天皇・美智子皇后, 中国を訪問(〜10-28)。10-26 国務院, 証券委員会と中国証券監督委員会設置を決定。10-30 日中合同登山隊, ナムチャバルワ(7782m)に初登頂。10- 7月下旬から全国で偽ブランドを摘発, 679.6万件に達す。

11-3 重慶針織総廠, 重慶市中級法院が破産判決, 企業破産法(試行)施行後初の国有大型企業の破産。11-7 郭沫若展, 東京で開催。11-19 中国国産スーパーコンピュータ「銀河−Ⅱ」, 国家検定合格。

12-2 日中友好都市卓球友好競技大会, 北京で開催。12-10 中国駐在日本国大使橋本恕離任。12-11 国務院, 貯蓄管理条例を公布。12-21 大同-秦皇島鉄道全線開通。12-28 中国駐在日本国大使國広道彦着任。12-31 中国, 関税を大幅引き下げ, 2898品目。12- 本田技研, 天津本田オートバイを設立。

年末

- 中国の外貨準備高194億4300万ドル, 6年ぶり減少。対外債務693.2億ドル(外貨管理局数字)。
- 上海の個人企業4213社, 中国で最多。

1992年

- 日本対中国投資額(実行ベース)7億983万ドル, 前年比33.3%増, 各国投資総額の6.5%(商務部数値)。
- 中国国内総生産4689億8000万ドル, 成長率14.2%, GDP一人当り396ドル。歳入3483億3700万元, 歳出3742億2000万元, 財政赤字258億8300万元。
- 中国の輸出入額, 1655.3億ドル, 前年比22.0%増, 内輸出849.4億ドル, 輸入805.9億ドル。
- 発電量7539億kWh, 初の7000億kWh台, セメント生産量3億822万トン, 初の3億トン台, 粗鋼生産量8094万トン, 初の8000万トン台。

1992年（平成4年）壬申（2/2）

その他	日本（参考）
9-2 大陸の記者18人，取材のため台湾入り（〜9-12）。9-11 米，対中衛星輸出制限撤廃を発表。9-12 スペースシャトル・エンデバー打ち上げ，毛利衛搭乗，日本人初，9-20 帰還。9-25 米AIGグループAIA保険，上海分公司を設立，外資系で初の中国保険業認可取得。9-27 韓国大統領盧泰愚訪中，9-30 中韓貿易協定・投資保護協定調印。9- 厦門ABBスイッチギア設立，ABB初の中国生産拠点。10-11 中・ロ・モンゴル・韓・北朝鮮，図門開発協定調印。10-30 世界版権条約，中国で施行。11-3 クリントン当選，米12年ぶり民主党政権へ。11- ココム協力フォーラム第1回会合。12-2 中国郵電器材，米CTEから通信衛星購入契約調印，中国初の衛星輸入。12-16 第7回米中通商貿易合同委会議（北京），米商務長官フランクリン出席。12-17 ロ大統領エリツィン訪中（〜12-19）。12-18 金泳三，韓国大統領当選，文民大統領発足。12-19 台湾立法院，44年ぶり全面改選。12-24 イスラエル大統領ヘリツォク訪中（〜12-30）。12-29 米ロ外相会談，戦略兵器削減条約（START II）合意。	8-18 東証平均株価終値14309円。8-27 金丸信，佐川急便から5億円受領問題で自民党副総裁を辞任，10-14 議員辞職・竹下派会長辞任を表明。9-12 学校週5日制実施。9-17 自衛隊カンボジア派遣隊第1陣，呉港から出発。9-20 共産党，野坂参三名誉議長を「戦前ソ連当局への密告」で解任，12-27 除名。9-末 都市銀行の不良債権12.3兆円（大蔵省発表）。10-13 自衛隊カンボジア派遣PKO本隊376人，愛知県小牧基地を出発。11-3 沖縄首里城復元。11-13 NHKで〈大草原に還る日〉を放送，徳島出身の残留孤児立花珠美（烏雲）の半生がモデル。11-26 衆議院予算委員会，元首相竹下登を東京佐川急便事件で証人喚問。12-6 成田国際空港第2ターミナル開業。12-10 衆議院定数の「9増10減案」，参院で可決成立。12-10 自民党竹下派分裂，12-11 小沢グループ，改革フォーラム21を結成。12-12 宮沢改造内閣発足。
年末	年末
・台湾外貨準備高823億1000万ドル。	・外貨準備高716億2000万ドル。
1992年	1992年
・台湾の総生産2121億7000万ドル，成長率7.5％，一人当り10224ドル。	・国内総生産480兆7828億円，成長率名目2.4％，実質0.8％，ドル換算3兆7254.6億ドル，一人当り29979ドル。
・香港の総生産1006億4000万ドル，成長率6.2％，一人当り17322ドル。	・日本の対米貿易黒字492億ドル。
・中国の対米黒字182億ドル，前年比43％増，対米黒字で日本に次ぐ2位に。	・日本人の中国向け出国者数579763人，初めて50万人を超える（法務省数値）。
	・通信カラオケ登場。

1993年(平成5年)癸酉(1/2)

日 中 交 流・中 国

1-1 中国の輸出許可証管理品目138に,約半減。1-1 税務局,全国で「発票」を統一。1-5 全国経済体制改革会議(北京,～1-10)。1-12 会計監査署,中外企業会計監査方法を公布。1-18 日中航路,蘇州号(14410トン)就航。1-19 北京新西駅起工。1-29 日本政府,中国産フェロシリコンマンガンに対し反ダンピング関税を決定。

2-8 広州鉄路集団設立,中国初の鉄道企業集団。2-18 東京銀・三菱銀など邦銀38行,中国銀と総額3億ドルの融資契約調印。2-20 国務院,京九鉄道建設指導チームを設置,京九鉄道工事全面展開。2-21 地球緑化センター(GEC)設立,中国内蒙古の砂漠緑化事業を開始。2-28 大連商品取引所設立,東北地区唯一先物市場,大豆・トウモロコシなど,2010年の取引額41兆7100億元に。

3-5 中共第14期中央委第2回全体会議(～3-7)。3-6 日中両政府,総額8400万円の無償文化援助2案件,北京で公文交換。3-9 日本国駐在中国大使楊振亜離任。3-15 第8期全人代第1回総会,北京で開催(～3-31),憲法修正案を採択,「国営」を「国有」に変更,3-27 江沢民を国家主席,喬石を全人代委員長,李鵬を総理に選出。3- 鄭州日産発足(日産30,中信汽車35,鄭州軽型汽車35)。

4-1 東芝大連稼働。4-2 三峡工程建設委員会発足,主任李鵬。4-19 日本国駐在中国大使徐敦信着任。4-19 江西五十鈴,南昌に設立。4-24 国務院常務会議,国家公務員暫定条例を許可,10-1 実施。4- 上海国際貿易センタービル開業。4- 緑の地球ネットワーク,任意団体として正式発足。

5-2 衆院議員代表団訪中(～5-5),団長桜内義雄。5-3 法相後藤田正晴訪中(～5-10)。5-18 日中原子力交流協会,北京で設立。5-29 副総理・外交部長銭其琛来日(～6-1),外相武藤嘉文と会談。5- 国務院,瀋陽・杭州・武漢・ハルビン・重慶・長春・撫湖経済技術開発区を許可。

6-2 日中海運交渉で双方の現地法人設立合意。6-8 中国航天工業総公司設立。6-10 国家税務局,国家税務総局に格上げ。6-18 中国農業銀行衡水分行 L/C 大量偽造事件。6-21 紡績工業部廃止,紡織総会発足。6-26 華夏証券有限公司,中国冶金輸出入総公司外貨社債4000万ドルを中国内で発行,初の中国内での外貨社債発行。6-30 東シナ海安全航海第1回日中当事者会議。6-末 北京市の律師(弁護士)有資格者1965名に。6- 上海市城鎮企業最低賃金施行方法制定,最低賃金210元と規定。

7-2 全人代第8期常務委第2回会議,主議題香港問題,科学技術進歩法を採択,10-1 施行。

8-1 京広鉄道北京-鄭州間電化工事着工。8-6 日中海底通信ケーブル完成,1300Km。8-24 日中両政府,円借款1993年度1387億円分公文交換。8-25 日本対中国有償資金協力(円借款)L/A 調印,18件(衡水-商丘鉄道Ⅳ64.07億円・神木-朔県鉄道Ⅳ116.14億円・南寧-昆明鉄道Ⅲ233.42億円・福建省ショウ泉鉄道67.2億円・宝鶏-中衛鉄道Ⅳ20.27億円・北京市地下鉄第2期Ⅲ38.19億円・北京首都空港整備81.06億円・秦皇島港バース第4期39.44億円・湖北鄂州火力発電所Ⅱ124.31億円・天生橋第一水力発電Ⅲ166.47億円)。8-31 大亜湾原子力発電所1号機送電開始。

1993年（平成5年）癸酉（1/2）

その他	日本（参考）
1-1 ヨーロッパ連合（EU）12カ国統一市場発足，人口3.5億人，単一市場規模で世界最大。1-3 米大統領H・W・ブッシュとロ大統領エリツィン，両国の戦略核兵器を1/3に削減する第2次戦略兵器削減条約（START II）に調印。1-8 仏，台湾にミラージュ60機売却を許可。1-15 化学兵器禁止条約，パリで130カ国が調印。1-20 クリントン，米大統領に就任。 2-10 スペイン大統領訪中（～2-13）。2-25 韓国，金泳三大統領就任。2-26 ニューヨークの世界貿易センタービル爆破事件。 3-12 北朝鮮，核不拡散条約（NPT）から脱退を表明。3-31 マカオ特別行政区基本法公布。 4-3 世銀総裁プレストン訪中（～4-13）。4-6 中国南方航空深圳発北京行き3157便，ハイジャックされ台北桃園空港に，旅客機は即日広州に帰還。4-16 ワシントンで日米首脳会談。4-27 大陸海協会長汪道涵-台湾海峡交流基金会長辜振甫，シンガポールで初会談（～4-29）。 5-29 北朝鮮ノドン1号試射。 6-11 元副大統領モンデール，在日米大使に指名。6-12 国際銀行団，一汽大衆へ4億2000万ドル融資。6-13 マレーシア首相マハティール訪中。 7-1 カンボジア，ラナリットとフン・セン共同首相の暫定政府発足。7-7 第19回主要先進国首脳会議（東京サミット）開催（～7-9）。7-23 台湾企業技術製品博，北京で開催（～7-26）。7-24 世銀，中国農業に4億9000万ドル融資調印。	1-5 プルトニウム輸送船，東海港入港。1-19 大和田雅子，皇太子妃に決定。1-25 共同債権買取機構発足。1-27 曙，外国人初の横綱昇進。 2-23 日産，神奈川県座間工場での乗用車生産を1995年春に中止すると発表。 3-6 東京地検，金丸信を所得税法違反容疑で逮捕。3-9 比ラモス大統領来日。3-25 海上自衛隊護衛艦「こんごう」就役，日本初のイージス艦。3-31 福岡ドーム完成。 4-1 金融制度改革関連改正法施行，銀行・信託・証券の子会社による相互参入可能に。4-8 国連ボランティア中田厚仁，カンボジア選挙監視活動中射殺される。4-13 新総合経済対策決定，13兆2000億円。4-23 天皇皇后両陛下，即位後初の沖縄訪問。 5-4 カンボジアでUNTAC日本人文民警察官5人襲撃受ける。5-15 プロサッカーJリーグ発足。5-18 米マイクロソフト，Windows 3.1 日本語版発売。 6-2 改正労働基準法成立，労働時間週40時間に，1994.4-1 施行。6-9 皇太子結婚の儀。6-18 衆議院本会議，宮沢内閣不信任案可決，衆議院解散。6-21 定期預金金利自由化。6-23 新生党結成，代表羽田孜・代表幹事小沢一郎。 7-1 映画製作・配給会社にっかつ倒産。7-15 室内スキー場ららぽートスキードーム開業（千葉県船橋市）。7-16 横浜ランドマークタワー開業。7-18 第40回衆院選，7-22 自民党総裁宮沢喜一退陣，55年体制崩壊。

1993年(平成5年)癸酉(2/2)

日中交流・中国

9-10 中国国家公務員制度・給与制度改革会議(～9-14)。9-25 京津塘高速道路全線開通,全長142.69Km。9-28 外相羽田孜,NYで外交部長銭其琛と会談。

10-1 中国専門商社東工物産,コーセン・ユニバーサルと合併,東工コーセン発足。10-15 北京-広州-海南光幹線ケーブル開通,4700Km。10-20 第5回日中経済討論会,大連で開催。10-23 上海楊浦大橋開通。10-26 中国残留日本人孤児32人来日(～11-9),補充調査。10-31 消費者権益保護法公布,1994.1-4施行。

11-3 北京-石家荘高速道路全線開通,全長269.6Km。11-11 中共第14期中央委第3回全体会議(～11-14),市場化経済の枠組を規定。11-16 第9回日中21世紀委員会会議,東京で開催(～11-18)。11-19 首相細川護熙,米シアトルでAPEC期間中総書記江沢民と会談。11-30 中国性病・エイズ予防治療協会設立。11- 広西自治区で798台自動車密輸入摘発。

12-10 中国国際航空集団,北京で設立。12-11 大秦鉄道Ⅱ期,国家検収合格,全線本格的輸送開始。12-13 鄧小平,上海浦東を視察。12-13 国務院,増値税・消費税・営業税・企業所得税・土地増値税暫定条例公布。12-15 日中海底光ケーブル通信システム開通。12-15 国務院,分税制財政管理制度を決定,1994.1-1実施。12-18 天津伊勢丹オープン,2006.9- 新店舗に移転。12-18 済南-青島高速道路開通,318Km。12-20 全人代第8期常務委第5回会議,北京で開催(～12-29),公司法を可決,会計法改正及び税収暫定条例に外資系企業適用などを決定。12-25 国務院,金融体制改革を決定。12-29 中国人民銀行,為替レートの一本化を決定。12-31 中国,関税率を大幅引き下げ(3371種目),1992年以来2度目。12- 安徽TCMフォークリフト設立(東洋運搬機45,西日本貿易10,安徽フォークリフト45),初の日系フォークリフトメーカ,2002.9- 新工場完成。

年末
・中国の外貨準備高211億9900万ドル。

1993年
・日本の対中国投資額(実行ベース)13億2410万ドル,前年比86.5%増,各国投資総額の4.8%(中国商務部数値)。
・中国国内総生産3兆5334億元,成長率14.0%(国家統計局2006.1-9修正値),GDP一人当り500ドルに。
・日本と中国の貿易額378.4億ドル(中国海関総署統計では390.3億ドル),日本は中国の最大貿易相手国に。
・中国,石油の輸入が輸出を上回り,再び石油輸入国になる。
・「下海」,「大哥大」,「第二職業」など流行語流行る。
・中国全国で火災38000件,建国以来最多。

1993年（平成5年）癸酉 (2/2)

その他	日本（参考）
8-1 パキスタンのカシマ原子力発電所（中国製）着工。 9-6 インド首相ラーオ訪中（〜9-9）。9-13 イスラエル-PLO間オスロ合意，初の和平協定。 10-4 ロ大統領エリツィン，反大統領派を制圧。10-10 イスラエル首相ラビン訪中，首相として初。10-11 エリツィン来日（〜10-13）。10-17 ロ，日本海に放射性廃液を大量投棄。10-19 中国-ベトナム，国境線・領土協定調印。 11-1 欧州連合条約（マーストリヒト条約）発効，欧州連合発足。11-2 大陸-台湾実務会合，厦門で開催（〜11-7），漁業・ハイジャックなど協議。11-9 ベトナム主席デュク・アイン訪中。11-15 ドイツ首相コール訪中（〜11-20）。11-16 対共産圏輸出統制委員会（ココム），1994年3月までに解体し，戦略物資輸出規制の新機構を設立することで合意。11-19 米シアトルで江沢民-クリントン会談。 12-3 中国-ラオス国境線条約調印。12-15 ウルグアイ・ラウンド最終協定案採択。12-16 メキシコ大統領訪中。12-26 国連事務総長訪中。12-27 パキスタン首相訪中。 年末 ・台湾の外貨準備高835億7000万ドル，前年比12億6000万ドル増。 1993年 ・中ロ貿易額，77億ドルで過去最高。 ・台湾の総生産2242.9億ドル，成長率7.0%，一人当り10709ドル。 ・香港の総生産1159.6億ドル，成長率6.2%，一人当り19587ドル。	8-6 衆議院議長に土井たか子就任，初の女性衆院議長。8-9 連立の細川護熙内閣（第79代）発足（〜1994.4-28），自民党結党後初めて野党に。8-17 為替相場一時1ドル=100円40銭。8-26 レインボーブリッジ開通。 9-2 経団連，献金斡旋廃止を決定。9-21 日銀，公定歩合を0.75%引き下げて1.75%に，初の1%台。9-30 政府，冷夏による米不足対策としてコメの緊急輸入を決定。 10-1 改正商法施行，株主代表訴訟容易に。10-26 JR東日本株上場。10-28 サッカー日本代表，アジア最終予選最終戦でイランにロスタイムに同点にされ，W杯出場を逃す（ドーハの悲劇）。 11-5 首相細川護熙訪韓，大統領金泳三と会談。11-12 公害対策基本法廃止，環境基本法成立。11- 日亜化学工業の中村修二，青色LED開発成功。 12-14 コメ市場部分開放決定。12-16 田中角栄逝（75歳）。 年末 ・外貨準備高985億2000万ドル，前年比269億ドル増。 1993年 ・国内総生産483兆7118億円，成長率名目0.6%，実質0.2%。ドル換算4兆2928億ドル，一人当り34449ドル，OECD30カ国中2位，史上最高位を記録。 ・貿易黒字（通関ベース）1204億300万ドル，前年比12.9%増，経常黒字1313億5000万ドル，前年比11.7%増，共に過去最高を記録。

1994年（平成6年）甲戌（1/2）

日 中 交 流・中 国

1-1 中国外貨管理体制改革，為替一本化実施，公定レート1ドル=5.8元を廃止，市場レート1ドル=8.7元に統一。1-1 工商統一税廃止，新流通税を実施。1-1 石炭価格部分自由化。1-2 投資に伴う乗用車の輸入免税見直し。1-8 外相羽田孜訪中(～1-9)，日本対中国無償援助公文交換。1-14 中国，初のグローバル債券を発行，10億ドル。1-28 国務院，個人所得税法実施条例を公布。1-30 全国海関関長会議。1- アサヒビール，杭州西湖・泉州清源・嘉興海燕に資本参加，技術供与・ライセンス契約締結により，中国市場に本格参入。

2-1 中国，輸出商品割当入札制度スタート。2-6 大亜湾原発1号機(984MW)，運転開始。2-18 コンピュータ情報システム安全保護条例公布。2-23 副総理朱鎔基来日(～3-4)。2-25 国務院，外資金融機構管理条例を公布。2-26 蘇州シンガポール工業団地協議書調印，5-12 建設開始。

3-1 初の日中安保協議。3-2 全人代第8期常務委第6回会議(～3-5)，台湾同胞投資保護法を可決，3-5 公布施行。3-10 第8期全人代第2回総会，市場経済の具体策決定。3-12 国務院，中国自動車工業産業政策を許可，7-3 全国に通達。3-14 自民党顧問・衆議院議員二階堂進訪中。3-19 首相細川護熙訪中(～3-21)，3-20 日中環境保護協力協定調印。3-31 千島湖事件，湖上強盗により台湾観光客24名を含む32人死亡。

4-7 上海華鐘コンサルタントサービス設立，中国初の日系コンサルタント会社。4-13 中国国家開発銀行設立，650億元金融債発行決定。4-29 参院議長原文兵衛訪中(～5-5)。4- 秦山原子力発電所(300MW)，商業運転開始。4- 国外有害廃棄物の中国へ持ち込み厳格制限に関する通達。4- 北京東陶設立(東陶機器55，北京建築材料集団30，三井物産15)，6- 南京東陶設立(東陶機器55，南京工業搪瓷廠25，三井物産20)，7- 東陶(大連)設立(東陶機器75，三井物産25)。

5-3 日中原子力安全協力協定，北京で調印。5-5 全人代第8期常務委第7回会議(～5-12)，対外貿易法・国家賠償法を可決，治安管理処罰条例の見直しを決定。5-6 大亜湾原子力発電所2号機(984MW)運転開始。5-17 中国銀行，東京で円建債発行を決定。5-17 社会党代表団訪中，団長久保亘。5-18 北京で不動産市場開設，中国初の不動産展示会。5-19 大連工業団地竣工。5-31 条件付きで航空業を外資に開放。5-31 神戸/大阪-上海海上航路，新鑑真(14543トン)就航。5- オムロン(中国)設立(オムロン100)。

6-1 日中外交事務レベル第13回会議，東京で開催。6-2 日中投資促進機構第4回合同会議(東京)。6-5 外相柿澤弘治訪中。6-16 国家計画委，90年代国家産業政策要綱を発表。6-24 公司登記管理条例公布。6-28 全人代常務委(～7-5)，労働法・都市房地産(不動産)管理法可決。

7-1 新版「増値税発票」，全国で使用開始。7-1 中国，対外貿易法施行。7-1 中国進出口銀行設立。7-4 国家安全法実施細則公布。7-6 中国，日本で円建債3600億円を発行。7-16 大亜湾原子力発電所正式稼働。7-25 外相柿澤弘治，バンコクで外交部長銭其琛と会談。

1994年（平成6年）甲戌 (1/2)

その他	日本（参考）
1-1 北米自由貿易協定（NAFTA）発効。1-10 中国本土の7新聞社、台湾を訪問（～1-19）。1-17 米中繊維交渉妥結。1-17 米ロサンゼルス大地震。 2-1 大陸海峡両岸関係協会-台湾海峡交流基金会、北京で会談（～2-5）。2-3 米、ベトナムへの禁輸措置解除。2-26 シンガポール首相ゴー・チョク・トン訪中。 3-11 米国務長官クリストファー訪中（～3-14）。3-26 韓国大統領金泳三訪中、3-28 二重納税防止協定調印。3-31 ココム委員会解散。 4-6 ルワンダで大統領専用機撃墜、ルワンダ大統領とブルンジ大統領死亡、以後3カ月で100万人集団虐殺発生。4-10 NATO、ボスニア紛争でセルビア人勢力へ空爆開始。4-15 ウルグアイ・ラウンド終結。4-26 中華航空機、名古屋で墜落事故、死者264人。 5-2 中国銀行、香港で紙幣発行開始。5-6 英仏海峡トンネル開通、50.45Km。5-10 マレーシア首相マハティール訪中。5-26 米大統領クリントン、1994～1995年度の対中最恵国待遇授与を表明。5-27 中国-ロシア、国境線管理協定調印。 6-17 第15回ワールドカップ・アメリカ大会（～7-17）、勝点2が3に。6-21 NY外為、1ドル99円85銭を記録、戦後初めて100円を切る。 7-1 世銀、北京・成都・寧波・煙台4都市住宅改革に3億5000万ドル融資発表。7-8 北朝鮮主席金日成死去(82歳)。7-8 スペースシャトル・コロンビア打ち上げ、日本人初の女性宇宙飛行士向井千秋搭乗、7-23 帰還。	1-24 郵便料金値上げ、封書62円から80円に。1-29 小選挙区比例代表並立制関連政治改革4法成立。1- 北朝鮮へのミサイル用部品周波数分析器不正輸出事件。 2-4 H-Ⅱロケット、1号機打ち上げ。2-8 総合経済対策決定、総額15兆2500億円。 3-24 選挙改革法案成立、小選挙区比例代表並立制発足、12-25 施行。3-29 子供の権利に関する条約、参院で承認、4-22 批准、5-22 発効。3-29 自動車輸出の対米自主規制撤廃、1981年以来13年ぶり。3-末 新卒4年制大学生の就職率70.5%で過去最低を記録。 4-8 首相細川護熙、辞任表明。4-25 新生党・日本新党・民社党・自由党など、新会派を結成。4-26 社会党、連立から離脱。4-28 羽田孜内閣（第80代）発足（～6-30）。 5-7 外相永野茂門辞任。5-22 社民連解党、日本新党に合流。5-27 豊田章一郎、経団連第8代会長に就任。5-30 東京地裁、共和汚職事件の裁判で、元北海道・沖縄開発庁長官安部文男に懲役3年追徴金9000万円の実刑判決。 6-23 1994年度予算案、参院で可決成立、一般会計総額73兆800億円。6-27 長野県松本サリン事件、オウム真理教の犯行。6-30 村山富市内閣（第81代）発足（～1996.1-11）、自民・社会・新党さきがけ連立。 7-1 製造物責任法（PL法）公布。7-28 社会党中央執行委員会、基本政策の大幅転換を決める。7- 輸出貿易管理令等の一部改正、ココムに代わる新機構発足までの暫定措置。

1994年（平成6年）甲戌（2/2）

日中交流・中国

8-15 安娜逝(101歳,日本名佐藤富子,郭沫若の元妻)。8-22 元首相竹下登と日中友好協会会長平山郁夫訪中,北京で江沢民と会談,8-24 敦煌を訪問。8-23 新党さきがけ代表団訪中,団長代理党首田中秀征,書記処書記胡錦濤と会談。8-24 全人代第8期常務委第9回会議,仲裁法・会計監査法を可決。8-27 衆院議長土井たか子訪中(〜8-31)。8- 松下電器(中国)設立(松下電器産業60)。8- オムロン(中国)会社定款変更,中国初の外資投資型持株会社に。

9-10 西安-ウルムチ間光幹線ケーブル開通,3130Km。9-15 海関総署,知的所有権侵害物品の輸出入管理強化。9-16 蘭州-ウルムチ鉄道複線完工。9-26 副首相・外相河野洋平,国連で副総理・外交部長銭其琛と会談。9- 国家技術監督局,電気製品に対する安全規格認証制度スタート。

10-1 上海テレビ塔東方明珠完成。10-2 第12回アジア大会(広島)で中国選手11名が禁止薬物使用でメダル剥奪。10-14 副首相後藤田正晴訪中,北京で全人代委員長喬石と会談。10-21 全人代第8期常務委第10回会議,広告法を可決,10-27公布。10-28 国家副主席栄毅仁来日(〜11-4)。10- 日立(中国),北京に設立(資本金3700万ドル,日立100)。10- 三菱電機大連機器設立(資本金10億円,三菱100)。

11-2 全国国有資産管理調査会議(〜11-6)。11-8 中国農業発展銀行設立。11-14 首相村山富市,ジャカルタでAPEC期間中江沢民と会談。11-21 中国人民銀行,1995年1月1日より兌換券の使用停止を告示。11-27 侯月鉄道(侯馬-済源)電化複線全線開通,全長256.6Km。11-28 外国人の違法就業禁止通達。

12-3 日本国貿促代表団訪中,団長桜井義雄,北京で首相李鵬と会談。12-7 上海市内環高架自動車道路全線開通,全長48Km。12-9 中央幹部向け法律講座開講。12-12 上海地下鉄1号線全線完成。12-14 三峡ダム工事着工式。12-16 無錫村田電子設立,1995.10-4 開業。12-22 日中両政府,第4次対中円借款合意(1996〜2000年度,前3年40案件,5800億円,後2年28案件,3900億円)。12-22 広州-深圳準高速鉄道開通,全長147Km,時速160Km。12-27 国務院,養老保険制度改革会議を開催(〜12-29)。

年末

- 中国の外貨準備高516億2000万ドル,前年比304億2100万ドル急増。

1994年

- 日本の対中国投資額(実行ベース)20億7529万ドル,前年比56.7%増,各国投資総額の6.2%占める(商務部統計)。日中貿易総額462億4454万ドル,前年比22.2%増(大蔵省通関統計)。
- 中国国内総生産4兆8198億元,成長率13.1%(国家統計局2006.1-9修正値),一人当り452ドル。中国の輸出入総額2366億2000万ドル,初めて2000億ドルを超える。
- コークス生産量1億1477万トン,初めて1億トン超える。セメント4億2118万トン,初の4億トン台。

1994 年（平成 6 年）甲戌 (2/2)

その他	日本（参考）
8-4 大陸海峡両岸関係協会常務副会長唐樹備－台湾海峡交流基金会副董事長焦仁, 台北で会談。8-29 ロシア軍, 旧東ドイツとバルトから撤退。8-31 アイルランド共和軍（IRA）, 無条件無期限停戦を宣言。8- 米シスコ・システムズ北京事務所設立。 9-2 中国主席江沢民, ロシア・ウクライナ・フランスなどを訪問, 訪ロ中に中ロ西部国境線画定協定とウスリー・アムール川船舶航行議定書調印。9-14 国連事務総長ブトロス・ガリ訪中（～9-17）。 10-18 米朝高官協議, ジュネーブで開催, 10-21 北朝鮮核開発放棄, 代わりに軽水炉を提供で双方合意。10-31 総理李鵬訪韓（～11-4）。 11-8 米共和党, 中間選挙で上下両院過半数に, 40 年ぶり。11-8 主席江沢民, シンガポール・マレーシア・インドネシア・ベトナムを訪問（～11-22）。11-14 金門国民党軍, 対岸の厦門砲撃事件。11-14 ユーロスター開業。11-16 国連海洋法条約発効。 12-22 メキシコ通貨危機発生, ペソ急落。12-28 蘇州サムソン半導体（SESS）発足。 年末 ・台湾の外貨準備高 924 億 5000 万ドル, 前年比 88 億 8000 万ドル増。 1994 年 ・台湾の総生産 2443.1 億ドル, 成長率 7.1％, 一人当り 11564 ドル。 ・香港の総生産 1308.2 億ドル, 成長率 5.5％, 一人当り 21587 ドル。	8-25 首相村山富市, ベトナムを訪問。8-31 ジュリアナ東京閉店。 9-4 関西国際空港開港。9-14 住友銀行名古屋支店長射殺事件。 10-2 第 12 回アジア競技大会, 広島市で開催（～10-16）。10-8 恵比寿ガーデンプレイス完成。10-17 預金金利自由化実施。10-27 JT株上場。 11-11 改正自衛隊法成立, 自衛隊機で在外邦人の救出が可能に。11-16 新生党解党正式決定。 12-3 ソニー家庭用ゲーム機プレイステーション発売, ヒット商品になる。12-10 新進党結成, 新生党・公明党の一部合流, 党首海部俊樹。12-19 行政改革委員会発足, 委員長三菱重工会長飯田庸太郎。 年末 ・外貨準備高 1258 億 6000 万ドル, 前年比 273 億 4000 万ドル増, 初めて 1000 億ドル超える。 ・日本の対外純資産残高 6890 億ドル（12.8％増), 4 年連続世界一。 1994 年 ・国内総生産 488 兆 4503 億円, 成長率名目 1.0％, 実質 0.9％, ドル換算 4 兆 7002.7 億ドル, 一人当り 37632 ドル。 ・アメリカの対日貿易赤字, 656 億 6900 万ドル, 前年比 10.6％増。 ・全国のマンション発売戸数 188343 戸, 史上最多を記録。 ・全世帯の平均年収, 750 万円。 ・「就職氷河期」の言い方流行る。

1995年（平成7年）乙亥（1/2）

日 中 交 流・中 国

1-1 中国,外貨兌換券の流通終了。1-1 会計監査法施行。1-1 日中経済発展センター,東京で設立,理事長張紀潯。1-3 富士ゼロックス(中国)設立。1-9 蔵相武村正義訪中（～1-10）,第4次対中円借款前半確定,輸銀ローン20億ドル追加で基本合意。1-13 日本対中国有償資金協力（円借款）L/A調印,15件（南寧-昆明鉄道Ⅳ189.89億円・北京市地下鉄2期Ⅳ23.43億円・秦皇島港バース4期Ⅱ71.78億円・秦皇島港バースⅡ30.41億円・大窯湾1期66.55億円・湖北鄂州火力発電所Ⅲ154.61億円・江西九江火力発電所120.3億円・三河火力発電所109.48億円・山西河津火力発電所109.48億円・天生橋第一水力発電Ⅳ129.03億円・天津市第3ガス整備57.22億円・上海宝山インフラ整備143.93億円・瓮福化学肥料工場Ⅱ34.66億円・蘇北通楡河灌漑開発Ⅱ75.17億円・国家経済情報システム87.48億円）。1-13 日中安保協議（東京）,外務防衛出席。1-14 渤海ビール倒産,負債1.8億元,国有企業倒産で最大。

2-1 海関総署,輸出商品税関価格審査暫定規則を実施。2-13 国債違法取引で万国証券に10億元の損失発生。2-15 地方政府の海外起債禁止。2-17 中国駐在日本国大使國広道彦離任。2-19 統合幕僚会議議長西元徹也,中韓訪問に出発。2-23 一汽,瀋陽金杯を買収。

3-2 第14回日中外務次官会議,外務次官福田博と外交副部長唐家璇出席。3-5 第8期全人代第3回総会（～3-18）,教育法・人民銀行法を可決。3-18 中国人民銀行法公布施行。3-29 中国駐在日本国大使佐藤嘉恭着任。3- 馬頭発電所8号機稼働,中国の発電容量2億kWに達す。

4-5 北京市常務副市長王宝森,懐柔で自殺。4-10 全人代委員長喬石来日（～4-16）。4-10 上海地下鉄1号線試運転,全長16.1Km,北京・天津に次ぐ3番目の地下鉄。4-11 外貿部,輸出商品割当暫定規定を改訂,4-17 新輸出商品割当入札規則・細則施行。4-24 外資系持株会社設立認可規定公布。4-27 東京銀行など外銀4行,北京支店設立許可,7-8 東京銀行北京支店開業。

5-2 首相村山富市訪中（～5-6）,北京で江沢民・李鵬と会談。5-5 中国国家開発投資銀行設立。5-10 商業銀行法公布,7-1 施行。5-15 東京銀行,中国進出口銀行と輸出信用業務協力協定調印。5-15 中国,核実験を実施。5-18 中国証監会,国債先物取引を停止。5-22 日本政府,中国の核実験により日中経済協力を縮小する方針決定。5-31 宝鶏-中衛鉄道営業開始,全長498Km。

6-2 国務委員李鉄映,首相村山富市と会談。6-15 中国全国銀行業経営管理会議（～6-19）。6-23 全人代で担法法・保険法を可決。6-27 外国企業投資方向指導暫定規定発表。6-30 戴相竜,中国人民銀行長に就任。6-末「個体工商戸」,全国で2238.6万戸,従業員3958万人。

7-1 外商投資企業輸入管理実施細則施行。7-1 ヤオハン,中国総本社とIMM総本社を設立,4社体制に。7-1 成都-重慶高速道路全線開通。7-4 知的財産権税関保護条例公布,10-1 施行。7-8 全国流動人口管理会議,厦門で開催（～7-11）,全国流動人口8000万人。7-13 秦山原発,国家検収合格。7-24 第3回日中自動車産業交流会（～7-26）。7-26 東芝エレベータ（瀋陽）稼働。

1995年（平成7年）乙亥（1/2）

その他	日本（参考）
1-1 世界貿易機関(WTO)発足。1-1 オーストリア・フィンランド・スウェーデン，EUに加盟。1-1 ロシア，チェチェン首都グロズヌイ制圧と発表。1-15 中仏，大亜湾原発II期覚書調印。1-30 江沢民，台湾問題で演説（江八点）。 2-26 中・米，20カ月間で9ラウンドの交渉を経て知的所有権問題で合意，3-11 調印。2-27 英ベアリングス証券倒産。 3-9 朝鮮半島エネルギー開発機構(KEDO)発足。3-24 上海大衆(VW)汽車，2回目の増資を実施，増資額11億元，資本金23億元に。 4-19 米オクラホマシティ連邦政府ビル爆破事件。4- 煙台郷鎮企業美国集団，ロサンゼルスでホワイトスワンホテルを買収，中国農民企業初のアメリカ進出。4- アムウェイ中国開業。 5-7 江沢民訪ロ（～5-9）。5-7 シラク，フランス大統領に当選。5-8 テレサ・テン（鄧麗君），タイで急死（42歳）。5-10 来賓火力発電所II期（360MW×2），国家計画委許可，中国初の発電130T，1996.11-11 EDF・ALSTOMと成約。 6-1 一汽大衆(VW)，ゴルフ1号車完成。6-2 米大統領クリントン，対中最恵国待遇延長を決定。6-9 中英両国，香港の最終裁判権につき合意。6-22 香港特別行政区準備委員会予備作業委第5回総会（～6-24），香港返還後の香港-台湾関係基本原則を決定。 7-11 米大統領クリントン，ベトナムとの関係正常化を発表。7-28 ベトナム，アセアンに加盟。7- 中国，台湾近海でミサイル訓練。 8-5 ベトナム，米と国交正常化。8-25 マイクロソフト，Windows95（英語版）を発売。	1-13 東京協和と安全信組救済のため，東京共同銀行設立。1-17（am.5:46） 阪神淡路大震災，死者6300人，全壊焼失11.3万棟。 2-13 近鉄投手野茂英雄，ロサンゼルス・ドジャーズ入団決定，米大リーグ入り日本人2人目，村上雅則から31年ぶり。 3-20 地下鉄サリン事件，地下鉄日比谷線・丸の内線・千代田線の電車内にサリンガス，10人死亡，5000人以上重軽症。3-22 1995年度予算案成立，一般会計総額70兆9000億円。3-30 警察庁長官狙撃事件。3-末 1994年度海外から日本への直接投資，前年度比35％増で41.55億ドル。3-末 日本国内自動車生産台数1061万台，最多の1990年度の78.1％。 4-1 東京銀行と三菱銀行，合併合意発表，合併後預金量52兆円で世界最多に。4-9 東京都知事選で青山幸男，大阪府知事選で横山ノックが当選。4-19 円ドルレート，一時1ドル＝79円75銭で過去最高を記録。4-26 東京都知事青山幸男，世界都市博覧会（1996年3月開催予定）の開催中止を表明。 5-16 対日制裁リスト，米が発表。5-16 オウム真理教麻原彰晃（松本智津夫）逮捕。5- 日本の都銀，中国向け融資で欧米系企業も対象に。5- 丸紅，インドネシア最大の財閥サリムグループと提携。 6-1 尾形大作の《俺の道》発売，〈無錫旅情〉日中でヒット。6-9 国会で不戦決議を採択。6-22 政府，北朝鮮へコメ支援を決定。 7-1 製造物責任法(PL法)施行。7-1 札幌・東京でPHSサービス開始。

1995年（平成7年）乙亥（2/2）

日中交流・中国

8-17 中国，地下核実験．8-29 日本政府抗議．8-29 大気汚染防止法公布施行．

9-1 上海汽車工業（集団）と上海汽車有限公司設立．9-末 1991年初より摘発・没収した密輸入乗用車5977台，タバコ208.8万箱．

10-1 中国人口12億778万人，12億人を超える．10-1 輸入カメラ販売管理暫定規定施行．10-2 JAS，関西空港-広州線就航．10-20 本田技研-東風汽車合弁契約，正式に許可．10-22 首相村山富市，国連50周年記念総会で江沢民と会談．10-31 中国残留日本人孤児第26回肉親調査団67人来日（～11-14）．

11-2 日本対中国有償資金協力（円借款）L/A調印，11件（朔県-黄驊港鉄道277.15億円・西安-安康鉄道197.89億円・北京首都空港整備Ⅱ134.35億円・海南島洋浦港開発43億円・江西九江火力発電所Ⅱ175.7億円・三河火力発電所建設Ⅱ136.52億円・山西河津火力発電所Ⅱ136.52億円）．11-10 最高検察院，反汚職賄賂総局を設置．11-15 国家主席江沢民・副総理兼外交部長銭其琛来日，APECに出席，11-18 首相村山富市と会談．11-16 北京-九竜鉄道全線敷設完了，全長2536Km．

12-4 上海索広映像合弁調印，ソニー・上海広電・上海真空電子の合弁．12-6 日中友好会館，日中歴史研究センターを開設，2005.3- 閉鎖．12-10 上海南北高架自動車道開通．12-19 外相河野洋平訪中．12-19 南通中遠川崎船舶工程合弁契約調印（川重50，中遠50），2004.7-11 中国機械メーカトップ百社に入る．12-20 全人代第8期常務委第17回会議（～12-28），電力法可決．12-20 ネクステージ上海（ヤオハンと上海第一百貨の合弁），浦東に開店，売場面積10.8万㎡でアジア最大，初日107万人入店．12- 天津豊津汽車伝動部件設立（トヨタ90），トヨタ初の中国合弁会社，1998.5-生産開始．12- アサヒビール，伊藤忠と共同で北京ビールの経営権を取得．12- サントリービール（上海）設立，1996.8-「三得利」ビールを発売．12- 広州にジャスコ設立，ジャスコ初の中国進出．

年末
- 中国の外貨準備高735億9700万ドル，前年比219億7700万ドルの大幅増．対外債務残高1065.9億ドル，前年比137.8億ドル増．発電設備容量，2億990万kW．
- 国家機関・国有企業幹部職員，史上最多の1億955万人，以後減少．私営企業，60万社を超える．
- 中国のBP（ポケットベル）ユーザ数2800万に達し，米国に次ぐ世界2位．

1995年
- 日中間貿易額，初めて5兆円超える．日本対中国投資額（実行ベース）31億846万ドル，前年比50%増，各国投資総額の8.3%（商務部数値）．
- 中国国内総生産6兆794億元，成長率10.9%（国家統計局2006.1-9修正値），一人当り574ドル．食糧総生産4億6662万トン．原油生産量1億5005万トン．銑鉄1億529万トン，初めて1億トン超える．発電量10070億kWh，初めて10000kWh超える．

1995年（平成7年）乙亥（2/2）

その他	日本（参考）
9-5 仏、南太平洋で核実験、年末まで計5回実施。9-15 第4回国連世界女性会議、北京で開催。9-18 香港、英統治下最後の立法評議会選挙。9-26 大和銀行、ニューヨーク支店の元嘱託行員が帳簿外取引で11億ドルの損失を出したと発表。 10-31 GM、上海汽車と合弁合意。 11-12 独首相コール訪中。11-13 江沢民訪韓、中国主席初の訪韓。11-14 国連〈地球生物多様性評価報告書〉発表、生物約1万種絶滅危機明らかに。11-16 韓国前大統領盧泰愚、収賄容疑で逮捕。11-23 東南汽車設立（台湾裕隆集団中華汽車50、福建省汽車工業集団50）。 12-3 韓国元大統領全斗煥、粛軍クーデター（1979.12-）を首謀した容疑で逮捕される。 12-5 中・ロ・韓・北朝鮮・モンゴル5カ国、国連本部で豆満江地区開発協定調印。12-15 アセアン加盟7カ国とラオス・カンボジア・ミャンマー、バンコクで東南アジア非核地帯条約調印。 12-19 韓国で1980年5月の光州事件に関する特別法成立。12- カルフール北京1号店開業、1996.1- 上海1号店開業、1997.10- 天津1号店開業。 年末 ・台湾外貨準備高903.1億ドル、21.4億ドル減。 1995年 ・台湾の総生産2649.7億ドル、成長率6.4％、一人当り12437ドル。 ・香港の総生産1392.2億ドル、成長率3.8％、一人当り22492ドル。	8-4 衆参両院本会議で、中国・仏の核実験反対決議を採択。8-15 首相村山富市、戦後50年の談話発表。8-30 兵庫銀行と木津信用組合の破綻処理決まる。 9-4 沖縄で米海兵隊員による女子小学生暴行事件、9-28 県知事、米軍用地更新手続を拒否、10-21 沖縄県民8万5000人抗議集会。 9-8 公定歩合、史上最低の0.5％になる。 10-1 国勢調査、人口125570246人。 11-1 食管法廃止、新食糧法施行、米の販売原則自由化。11-1 新交通システムゆりかもめ線、新橋-有明間開業。11-11 NHKとCCTV共同制作の〈大地の子〉、NHK放送70周年記念番組として放送開始（～12-23、7回）、原作山崎豊子、主演上川隆也・蒋雯麗・仲代達矢・朱旭。11-19 APEC大阪会議。11-23 マイクロソフト、Windows95日本語版を発売。 12-8 高速増殖炉「もんじゅ」でナトリウム漏洩事故。12-20 閣議で住専7社の不良債権処理に6850億円投入決定。12- 大量破壊兵器等不拡散のための補完的輸出規制公布。 年末 ・外貨準備高1832億5000万ドル、前年比573億9000万ドル増。 1995年 ・国内総生産495兆1655億円、成長率名目1.4％、実質1.9％、ドル換算5兆1441億ドル、一人当り41075ドル。 ・公衆電話用磁気カード発行ピーク、年間4億枚に達する。通信カラオケ全盛、出荷台数13万台超える。

1996年(平成8年)丙子(1/2)

日 中 交 流・中 国

1-1 中国第9次5カ年計画(1996〜2000年)スタート。1-1 無線送信設備輸入管理規定施行。1-2 輸出許可証管理規定公布。1-11 在北京日本大使館勤務一等書記官,広東省で一時身柄拘束,1-12 解放,1-19 帰国。1-12 中国民生銀行設立,中国初の民間企業投資の株式銀行。1-15 第3回日中防外交安保対話。1-15 広州日立エレベータ設立,2007.7- 日立エレベータ(中国)に社名変更。1-16 衛生部医薬管理局,医療機器登録制度を導入。1-21 北京西駅開業。

2-2 全人代副委員長李沛瑶殺害事件。2-8 JICA,雲南省地震に3500万円相当の救援物資を贈る。2-9 花岡事件の生存者と遺族,補償金要求訴訟第2回公判。2-25 上海華聯ローソン設立,7-19 上海古北新区にローソン1号店出店。

3-1 全人代常務会議,戒厳法を採択。3-5 第8期全人代第4回総会(〜3-17),第9次5カ年計画と2010年までの長期発展目標を採択。3-15 衛生部,健康食品管理方法を公布,6-1 施行。3-20 外貿部,低価格輸出行為処罰規定を実施。3-26 中国人民建設銀行,中国建設銀行に社名変更。3-31 副総理兼外交部長銭其琛来日(〜4-3)。3- 国家商検局・中国電工産品認証委員会,輸入テレビ・冷蔵庫など安全認証制度一本化。3- 青島東泰ジャスコ設立。

4-1 中国人民銀行,預金金利の物価連動方式を終了。4-1 電力法施行。4-1 中国,関税率大幅引き下げ(4900種目),1992年以来3回目,輸入関税平均35%から23%に。4-1 輸入廃棄物環境管理暫定規定施行,古紙・鉄鋼くず・スクラップ船など,環境保護局の輸入許可証が必要となる。4-3 第6回日中民間人会議,北京で開催(〜4-5),副総理後藤田正晴出席。4-9 経団連代表団訪中(〜4-15),団長豊田章一郎。4-9 日中漁業協議。4-27 中山市法院,中国銀行中山分行横領案を審理,横領額7.1億元。

5-2 新進党党首小沢一郎訪中。5-5 日中友好環境保全センター完成式。5-22 天津豊田汽車発動機設立(トヨタ自50,天津汽車50),1998.7- 乗用車用エンジン生産開始。

6-2 秦山原子力発電所II期工事起工。6-2 中国遺棄化学兵器調査団(団長外務省中国課長佐藤重和),吉林省ハルパ近郊調査結果を発表,遺棄砲弾約70万発。6-8 中国,地下核実験を実施,日本政府抗議,対中無償援助凍結を通告。6-11 内蒙古自治区代表団来日。6-28 中国人民銀行,貸付通則を発布,融資管理強化。6- 中国既存化学物質リスト(1995年版,2.4万品目)発行。6- 国家商検局,廃棄物委託検査厳重管理の通達。

7-3 首相橋本龍太郎,来日中の中日友好協会会長孫平化と会談。7-9 新党さきがけ代表武村正義訪中。7-11 中国,電影審査委員会を設置,映画及び映画輸入管理強化。7-15 広東科竜電器(股),香港でH株発行,郷鎮企業で初。7-17 日本の政治団体,尖閣諸島に灯台を設置。

8-1 〈日本僑報〉創刊,編集長段躍中。8- 北京-ハルビン光ケーブル4700Km,初期検査合格,中国初の大容量高速幹線光ケーブル。

1996年（平成8年）丙子（1/2）

その他	日本（参考）
1-11 スペースシャトル・エンデバー号打ち上げ，日本人宇宙飛行士若田光一乗船。 2-12 中国-ベトナム鉄道再開，17年ぶり。 3-1 初のアジア欧州会合。3-23 台湾初の総統直接選挙，李登輝当選。3-25 米中英仏ロ，南太平洋非核地帯条約調印。 4-12 フォード，マツダを実質傘下に。4-24 ロ大統領エリツィン訪中（～4-26）。 5-8 国家主席江沢民，アフリカ6カ国歴訪（～5-22）。5-8 南アで新憲法採択，12-10 公布，1997.2- 発効，アパルトヘイトに終止符。5-15 全人代，国連海洋条約を批准。5-30 米輸出入銀行，三峡ダム建設への公的融資見送を決定。5-31 FIFA，ワールドカップ2002年大会，日本と韓国共同開催決定。 6-20 日本，国連海洋法条約を批准，7-20 発効。6-26 東風カミンズ設立，東風汽車とカミンズの合弁，2007.5-25 エンジン生産100万台。6-27 第22回先進国首脳会議，リヨンで開催。 7-4 ロシア大統領選決選投票，エリツィン再選。7-5 世界初のクローン羊，英ロスリン研究所で出生，2003.2-14 死亡。7-11 中海油，台湾中国石油公司と海底油田共同探査契約調印。7-20 オリンピック・アトランタ大会（～8-4）。7- ワッセナー・アレンジメント正式発足，33ヶ国。 8-5 米，イラン・リビア制裁強化法案発効。8-26 韓国，光州事件で元大統領全斗煥に死刑，前大統領盧泰愚懲役22年6か月の判決，8-31 上訴，12-16 全斗煥無期懲役に，盧泰愚17年に。8- 米ウォルマート深圳1号店開業。	1-1 WTO政府調達協定発効。1-5 首相村山富市，退陣を表明。1-11 橋本龍太郎内閣（第82代）発足（～11-7）。1-19 日本社会党第64回定期大会，党名を社会民主党（社民党）に変更決定。 2-2 大和銀行，巨額損失事件により米から業務撤退。2-12 司馬遼太郎（本名福田定一）逝（72歳）。2-14 名人羽生善治，史上初の将棋タイトル7冠を達成。 3-14 薬害エイズ訴訟で国とミドリ十字社が謝罪，和解成立。3-31 日本の二酸化炭素排出量（炭素換算）3億3700万トン（環境庁数値）。3-末 携帯電話契約1000万件突破。 4-1 Yahoo JAPAN 検索サービス開始，日本初の商用検索サイト。4-1 東京三菱銀行発足。4-1 大和証券，日本初のインターネット株取引（オンライントレード）開始。4-17 橋本-クリントン会談。4-24 オウム真理教麻原彰晃初公判。 6-14 住友商事，銅地金取引で1960億円損失。6-21 沖縄県議会，県民投票条例可決。6-25 閣議，消費税率を5％へ引上決定。 7-13 堺市の学校給食でで腸管出血性大腸菌O157による集団食中毒発生。 8-2 日米半導体交渉決着。8-17 H-II，4号機打上成功。8-29 薬害エイズ事件で帝京大学副学長安部英を業務上過失致死容疑で逮捕，9-19 製薬会社ミドリ十字社長松下廉蔵ら3人を逮捕，10-4 元厚生省生物製剤課長松村明仁を逮捕。8-末 中間決算でセブンイレブン・ジャパンの全チェーン店売上が，親会社のイトーヨーカ堂を初めて上回る。

1996年（平成8年）丙子（2/2）

日中交流・中国

9-1 北京-九竜鉄道全線開業，2235Km。9-21 日中長江中上流地区開発協力委員会初会合。9-23 外相池田行彦，NY で外交部長銭其琛と会談。9-26 香港の抗議団1人，尖閣諸島海域で溺死。9-28 広州新駅開業。9- 上海博報堂広告設立（博報堂50，上海広告50）。

10-1 中国，家電製品など輸入製品20品目，安全認証必要に。10-6 広東発展銀行，中銀信託投資を買収，中国最大 M&A。10-6 朱旭，東京国際映画祭で最優秀男優賞受賞。10-24 残留孤児43人来日。10-29 日中外交次官級会談，東京で開催，外交部副部長唐家璇出席。

11-4 日本，中国製綿織物の緊急輸入制限発動見送り。11-15 二階堂進訪中，主席江沢民と会談。11-16 民主党鳩山由紀夫訪中。11-24 首相橋本龍太郎，APEC 会期中マニラで江沢民と会談。11-27 日本政府調査団派遣，第4次円借款基本合意。11- 中国の高速道路，2141Km に達す。

12-12 人民銀，浦東での外銀人民元取扱規定を発表。12-16 上海深圳両証取に値幅制限導入。12-17 旧日本軍化学兵器処理工場を中国内設置で原則合意。12-19 成都イトーヨーカドー設立。12-24 第4次対中国円借款初年度（1996年度）公文交換。12-26 日本対中国有償資金協力（円借款）L/A 調印, 22件（貴陽-婁底鉄道129.32億円・朔県-黄驊港鉄道122.45億円・西安-安康鉄道25.26億円・貴陽-新寨道路149.68億円・ウルムチ空港拡張48.9億円・北京首都空港整備Ⅲ84.59億円・蘭州中川空港拡張63.38億円・青島港前湾第2期建設27億円・フフホト市上水道整備54.46億円・貴陽西郊浄水場55億円・湛江市上水道整備55.19億円・北京第9浄水場3期146.8億円・3地域光ケーブル建設53.49億円・内陸部電話網拡充150.03億円・3地域光ケーブル建設30.46億円・三江平原穀物基地30.46億円・三江平原竜頭橋ダム30億円・遼寧省白石ダム80億円・フフホト・包頭環境改善100億円・柳州酸性雨・環境汚染整備23億円・蘭州環境整備77億円・瀋陽環境整備50億円）。12-30 東京三菱銀・シティーなど外銀4行の現地支店に条件付きで人民元業務の認可。

年末

- 中国の外貨準備高1050億2900万ドル，初の1000億台に，初めて台湾を上回る。
- 中国の都市数666，都市部人口5億1511万人，全人口の42.1％（国家統計局数値）。

1996年

- 日本の対中国投資額（実行ベース）36億7935万ドル，前年比18.4％増，各国投資総額の8.8％（商務部数値）。日本人の中国向け出国者数1018621人，初めて100万人を超える（法務省数値）。中国の年間出国者延べ1億1859万4100人に達す。
- 中国国内総生産7兆1177億元，成長率10.0％（国家統計局2006.1-9修正値）。一人当り667ドル。粗鋼生産量1億124万トン，初めて1億トンを超えて世界1位。食糧総生産5億454万トン。海上油田年間採油量，初の1000万トン超え。年間株式発行額，100億元に達す。中国の観光収入初めて100億ドル超える。

1996年(平成8年)丙子(2/2)

その他	日本(参考)
9-6 米,繊維問題で対中制裁を発表。9-10 国連総会,核実験全面禁止条約(CTBT)を採択,インド署名を拒否,9-24 日本含む11カ国署名。9-18 韓国海岸で北朝鮮潜水艦座礁事件。9- 国際標準化機構,環境規格ISO14001を制定。 10-6 中英,中国企業のロンドン証券取引所上場に関する覚書調印。10-7 NYダウ,6000ドル台に。10-9 ロシア,国境政策基本法成立。10-11 経済開発機構(OECD),韓国の加盟を承認,2-12 加盟。10-21 日本,国連安保理非常任理事国に当選,8回目。10- 米国,暗号ソフト技術輸出規制緩和発表。 11-27 IMF,中国を「8条国」へ移行すると発表,12-1 実施。 12-5 ユネスコ世界遺産委員会,原爆ドームを世界遺産に登録決定。12-11 董建華(Tung Chee Hwa),香港特別行政区行政長官に選出,12-16 中央政府承認。12-17 ペルー日本大使公邸人質事件,大使と賓客など約380人人質に,1997.4-22 解決。12-20 鎮海煉油化工,中国企業として初めてロンドン証券取引所に上場。 年末 ・台湾外貨準備高880億4000万ドル,前年末比22億7000万ドル減。 1996年 ・台湾の総生産2796.3億ドル,成長率6.1%,一人当り13024ドル。 ・香港の総生産1541.2億ドル,成長率4.5%,一人当り24425ドル。	9-2 整理回収銀行発足。9-8 沖縄県民投票,89.09%が米軍基地縮小に賛成。9-13 日本でワッセナー・アレンジメントによる安全保障貿易管理体制発足。9-28 民主党設立委員会発足,代表に菅直人・鳩山由紀夫。 10-1 国内初のデジタル多チャンネル衛星放送「スカイパーフェクトTV」本放送スタート。10-1 日本で大量破壊兵器不拡散のための補完的輸出規制スタート。10-4 タカシマヤ・タイムズスクエア,新宿南口にオープン。10-20 第41回衆議院総選挙,初の小選挙区比例代表並立選挙。 11-7 第2次橋本龍太郎内閣(第83代)発足(～1998.7-30)。11-11 首相橋本龍太郎,日本版ビッグバン構想発表。11-7 世界初のABWR東電柏崎刈羽原子力6号機(1356MW)運転開始。11-21 大蔵省,阪和銀行に業務停止命令,銀行への業務停止命令は戦後初。11-23 バンダイ,たまごっちを発売,ブームに。 12-4 特養ホーム汚職事件で,前厚生省事務次官岡光序治逮捕。12- ホンダ,自立歩行人間型ロボットP-2を公開。 年末 ・外貨準備高2166億5000万ドル,334億ドル増,初の2000億ドル台に。 1996年 ・国内総生産505兆118億円,初の500兆円台,成長率名目2.0%,実質2.6%,ドル換算4兆5954.6億ドル,一人当り36555ドル。 ・日本の書籍と雑誌の年度販売額,史上最高の2兆6564億円,以後減少に転じる。

1997年（平成9年）丁丑（1/2）

日 中 交 流・中 国
1-3　外資系企業の設立に伴う輸入免税措置撤廃を半年延長。1-13　海外からゴミ輸入事件で懲役10年, 罰金50万元の判決。1-17　国家電力公司設立。1-23　三和銀行・第一勧銀など外銀4行に人民元業務許可。1-23　有償新聞記事を禁止。1-25　死者36人の雲南会沢ニセ酒中毒事件, 李栄平ら5人に死刑判決。
2-12　農水省, 1996年1月から検討を始めた中国産ニンニク・ショウガの緊急輸入制限発動見送りを決定。2-14　日中外相会談, 黄長燁亡命につき意見交換。2-19　鄧小平逝去（92歳）。
3-1　第8期全人代第5回総会（〜3-14）, 刑法・国防法を可決, 3-14　重慶, 中国第4の直轄市に決定。3-10　深圳金鵬サッカー倶楽部設立, 中国初の民間サッカークラブ。3-15　第4回日中安保対話。3-18　南寧-昆明鉄道, 全線レール敷設完了。3-29　外相池田行彦訪中（〜3-31）。
4-1　鉄道第1次スピードアップ, 平均時速160Km超の区間752Kmに。4-9　国家計画委員会, 国家重点建設プロジェクトを発表, エネルギー・水利・交通・原材料など129プロジェクト, 内32物件は1997年度新規プロジェクト。4-14　出資金3000万ドル以下の外資系企業, 出資に伴う設備と原材料の免税措置, 12月31日まで延長決定。4-27　石垣市議, 尖閣諸島に上陸, 5-6　新進党議員上陸。
5-6　全人代第8期常務委第25回総会（〜5-9）, 5-9　行政監察法を採択, 即日公布施行。5-21　国有企業の株式投資行為を禁止。5-25　中華海外聯誼会, 北京で成立, 会長王兆国。5-29　広東省人口, 7000万人を突破。5-30　計算機情報ネットワーク国際接続管理暫定規定公布。5-31　中国工商銀行預金残高2兆550億元, 初めて2兆元台に。
6-11　上海梅隴鎮伊勢丹オープン。6-18　重慶直轄市発足。6-19　中国国産スーパーコンピュータ「銀河III」, 国家検定合格。6-28　広州地下鉄1号線西朗東-黄沙間開通。
7-1　香港返還式典, 香港特別行政区発足, 人口630万人, 域内総生産1兆979億HKドル, 1996年度貿易額2兆9340億HKドル, コンテナ取扱量1330万個で世界1位, 区政府外貨基金・土地基金7176億HKドル。7-1　日中鉄道友好推進協議会, 東京で設立。7-3　石家荘宝石電気硝子設立（日本電気硝子41, 日商岩井10, 石家荘カラーブラウン管49）, 2006.3-29　合弁解消。7-9　太陽党党首羽田孜訪中, 北京で江沢民と会談。7-10　国務院, 上海東菱貿易に設立許可（資本金1250万ドル, 三菱商事27・コンチネンタルグレイン22・上海東方国際/上海外貿51）, 中国初の外資系貿易会社。7-17　上海華虹NEC電子設立（資本金7億ドル, NEC28.6, 上海華虹71.4）, 64ビットDRAMの生産, 初の日中半導体合弁ファンドリー。7-18　自民党幹事長加藤紘一訪中, 北京で江沢民と会談。
8-8　金華-温州鉄道開通, 中国初の香港資本と中国資本の合弁鉄道。8-15　中日友好協会会長孫平化逝（80歳）。8-18　三峡II期工事, 葛洲壩集団等が落札, 全面開始。8-27　上海環球金融センター起工, 森海外株式会社等36社とOECF共同出資（当初予算750億円, 高さ466m, 延面積335429㎡, 地下3階, 地上94階の計画, 後変更）。

1997年（平成9年）丁丑 (1/2)

その他	日本（参考）
1-1 アナン，国連事務総長に就任。1-23 オルブライト，米国務長官に就任，初の女性長官。1-24 香港特別行政区行政長官董建華，行政会議メンバーを発表。	1-2 島根県隠岐島沖でロシアのタンカー・ナホトカ沈没，原油大量流出。1-7 首相橋本龍太郎，アセアン5カ国を訪問（～1-14）。1-29 オレンジ共済組合巨額詐欺事件，衆議員友部達夫逮捕。
2-12 北朝鮮書記黄長燁，訪日帰途，北京で亡命，4-20 韓国入国。2-15 WTO 電気通信交渉自由化で合意。2-24 オルブライト訪中。	3-6 野村證券の総会屋利益供与発覚，以降第一勧銀・山一証券・大和証券・日興証券も発覚，3-25 東京地検，野村証券を捜索。3-11 東海村放射能漏洩事故，核燃料開発事業団東海事業所で爆発，作業員被曝，施設外に放射能漏れなどの被害。3-22 秋田新幹線盛岡-秋田間開業。3-30 三井三池鉱山閉山。
3-24 米副大統領ゴア訪中（～3-28）。3-25 上海通用自動車合弁契約調印（GM50，上海汽車 50），6-12 上海浦東に設立。3- 台北市地下鉄捷運淡水線開通，20.2Km。	
4-11 英アジア最後の海軍基地，香港昂船洲添馬艦基地閉鎖。4-21 解放軍香港駐留部隊第1陣香港入り。4-22 主席江沢民，ロシア訪問（～4-26）。4-25 中国，化学兵器禁止条約批准書を国連に提出，4-29 条約発効。	4-1 消費税率，3％から5％に引き上げ。4-1 容器包装リサイクル法施行。4-1 北海道拓殖銀行，北海道銀行と合併発表。4-1 日本債券信用銀行，ノンバンク整理など経営再建策を発表。4-2 最高裁，愛媛県靖国神社玉串訴訟で政教分離に基づき初の違憲判決。4-17 改正駐留軍用地措置法成立，沖縄米軍基地用地を期限切れ後も合法的に使用可能に。4-25 大蔵省，日産生命保険に業務停止命令，生保で戦後初。
5-1 英総選挙で労働党が圧勝，5-2 トニー・ブレア，首相に就任。5-15 仏大統領シラク訪中（～5-18），原子力協定など調印。	
6-26 ロ首相チェルノムイルジン訪中，シベリア天然ガスパイプライン建設合意。	5-16 改正外為法成立，1998.4-1 施行。5-16 参院本会議で改正商法可決，成立，6-1 ストックオプション解禁。
7-2 タイ中銀，バーツ相場を管理変動相場制へ移行，実質切り下げ，東南アジア金融不安始まる。7-11 比政府，ペソの切下を発表。7-23 アセアン，ミャンマーとラオスの加盟により9カ国体制になる。7- 中国，1980年代より世銀からの借款279.47億ドルと発表（新華社）。	6-11 改正日銀法成立。6-17 臓器移植の場合「脳死が人の死」とする臓器移植法，衆参院で可決，成立。
8-14 インドネシア中銀，ルピアの実質切下を発表。8-14 中国，タイに10億ドル融資を表明。8-23 三峡ダム発電機14基入札，欧米2グループ落札。8-31 ダイアナ，パリで事故死。	7-30 東京地検，総会社へ利益供与で山一証券を捜索，9-18 大和証券を捜索，9-25 日興証券を捜索。

1997年（平成9年）丁丑（2/2）

日 中 交 流 ・ 中 国

9-1 放送テレビ管理条例施行。9-4 首相橋本龍太郎訪中（～9-7），主席江沢民と会談，中国WTO加盟問題2国間協議で関税率引下・輸入数量制限など合意，首相初の遼寧省訪問。9-10 核輸出管理条例公布。9-12 中国共産党第15回全国代表大会（～9-18），党規約改正，企業改革促進。9-12 日本対中国有償資金協力（円借款）L/A調印，14件（貴陽-婁底鉄道Ⅱ170.28億円・朔県-黄驊港鉄道Ⅲ204.6億円・西安-安康鉄道Ⅲ126.85億円・浦東国際空港400億円・河北黄驊港154億円・山西王曲火力発電所300億円・陝西韓城第2火力発電350億円・大連上水道整備55億円・三江平原穀物基地Ⅱ27.92億円・フフホト包頭環境改善Ⅱ56.29億円・淮河流域水質汚染対策49.45億円・湘江流域環境汚染対策56.78億円・本渓環境汚染対策事業41.1億円・柳州酸性雨/環境汚染整備Ⅱ36.79億円）。9-19 中共第15期中央委第1回全体会議，総書記に江沢民再選。9-23 広州異型鋼材廠，広州広権競売行で競売，中国初の破産国有企業競売。9-26 対外経貿部長呉儀来日，ASEM経済閣僚会議に出席。9-28 三菱電機(中国)設立。

10-1 中国，医療設備・自動車部品など18品目，輸入時安全認証必要となる。10-1 中国関税率1992年以来4度目の大幅引き下げ，関税率平均23％から17％に，対象4800品目で全品目の73％。10-1 改正刑法施行。10-7 遺棄化学兵器調査団第1回調査（～10-20）。10-7 北京に華糖ヨーカ堂設立，イトーヨーカドー・中国糖業酒類・伊藤忠の合弁。10-23 香港金融管理局，短期金利を過去最高水準に誘導，香港株急落。10-末 中国ネット人口62万人。

11-1 全人代第8期常務委第28回会議，建築法を可決。11-6 公司法（1994年施行）に基づく登記企業数41万4400社，資本金15923.59億元。11-8 長江三峡ダム堰き止め。11-10 国務院，円借プロジェクト神華Ⅲ期（朔州-黄驊鉄道，黄驊港）を許可。11-11 総理李鵬来日（～11-16）。11-11 国連海洋法条約批准に伴う日中新漁業協定調印。11-17 中国全国金融会議（～11-19）。11-19 中国服装集団公司設立。11-21 イトーヨーカドー中国1号店成都春熙店オープン。

12-2 南寧-昆明鉄道全線営業開始。12- 三井住友銀行蘇州支店開業，蘇州初の外銀支店。12- 深圳青島ビール朝日設立，アサヒ・青島ビールなどの合弁。

年末

・中国の外貨準備高1398億9000万ドル，前年比348億6100万ドル増。

1997年

・日本の対中国投資額（実行ベース）43億2647万ドル，前年比17.6％増，各国投資総額の9.6％（商務部数値）。

・中国国内総生産7兆8973億元，成長率9.3％（国家統計局2006.1-9修正値），一人当り726ドル。中国食糧総生産4億9417万トン。中国自動車生産158万台，内乗用車48.53万台。中国の輸出入額3252億ドル，世界で10位に。

1997年(平成9年)丁丑(2/2)

その他	日本（参考）
9-18 香港行政長官董建華訪米(～9-12)。9-18 オスロ政府間会合，対人地雷全面禁止条約採択，12月4日まで日本を含む121カ国署名。 10-8 金正日，朝鮮労働党総書記に就任。10-19 中国経済貿易代表団訪米，総額40億ドル契約調印。10-25 中国，国連人権規約（A規約）署名決定を発表，10-27 調印。10-26 国家主席江沢民訪米(～11-3)，戦略パートナーシップ構築で一致。 11-8 長江三峡工程開発総公司，ABBと発電設備契約，2億5000万ドル。11-9 ロ大統領エリツィン訪中(～11-11)，東西国境画定作業完了と発表。11-19 韓国ウオン大幅下落，1ドル=1000ウォン台に（公示中値ベース）。 12-1 国連気候変動枠組条約第3回締約国会議，京都で開催，12-11 「京都議定書」を採択。12-15 アセアン＋日中韓首脳会談，クァラランプールで開催(～12-16)。12-18 韓国大統領選，国民会議の金大中当選，韓国初の選挙による与野党政権交代。12- 中国国家金融データ通信基幹ネット，シスコIGX交換機を採用。 年末 ・台湾の外貨準備高835.0億ドル，前年末比45.4億ドル減。香港の外貨準備高928.0億ドル，前年末比31.5億ドル減。 ・米の対外純債務1兆3224億5500万ドル。 1997年 ・台湾の総生産2901.7億ドル，成長率6.7％，一人当り13382ドル。 ・香港の総生産1710.1億ドル，成長率5.2％，一人当り26310ドル。	9-1 健康保険法改正，本人負担2割になる。9-18 ヤオハンジャパン倒産，負債約1600億円。9-末 PHS契約者数，史上最多の706.8万件，前年比78.8％増，以降減少に転じる。 10-1 北陸新幹線，東京-長野間開業。10-1 三井石油化学と三井東圧化学合併，三井化学発足。10-16 臓器移植法施行。10- トヨタ，ハイブリッド車プリウス発売。 11-3 三洋証券，会社更生法を申請。11-16 日本サッカーチーム，W杯フランス大会アジア地区第3代表決定戦（ジョホールバル）でイランに勝ち，初出場決める。11-17 拓銀，自主再建断念，北洋銀行に営業譲渡，初の都銀破綻。11-24 山一証券，自主廃業申請を決定。11-28 財政構造改革法成立。 12-1 厚生省，ダイオキシン排出規制を実施。12-5 大蔵省，2001年3月まで預金・金融債等の全額保護を表明。12-9 介護保険法成立。12-16 テレビアニメ〈ポケットモンスター〉で光過敏性癲癇発症685人，社会問題に。12-18 東京湾横断道路竣工。12- 外務省，5段階方式の海外危険情報提供開始。 年末 ・外貨準備高2196億5000万ドル，前年末比30億ドル増。 1997年 ・国内総生産515兆6441億円，成長率名目2.1％，実質1.6％，ドル換算4兆2098.3億ドル，一人当り33405ドル。 ・年度内企業倒産17439件，負債総額15兆1203億円，前年比65％増，戦後最悪。

1998年（平成10年）戊寅（1/2）

日 中 交 流・中 国
1-6 国家計画委員会，外国企業投資産業指導リストを公布。
2-5 国防部長遅浩田来日，首相橋本龍太郎と会談。2-20 張麗玲，大富を設立，7-1 スカパー783 に CCTV 大富を開局，日本初の中国語テレビ放送。2-25 中共第 15 期中央委第 2 回全体会議（〜2-26），中央政府人事及び国務院改革案を採択。2-26 日本共産党〈赤旗〉北京支局再開，1967 年 8 月以来 30 年ぶり。2- トヨタ自動車技術センター（中国），天津に設立（トヨタ 100）。
3-5 第 9 期全人代第 1 回総会（〜3-19），3-10 国務院機構改革を決定，3-16 国家主席に江沢民，副主席に胡錦濤，委員長に李鵬，総理に朱鎔基，副総理に李嵐清・銭其琛・呉邦国・温家宝を選出，江-朱体制発足，外相唐家璇。3-9 山西省ニセ酒中毒事件で数百人中毒，死者 26 人，主犯 6 人に死刑判決。3-23 在中国日本大使館重慶出張駐在官事務所開設，中国で 7 カ所目の日本公館。
4-14 中国観光地の外国人向け二重入場料廃止。4-21 国家副主席胡錦濤来日，4-23 平成天皇を訪問。4-28 華糖ヨーカドー十里堡店オープン，北京 1 号店。
5-4 中国人民銀行，興業銀行・第一勧業銀行・三和銀行・東京三菱銀行など外銀 8 行の上海支店に銀行間取引を許可。5-6 外交部助理陳健，駐日中国大使に任命。5-7 中国駐在日本国大使佐藤嘉恭離任，5-12 後任の中国駐在大使谷野作太郎着任。5-28 広州-深圳高速電化鉄道完成，時速 200Km。
6-10 宋健，中日友好協会会長に就任。6-10 中国，2002 年まで 5340Km 鉄道建設（投資総額 2500 億元）を決定。6-10 日中両共産党，31 年ぶり関係正常化合意，6-11 発表。6-末 外国金融機関の対中国融資残高 593 億ドル，内日本 175 億ドル（BIS 発表数値）。
7-1 広州本田自動車設立（本田技研 50，広州汽車 50），同日東風本田発動機，武漢に設立，広州本田自動車にエンジンを供給。7-21 日本共産党委員長不破哲三訪中，総書記江沢民と会談（北京）。7-24 荒川直樹《中国で製造業は復活する》発行，初の中国での製造業成功例論著。7- 中央軍事委員会，軍による企業経営活動禁止方針を決定。7- 秦山原発 1 号機，補修のため運転停止（〜1999.9-）。
8-7 蘭州-西寧-ラサ間光ケーブル開通。8-10 中国人民銀行，さくら銀行・住友銀行など外銀 10 行の上海支店に人民元取扱業務正式に認可。8-11 外相高村正彦訪中，北戴河で江沢民と会談。8-19 第 1 回海洋法問題日中協議（北京，〜8-20）。8-23 日本共産党委員長不破哲三訪中，江沢民と会談。8-27 中日友好協会会長宋健初の来日，日中民間人会議に出席。8-29 全人代第 9 期常務委第 4 回会議，1000 億元長期建設国債発行を決定，以後 2002 年まで計 6600 億元，2004 年まで計 9100 億元発行。
9-上 長江中流，6 月からの洪水で死者約 4000 人。9- 日中環境開発モデル都市構想につき合意（貴陽市・大連市・重慶市の 3 都市）。9-頃 緑の地球ネットワーク，大同霊丘自然植物園建設開始。

1998年（平成10年）戊寅(1/2)

その他	日本（参考）
1-1 ロシア、デミノを実施、1000 ルーブルを 1 新ルーブルに。1-8 インドネシアルピア急落、10000 ルピア=1ドルを突破、1-26 16000 ルピア=1 ドルを突破。1-22 米大統領クリントン、ホワイトハウス元実習生ルウィンスキーとの性的関係が公に、9-9 下院に捜査報告書を提出、12-19 下院で弾劾決議、1999.2-12 弾劾裁判で無罪評決。 2-11 中国本土-香港間二重課税防止協定調印。2-18 総理李鵬訪ロ、中ロ共同声明を発表。2-25 金大中、韓国大統領に就任。 3-10 インドネシア、スハルト大統領の 7 選決定。 3-25 上海大衆、サンタナ 2000GSi 発売。 4-28 副主席胡錦濤訪韓、大統領金大中と会談。4-30 米国務長官オルブライト訪中、江沢民と会談。 5-7 独ダイムラーと米クライスラー合併発表。 5-11 インド 24 年ぶり核実験、5-13 再実施。 5-21 インドネシア、スハルト大統領辞任。5-26 米中経済合同委、ワシントンで会合。5-28 パキスタン初の核実験、5-30 再実施。 6-27 米大統領クリントン訪中、天安門事件後初の米大統領訪中、7-1 北京大学で講演、経済協力協定など7件調印。6-30 エストラーダ、フィリピン大統領に就任。6- 比の月間貿易収支、10年来初めての黒字。 7-6 香港国際空港開港、啓徳空港閉港。7-18 林義雄、民進党主席に就任。 8-7 ケニアとタンザニア米大使館爆発事件。 8-17 ロシア、対外債務支払 90 日間停止、ルーブル急落、通貨危機発生。	1-23 民政党発足、代表羽田孜。 2-7 第 18 回冬季オリンピック長野大会（〜2-22）。2-10 三菱地所、旧国鉄本社跡地を落札。2-16 金融機能安定化緊急措置法成立、30 兆円公的資金投入可能に。2-末 日本のインターネット人口、1000 万人を超える。 3-5 金融機関 21 行、公的資金を申請、総額 2 兆1000 億円、3-10 1 兆 8156 億円注入実施（〜3-12）。3-11 日本、ミャンマーへ円借款再開。3-18 NTT、PHS から撤退決定。3-19 特定非営利活動促進法（NPO法）成立。3-31 山一証券、全店舗閉店。 4-1 改正外為法施行、外国銀行への預金と国外での資産運用など緩和。4-5 明石海峡大橋開通。4-18 首相橋本龍太郎、静岡県伊東市で来日中のロ大統領エリツィンと会談。 5-27 若乃花、横綱に昇進、史上初の兄弟横綱。5-末 日本の投資・融資・債務保証残高、インドネシア向け約 8117 億円、タイ向け約 2400 億円、マレーシア向け約 1300 億円。 6-1 社民党、閣外協力解消、自社さ協力体制終る。6-5 金融システム改革法成立。6-9 中央省庁等改革基本法成立、2001 年から 1 府 12 省庁に再編決まる。6-10 日本、FIFAワールドカップ・フランス大会（〜7-12）に初出場。6-22 金融監督庁発足、大蔵省から独立した金融検査監督機構できる。 7-25 〈Microsoft Windows 98〉日本語版発売。 7-28 住友銀行、大和証券と提携発表。 7-30 小渕恵三内閣（第 84 代）発足（〜2000.4-5）。

113

1998年（平成10年）戊寅（2/2）

日中交流・中国

10-1 鉄道第2次スピードアップ，時速160Km超える区間1104Kmに。**10-6** 中共中央・国務院・中央軍事委共同会議，軍と武装警察の営利商業活動不従事会議を開催，12-15 実施，関連企業全て地方政府に譲渡。**10-6** 広東国際信託投資公司(GITIC)清算発表，中国人民銀行公告で「外貨管理当局に登録済みの対外債務は優先して返済する」と表明。**10-12** 中共第15期中央委第3回全体会議（～10-14），農業と農村問題を議題に。**10-29** 外資系小売業，省都への進出解禁。

11-10 四川豊田汽車設立（資本金9909万ドル，トヨタ45，豊田通商5，四川旅行車50），2000.12- コースター現地生産開始。**11-13** 本田技研-広州汽車-東風汽車，3社基本協定調印（東京）。**11-17** 上海宝鋼集団設立。**11-25** 江沢民，中国国家主席就任後初の日本公式訪問（～11-30），首相小渕恵三と会談，11-26 日中間で第4次円借款（後半2年分）につき合意（1999～2000年28案件，総額3900億円）。**11-28** 天津汽車，シャレード（夏利）50万台達成。

12-10 天津市政府秘書長陳洪江，天津国際信託投資公司の償還を市が全面支援すると表明。**12-25** 日中両政府，対中円借款公文交換，総額2055.8億円。**12-25** 日本対中国有償資金協力（円借款）L/A調印, 15件（杭州-衢州高速道路300億円・万県-梁平高速道路200億円・陝西韓城第2火力発電Ⅱ229.7億円・山西王曲火力発電所Ⅱ270.82億円・湖南ゲン水流域水力発電176.64億円・王曲-莱陽送変電176.29億円・重慶配電網効率改善137.54億円・煙台上水道・治水施設整備60.08億円・河南省盤石頭ダム建設67.34億円・柳州酸性雨・環境汚染整備Ⅲ47.59億円・本渓環境汚染対策Ⅱ32.37億円・淮河流域水質汚染対策Ⅱ72.3億円・湘江流域環境汚染対策Ⅱ61.75億円・松花江流域環境汚染対策105.41億円・松花江遼河流域環境対策128億円）。**12-29** 上海-杭州高速道路開通，150.7Km，総投資額57億元。**12-29** 証券法公布，外国資本による中国国内株式取得を制限，1999.7-1施行。

年末
- 中国の外貨準備高1449億6000万ドル。
- 改革開放以来，海外から中国への直接投資，契約件数324712，契約金額5725.23億ドル，実行金額2674.53億ドル。

1998年
- 日本の対中国投資額（実行ベース）34億36万ドル，前年比▲21.4%，各国投資総額の7.5%（商務部統計）。諸外国の対中国直接投資，契約件数19846，契約金額521.32億ドル。
- 中国国内総生産8兆4402億元，成長率7.8%（国家統計局2006.1-9修正値），一人当り773ドル。輸出1837億ドル，輸入1402億ドル，貿易黒字435億ドル，史上最高を記録。
- 中国自動車生産163万台，内乗用車50.71万台。上海大衆(VW)年産台数業界トップで230443台。
- 中国の赤字国有大中型企業6599社。

1998年（平成10年）戊寅(2/2)

その他	日本（参考）
9-1 マレーシア中央銀行，為替取引を大幅規制，9-2 マレーシア政府，為替相場を固定，3.8リンギット=1ドル。9-21 中央軍事委員会副主席張万年訪米，クリントンと会談。9-28 仏首相訪中，北京で朱鎔基と会談，総額19億フラン取極調印。 10-7 韓国大統領金大中来日，10-8 日韓共同声明。10-14 台湾海峡交流基金董事長辜振甫，上海で海峡両岸関係協会会長汪道涵と会談，5年ぶり。10-23 米-イスラエル-パレスチナ，中東和平合意調印。10-27 ドイツ社会民主党シュレーダー，首相に就任。 11-12 金大中訪中，北京で江沢民と会談。11-16 APEC会期中，江沢民-ゴア会談。11-17 韓国，海外からの投資の促進・支援を図った外国人投資促進法を施行。11-22 江沢民，ロシアを訪問（～11-25）。11- 青島四方ボンバディオ鉄道運送設備設立，ボンバディオ・四方機車車両・PCCの合弁，後PCCの株式はボンバディオに譲渡。 12-5 馬英九，台北市長に当選。12-16 米英，イラクを空爆。12-17 上海通用（GM），ビュイック1号車完成，1999.4-12 量産開始。 年末 ・香港外貨準備高896.5億ドル，31.5億ドル減。 1998年 ・台湾の総生産2671.9億ドル，成長率4.6%，一人当り12216ドル。 ・香港の総生産1兆2928億HKドル，成長率▲5.3%，統計開始以来初のマイナス成長。 ・米の年間貿易赤字1680億ドル。	9-19 スカイマーク，羽田-福岡線に就航，35年ぶり日本国内定期便への新規参入。9-27 日本長期信用銀行系のノンバンク日本リース倒産，負債額2兆1800億円で過去最高。 10-1 軽自動車規格変更。10-2 新発10年もの国債金利0.775%まで下落，過去最低。10-12 金融再生関連法成立。10-23 日本長期信用銀行，債務超過3400億円，特別公的管理下へ，初の民間銀行国有化。 11-9 元ヤオハンジャパン社長和田晃昌，粉飾決算容疑で逮捕。11-16 緊急経済対策決定，総額24兆円で過去最大。11-19 米大統領クリントン来日，テレビ出演で直接市民と対話，11-20 首相小渕恵三と首脳会談。11- 完全失業率4.4%，1953年以来最悪。 12-1 特定非営利活動促進法（NPO法）施行。12-13 日本債券信用銀行一時国有化。 年末 ・外貨準備高2154.7億ドル，前年末比41.8億ドル減。郵貯残高250兆円超える。 1998年 ・国内総生産504兆9054億円，成長率名目▲2.1%，実質▲2.0%，ドル換算3兆8319.0億ドル，一人当り30323ドル。 ・輸出50兆9380億円，輸入36兆6536億円，貿易黒字13兆9914億円，史上最高を記録。 ・日本の音楽ソフト生産額，史上最高の6075億円，世界の22.8%で2位。SONY家庭用ゲーム機プレステーション販売台数2160万台，史上最高。 ・アサヒビール出荷45年ぶりキリンを抜いて首位に。

1999年（平成11年）己卯（1/2）

日 中 交 流・中 国
1-1　一部輸出製品の増値税還付率を引き上げ，1-24　公表。1-4　民間私営企業20社に輸出入資格を初の授与。1-4　重慶市綦江虹橋，手抜工事で崩壊。1-5　海関総署，税関密輸取締警察を設置。1-10　広東国際信託投資公司(GITIC)に破産法適用を発表，政府関係者から「債権者は法の前で平等」発言，負債総額一説362億元，1-16　広東省高級人民法院，GITICの破産を宣告。1-18　大連国際信託公司返済遅延発生，1-21　中国外交部，債務不履行の大連国際信託投資公司に対し政府不支援の方針を表明。1-30　中国から贈呈されたトキ，佐渡に到着，5-21　佐渡トキ保護センターでひな1羽誕生。
2-6　李克強，河南省省長に就任。2-14　ヤオハン管財人，上海第一百貨商店と日本ヤオハン所有の上海第一八佰伴の持株(19%)譲渡契約調印，6-1　公示。2-28　文学者謝冰心逝(99歳，1949.4-　東京大学で中国文学の講義行う)。
3-1　日本対中国無償資金協力調印，長江大堤防計画と食糧援助プロジェクト。3-5　第9期全人代第2回総会(～3-15)，憲法改正で非公有制経済容認。3-15　契約法公布(10-1施行)，経済契約法・渉外経済契約法・技術契約法廃止。3-18　中国再保険公司，北京で設立。3-26　広州本田，アコード2.3VTi(第6世代)生産開始。
4-1　人民銀，外資銀行の営業所設置地域制限を緩和，上海・北京など23都市と海南省から全国都市に。4-20　中国信達資産管理設立，中国初の商業銀行不良債権処理会社。4-25　法輪功気功集団，中南海取囲事件。4-　厦門遠華事件，1995年より密輸530億元，8-　頼昌星，カナダに逃亡。
5-1　中国，住宅権利書がある住宅，販売可能に。5-1　昆明で世界園芸博覧会開幕(～10-31)。5-4　水仙電器，証取特別扱いに(ST水仙)。5-6　トルファン-カシュガル鉄道(南彊鉄道)レール敷設完了，1451Km，12-6　営業開始。5-20　日中合作映画<長江>(電通テック・中国電影科学技術研究所・中国電影合作製片公司共同製作)，華表奨を受賞。5-25　国務院第18回常務会議で会計法(修訂草案)・先物交易管理暫定条例(草案)を可決。
6-1　加工貿易許可管理暫定方法施行。6-17　太原第一熱電廠，増設工事完了，1386MWで中国最大のコージェネ発電所。6-18　貴州省1624の郷(鎮)で全数電気化実現。6-25　外商投資商業企業試行方法公布施行。6-28　広州地下鉄運営開始。6-　緑の地球ネットワーク，NPO法人に。
7-8　首相小渕恵三訪中(～7-10)，江沢民と会談，中国のWTO加盟に関する共同宣言を発表，日中民間緑化協力委設置を提案。7-30　日中遺棄化学兵器廃棄に関する覚書調印。7-　日中神戸・阪神-長江中下流域交流促進協議会発足。
8-6　中国稀有稀土金属集団公司設立。8-9　中国人民銀行，外資銀行の人民元業務制限を緩和，上海は江蘇・浙江も，深圳は広東・広西・湖南も扱い可能に。8-30　全人代第9期常務委第11回会議，個人独資企業法・入札法を採択。

1999年（平成11年）己卯（1/2）

その他	日本（参考）
1-1 欧州連合(EU)11カ国，決済用としてユーロ使用開始，ロンドン市場初値1ユーロ=1.1685～1.1690ドル，1-4 東京市場1ユーロ=132.58～132.63円。1- スターバックス中国1号店，北京国貿大厦で開業。 3-1 対人地雷全面禁止条約発効。3-11 世銀，中国向け6億700万ドルハードローンと5440万ドルソフトローン契約調印。3-16 NY ダウ10001.78ドル，初の1万ドル突破，3-29 終値1万ドル突破。3-24 NATO，ユーゴへ空爆開始（～6-10）。3-26 台北-高雄新幹線着工。 4-1 米包括貿易法スーパー301条復活。4-1 アセアン，カンボジアの加盟により10カ国体制に。4-6 総理朱鎔基訪米（～4-14），4-8 ホワイトハウスで大統領クリントンと会談。4- 長江三峡工程開発総公司，ABBに3億4000万ドル HVDC システム発注。 5-8 NATO 米軍機，ユーゴ駐在中国大使館を空爆，死者3人，負傷者20余人，在北京米大使館前で数万人抗議デモ，12-16 解決合意。 5-20 何厚鏵（Edmund Ho），マカオ特別行政区初代行政長官に選出。 6-1 米シティバンク，深圳で人民元業務開始。6-4 ドイツ銀行，米バンカーズ・トラスト買収完了。6-20 ユーゴ軍，コソボから完全撤退。6-24 世銀，中国の貧困対策へ1億6000万ドル金融支援を承認。 7-2 中華ネット，米ナスダック上場，初の中国系ネット会社のナスダック上場。7-21 台日経済交流団体三三会，台北で設立，会長辜振甫。 8-30 東ティモール住民投票，独立賛成78.5%。	1-4 銀行預金決済のデビットカード使用開始。1-28 日本の大型光学赤外線望遠鏡「すばる」，ハワイ島のマウナ・ケア山山頂（4205m）で試験観測開始。1-31 東急百貨店日本橋店閉店，336年の歴史に幕。 2-12 金融再生委員会，15銀行に公的資金注入を決定。2-28 臓器移植法による初の脳死移植。2- NTT 移動，iモードサービス開始。 3-3 日銀，短期金利を実質0に。3-4 金融機関15行，資本注入正式申請，総額7兆4592億円。3-27 日産-ルノー資本提携基本合意，6-25 カルロス・ゴーン，日産最高執行責任者（COO）に就任。3-30 富士銀行，安田信託銀行を子会社化。3-31 コメ関税化法成立。 4-1 改正男女雇用機会均等法・改正労働基準法施行。4-11 石原慎太郎，東京都知事に当選。4-23 国際協力銀行法公布施行。 5-7 情報公開法成立。5-14 金融監督庁，幸福銀行に早期是正措置を発動，銀行への初発動。5-24 周辺事態法・改正自衛隊法などガイドライン関連法成立。5- 三菱電機，米 NY 州向け鉄道車両用電機品，500億円受注，6-他社と共同で香港地下鉄と香港九広鉄路向け100億円以上受注。 6-2 東京地裁，山一証券破産宣告，債務超過1600億円。6-18 小渕恵三-クリントン，ケルンで日米首脳会談。6- 前田建設，香港九広鉄路から180億円工事受注。 7-1 NTT 分割，再編。7-8 中央省庁再編関連法案成立。7-29 金価格1グラム1000円割れ，26年ぶり。

1999年（平成11年）己卯（2/2）

日中交流・中国

9-1 〈中国情報局〉運営会社サーチナ設立，代表端木正和。9-6 北京2008年オリンピック招致委員会設立。9-9 日本中華総商会創立，会長厳浩。9-16 上海浦東国際空港竣工，使用開始。9-17 北京首都国際空港拡張工事完工。9-19 中共第15期中央委第4回全体会議（～9-22），国有企業の改革と発展に関する決定を採択，胡錦涛を中央軍事委副主席に選出。9-31 地球緑化センター（GEC），特定非営利活動法人に。9- 秦山原発1号機，ウェスチングハウス補修後運転再開。

10-1 建国50周年，50万人パレード。10-1 中国，公民身分番号制度発足。10-7 商用暗号管理条例（国務院273号令）公布施行。10-22 中国初のブロードウェイミュージカル〈美女と野獣〉，劇団四季の協力により北京で長期公演開始。10-28 宝塚歌劇団訪中，北京・上海で初公演（～11-9）。

11-1 北京首都空港第2ターミナル使用開始。11-1 国家検験検疫局，日米からの針葉樹梱包材の熱処理義務化を2000年1月1日より実施すると通知（23号公告）。11-5 中国石油天然ガス集団公司，中国石油天然ガス（股）を設立。11-9 元湖南国際信託投資有限公司董事長兼総経理張徳元収賄194万元で死刑判決。11-15 中央経済会議（～11-17）。11-20 初の無人宇宙船神舟1号打ち上げ。

12-4 二灘水力発電所稼働（3300MW）。12-8 全国政協主席李瑞環来日，12-10 平成天皇を訪問。12-13 日中治安当局間協議初会合，北京で開催。

年末
- 中国の外貨準備高1546億7500万ドル。
- 中国の発電設備容量2億9880万KWで世界2位。
- 私営企業，150万社を超え，従業員2000万人上回る。個人経営企業，3000万社超え，従業員6000万人上回る。
- 上海の日系企業法人登記数2333社。
- 中国の有効登記商標1091228件。中国のネット利用者890万人。

1999年
- 日本の対中国投資額（実行ベース）29億7308万ドル，前年比▲12.6%，各国投資総額の7.4%（商務部数値）。
- 中国国内総生産8兆9677億元，成長率7.6%（国家統計局2006.1-9修正値），一人当り792ドル。中国の経常収支156.67億ドル黒字，資本収支76.42億ドル黒字。
- 税収1兆312億元，初めて1兆元を超える（税務総局）。
- 中国の年間発電量12331億KWhで世界2位。中国国産ビール年間生産2088万トン，初めて2000万トンを突破，10連続年平均25%増。中国のアクセサリー用金使用量203トン。
- 中国のハイテク開発区（合計53カ所）の輸出総額106億ドル。
- 工商銀・中国銀・建設銀・農業銀の国有4大銀行，不良債権1兆4000億元を資産管理会社に移管。

1999年（平成11年）己卯(2/2)

その他	日本（参考）
9-6 一汽大衆(VW)汽車、アウディA6型生産開始。9-14 長江三峡工程開発総公司、ABBと1億1200万ドル高圧設備契約。9-21 台湾中部大地震、死者2400人上回る。9-末 1965年4月より、日本対台湾資金提供計124億9200万円（承諾ベース、純民間除く）。10-12 世界人口、60億人を突破。10-12 パキスタン、ムシャラフ参謀総長が政権掌握。10-20 田湾原子力発電所（1000MW、ロシア製）起工。11-15 中米両国、中国のWTO加盟合意。11-28 初の日中韓首脳会談、マニラで開催。12-2 ユーロ安、NY市場一時0.9995ドル=1ユーロ、初の1ドル割れ。12-9 ロ大統領エリツィン訪中、江沢民と会談。12-14 米、パナマ運河管轄権を返還。12-15 上海大衆(VW)汽車、パサト1号車完成。12-20 マカオで中国返還式典、マカオ特別行政区初代行政長官何厚鏵。12-30 中国-ベトナム、陸地国境条約調印。12-31 エリツィン、ロ大統領を辞任。 年末 ・世界石油埋蔵量（確認分）1兆338億バレル。 ・香港の外貨準備高962.4億ドル、前年末比65.9億ドル増。台湾の外貨準備高1062.0億ドル、前年末比158.6億ドル増。 1999年 ・台湾の総生産2885.7億ドル、成長率5.7%、一人当り13097ドル。 ・台湾新竹ハイテク団地輸出額110億ドル。 ・香港の総生産1兆2667億HKドル、成長率▲2.0%。	8-6 産業活力再生特別措置法成立。8-9 日の丸・君が代を国旗・国歌とする法律成立。8-12 電話傍受を認める通信傍受法・住民票をコード化する改正住民基本台帳法成立。8-20 第一勧銀-富士銀行-日本興銀、事業統合発表。9-30 東海村で臨界事故、死者2名、日本の原子力発電所で初の死亡事故。10-1 日本輸出入銀行と海外経済協力基金統合、政府全額出資の特殊銀行国際協力銀行（JBIC）・日本政策投資銀行・国民生活金融公庫発足。10-5 第2次小渕内閣発足。10-14 住友銀行-さくら銀行、2000年4月まで合併すると発表。10-19 東京地検特捜部、防衛庁の入札発注不正で石油会社7社の担当者を独禁法違反で逮捕。11-11 東京証券取引所、新興企業向けにマザーズを開設。12-9 三井海上・日本火災海上・興亜火災海上、2001年10月を目処に合併合意。12-13 商工ローン関連法成立、上限金利を29.2%に引き下げ、2000.6-1 施行。12-21 大阪知事横山ノック、わいせつ行為で辞表提出。 年末 ・外貨準備高2869.2億ドル、714.5億ドル増。 ・日本のネット利用者2706万人（郵政省推計）。 1999年 ・国内総生産497兆6286億円、成長率名目▲1.4%、実質▲0.1%、ドル換算4兆3704.2億ドル、一人当り34518ドル。 ・日本人海外旅行者数1636万人、内中国123万人（3位）、台湾76万人（5位）。

2000年(平成12年)庚辰(1/2)

日中交流・中国

1-1 中国,日本と米国からの針葉樹梱包材熱処理証明書提出義務に「弾力的適用期間」設けることに。

1-8 中国政府,中国公民の日本への自費旅行解禁決定。1- 富士通,北京-ハルビン間マイクロ無線システム受注,約20億円。

2-1 日本対中国食糧増産無償援助プロジェクト,正式調印。2-26 第2回日中韓環境相会合。

3-5 第9期全人代第3回総会(～3-15),首相朱鎔基が政府報告。3-27 日中両政府,円借款公文交換。3-28 日本対中国有償資金協力(円借款)L/A調印,19件(梁平-長寿高速道路240億円・海南東線高速道路拡張52.74億円・新郷－鄭州高速道路234.91億円・ハルビン電力網拡充60.7億円・浙江省汚水対策112.56億円・広西都市上水道整備36.41億円・昆明市上水道整備209.03億円・成都市上水道整備72.93億円・重慶市上水道整備62.44億円・江西都市上水道整備41.47億円・黄河三角州農業総合開発89.04億円・湖南省都市洪水対策240億円・湖北省都市洪水対策130億円・江西省都市洪水対策110億円・本渓環境汚染対策Ⅲ11.6億円・貴陽環境モデル都市事業62.66億円・大連環境モデル都市事業53.15億円・重慶環境モデル都市事業44.12億円・蘇州市水質環境総合対策62.61億円)。3-31 中国の有効商標登録1091200件,世界で10位。

4-1 中国,個人銀行口座実名制実施。4-4 中共中央組織部長曾慶紅来日(～4-8)。4-13 中国,日本製と韓国製ステンレス冷延薄板鋼板に反ダンピング実施。4- 華能太倉発電所2号機稼働,中国の発電容量3億kWに達す。4- 「西気東輸」プロジェクト(全長4167Km),国家発展計画委許可。4- 国務院,中国最大の汚染企業瀋陽冶煉廠に生産停止命令,8-8倒産。

5-1 中国,初の7連休スタート。5-1 新紀元国際旅行社設立,JTBと中信旅遊との合弁,中国初の日中合弁旅行社。5-10 外交部長唐家璇来日(～5-13)。5-12 上海市のホテルで出張中の愛知県男性殺害事件。5-20 日本文化観光交流使節団5000人訪中,団長平山郁夫。5-24 為替レート,1ドル=8.2764元,1994年フロート制導入後初めて規定レンジ(8.2770-8.2800)を越える。5-29 日本与党3党幹事長訪中。5-29 トヨタ天津合弁計画,中国政府正式認可。5-29 上海市書記黄菊来日(～6-3)。

6-1 日中新漁業協定(1997年11月調印)発効,EEZ水域・尖閣水域及び以北水域での漁業につき規定。6-1 邦銀6行,大連国際信託投資公司債権の4割放棄を表明。6-7 副総理銭其琛来日。6-12 天津豊田汽車設立,トヨタと天津汽車夏利との合弁。6-19 第7回日中安保対話。6-19 統合幕僚会議議長藤縄祐司爾訪中(～6-25)。6-20 日中両政府,北京市上海市広東省住民の日本への団体観光旅行解禁合意。6-31 中国の携帯電話加入5928万件,日本を抜いて世界2位に。

7-4 中国の農耕用地19億5100万畝,1人平均1.59畝。7-10 海南省国際信託投資(HITIC),サムライ債利子3億円支払遅延発生,7-28 利払い実施。7-29 河野洋平-唐家璇,バンコクで外相会談。

8-28 外相河野洋平訪中(～8-31),組織部長曾慶紅と交流事業開始合意。8- 新エネルギー・産業技術総合開発機構(NEDO),ハルビン熱電公司とゴミ処理コージェネプラント契約調印。

2000年（平成12年）庚辰（1/2）

その他	日本（参考）
1-1 コンピュータY2K問題，大きなトラブルなし。1-4 北朝鮮，イタリアと国交樹立で合意。1-18 ドイツ前首相コール，不正献金疑惑でキリスト教民主同盟名誉会長辞任。2-20 中国，〈台湾白書〉を発表。2-26 イラン総選挙，ハタミ支持の改革派勝利。3-10 ナスダック総合指数，史上最高値の5132.52ポイント，以後急落。3-18 台湾総統選，民主進歩党陳水扁当選，5-20 台湾第10代総統に就任，国民党一党政権に終止符。3-21 台湾立法院，離島建設条例を可決，金門・馬祖・澎湖島の「三通」認める。4-6 ペトロチャイナ，NYに上場，4-7 HKに上場。4-6 米セレーラ・ジェノミクス社が人間の全遺伝情報(ゲノム)解読と発表。4-14 ロシア下院，START2批准法案を可決，4-21 CTBT批准法案を可決。5-7 プーチン，第2代ロシア大統領に就任。5-19 中国とEUのWTO加盟交渉妥結。5-24 米下院，対中最恵国待遇(MFN)恒久化法案可決，9-19 上院可決。6-1 韓国，中国産ニンニクを制限，関税315％に，7-31 妥結。6-7 マイクロソフト独禁法違反訴訟で米連邦地裁が分割命令。6-13 金大中-金正日南北首脳会談，南北分断から55年。6-22 米国務長官オルブライト訪中(〜6-26)。7-6 独，米・東欧とナチス政権下の強制労働補償で最終合意。7-12 北朝鮮，フィリピンと国交樹立。7-17 ロ大統領プーチン訪中(〜7-19)。7- 独トランスラピッド，上海浦東リニア交通システムF/S契約調印，160万マルク。	1-24 科学技術庁のHPにハッカー侵入，その後官公庁立て続け被害受ける。2-6 大阪府知事選，太田房江が当選，初の女性知事。2-24 一時国有化した日債銀がソフトバンク連合への譲渡が決定。2-28 アラビア石油，サウジの油田採掘権失効。3-28 年金改正法成立，支給開始年齢を段階的に引き上げることに。3-31 日本のパソコン世帯普及率38.6％(経済企画庁数値)。3-末 郵貯残高261.6兆円で史上最高を記録，以後減少に。3- SONY家庭用ゲーム機プレステーション2発売。4-1 介護保険制度スタート。4-5 森喜朗内閣(第85代)発足(〜7-4)。5-8 ハイテク株中心の店頭株式市場ナスダック・ジャパン発足。5-9 犯罪被害者法成立。6-16 任天堂のゲームボーイ累計出荷1億台に。6-25 第42回衆議院選挙，自民233・民主127・公明31・自由22・共産20・社民19・保守7。6-25 雪印乳業製品による集団食中毒発生，近畿地方を中心に14780人被害，戦後最大規模。6- 豊田自動織機，屋内用小型運搬機器で世界一シェアを持つスウェーデンのBT社の株式25.1％を取得，実質支配下に。7-1 携帯電話購入時の本人確認強化。7-4 第2次森喜朗内閣(第86代)発足(〜2001.4-26)。7-12 そごうグループ倒産，負債総額1兆8700億円。7-21 名護市で沖縄サミット開催。9-3 ロ大統領プーチン来日(〜9-5)。9-26 東京都営南北線全線営業開始。9-30 日本の乗用車保有台数52095638台。

2000年（平成12年）庚辰（2/2）

日中交流・中国

9-1 中国初の全国宝くじ発売，最高賞金100万元。9-2 劉連仁，山東省で死去(87歳)。9-6 NYで日中首脳会談。9-13 中国初の団体観光旅行団95名来日。9-13 黒龍江省北安市で遺棄化学弾回収作業，日本側初めて全面参加（～9-27）。9-21 長春客車廠で中国初の時速200Km交流電車完成。9-25 HITIC債務不履行，10-10 デフォルト，対日債務285億円，10-14 債権管理者広告。

10-10 初の対中国特別円借款供与公文交換。10-12 総理朱鎔基来日（～10-17）。10-20 外相河野洋平，第3回アジア欧州会合(ASEM)会期中，ソウルで外交部長唐家璇と会談。10-21 中国鉄道，第3次スピードアップ。10-23 日本対中国有償資金協力（円借款）L/A調印，2件（北京都市鉄道141.11億円・西安咸陽空港拡張30.91億円）。10-31 測位衛星「北斗」を打ち上げ。

11-1 中国第5次人口調査，人口12億6583万人。11-8 厦門遠華集団大型密輸事件判決，藍甫ら14人に死刑判決。11-29 花岡事件和解成立，5億円基金設立。

12-8 日中長期貿易協定5年間延長(2001～2005年)合意。12-13 JITIC利払い遅延，12-23 利払実施。12-18 中国海関，日本と韓国製ステンレススチール冷間薄板に対し，反ダンピング税徴収を通告，最高で58%。12-18 北京-上海高速道路全線開通，1262Km。12-21 中国初の高温ガス冷却型原子炉(出力10MW)，北京近郊で完成。12-22 日本，中国産ネギ・生椎茸・藺草に対し調査を開始。

年末

・外貨準備高1656億ドル。発電容量3億1900万kW。携帯電話利用者総数8526万，年間増加率初めて固定電話を上回る。固定電話利用者数1億4400万。

・私営企業，176万社2406万従業員。中国で輸出入資格を有する企業3.2万社，内私営企業650社。

・海外での中国人留学生数約38万人，人数順で米・英・豪・カナダ・ドイツ・フランス・日本。

2000年

・日中間貿易額857億7965万ドル，前年比29.5%増，日本貿易総額の10.0%，初めて2桁に。日本の対中国投資額(実行ベース)29億1585万ドル，前年比1.9%減，各国投資総額の7.2%(商務部数値)。対中国円借款の受注，日本企業8.6%，中国企業73.1%。

・中国国内総生産9兆9215億元，成長率8.4%(2006.1-9 国家統計局修正値)。年間貿易額4743億ドル，世界で8位に上昇，前年比31.5%増，伸び率開放改革以来最高。海関（税関）税収2242億元。自動車生産台数207万台，原油生産量1億6300万トン，年間発電量1兆3500億kWh。粗鋼生産量1億2628万トン，5年連続世界一。民用空港139，定期便1165，乗客数延べ6722万人。鉱業・製造業の国有工業企業53500社の利益総額2392億元。カラーテレビ年生産台数3200万台，過当競争で初めて前年割れ，業界全体200億元の赤字。

・中国大陸住民出国延べ1047.3万人，初めて1000万人突破，内私用563.1万人。海外から中国入国者数8344万人，内香港・台湾等7321万人，外国籍入国者1016万人，初めて1000万人超える。

2000年（平成12年）庚辰(2/2)

その他	日本（参考）
8-15 南北離散家族 100 人ずつソウルと平壌を相互訪問，肉親と再会。 9-5 国連ミレニアムサミット（～9-8）。9-15 シドニーオリンピック開幕（～10-1)，韓国と北朝鮮初の共同入場行進。9-30 台湾の携帯電話ユーザ 1606 万で普及率 72.3%（交通部数値）。 11-8 韓国大宇自動車事実上倒産。11-9 中国国家開発銀行，珠海の阿莫科（中米英合弁，合繊 PTA 製造）へ 3 億 5800 万元融資，同行初の対中外合弁会社向け巨額融資。11-16 クリントン，ベトナムを訪問，ベトナム戦争後初の米大統領訪越。11-19 イチロー，米大リーグマリナーズ入団発表。11-21 ペルー国会，大統領フジモリを罷免。 12-12 台湾高速鉄道，日本の台湾新幹線企業連合が主要部分を受注，950 億台湾元（最終は3ヵ国でシェア，日本が車両・信号・饋電システム他，仏が運転士派遣・無線システム，独が一部軌道他）。12-25 中国-ベトナム，トンキン湾領海協定調印。12- 中国電信 ChinaNet 第III期基幹ネット，米シスコの GSR を採用。 年末 ・米ネット人口 6870 万人（前年比 52%増），日本 2540 万人，中国 2250 万人，1～3 位占める。 ・香港籍船舶 1000 万トン超える。 2000 年 ・米の対中貿易赤字 838 億 1000 万ドル（22.0%増），初めて対日の 813 億 2200 万ドル（10.8%増）を上回る。 ・香港の総生産 1 兆 3176 億 HK ドル，成長率 4.0%，返還後初のプラス成長。	10-1 日本の総人口 126919288 人，男女比率 100:104.37（総務庁速報値）。 11-1 JEIDA と EIAJ 統合，日本電子情報技術産業協会（JEITA）発足。11-5 東北旧石器文化研究所副理事長藤村新一，旧石器発掘の捏造公に，日本の旧石器研究を根底から揺るがすことに。11-24 ストーカー規制法施行。11-28 少年法改正案成立，刑事罰対象年齢を 16 歳から 14 歳に。 12-1 BS デジタル放送開始。12-12 大江戸線全線開通。12-16 小山ちれ，全日本卓球女子シングルスで 2 年連続 8 度目の優勝。 年末 ・国と地方の借金総額 666 兆円に達する。 ・外貨準備高 3616 億 3800 万ドル，15 カ月連続世界一。 ・発電容量 2 億 2400 万 kW。 2000 年 ・国内総生産 502 兆 9899 億円，成長率名目 1.1%，実質 2.9%。 ・日本の政府開発援助（ODA）130 億 6200 万ドル（1 兆 4081 億円），10 年連続世界一。 ・トヨタ自動車の世界生産台数 518 万台，初めて 500 万台を突破。 ・粗鋼生産量 1 億 644 万トンで 2 位に浮上。 ・日本，アジアからの輸入 17 兆 609 億円（前年比 22.1%増）で過去最高，初めて北米と西欧からの輸入額を上回る。日本発コンテナ貨物，アジア向け約 100 万 TEU，北米向け約 81.8 万 TEU，欧州向け約 46.2 万 TEU。 ・日本のソフト輸入 9080 億円，輸出 90 億円。

2001年（平成13年）辛巳（1/2）

日中交流・中国

1-1　第10次5カ年計画(2001～2005年)スタート。1-10　中国無人宇宙船神舟2号打ち上げ。1-16　第10回日中産業科学技術交流シンポジウム(東京)。1-19　コマツ，上海に地域統括会社を設立。1-27　北京発成田行き日航782便，関空に臨時着陸時中国人旅客が空港内で20h待機，7-28　和解。

2-11　中国政府，三菱自パジェロの安全認可を取り消し，輸入禁止を通告。2-15　ヤマハ発動機，台州華田摩托車などを「YAMAHA」不正使用で提訴。2-19　B株，中国公民に開放，急騰，6-1　全面開放。2-　川重-物産-米KBR，中海油の海南島東方アンモニアプラント受注，160億円。

3-5　第9期全人代第4回総会(～3-15)，中外合弁企業法改正案を採択。3-30　日中両政府，北京で円借款公文交換，日本対中国有償資金協力(円借款)L/A調印，23件(重慶モノレール271.08億円・武漢都市鉄道28.94億円・朔県－黄驊鉄道IV115.81億円・黒河-北安道路126.08億円・泰安揚水発電所180億円・湖北省小水力発電所91.52億円・甘粛省小水力発電所65.43億円・四川省紫坪鋪水資源開発321.99億円・天津市汚水対策71.42億円・大連都市上下水道整備33.09億円・長沙市上水道整備48.50億円・営口市上水道整備25.04億円・唐山市上水道整備28.41億円・遼寧省放送施設整備32.1億円・陝西省黄土高原植林42億円・山西省黄土高原植林42億円・内モンゴル黄土高原植林36億円・甘粛水資源管理/砂漠化防止60億円・新疆水資源管理/砂漠化防止144億円・貴陽環境モデル都市事業II 81.69億円・大連環境モデル都市事業II 32.02億円・重慶環境モデル都市事業II 32.89億円・瀋陽環境整備61.96億円)。3-31　中国携帯電話利用者1億30万人，初めて1億人を超える。

4-10　広州本田，アコード3.0V6乗用車製造開始，4-26　全国で発売。4-18　水仙電器株(PT水仙)に「特別譲渡」中止命令，中国初の上場廃止。4-23　日本政府，中国産ネギ・生椎茸・イグサ(畳表)緊急輸入制限(セーフガード)暫定措置発動，期限11月8日まで200日。4-26　広東省を中心に，日本などからの針葉樹梱包材検疫強化。4-28　新税収徴収管理法公布，5-1　施行。

5-17　作曲家・エッセイスト團伊玖磨，蘇州で客死(77歳)。5-24　外相田中真紀子，ASEM会期中北京で外交部長唐家璇と会談。5-28　北京第一中級法院で三井物産嘱託社員贈賄事件初公判。5-末　中国の株価時価総額5兆2000億元を超え，香港を抜く。

6-8　日本政府，中国から禽類の輸入禁止を発表。6-9　中国外貿部，日本製アクリル酸エステルをダンピングと判定。6-22　中国，日本のセーフガードへ対抗して，日本製自動車・携帯電話・空調機に100%特別課税。6-　マツダ，一汽海南汽車でプレマシーのKD生産を開始，年末まで4500台。

7-1　中国新特許法公布。7-9　日本与党三党幹事長訪中(～7-11)。7-10　輸出入経営資格規定実施。7-12　東京地裁，戦後補償訴訟で，劉連仁の遺族に賠償金支払う判決。7-16　中石化，上海に上場，総株数876億，流通株28億，8-8　取引開始。7-　豊田汽車(中国)投資，北京に設立(資本金1.18億ドル，トヨタ自100)。7-　中国の携帯電話利用者急増，1億2060万人で世界一に。

2001年（平成13年）辛巳(1/2)

その　他	日本（参考）
1-20 ジョージ・W・ブッシュ，米大統領に就任。1-21 独トランスラピッド，上海浦東空港磁気浮上輸送システム契約調印。 2-6 鼓浪嶼号，アモイから金門島へ直航，中国大陸船初の金門島直航。2-8 新華社記者範麗青，陳斌華，台湾に着任。2- ADB融資による初の全額外資発電所，福州で稼働。 3-12 タリバン，バーミアン大仏を破壊。3-20 香港特別区長官董建華来日（～3-23）。 4-1 独保険会社アリアンツ，ドレスナー銀を吸収合併，世界最大級の総合金融機関に。4-1 海南島近くで，米偵察機と中国軍機衝突，6-6 機体返還合意。4-28 米マイクロソフト社，上海華海電脳のソフト不正コピーに勝訴，賠償額28万元。4- 米，台湾に駆逐艦・対潜哨戒機・潜水艦など40億ドル超の武器売却決定。 5-8 台湾行政院長蕭万長，両岸共同市場基金会理事長として大陸を訪問。5-14 無料ホットメール利用者，1億人超える。5-14 北朝鮮，EUと外交関係樹立。5- 中国電信のシステムアップグレード，米シスコを採用，8- 中国聯通のシステムアップグレード，シスコを採用。 6-15 上海協力機構設立。6-24 ASEM 外相会議，北京で開催（～6-25）。 7-1 米，ヒスパニック人口(3700万人)，初めて黒人(3620万人)を上回る。7-13 第29回オリンピック夏季大会(2008年)，北京開催決定。7-16 中ロ善隣友好協力条約，モスクワで調印。 9-11 テロ組織アルカーイダ，旅客機をハイジャック，世界貿易センタービルなどを攻撃(9・11事件)。	1-6 省庁再編，1府22省庁が1府12省庁に。 1-7 首相森喜朗，アフリカ3カ国・欧州4カ国訪問に出発。1-23 日立・富士電機・明電舎，送変電・受変電・配電分野で提携すると発表，7-1 日本 AE パワーシステムズ発足。1-23 富士銀・興銀・勧銀・三和銀・さくら銀，香港通信最大手パシフィック・センチュリーサイバーワークス(PCCW)向け6.95億ドル協調融資。 2-7 ソニー，OEL ディスプレイを発表。2-9 宇和島水産高校実習船「えひめ丸」，米原子力潜水艦に衝突され沈没。 3-10 外務省要人外国訪問支援室長松尾克俊，機密費詐欺容疑で逮捕。3-16 3月の月例経済報告，戦後初のデフレ認定。3-19 日銀，ゼロ金利を実質復活。3-31 日本の人口126284805人(住民基本台帳数字)。3-31 大手銀行16行，4兆1000億円の不良債権を処理。 4-1 情報公開法施行。4-1 さくら銀行・住友銀行合併，三井住友銀行発足。4-1 女子大学生・大学院生102万人，初めて100万人超える。4-2 三菱東京フィナンシャル・グループ設立。4-26 第一次小泉純一郎内閣(第87代)発足(～2003.11-19)。4- 自主防災組織，全国2503市区町村に約10万の組織，2353万人が加入。 5-1 さいたま市発足。 6-15 フロン回収破壊法成立，6-22 公布，2002.4-1 施行。 7-1 日本人の〈出国・入国記録〉(EDカード)廃止。7-20 映画〈千と千尋の神隠し〉上映，観客動員数2300万人を超える。

2001年（平成13年）辛巳（2/2）

日 中 交 流 ・ 中 国

8-14 馮錦華事件、8-24 起訴、12-10 判決、懲役10ヶ月、執行猶予3年。

9-9 梅蘭芳京劇団来日公演（～9-15）、団長梅葆玖。9-28 日中経済フォーラム、大阪で開催、経産省・日本経済新聞社など主催。9- 緑の地球ネットワーク、中国で友誼賞受賞。

10-8 首相小泉純一郎日帰り訪中。10-17 中国、石油価格管理制度見直し。10-18 中国の外貨準備高2000.5億ドルで初の2000億ドル台。10-21 小泉純一郎、APEC会期中上海で江沢民と会談。10-22 日本、対中経済協力計画の重点分野を環境・人材育成・教育・貧困対策へ変換、単年度方式へ。

11-5 10+3会期中、ブルネイで小泉純一郎-朱鎔基会談。11-21 中国鉄道、第4次スピードアップ。11- 東洋エンジ、常熟のダイキンフッ素化学（中国）からフッ素樹脂プラントを受注、中国初の外資系フッ素樹脂プラント。

12-13 広州東風本田発動機、広州本田アコード用自動変速器現地生産開始。12-19 中国建設銀行行長王雪氷逮捕。12-20 国務院、貨物輸出入管理条例・輸入禁止貨物目録（1）公布。12-21 日中閣僚会議、日本側の農産品3品目のセーフガード正式発動中止、中国側報復措置解除で合意。12-24 日本政府2002年度予算案、中国向け円借款9600億円、前年度当初比10.3%減。12-27 国務院、外国弁護士中国駐在事務所機構管理条例を公布、2002.1-1 施行。12-27 中国、日本製自動車・携帯電話・エアコン3品目に対する報復関税終了。12-28 福建国際信託投資公司（FITIC）営業停止、サムライ債残高140億円。12-28 長春軽軌I期全線開通、全長14.6Km、中国初のライトレール。12-31 中国、貨物輸入自動許可管理規則・同貨物リスト及び輸入許可自動発行機構リスト公布。

年末
- 中国外貨準備高2122億ドル、前年比28.1%増、日本とユーロに次ぎ3位。
- 高速道路1.9万Km、カナダを抜き、米国に次ぎ世界2位になる。
- 中国都市部住民貯蓄預金7.4兆元、前年比14.7%増。ネット利用者3370万人、前年比49.8%増。上海でマンション取得ブーム、個人向けローン残高1009億9000万元に急増。全国で未払い電気代300億元近くに達する。1997年より、中国本土から香港への定住者累計114708人。

2001年
- 日本対中国投資額（実行ベース）43億4842万ドル（49.1%増）、各国投資総額の9.3%（商務部数値）。
- 中国、海外から電子部品実装機（マウンター）輸入約1600台。
- 中国国内総生産10兆9655億元、成長率8.3%（国家統計局2006.1-9修正値）。海外から中国へ直接投資（契約ベース）691.91億ドル、前年比10.4%増、実行ベース468.46億ドル、14.9%増。
- 石炭輸出8590万トン（46%増）で世界2位。中国のステンレス鋼年間消費量225万トンで世界首位に（国内産70万トン、160万トン輸入）。中国の産金量181.83トン、過去最高。中国で道路交通事故死亡人数10万人超える。中国の観光収入、前年比9.8%増で4960億元。「世界の工場」の言い方流行る。

2001年（平成13年）辛巳（2/2）

その他	日本（参考）
10-2 中国，米からB737を30機購入，金額16億ドル。10-8 米英軍，アフガニスタン空爆開始。10-17 米エネルギー大手エンロン不正会計疑惑公に，12-3倒産，負債総額310億ドル以上。10-20 APEC，上海で開催（～10-21），首相小泉純一郎，会期中プーチンと会談。10-31 ユーロの外貨準備高2613億ドル，日本に次ぎ2位。11-7 台湾行政院，大陸への投資を「積極開放，有効管理」へ政策変換。11-10 WTO，中国の加盟を可決，11-11 台湾加盟承認，12-11 中国加盟発効。11-30 台湾民進党政府，ノート型パソコン・携帯電話等122品目と測量機器・医療機器・金属機械製品など1004品目の大陸への投資解禁。12-1 台湾立法委員選挙，民進党第一党に。12-27 米大統領ブッシュ，中国に恒久的最恵国待遇（MFN）を付与，2002.1-1発効。 年末 ・台湾の外貨準備高1222.11億ドル，前年比154.69億ドル増，アジアで日中に次ぎ3位。 2001年 ・台湾のGDP成長率▲1.91%，年間で初めてのマイナス。台湾の輸出額1229億ドル，前年比▲17.1%，輸入額1072億ドル，前年比▲23.4%，輸出入とも減少幅史上最大。 ・台湾から上海地区への投資ブーム，大陸への投資総額27.84億ドル（認可ベース）。 ・韓国の対中輸出額，初めて対日輸出額を上回り（対中176億ドル，対日162億ドル），対米に次ぎ2位に。	8-13 首相小泉純一郎靖国参拝。8-21 ジャスコ，イオンに社名変更。8-31 ユニクロを展開するファーストリテイリング，単独決算で経常利益初めて1000億円超える。9-10 日本で狂牛病（BSE）発見。9-14 大手スーパーのマイカル倒産，負債額1兆7400億円。10-1 ソニー・エリクソン発足，本社ロンドン。10-1 NTTドコモ，第3世代（3G）携帯電話サービスFOMAを開始，世界で初。10-17 ミノルタ，カメラ生産を中国に集約する方針を発表。10-22 長崎オランダ村閉鎖。10- 年初以来対米証券投資急増，買越額6.4兆円。11-27 新潟鐵工所，会社更生法を申請，負債総額2270億円。12-6 青木建設倒産，負債総額5220億円。12-12 りそなホールディングス発足。12-22 奄美大島沖不審船沈没事件。 年末 ・日本の外貨準備高4019億5900万ドル。 ・日本の携帯電話契約数6710.11万件，内NTTドコモ3963.50万件，au1190.81万件，J-フォン1161.71万件。 ・日本の運転免許保有者75550711人，16才以上人口の70.2%。 2001年 ・国内総生産497兆7197億円，成長率名目▲1.0%，実質0.2%。 ・日本の国際収支，海外子会社の配当・保有外国債券の利子などの所得収支（8兆8258億円），初めて貿易黒字（8兆5210億円）を上回る。 ・日本のゴールド年間需要109.3トン。

2002年(平成14年)壬午(1/3)

日中交流・中国

1-1 貨物輸出入管理条例・技術輸出入管理条例実施。1-7 中国当局の通報により, 福岡沖で中国籍船から覚せい剤約150Kgを押収。1-12 北京ライトレール西線敷設完了, 全長40.85Km。1-16 日中韓経済局長級協議, 東京で開催, 自由貿易協定(FTA)長期課題で合意。1-17 ASEM環境相会議, 北京で開催, 環境相川口順子出席。1-20 雲南小湾水力発電所起工, ダム高さ292m。1-23 本田摩托車(オートバイ)研究開発, 上海に設立, 日本二輪大手メーカ, 初の中国研究開発部門設置。1-28 日中友好議員連盟(会長林義郎)と日本民間23団体訪中。1-31 経産省事務次官広瀬勝貞訪中。1- 中国の乗用車輸入関税大幅減, 排気量3000cc以下は70%から43.8%に, 3000cc超は80%から50.7%に。1- 深圳LNG基地の基本設計(FEED), 日揮と米KBRが受注。1- 上海電気集団投資公司, モーニングサイドと共同でアキヤマ印刷機製造の営業権を買収, アキヤマインターナショナルを設立。1- 中芯国際(SMIC)第1工場量産開始, 中国初の本格的半導体工場, 9- 日本に子会社を設立。

2-1 中国, 外資保険公司管理条例施行, 外資金融機構管理条例実施細則公布, 上海の銀行保険業, 外資に開放。2-1 中国公民出国手続, 外国側のインビテーション不要に。2-2 日中共同開発の中国森林防火情報システム完成, 沖電気がシステム技術を担当。2-4 日中国交回復30周年を成功発展させる会初会合, 会長橋本龍太郎。2-4 上海市長寧区法院, パジェロのエンジン欠陥で, 三菱自動車の現地法人にエンジン交換と賠償金6万元の支払いを命じる判決, 三菱側は純正品ではない可能性ありとコメント。2-7 日中農産物貿易協議会初会合, 上海で開催(〜2-9)。2-7 保守党訪中団訪中(〜2-11), 団長党首野田毅。2-14 住友電工光繊光纜(深圳)設立発表(住友電工100)。2-15 日本, 中国・香港など9カ国・地域に対し, 商用ビザ発給基準を緩和。2-26 国務院, 外国企業投資方向指導規定(新規定)を公布, 4-1 実施。2- 日中天津大学院設置確定。2- 宝山鋼鉄の豪州産鉄鉱石長期輸送, 第一中央汽船が請負契約調印(1994年スポット契約開始), 2002年2月から7年間, 毎年200万トン。

3-6 上海吉野家設立。3-8 日中高級事務レベル協議, 模倣対策協力を確認。3-18 第8回日中安保会議, 東京で開催。3-20 北京で過去最悪の黄砂「砂塵暴」。3-28 日銀, 中国人民銀行と通貨スワップ協定調印, 円元直接融通可能に。3-29 日本対中国有償資金協力(円借款)L/A調印, 15件(甘粛省道路建設200.13億円・湖南省道路建設230億円・西龍池揚水発電所232.41億円・北京市環境整備89.63億円・西安市環境整備97.64億円・重慶市環境整備90.17億円・陝西省人材育成60.21億円・甘粛省人材育成46.65億円・四川省人材育成61.31億円・重慶市人材育成46.83億円・雲南省人材育成45.4億円・湖南省人材育成46.82億円・寧夏植林植草79.77億円・鞍山市総合環境整備145.25億円・太原市総合環境整備141.44億円)。3-末 中国の固定電話契約者1億8865万件, 携帯電話契約者1億6159万件, 両者合計で3億5024万件に。

2002年（平成14年）壬午（1/3）

その他	日本（参考）
1-1 EUでユーロ通貨現金使用開始。1-1 外国在住中国人の観光目的での訪台解禁。1-10 米大統領ブッシュ，2002年度軍事予算3180億ドル決定。1-22 米Kマート破綻，米小売業で最大規模。1-28 米大手国際通信会社グローバル・クロシング倒産，負債124億ドルで史上4位。1-29 WTO紛争処理機関DSB，米の特定海外進出企業優遇税制「輸出促進制度（FSC）」はWTOルール違反と判断。1-31 英郵便サービス委員会（ポストコム），コンシグニアの郵便事業を民間企業に開放すると正式発表，365年間の独占に終止符。1- ADB，瀋陽―大連送電線リハビリに1億ドル融資決定。 2-5 日本在住の中国人観光客，初の台湾入り。2-5 現代自動車，北京汽車工業と北京現代汽車合弁合意。2-15 台湾行政院，中国の農工業製品2126品目の直輸入と運輸・観光・サービス業58項目の台湾市場参入を解禁（1-16発表），台湾財政部，台湾と大陸銀行間直接送金を解禁。2-17 米大統領ブッシュ，日韓中を訪問（～2-22）。 3-11 台湾の彰化銀行昆山事務所・世華連合銀行上海事務所の設立申請，中国人民銀行が許可，初の台銀事務所設立許可。3- 中国石油天然ガス集団，欧州保険大手伊ジェネラーリ保険と合弁で中意人寿保険公司（広州）を開業，WTO加盟後初の合弁生保。 4-27 国家副主席胡錦濤訪米（～5-3），米大統領ブッシュ・副大統領チェイニーと会談，NY証取とサンタクララのインテル本社などを訪問。4- 米でシェールガス開発に成功。	1-1 安全保障管理でキャッチーオール実施開始，対象企業中国は7社。1-13 日本―シンガポール経済連携協定（EPA）調印，11-30 発効。1-15 UFJ銀行発足。1-18 神栄信用金庫（神戸，日本唯一華僑系信金），営業権を日新信用金庫に譲渡。1-21 奈良県明日香村キトラ古墳から東アジア最古の獣頭人身像出土。1-23 雪印食品牛肉産地偽装事件，4-30 解散。1-30 日本国内最後の炭坑北海道釧路の太平洋炭坑閉山。 2-1 川口順子，外相に就任。 3-3 元丸紅会長春名和雄逝（82歳，1940年上海東亜同文書院卒）。3-4 三菱重工，北京国家大劇院用舞台装置を正式契約，約40億円，上海大劇場・シンガポール国立劇場に続く受注。3-13 日ロ平和条約分科会事務レベル協議。3- 石油公団など，カナダ北西部でマタンハイドレートからメタンガス採取に成功。3- 米ウォルマート，西友株を取得，日本に進出。 4-1 補完的輸出規制施行。4-1 みずほ銀行営業開始。4-1 東レエンジ・村田機械・帝人製機の合繊機械メーカ3社，共同出資によりTMTマシナリーを設立。4-21 首相小泉純一郎，靖国神社を参拝。4-22 新首相官邸開館。 5-25 中部電力浜岡原発2号機放射能漏れ。5-28 経済団体連合会（経団連）と日本経営者団体連盟（日経連）統合，日本経済団体連合会（経団連）発足，会長奥田碩。5-31 日韓共催第17回サッカーワールドカップ（～6-30）。5-31 協和香料化学，無認可添加物使用で営業停止，600品目以上自主回収に。

2002年（平成14年）壬午（2/3）

日中交流・中国

4-1 日本電産（浙江）設立，その後平湖市に工業団地を形成。4-2 全人代委員長李鵬来日（～4-9），日本文化年・中国文化年開幕式に出席。4-11 電力体制改革決定，発送電分離，送配電は国家電網・南方電網体制に。4-12 首相小泉純一郎，博鰲アジアフォーラムに出席。4-15 北京発釜山行き CA129 便，着陸時墜落，死者 128 人。4-17 秦山原子力発電所Ⅱ期 1 号機，商業発電開始。4-19 吉本新喜劇，上海で中国初公演（～4-21）。4-21 日中韓環境大臣会合，黄砂監視強化で一致。

5-7 北方航空北京発大連行き 6136 便，大連沖に墜落，死者 112 人，内日本人 3 名。5-8 中国 5000 人観光団来日，名誉団長胡啓立。5-23 深圳ジャスコ設立。5-28 嶺澳原子力発電所 1 号機（加圧水型，990MW），商業運転開始，中国の原発稼働 5 機目。5-31 石川島播磨，上海隧道工程から地下鉄 8 号線向け 2 連式トンネル掘進機を約 10 億円で受注，2 連式の初輸出。

6-2 日本航空，成田-厦門線定期便を開設。6-5 新日鉄，鞍山鋼鉄から塗装鋼板の製造設備 2 ライン受注，馬鞍山鋼鉄から亜鉛メッキ鋼板の製造ライン受注。6-6 経産省，中国国家発展改革委員会と次官級協議（東京），ネット技術の共同研究で合意。6-14 一汽集団，天津汽車工業集団と株式譲渡契約調印，天津汽車夏利株式の 50.98％を取得し傘下に。6-19 外相川口順子，ACD 外相非公式会議に出席，タイで外交部長唐家璇と会談。6- 茶道の裏千家代表団，100 回目の訪中。6- 三菱日立製鉄機械，上海宝山鋼鉄から冷間圧延設備を受注，約 100 億円。

7-22 ホンダ，上海製スクーター逆輸入を発表，業界初。7-30 外相川口順子，10＋3 会期中，ブルネイで外交部長唐家璇と会談。7- 東レ（中国）投資設立。

8-29 トヨタ自動車，第一汽車と包括提携契約調印。8- スチールプランテック（NKK・住友重機・日立造船共同出資会社），上海宝山鋼鉄から連続鋳造設備を受注。8- 天津市高級法院，港田集団にヤマハの二輪車商標権を許可なく使用したことで 90 万元損害賠償の判決，ヤマハ発動機勝訴。

9-1 日本航空-東方航空，日中航路でコードシェア開始。9-1 人口と計画生育法実施，条件付きで第二子出生可に。9-8 外相川口順子訪中（～9-10）。9-19 日産自動車，東風汽車と戦略提携調印。9-22 首相小泉純一郎，第4回ASEM会期中，デンマークで総理朱鎔基と会談。9-22 橋本龍太郎・扇千景・野田毅と与党 3 党幹事長訪中，日中国交正常化 30 周年記念大会に出席，日本から約 13000 人参加。9-28 東芝，大連機車車両と6軸機関車電機品の合弁契約調印，社名大連東芝機車電機設備（東芝グループ 60），2003.9-2 開業。9-28 中国科学院計算技術研究所，中国初の高性能 CPU「竜芯 1 号」を完成。9-末 上海の日系企業登記数 3222 社。

10-8 天津豊田汽車，ヴィオス生産開始。10-15 日中経済パートナーシップ協議（北京）。10-23 深圳通用精細有機硅設立（GE 東芝シリコーン 51），シリコーン年 5000 トン製造。10-27 首相小泉純一郎，APEC 会期中メキシコで中国主席江沢民と会談。10-30 上海金取引所開業式，取引開始，中国初の金取引所。

2002年（平成14年）壬午(2/3)

その他	日本（参考）
5-8 北朝鮮亡命者5人瀋陽日本領事館駆込事件，5-22 第三国に出国。5-15 台湾世華連合銀行上海事務所開設，本土初の台銀事務所。5-16 中海油，台湾の中国石油と台湾海峡海底油田共同探査契約調印，投資額2500万ドル。5-28 上海ベル・アルカテル（股）設立（仏アルカテル50％＋1株），中国通信業界初の外資系株式会社。5-30 無錫シンガポール工業団地，センブコープ・インダストリーズが出資比率を70％から49％に引き下げ，経営を中国側に引き渡すことで合意発表。 6- 天津汽車，シャレード（夏利）252台を米国向け輸出，中国製乗用車初の対米輸出。 7-9 アフリカ連合（AU）発足。7-21 米通信大手ワールド・コム倒産。7-22 ドラゴンエア，上海-台北便を香港で乗換なしで運行開始。7- 北朝鮮で経済改革（配給制度の見直し，物価・賃金の引上げ，為替の切下など）試行。 8-12 ソニー・エリクソン移動通信，北京に設立，。8-26 地球サミット，南アで開催。8- エリクソン，中国移動から上海・広州向けMMSセンターを受注，華為科技と携帯電話WCDMA/UMTSライセンス契約調印。 9-9 台湾積体電路製造（TSMC），上海松江半導体工場設置計画を台湾で正式申請。9-12 北朝鮮，新義州特別行政区を設置。9-20 台湾当局，台湾で投資誘致活動を行った江蘇省の団体に初の退去命令。9-30 コーニング，北京AT&T光纜と北京朗訊（LUCENT）科技（1993.6-28 設立）を買収完了，12-18 北京コーニング光ケーブル設立。	6-24 東京都千代田区で全国初の歩きタバコ禁止条例成立。6-27 日石三菱，新日本石油に社名変更。 7-3 三井物産不正入札で社員逮捕，8-28 贈賄容疑発覚，9-30 会長・社長辞任。7-23 日台企業連合（三井物産・三菱重工・川重・長栄開発など），台湾高速鉄道の軌道工事を受注，約2000億円。 8-5 マブチモーター社長宅殺人放火事件。8-5 住民基本台帳ネットワークシステム稼働，一部自治体接続見送り。8-20 新丸ビル竣工。 9-10 H-ⅡA，3号機打上成功，初の商業機。9-16 日本対台湾政府開発援助（ODA）無償技術協力，2002年度で終了決定，1973年度から総額約120億円の供与。9-17 小泉純一郎，日本の首相として初の平壌訪問，日朝平壌宣言を発表。9-26 NKKと川崎製鉄統合，9-27 JFEホールディングス発足。9-30 東京電力がトーメンパワーホールディングスに資本参加，風力発電事業専門のユーラスエナジーホールディングス発足。9-末 NTTドコモ，中間決算で海外投資失敗による1兆5000億円を損失処理。 10-1 日本の人口 127435000人。10-8 小柴昌俊，宇宙ニュートリノに関する貢献でノーベル物理学賞受賞，10-9 田中耕一，たんぱく質の解析に関する貢献でノーベル化学賞受賞，初の日本人同年2人受賞。10-15 北朝鮮拉致の日本人5人帰国，24年ぶり。10-19 原正市逝（85歳），訪中63回，日本の稲作技術を中国で普及。

2002年（平成14年）壬午（3/3）

日 中 交 流・中 国
11-4　第6回アセアン＋3と第4回日中韓首脳会談，プノンペンで開催（～11-5）。11-5　中国証券監督管理委員会（証監会）　適格国外機関投資家の国内証券投資管理暫定方法を公布。11-7　日立・三井物産，重慶モノレール向け車両8両と76両用電機品を長春軌道客車経由で受注，総額約86億円。11-8　中国共産党第16回全国代表大会（～11-14），党規約改正，世代交代，11-15　第16期中央委第1回全体会議，総書記に胡錦濤，中央軍事委主席は江沢民留任。11-13　深圳で電子部品逆見本市，276社出展，内日系76社。11-16　広東省河源市・中山市で最初のSARS患者発生。11-19　秦山原子力発電所Ⅲ期1号機，営業運転開始。11-28　第5回海洋法問題に関する日中協議（北京）。11-29　第2回日中韓経済局長協議，杭州で開催。 12-1　三菱グループ，3回目の訪中（～12-5）。12-3　万国博覧会2010年の開催地，上海に決定。12-9　中央経済会議（～12-10），内需拡大・構造調整・改革開放など推進決定。12-29　中国国家電網公司設立。12-30　人工衛星「神舟4号」打ち上げ，ダミー人間搭載，2003.1-5　帰還。 年末 ・中国の正貨準備，金1929万オンス，外貨2864億ドル。中国の国有資産118299.2億元，内中央56594.2億元（47.8％），地方61705.0億元（52.2％）（財政部数値）。鉄道営業区間延べ71500Km。ネット利用人口5910万人で世界2位。マイカー保有台数969万台に。 ・上海の登記企業466533社，内外資37615社，内資151996社，私営276922社。 ・国家機関・国有企業幹部職員6924万人，ピークの1995年の63％，7年連続減少。 ・4大国有銀行（中国工商銀行・中国銀行・中国建設銀行・中国農業銀行）の不良債権比率26.21％に。 2002年 ・日本の対中国投資額（実行ベース）41億9009万ドル，前年比▲3.6％，各国投資総額の7.9％（商務部数値）。日中間貿易額1015.6億ドル，初めて1000億ドルを超える。 ・中国国内総生産12兆333億元，成長率名目9.1％（中国国家統計局2006.1-9修正値）。歳入1兆8904億元，前年比15.4％増，歳出2兆2053億元，前年比16.7％増，財政赤字3150億元。 ・長期建設国債1500億元を発行，1998年より累計6600億元。 ・中国の乗用車生産台数109万台，販売台数112.6万台，製販とも初めて100万台の大台を突破。中国の合板生産，2930万m³で世界2位。中国のビール生産量2358万キロリットル（5.0％増），初めて米を抜いて世界一に，シェアは世界1億4407万キロリットルの16.4％（キリンビール数値）。 ・年間生産量，石炭14.55億トン，初の14億トン台，原油1億6700万トン，天然ガス326億6100m³，銑鉄1億7085万トン，初の1億7000万トン台，粗鋼1億8237万トン，前年比20.1％増。セメント7億2500万トン，前年比9.7％増，初の7億トン台。 ・中国の年間交通事故77.3万件，死者10.9万人，負傷者56.2万人。

2002年(平成14年)壬午(3/3)

その他	日本（参考）
10-10 フィンランドのノキア，杭州 R&D センターを設立。10-12 バリ島爆弾テロ，死者190人以上。10-18 タイ CP グループ上海正大広場開業。10-21 モトローラが中国聯通から高速通信設備4億4600万ドル，ルーセント・テクノロジーズが聯通からネットワーク機器4億2700万ドル受注と報道。10-22 国家主席江沢民訪米（～10-25）。10-22 青島ビール(股)，米アンハイザー・ブッシュ(AB)と戦略提携調印，ABが青島ビールの株式27%取得。10-23 モスクワ劇場占拠事件（～10-26），死者129人。 11-2 中国，対カンボジア債権放棄を表明，10億ドル超。11-4 中国-アセアン，プノンペンで包括的経済協力枠組協定を調印，自由貿易協定(FTA)大枠決まる。11- ロイヤル・ダッチ・シェル-中海油，恵州石化プラント合弁正式合意，総投資額43億ドル。 12-2 ロ大統領プーチン訪中。12-3 中国輸出入銀行，ロシアに1億ドルの輸出信用を提供。12-9 米航空業界2位のユナイテッド航空の持株会社 UAL，破産法を申請，米航空業界最大の破綻。12-19 盧武鉉，韓国大統領に当選。12-25 ロシア，シベリア鉄道全線電化工事完了，9300Km，着工から73年。 2002年 ・世界の携帯販売台数，4億2342万台，初めて4億台を突破，内ノキア 35.8％，モトローラ 15.3％，サムソン 9.8％。 ・台湾の輸入1222億ドル，輸出1425億ドル，出超 203億ドル（中央銀行数値），史上最高を記録。	11-8 東京ディズニーランドと東京ディズニーシー，開園から合計で入園者3億人に達す。11-14 新日本製鉄-住友金属工業-神戸製鋼所，資本・業務提携発表。 12-1 東北新幹線盛岡-八戸間開業，東京-八戸間 2h56m。12-2 三井住友フィナンシャルグループ（SMFG）発足，四大銀行グループ全て持株会社体制に。12-6 独立行政法人国際交流基金法成立。12-10 菅直人，代表選で民主党代表に選出。12-13 独立行政法人海外貿易振興機構法・独立行政法人日本学術振興会法成立。12-14 H-ⅡA，4号機打ち上げ。12-16 ナスダックジャパン，日本ニュー・マーケット・ヘラクレスに改称。12-20 日本国内の中国残留孤児637人，「帰国と自立支援怠った」と政府を提訴。12-25 保守新党結党，代表熊谷弘。 年末 ・日本にいる外国人登録者数 1851758人。 2002年 ・国内総生産 491兆3122億円，成長率名目▲1.3％，実質 0.3％。 ・日本，中国からの輸入7兆7249億円，初めて米国からの輸入7兆2165億円を上回る。 ・日本国内の工作機械メーカの地域別受注額，アジア地域からの受注額1126億円，初めて北米 1086億円を上回る。 ・日本の個人自己破産件数214634，初めて20万件超える。 ・成田空港利用の旅客数累計で2908万人。 ・液晶カラーテレビの国内出荷 100.9万台，前年比 48.4％増（JEITA 数値）。

2003年(平成15年)癸未(1/3)

日中交流・中国

1-2 汚染物排出費徴収使用管理条例公布, 7-1 施行。1-10 日中両政府, 中国から日本への家禽肉衛生条件協定調印, 中国からの輸入禁止を解除。1-10 北京-九竜鉄道, 複線全線開通。

2-13 上海環球金融センター工事再開。2-19 第4回日中漁業共同委員会協議, 東京で開催。2-25 第10回日中科学技術協力委員会会合, 東京で開催。

3-2 中外合資対外貿易会社設立暫定方法実施。3-5 第10期全人代第1回総会, 北京で開催(～3-18), 委員長に呉邦国, 国家主席に胡錦濤, 副主席に曾慶紅を選出, 軍事委主席は江沢民留任, 総理に温家宝を任命, 胡錦濤・温家宝体制発足。3-13 日本対中国無償資金協力公文交換, 漢江洪水警報機材・第2次黄河中流域保全林に7億900万円, 3-20 北京日本学研究センターに4820万円, 4-18 第2次中等専業教育・内陸部救急医療に22億6300万円, 5-16 SARS対策支援に15億2700万円追加, 6-24 人材育成に9300万円。3-17 復旦大学名誉校長・数学者蘇歩青逝(101歳, 1919～1931年日本に留学)。3-19 国務院常務会議, 国有資産監督管理委員会(国資委)と銀行業監督管理委員会(銀監会)設置を決定。3-27 WTO, 北京をSARS感染地域に指定。3-28 日中両政府, 2002年度円借款 L/A 調印, 13件(湖南省環境整備・生活改善 78.82億円・大気環境改善河南省 192.95億円・同安徽省 185.58億円・宜昌市水環境改善 84.6億円・南寧市水環境整備 121.15億円・人材育成新疆 45.98億円・同広西 46.06億円・同貴州 45.93億円・同吉林 45.3億円・同安徽 44.78億円・同河南 46.99億円・甘粛省植林植草 124億円・内モンゴル植林植草 150億円)。

4-1 ルネサス半導体(蘇州)発足。4-6 外相川口順子訪中(～4-8), 4-7 温家宝と会談。4-8 中国衛生部, SARSを法定管理伝染病に指定。4-14 政治局委員・湖北省書記兪正声来日(～4-22)。4-16 民主党代表団訪中, 団長党首菅直人, 主席胡錦濤と会談。4-21 東京海上, 生命人寿保険公司へ出資発表, 中国生保事業に日本企業初の参入, 11- 開業。4-28 東京エレクトロンの現法東電電子(上海)設立, 2004.3- 開業。4-末 中国のマイカー保有台数, 1000万台超える。

5-9 国務院, 突発公共衛生事件応急条例を頒布。5-12 衛生部, SARS予防治療管理方法を発布。5-12 農林水産省, 中国から輸入した鴨肉から鳥インフルエンザ(H5N1)が検出, 中国から家禽輸入一時停止を発表。5-18 自民党幹事長山崎拓・公明党幹事長冬柴鉄三・保守新党幹事長二階俊博訪中(～5-20), 5-19 主席胡錦濤と会談。5-20 東風汽車有限公司設立(日産 50, 東風汽車集団股分有限公司 50)。5-23 中国証券監督管理委員会(証監会), 野村証券とスイスUBSに初の適格外国機関投資家(QFII)授与, 12-11 日興AM, 2004.5-10 大和証券CM, 2005.12-28 第一生命保険相互, 2006.9-5 みずほ証券, 2006.9-25 三井住友AM, 2008.9-11 大和証券投資信託委託, 2008.12-29 三菱UFJモルガン・スタンレー証券, 2009.6-26 住友信託銀行, 2009.11-23 野村AM, 2010.4-20 DIAMに授与。5-31 首相小泉純一郎, ロシアのサンクトペトロブルクで主席胡錦濤と会談, 新日中友好21世紀委員会設置で合意。

2003年（平成15年）癸未（1/3）

その他	日本（参考）
1-1 独首相シュレーダー，上海でリニア空港線に試乗。1-10 北朝鮮，核拡散防止条約（NPT）脱退を表明。1-26 台湾中華航空 CI585 チャーター便，香港経由で上海浦東空港に到着，台湾旅客機の大陸初乗り入れ。1-31 香港の外貨準備高1156億ドル（2-7 発表）。1- 中国人民銀行のイントラネット，米シスコ製を採用，中国の140都市に接続。	1-8 みずほフィナンシャルグループ（MHFG）発足。1-9 首相小泉純一郎，ロシアを訪問（〜1-12）。1-14 首相小泉純一郎，靖国神社参拝。1-23 新発10年物国債利回り，一時0.795％に下落。1-24 コール市場金利▲0.01％，史上初のマイナス金利。1-29 朝青龍の横綱昇進決定，初のモンゴル出身横綱。1-31 汐留シティセンター竣工。
2-1 米スペースシャトル・コロンビア帰還途中，テキサス上空で分解，乗組員7人死亡。2-4 ユーゴスラビア連邦解消，セルビア・モンテネグロ発足。2-18 韓国大邱地下鉄放火事件，死者192人。2-25 盧武鉉（ノ・ムヒョン），韓国第16代大統領に就任。	2-末 自家用車保有台数5400万台に達す。
3-19 対イラク戦争開戦。4-9 米英軍，イラク首都バグダッドを制圧。	3-24 宮崎駿監督〈千と千尋の神隠し〉，第75回アカデミー賞長編アニメ映画賞受賞。3-28 H-ⅡA，5号機打ち上げ。3-31 日本対ベトナム円借款793億3000万円公文交換（ハノイ），累計で8156億3300万円に。3-末 日本の個人金融資産残高1378兆円，1400兆円を割る。
4-2 WHO，SARS感染防止のため広東省と香港へ渡航自粛を勧告。4-23 米中朝3カ国協議（北京）。4-29 首相温家宝，アセアン首脳SARS対策緊急会議に出席（バンコク）。	4-1 サラリーマン本人の医療費と家族の入院費，自己負担2割から3割に。4-1 日本郵政公社発足。4-1 ニチメンと日商岩井合併，双日発足。4-1 ルネサステクノロジ発足（日立55，三菱電機45）。4-6 JR東日本，「はやて」で国内最高時速362Kmを記録。4-15 経産省，第2次キャッチーオール・リストを公表，中国企業1社解除，10社追加で計16社に。4-22 六本木ヒルズ，グランドオープン，延床面積379409 ㎡，事業主森ビル，4-25 開業。4-28日経平均株価7607円88銭でバブル崩壊以来の最安値を記録。4- 韓国のテレビドラマ〈冬のソナタ〉，NHKで放送（〜9-），韓流ブームのきっかけに。
5-20 台湾裕隆汽車，裕隆日産汽車を分立，日産と提携強化。5-26 国家主席胡錦濤，ロ・仏・カザフスタン・モンゴルを訪問（〜6-5），5-27 プーチンと会談。5- GE中国R&Dセンター稼働（上海浦東張江，2000.6-6 設立）。5- 和艦科技（蘇州）生産開始，台湾UMC支援。	5-1 酒税引き上げ。5-23 個人情報保護法成立。
6-1 第29回G8（仏エビアン，〜6-3）。6-6 韓国大統領盧武鉉来日（〜6-9）。6-17 カンボジアでアセアン＋3と日中韓外相会談。6-29 北京-香港両政府，より緊密な経済貿易協定（CEPA）調印，2004年273品目関税ゼロに。	

2003年（平成15年）癸未（2/3）

日中交流・中国

6-1 三峡ダム貯水開始。6-8 杭州湾大橋着工式。6-12 外国企業支配企業・外資独資企業旅行社設立暫定規定公布，旅行社設立規制を一層緩和，7-12 施行。6-16 東風日産有限公司乗用車公司設立（日産50, 東風汽車50），広州市花都に工場。6-20 福岡一家4人殺害事件，主犯中国人楊寧・王亮，中国に逃亡，魏巍は日本で逮捕，後中国で楊寧死刑執行（2005.7-12），王亮無期，日本で魏巍死刑判決。6-23 第10期全人代第3回総会（〜6-28）。6-24 WHO, 北京のSARS感染地域指定を解除。6-25 第4回日中民間緑化協力委員会合，札幌で開催。

7-1 三洋電機，ハイアールと共同開発の冷蔵庫発売。7-10 三峡水力発電所1号機送電開始。7-15 長春一汽豊越汽車設立，トヨタと一汽の合弁，10-1 ランドクルーザ100を生産。7-16 東風本田汽車設立（ホンダ50, 東風汽車50）。7-22 日中議員連盟会長林義郎訪中，主席胡錦濤と会談。

8-1 中国，新安全認証制度（CCC認証）を実施。8-4 チチハルで旧日本軍化学兵器による被害発生，8-12まで36人入院，10-19 解決合意。8-9 官房長官福田康夫訪中（〜8-11）。8-10 李肇星，外交部長就任後初来日（〜8-13）。8-14 日本対中国無償資金協力公文交換，第3次貧困地域結核抑制・黄河中流域保全林Ⅲ・同第2次Ⅱ・西安廃棄物管理に26億6200万円。8-16 北京地壇医院に入院のSARS患者，中国最後の2名退院，2002年11月より中国全国で感染5327人，死亡349人。8-24 与党3党数百人訪中，団長野中広務。8-30 全人代委員長呉邦国，フィリピン・韓国・日本を訪問（〜9-10）。8- 中国で次世代インターネット（CNGI）運営開始。8- 上海NCネットワークチャイナ開業，日中製造業及び調達品の情報サービス開始, 2007.12- 会員企業1万社超える。

9-1 中国，短期訪問で中国に入国する日本人に対し査証免除。9-1 防衛庁長官石破茂訪中（〜9-4）。9-2 大連東芝機車電機設備設立，7200kW-6軸機関車電機品の製造，2004.10-27 鉄道部から60台分受注, 2008.2-18 400台追加受注。9-4 全人代委員長呉邦国来日（〜9-10）。9-6 本田汽車（中国），広州に設立（ホンダ55, 本田中国10, 広州汽車25, 東風汽車10）。9-19 中国国家開発銀行，中国国内で初のドル建て債券を5億ドル発行。9-23 日本生命保険-上海広電集団，広電日生人寿保険公司を設立。9-29 東京地裁，旧日本軍遺棄毒ガス弾被害の中国人に対し，国に1.89億円の賠償命令，政府上告, 2007.7- 東京高裁，原告敗訴の判決。9-30 成都イトーヨーカ堂双楠店（2号店）オープン。

10-1 中国，保険会社の外為市場での直接取引を解禁。10-7 首相小泉純一郎，アセアン＋3会期中バリ島で温家宝と会談。10-11 中共第16期中央委第3回全体会議（〜10-14），資本市場の改革を決定。10-15 中国初の有人宇宙船打ち上げ，楊利偉搭乗, 10-16帰還。10-20 小泉純一郎, APEC会期中バンコクで主席胡錦濤と会談。10-30 西北大学留学生の寸劇を端に学生騒動。10-31 第2回日中経済パートナーシップ協議（東京）。10- 中国の大手医薬品メーカ三九企業集団，東亜製薬（富山県）の過半数株式を取得, 2007.11- 三九集団，香港華潤集団の傘下に。

2003年（平成15年）癸未（2/3）

その他	日本（参考）
7-5 WHO，台湾のSARS感染地域指定を解除，全ての地域で指定が解除。7-9 スイスUBS，中国でA株取引開始，外銀として初。8-14 アメリカ・カナダ東部で大規模停電。8-27 北朝鮮核問題6カ国会談，北京で初会合（～8-29）。8-27 米インテル，成都に後工程工場建設を発表，2005.12-6 成都パッケージ・テスト工場I期竣工，2006.10-25 II期竣工。8- 中国電信 ChinaNet V期，米シスコ製を採用，10- 10省市基幹ネットII期，cisco 12000シリーズを全面採用。9-20 G7，ドバイで開催。9-28 未明，イタリア全土で電力供給ストップ。9-29 中国-香港経済協力協定（CEPA）正式合意，273品目香港で付加価値30%以上の製品，関税ゼロに。10-7 第7回アセアン＋3と第5回日中韓首脳会談（バリ島，～10-8），日中韓三国間協力促進の共同宣言を発表。10-7 シュワルツェネッガー，米カルフォルニア州知事に当選。10-15 中国海軍艦艇初のグアム訪問。10-23 中国財政部，NYで15億ドル国債発行契約調印，内5億ドル分ユーロ建て。10-24 中国国防部長曹剛川訪米（～11-4）。10-29 全人代委員長呉邦国，北朝鮮を訪問（～10-31）。10-30 韓ハナ銀行，韓国第一銀行から青島国際銀行（1996.6- 設立）の50%株式を取得，後増資により持分72.31%に，合弁相手の中国工商銀行は27.69%。10-31 中国福建省と台湾金門・馬祖・澎湖島，海上直行便開設以来往来旅客1254便で206555人，貨物269便で180518トンに。	6-6 有事関連3法案成立。6-10 りそなホールディングスに1兆9600億円注入決定。7-23 菅直人-小沢一郎，民主党と自由党合併で合意。7-24 〈女子十二楽坊〉発売，年間アルバムチャートで2位に。7-26 イラク復興支援特別措置法成立。8-10 沖縄都市モノレール「ゆいレール」開業，沖縄戦後初の公共軌道交通。8-25 住民基本台帳ネットワークシステム本格稼働（2回目），住民基本台帳カード発行開始。8-29 閣議，政府開発援助（ODA）大綱を決定，国益重視に方針調整。8-29 末續慎吾，世界陸上200mで銅メダル，五輪・世界陸上短距離で日本人初のメダル。8-31 セブンイレブン，国内で1万店舗達成。9-20 自民党総裁選，小泉純一郎再選，9-22 第2次小泉純一郎内閣発足。9-24 民主党と自由党合併後の民主党発足。9-24 佐川急便，郵政公社と提携でメール便委託配送開始。10-1 特殊法人日本貿易振興会（1954.8- 創立，1958.7- 改組），独立行政法人日本貿易振興機構（JETRO）に改組。10-1 特殊法人国際交流基金（1934. 創立，1972.10-2 改組），独立行政法人国際交流基金に改組。10-1 特殊法人日本学術振興会（1932.12- 創立，1967.9- 財団法人より改組），独立行政法人日本学術振興会に改組。10-1 東芝三菱電機産業システム発足（東芝50，三菱電機50）。10-1 東海道新幹線品川駅開業。10-10 佐渡島トキ保護センターで最後の日本トキ「キン」死亡。

2003年(平成15年)癸未(3/3)

日中交流・中国

11-1　外貨両替代理機構管理暫定方法施行。11-4　中央党校研修団103名来日(～11-13)。11-9　豊田工業(昆山)フォークリフト工場稼働,米(1990年)と仏(1996年)に次ぎ海外3カ所目。11-10　日本郵船,宝山鋼鉄と豪州産鉄鉱石長期輸送契約調印,2005年より10年。11-18　生命人寿保険(股)(2001.12-28　上海に設立,東京海上日動火災保険・深圳市国利投資発展・首鋼総公司などの合弁),営業開始,2008.3-　深圳に本社移転。11-20　第3回日中韓経済局長協議(ソウル)。11-20　中国国有資産監督管理委,国有企業再編措置を発表。11-23　輸出入関税条例公布,2004.1-1施行。11-27　中央経済会議(～11-29)。11-　四国電力,新疆星星峡での太陽光発電実証研究をNEDOから受注,約4億円。11-　コマツ,中国でIT監視機能付き油圧ショベルを発売。11-　商船三井,宝山鋼鉄と豪州産鉄鉱石長期輸送合意,2004年4月から15年,2隻目は2005年後半から5年,2004.3-24　正式調印。

12-2　中国,石油資源130～160億トン,天然ガス資源10～15万億㎥と発表。12-3　元中国日本史学会会長・歴史学者呉廷璆逝(93歳,1932～1936年京都大学留学)。12-4　トヨタ自動車,ランドクルーザーとプラド広告で声明文。12-5　新日中友好21世紀委員会,大連で初会合。12-5　北京華糖ヨーカ堂豊台北路店(3号店)開業。12-10　第26回中国遺棄化学兵器調査団現地入り(～12-19)。12-10　元中国銀行董事長王雪氷収賄事件,一審で懲役12年。12-15　広州JFE鋼板設立(JFE51,広州鋼鉄49),表面処理鋼板の製造。12-16　中国中央匯金投資有限責任公司設立,国有独資,資本金3724.65億元。12-18　一汽豊田自動車販売,北京で設立。12-19　第5回日中漁業共同委員会会議(北京)。12-22　日中外交当局間協議(北京),1980年開始以来21回目。12-22　全人代第10期常務委第6回会議(～12-27),銀行業監督管理法を採択。12-23　川東北天然ガス田で事故,死者234人。12-25　第6回海洋法問題に関する日中協議(東京)。12-末　中国石油(ペトロチャイナ),12月期決算純利益696.14億元に,前年度比48%増。12-　豊田汽車技術研発(上海)設立(トヨタ100)。12-　三井物産,蘇州に商社機能現法設立,外資商社初の輸出入資格取得。

年末
- 中国全国で許可済外資企業計465277社,資本金額9341.30億ドル,払込5014.71億ドル。
- 携帯契約数2億6900万台,前年比6300万台増。建設工事の未払代金,1756億元に。

2003年
- 日本の対中国投資額(実行ベース)50億5419万ドル,前年比20.6%増,各国投資総額の9.5%(商務部数値)。
- 中国国内総生産13兆5823億元,成長率10.0%(中国国家統計局2006.1-9修正値)。
- 新規許可した外資系企業41081社(20.22%増),投資金額(契約ベース)1150.70億ドル(39.03%増),(実行ベース)535.05億ドル(1.44%増)。外資系企業の輸出総額,中国全輸出額の52.2%に。

2003年（平成15年）癸未（3/3）

その他	日本（参考）
11-1 住友鋼鉄和歌山設立，住金と台湾中国鋼鉄の合弁会社東アジア連合鋼鉄（2003.7-設立）の100%子会社，鉄鉱石から粗鋼一貫生産。11-18 米，中国製繊維製品3品目にセーフガード発動を決定。11-19 中国人民銀行，香港金融管理局と香港の銀行が香港で人民元業務開始につき覚書を調印。11-22 台湾行政院，「5年・5000億台湾ドル・新10大建設計画」を発表。11- IHI，台湾プラスチックグループから中国華陽発電所向け石炭連続アンローダーを受注，約10億円，IHI初の中国向け連続式アンローダー。 12-7 総理温家宝，米・カナダ・メキシコなどを訪問（～12-16）。12-10 中国，国連反腐敗条約に加盟。12-10 仏化粧品大手ロレアル，中国の「小護士」を買収。12-13 米軍，イラクでフセインを拘束。12-17 中国最大の生命保険会社中国人寿保険，NY証取上場，2003年最大の上場。12-18 香港ハンセン銀行，中国興業銀行の株式15.98%を17.26億元で取得。12-19 リビア，大量破壊兵器の放棄を表明，12-21 調印式。12-24 日本政府，米でBSE（狂牛病）発生を受け，米国産牛肉の輸入を停止（～2005.12-13）。12-26 イラン南部で大地震，12-30 日本，救援のため航空自衛隊C130輸送機を派遣。12-30 韓国，第4次日本大衆文化解禁発表，映画全面解禁，CD・テープなど販売可に，2004.1-1 実施。 2003年 ・韓国の対中国輸出351億ドル（47.8%増），中国が米国を抜き韓国の最大輸出国に。	11-9 第43回衆院選，与党3党絶対安定多数を維持。11-14 日本，ベトナムと投資協定調印。11-19 第2次小泉純一郎内閣（第88代）発足（～2005.9-21）。11-25 熊谷組と飛島建設，合併発表。11-29 足利銀行一時国有化決定。11-29 日本人外交官2名，イラクで射殺される。 12-1 地上デジタル本放送，東京・大阪・名古屋で開始。12-11 日本－アセアン首脳会談，東京で開催。12-19 松下電器産業，松下電工の連結子会社化発表。12-26 航空自衛隊，クウェートへ発つ。12- お年玉付き年賀はがき発行枚数，44億枚で史上最多，以後減少。 年末 ・外貨準備高6735億2900万ドルに急増。 2003年 ・国内総生産490兆2490億円，成長率名目▲0.2%，実質1.4%。経常収支黒字額17兆2667億円，前年比29%増。 ・半導体製造装置販売額，日本55.5億ドルで1位，北米47.3億ドル，台湾29.2億ドル，中国11.5億ドル，世界合計で221.9億ドル。 ・薄型テレビ出荷額3413億円（60%増），ブラウン管テレビを抜く。豊田自動織機(TICO)製フォークリフト(TOYOTA, BT, RAYMOND 含む) 年間販売台数203000台，世界シェア26%。 ・東京23区内大型ビルの完成面積（自社・賃貸）計225万㎡，バブル期の倍。 ・年間自殺者34427人，7.1%増で過去最多。 ・SMAPの世界に＜一つだけの花＞，214万枚でCDシングル1位。

2004年（平成16年）甲申（1/3）

日 中 交 流・中 国
1-1　中国，輸入関税を平均11.0％から10.4％に引き下げ。1-8　日本対中国無償資金協力公文交換，人材育成奨学事業1億6600万円，5-27　若手行政官115名日本への留学奨学金9億4900万円，7-7　第2次黄河中流域保全林Ⅲ・第4次貧困地域結核抑制・保健研修機材・新疆医療水準向上に22億6900万円，8-24　日中友好大連人材育成センター建設に9億6800万円。1-16　中国外交部，外交資料公開閲覧開始。1-19　第4回日中原子力協議，北京で開催。1-23　広西隆安県で鳥インフルエンザH5N1発生(1-27　衛生部発表)，1-27　日本，中国から家禽類の輸入一時停止措置，2-2　北京で鳥インフルエンザ予防治療会議，2-3　広東省を始めに各地で鳥インフルエンザ発見（～2-9)，2-11　国務院対策会議，3-8　中国49カ所鳥インフルエンザ終息。1-　本田技研(中国)投資，北京に設立(資本金1.15億ドル，本田技研100)，4-　開業。
2-1　広州東芝白雲菱機電力電子設立，東芝三菱電機産業システムと広州白雲の合弁。2-2　中国銀監会，みずほ銀行など外銀4行に上海で中国企業人民元業務取扱の許可。2-10　第9回日中安保対話(東京)。2-23　天津豊田でCOROLLA EX生産開始。2-24　広汽豊田発動機設立。2-　秦山原発Ⅱ期方家山プロジェクト(2×1000MW)スタート。2-　日産(中国)投資設立(資本金10.2億ドル，日産100)。2-　馬鞍山冷間圧延ライン稼働，年150万トン，三菱・日立・新日鉄・東芝製を採用。
3-1　財務部2004年度国債(証書)発行，450億元，10月1日まで計6回2750億元。3-5　第10期全人代第2回総会(～3-14)，3-10　私有財産保護を明記した憲法改正案を採択。3-8　日中韓投資取決めのあり得べき形態に関する非公式共同研究初会合(～3-9)，5-17　第2回会合(～5-18)，7-19　第3回会合(～7-20)，9-16　第4回会合(～9-17)。3-15　財務部2004年度国債(記帳)発行，381.6億元，12月15日まで計11回4406.3億元。3-24　沖縄県警，尖閣諸島に上陸した中国人活動家7人を逮捕，3-26　強制退去処分。3-24　商船三井，宝山鋼鉄とブラジル産鉄鉱石20年長期輸送契約と豪州産15年契約調印。3-26　新潟地裁，戦時中中国人強制連行訴訟で国と新潟市の港湾輸送会社に賠償命令。3-31　日本対中国有償資金協力(円借款)2003年度分，北京でL/A調印，25件(フフホト市水環境整備97.47億円・放送事業青海省23.54億円・同雲南省30.08億円・同安徽省33.01億円・同吉林省43.75億円・同寧夏自治区42.5億円・同山東省済南市29.14億円・公衆衛生基礎施設吉林省16.49億円・同河南省50.16億円・同湖北省23.25億円・同湖南省28.55億円・同江西省28.21億円・同安徽省25.48億円・同山西省24.42億円・同黒龍江省22.88億円・同河北省19.08億円・同遼寧省23.66億円・人材育成青海省28.12億円・同寧夏自治区26.36億円・同黒龍江省49.72億円・同江西省48.72億円・同湖北省50.97億円・同山西省50.93億円・植林江西省75.07億円・同湖北省75.36億円)，日本対中国政府開発援助，1979年度以来累計で約3兆3334億円に。3-　ホンダ，石家荘の双環汽車を多目的スポーツ車CR-Vのデザイン侵害で，北京市高級法院に訴訟を起こす。

2004年(平成16年)甲申(1/3)

その他	日本（参考）
1-1 CEPA発効，香港製品273項目，中国本土への輸入関税撤廃。1-18 香港最後のSARS患者退院，期間中香港で1755人感染，死者300人。1-24 米火星探査機，火星に着陸。1-26 国家主席胡錦濤，仏・エジプトなどを訪問(〜2-4)。1- 中国のオンラインゲーム大手上海盛大ネット，米ZONAを買収，日本のZONA(2002.9-20 設立)を傘下に，2004.11-韓国Actozを買収。	1-1 東京都の人口，12378974人。1-1 小泉純一郎靖国参拝。1-1 明治安田生命保険発足。1-12 山口県で鳥インフルエンザH5N1発見，2- 京都・兵庫でも発見。1-16 イラク復興支援の自衛隊出発，1-31 衆議院本会議，自衛隊派遣承認案を可決，2-8 陸上自衛隊本隊第1陣出発，2-9 国会承認手続き完了。1-31 花王，カネボウの化粧品事業買収発表，その後再生機構によりカネボウ再建，2006.12-16 買取決定，4100億円。
2-4 フェイスブック，米ハーバード校内で運用開始。2-25 香港で個人向け人民元預金解禁。2-25 北朝鮮核問題6カ国協議，北京で開催。	2-9 改正外国為替・外国貿易法成立，北朝鮮への制裁可能に。2-18 日本国際石油開発，イランのアザデガン油田権利75％取得合意。2-27 元鳥取大学教授遠山正瑛逝(97歳)，内蒙古のエンゴベイ砂漠で植林300万本。2- ソフトバンク，アリババに6000万ドル出資。
3-2 韓国国会，戦時中の親日・反民族行為真相究明特別法を可決，9-23 施行，12-29 改正。3-11 マドリード列車爆破テロ，死者199人，負傷者1400人以上。3-12 韓国国会，大統領盧武鉉弾劾を可決，韓国史上初，5-14 憲法裁判所，弾劾を棄却。3-17 中芯国際(SMIC)，NYに上場，中国企業で3社目。3-20 台湾総統選で陳水扁再選。3-26 米，在中国領事館で非移民ビザ申請者の指紋スキャン開始。3-末 現在，19カ国・地域計62の外銀が中国に進出，195支店中88支店に人民元扱い業務の許可。	3-1 製造業への人材派遣解禁。3-24 日本政府と個人で米国債約7兆円を保有，米国債全体の約8％。3-末 日本の外貨準備高，8265億7700万ドル，初めて8000億ドル台に。3-末 トヨタ自動車，税引後利益1兆1620億円(前年比54.8％増)，日本企業で初めて1兆円超える。
4-1 韓国高速鉄道(KTX)営業運転開始。ソウル釜山間2h40m。4-24 先進7カ国蔵相・中央銀行総裁会議(G7)，ワシントンで開催。4-26 国連アジア太平洋経済社会委員会(ESCAP)総会，上海で開催，アジアハイウェーネットワーク協定調印。	4-1 営団地下鉄民営化，東京地下鉄株式会社(東京メトロ)に。4-1 成田国際空港株式会社発足，新東京空港公団民営化。4-1 新銀行東京発足(東京都84.22)，2005.4-1 開業。4-7 日本人3人，イラクで拘束，4-17 解放。4-16 未納国民年金保険料，時効分8兆円超え，4-22 厚生労働省，年金財源480兆円不足と発表，4- 政治家の年金未納が相次ぎ発覚。

141

2004年(平成16年)甲申(2/3)

日中交流・中国

4-3 外相川口順子訪中(～4-4)。4-7 日本,鳥インフルエンザによる中国産禽類熱加工品輸入禁止を解除,日本側認可の47社に限定。4-15 セブンイレブン中国直接出資1号店,北京で開業。4-16 外商投資商業領域管理方法公布(通称2004年8号令),商業分野において外国企業投資地域・出資金額比率の制限撤廃決定,6-1 施行。4-18 第5次鉄道スピードアップ。4- 国家開発改革委,全国違法建設プロジェクトに中止命令,9月末まで4150件約8441億元。

5-6 在上海日本総領事館電信官自殺。5-12 歌舞伎中村鴈治郎一座訪中公演(～5-14)。5-21 新自動車産業発展政策実施。5-23 中海油・中石化・シェル・ユノカル4社,東シナ海ガス田で採掘施設建設工事開始,9- シェルとユノカル撤退決定。5-26 春秋航空設立,民営独資の春秋旅行社が設立したLCC,本社上海,2005.7-18 虹橋-煙台線初就航。5- 寧波東睦新材料股分有限公司(筆頭株主睦特殊金属工業),上海A株市場に上場,実質外資支配企業でA株上場第1号。

6-3 日本相撲代表団訪中。6-6 三峡-広東500kV直流送電稼働。6-17 厚生労働省,条件付中国産冷凍ほうれん草輸入禁止解除,日本側認可の27社に限定。6-21 外相川口順子,アジア協力対話(ACD)青島会合・日中韓三者委員会で外交部長李肇星と会談。6- 銀行の不良債権,中国銀行が1500億元,建設銀行が1300億元,約3割の金額で資産管理会社に売却。

7-1 対外貿易法施行。7-23 JFEエンジ,三立国際投資から常州三立環保設備工程の株式14.9%取得発表。7-30 宝山新日鉄自動車板設立(資本金30億元,新日鉄38,宝山鋼鉄50,アルセロール12)。7- 上海全家(FamilyMart)直営1号店開業,12-27 フランチャイズチェーン(FC)1号店開業2005.10- 上海全家100店開業,2009.3- 中国全国で200店開業。

8-3 中央書記処書記何勇来日(～8-7)。8-3 民営企業従業員1億人超える。8-5 広州新白雲国際空港使用開始。8-15 外国人の中国永住管理方法公布,中国版グリーンカード制度スタート。8-23 中国銀行,株式会社に改組(中央匯金投資100)。8- 三菱重工・日立・東芝・三菱商事,山西省揚水発電所を受注,120億円。8- 三菱重工,鞍山鋼鉄と江蘇省の製鉄所から高炉ガスタービン発電プラントを受注,約200億円。8- 上海電気集団総公司,工作機械メーカの池貝(茨城県)に75%出資。

9-5 中央党校交流事業日本側第4回訪中54名訪中(～9-11),10-20 中国側第5回訪日団97名来日(～10-29)。9-6 広州豊田汽車設立。9-10 駐中国大使王毅着任,9-16 信任状提出。9-12 外相川口順子訪中,唐家璇と会談。9-15 トヨタ,一汽とハイブリッド車技術提携合意。9-19 新日中友好21世紀委員会第2回会合(東京・軽井沢,～9-20),日中21世紀交流事業開始決定。9-20 衆議院議長河野洋平訪中(9-25),9-22 胡錦濤と会談。9-23 公伯峡水力発電所1号機稼働,中国の水力発電容量1億kWに達す。9-30 東芝三菱電機産業システム,北京に独資のエンジニアリング会社東芝三菱電機工業系統(北京)を設立,業界初,10-18 営業開始。9- 三菱重工,鞍鋼・沙鋼からGTCC発電設備4基受注,360MW 200億円,2008年6月まで中国向け16台。

その他	日本（参考）
5-2 首相温家宝，独・ベルギー・伊・英・アイルランドを訪問（～5-12）。5-12 第1回北朝鮮問題6カ国協議作業部会会議（～5-15）。 6-11 中核集団-フランス電力/フラマトム，原子力協力協定調印。6-11 北車集団（大同），アルストームと6軸機関車ライセンス契約，2007.3-12 大同電力機車-アルストーム，鉄道部から180台受注，3.745億ユーロ。6-16 テンセント（本社深圳，中国でチャットQQを無償提供），NY証取に上場，2006.末 QQのアカウント5億8050万と発表。6-28 米軍，主権をイラク側に移譲，日本，イラク暫定政府を承認。 7-1 世界の人口，63億7760万人（国連人口基金9-15発表）。 8-6 HSBC，交通銀行株式19.9％の77.75億株を144.61億元で取得，第2の株主に。8-12 リー・シェンロン，シンガポール首相に就任。8-13 第28回夏季オリンピック・アテネ大会（～8-29）。8- ダウケミカル，上海に中華区本部を設置。8- アルカテル，中国網通からNGN（50万回線），中国電信からDSL（130万回線）を受注。8- 米シスコ・システムズ，中国工商銀行から上海データセンターのアップグレード・ソリューションを受注。 9-1 米移民関税執行局（ICE），留学生情報管理システムの運営費として，留学生と外国人研究者に100ドルずつ課すことに。9-6 スペインのエルチェで中国製靴輸入急拡大に反対の焼討事件。9-17 日本，メキシコと自由貿易協定（FTA）調印。9-29 上海久光百貨（香港利福国際65，上海九百35）開業。	5-6 自家用車ナンバープレート希望番号制スタート。5-10 民主党代表菅直人，国民年金保険未納で辞任を表明。5-10 ファイル共有ソフトWinnyを開発した東大助手，著作権法違反容疑で京都府警が逮捕。5-11 年金改革関連法案，衆院本会議で可決，6-5 参院可決，成立。5-21 裁判員法・改正刑事訴訟法，参議院本会議で可決，成立，国民が重大刑事事件の審理に直接参加することに。5-22 首相小泉純一郎，2度目の平壌訪問。5-27 ソフトバンク，日本テレコムの買収を発表，7- 完全子会社化。 6-2 三菱自，各車種計15万6400台の欠陥隠蔽を発表。6-8 小泉純一郎-ブッシュ会談。6-14 国際原子力機関（IAEA），日本の原子力計画は平和的利用と正式認定。6-14 楽天，中国最大の総合旅行サイトCtripの20.43％株式を1億900万ドルで取得，筆頭株主に。 7-11 第20回参院選，民主党が50議席，2大政党化流れ顕著に。7-23 理化学研究所など，元素113を発見，中国科学院研究者も参加。 8-7 サッカーアジア杯，北京で決勝戦，日本2大会連続3回目優勝。8-12 三菱東京フィナンシャルグループとUFJホールディングス，経営統合合意書調印，2005.10-1 統合。 9-15 日本，中国人団体観光客へのビザ発給対象地域を「2市1省」（北京・上海・広東）から「3市5省」（天津・江蘇・浙江・山東・遼寧を追加）に拡大。9-17 日本-メキシコEPA協定調印，2005.4-1 発効。9-27 第2次小泉改造内閣発足，郵政民営化担当相を新設。

2004年（平成16年）甲申（3/3）

日中交流・中国

10-9　外相町村信孝，第5回ASEM会期中ハノイで外交部長李肇星と会談。10-10　中国西北大学，唐時代日本留学生井真成墓誌を発表。10-15　鄭州日産，東風汽車が資本参加，日産20.349，東風汽車(股)51，東風汽車(有)28.651に。10-24　保険会社の株式市場直接投資解禁発表，資金の5％まで。10-25　第4回日中韓経済局長協議(東京)。10-25　東シナ海等に関する日中初協議(北京)。10-25　日本郵船，中国石油と原油輸送契約調印，3年間40億円，中国と初の複数年原油輸送契約。10-28　北京王府井洋華堂商業(王府井ヨーカ堂)設立，2007.11-23　勁松店オープン。10-　川崎重工，鉄道部から高速車両60編成受注，3編成完成車で納入，6編成KD方式，51編成ライセンス生産，VVVFは日本製使用，2007.1-28　上海-杭州線と上海-南京線で営業走行開始。

11-6　中国青年団第1書記周強来日（～11-12）。11-19　APEC会期中，サンディアゴで日中外相会談。11-22　首相小泉純一郎，APEC会期中サンディアゴで胡錦濤と会談。11-30　首相小泉純一郎，アセアン10＋3と日中韓首脳会議期間中ラオスのビエンチャンで温家宝と会談。11-30　国資委，中央企業49社の出資者を発表。11-30　中国国有企業中国航空油料集団公司傘下のシンガポール上場会社中国航油(シンガポール)，場外先物取引(OTC)で巨額損失を出す。

12-1　東方日立(成都)電控設備設立，日立と東方電気集団の合弁，高圧大容量インバータ・風力発電用変換器の製造。12-16　第6回日中漁業共同委員会(東京)，日中漁業協定調印。12-21　第3回日中経済パートナーシップ協議(北京)。12-26　三峡水力発電所7号機稼働，中国の発電容量4億kWに。12-27　三井住友銀行杭州支店開業，外銀初の杭州進出，2005.3-7　開業式。12-30　「西気(ガス)東送」プロジェクト，新彊輪南-上海全線開通，全長4000Km，年輸送量120億m³。

年末
- 中国の対外債務残高2286.0億ドル，内政府借款322.1億ドル，国際金融機関251.0億ドル，民間金融機関1247.8億ドル，貿易クレジット465.0億ドル，長期54.4％，短期45.6％。

2004年
- 日本の対中国投資額(実行ベース)54億5157万ドル，前年比7.9％増，各国投資総額の9.0％(商務部数値)。中国の対外直接投資額，55億ドルに。
- 中国国内総生産15兆9878億元，成長率10.1％(中国国家統計局2006.1-9修正数値)。歳入26369.47億元，前年比21.6％増。歳出28468.89億元，前年比15.6％増。輸出49103.3億元，輸入46435.8億元，出超2667.5億元。国内小売業年間売上高5兆3950億円，前年比17.7％増。
- 中国の出国者数延べ2885万人，前年比43％増。中国に入国した外国人中，日本人333万人で1位。
- 中国国内の観光業者による海外旅行営業収入184億元，前年比75％増。
- 産業の生産現場で事故803600件発生，死者13万6700万人に。
- 中国で誘拐・人身売買事件8300件。2001年から女性子供人身売買，摘発24809件，救出51164人。

2004年（平成16年）甲申 (3/3)

その他	日本（参考）
10-1 中国, G7特別会議に初参加。10-1 イスラエル軍, ガザ地区に侵攻。10-6 米政府調査団, イラク戦争開戦時にイラクに大量破壊兵器は存在しなかったとの最終報告書を議会へ提出。10-10 仏アルストム, 北車集団長春軌道客車経由で高速車両60編成受注, 内3編成完成車, 6編成KD方式, 51編成長春でライセンス生産, 2007.4-18 北京-ハルビン線で営業走行開始。10-12 広州鉄路集団, 青島四方ボンバルディア鉄路輸送設備(BST)へ高速車両20編成を発注。10-22 ロ下院, 京都議定書の批准承認法案を可決, 11-5 大統領署名。10-28 上海汽車, 韓国双竜の株式48.9%取得契約調印, 5億ドル。 11-11 PLO議長アラファト死去。11-20 第16回APEC, サンティアゴで開催（～11-21）。 12-7 福建省観光団第1陣55人, 初の直行船で金門島入り。12-8 聯想集団, 12.5億ドルで米IBMパソコン事業の買収発表, 聯想のパソコン事業, DellとHPに次ぎ世界3位に。12-26 インドネシアのスマトラ沖大地震, M9.0, 大津波発生。12-31 台北金融ビル完成, 508m, 101階。12- 南車集団(株洲), シーメンスと8軸機関車輸入・ライセンス契約調印, 180台73.4億元, 2007.8-18 株洲電力機車-シーメンス, 鉄道部から500台受注, 3.34億ユーロ。 **2004年** ・世界の粗鋼生産量1068940百万トン, 初めて1兆トン超え, 日本10.5%, 中国26.2%占める。 ・台湾企業の対中国大陸投資, 69.4億ドル（認可ベース）, 台湾の島外投資の67.2%。	10-5 ライブドア, 中国ポータルサイトのマイライスを10億円で買収。10-13 ダイエー, 自主再建を断念, 産業再生機構に支援を要請。10-13 西武グループ会長堤義明, 西武鉄道の有価証券報告書虚偽記載で辞任, 12-17 西武鉄道株式, 上場廃止。10-23 新潟中越地震, M6.8。 11-1 改正道路交通法施行, 運転中の携帯電話使用が罰則対象に。11-1 新5千円札・千円札発行。11-9 第3回日朝実務者協議（平壌）。11-18 日本, フィリピンと自由貿易協定(FTA)合意。11-30 ソフトバンク, 福岡ダイエーホークスの株式98%を50億円で取得。 12-28 政府, スマトラ沖大地震の緊急無償資金協力として3000万ドル支援発表。12- 日本の総人口1億2784万人でピーク, 以後減少。12- 東芝エレベータ, 分速1010mの世界最速昇降機を台北101に納入据付。 **2004年** ・国内総生産 498兆3284億円, 成長率名目1.6%, 実質2.7%。 ・日本の貿易総額110兆3866億円, 初めて100兆円を超え, 輸出61兆1700億円, 初めて60兆円を上回る。貿易黒字11兆9533億円。 ・日本, 対中国貿易額22兆2005億円（輸出額11兆8278億円, 輸入10兆3727億円）, 対米貿易額20兆4795億円（輸出13兆7205億円, 輸入6兆7590億円）, 中国初めて米国を超え, 日本の最大貿易相手国となる。 ・振込詐欺約2万件, 被害総額283億800万円, 摘発1305件, 逮捕548人。

2005年(平成17年)乙酉(1/3)

日 中 交 流 ・ 中 国
1-1　中国，紡織品に対し輸出関税徴収開始，自由化スタート，40年にわたる紡織品輸出管理制度終了。1-1　在重慶日本国総領事館開館。1-11　北京市，邦銀の人民元建預金・貸付業務を認可。1-24　和民深圳万象城店開業，ワタミ中国1号店。1-27　北京華糖ヨーカ堂大興店(4号店)オープン。
2-25　国務院，非国有経済発展を提唱支持する意見書を配布。2-28　再生可能エネルギー法公布。
3-1　綜舞(北京)舞台設計設立，初の日系舞台テレビ照明音響美術のコンサル・サービス会社。3-5　第10期全人代第3回総会(〜3-14)，胡錦濤を軍事委主席に選出，反国家分裂法を採択。3-21　天津一汽豊田第2工場竣工，新型クラウン量産開始。3-23　東芝三菱電機産業システム，宝山鋼鉄向け熱間圧延設備を受注，約100億円。3-24　株洲時菱交通設備設立(三菱電機側50，株洲電力機車研50)，北京地下鉄向け電装品60億円受注。3-25　愛知万博期間中，中国団体観光客ビザ発給対象地域を「3市5省」から中国全土に，7-2　恒久措置に，7-25　実施。3-28　日中アジア局長協議(東京)。3-29　日中両政府，対中国2004年度円借款公文交換，3-30　日本対中国有償資金協力(円借款)L/A調印，7件(包頭市大気環境改善84.69億円・陝西省水環境整備272.64億円・長沙市導水及び水質環境199.64億円・内モンゴル人材育成50.73億円・長江上流生態環境整備65.03億円・新疆伊寧市環境総合整備64.62億円・貴陽市水環境整備121.4億円)。3-　川崎重工・丸紅，北京市向け天然ガス熱電併給プラントを約60億円で受注。
4-2　成都で反日騒動，4-9　北京でデモ，4-10　広州に飛火，4-16　上海に波及，4-19　収束。4-13　第3回日中韓局長級協議(北京)。4-13　全人代副委員長路甬祥来日(〜4-20)，4-14　第1回日中議会交流委員会会議(東京)に出席。4-17　外相町村信孝訪中(4-18)，外相会談。4-23　首相小泉純一郎，アジア・アフリカ首脳会議会期中，ジャカルタで胡錦濤と会談。4-26　第2回日中気候変動対話(北京)。4-27　第9回遺棄化学兵器問題日中共同作業グループ会合，北京で開催(〜4-28)。
5-6　第7回ASEM外相会合・日中韓三者委員会，京都で開催，5-7　日中外相会談。5-8　山崎拓，首相補佐官として訪中。5-8　外務副大臣逢沢一郎訪中。5-12　民主党政調会長仙石由人訪中。5-13　第1回日中総合政策(戦略)対話(北京，〜5-14)，6-23　第2回対話(東京，〜6-24)。5-17　副総理呉儀，愛知万博イベント出席のため来日，5-23　急務を理由に帰国。5-18　日中韓投資に関する法的枠組み政府間協議及び同ビジネス環境改善政府間メカニズム初会合(〜5-20)，8-10　第2回会合(〜8-12)，10-12　第3回会合(〜10-14)，11-30　第4回会合(12-2)。5-21　自民党武部勤・公明党冬柴鉄三訪中(〜5-23)。5-27　アセアン＋3会期中，ラオスで日中外相会談。5-30　第2回東シナ海等に関する日中協議(北京)，9-30　第3回協議(東京)。
6-6　日中人材育成と第2次黄河中流域保全林IVに無償援助10億4500万円公文交換。6-6　日中民間緑化協力委員会第6回会合(東京)。6-11　石家荘-太原鉄道起工，中国高速鉄道プロジェクト始動。6-14　アセアン＋3局長会議(東京)。

2005年(平成17年)乙酉(1/3)

その他	日本（参考）
1-19 ソウル市長李明博、ソウルの漢字表記を「漢城」から「首爾」に変更表明。1-29 北京-台北の春節チャーター便就航、両都市直行便は分断以来56年ぶり。 2-16 京都議定書発効(2002.5-31 日本批准)。 4-2 ローマ法王パウロ2世逝、4-19 新法王、ベネディクト16世に決定。4-5 総理温家宝、パキスタン・インドなどを訪問(～4-12)。4-26 台湾国民党訪問団、大陸を訪問(～5-3)、団長連戦、南京・北京・西安・上海を訪れる。4-28 韓国ハイニックス無錫半導体工場着工。 5-5 台湾親民党大陸訪問団、大陸を訪問(～5-12)、団長宋楚瑜、西安・南京・上海・長沙・北京を訪れる。5-30 広深鉄路(股)、青島四方ボンバルディア鉄道輸送設備(BST)へ高速車両20編成を発注、金額25.83億元、2006.8-30 出荷開始、2007.2-1 広州-深圳線で商業走行開始。 6-2 中国-ロシア、東部国境線に関する補充協定批准書を交換。6-22 中海油、米ユノカル買収にシェブロンの価格(総額180億ドル、4-4提示)より高い金額(185億ドル)を提示、8-2 競争から撤退。 7-6 台湾新党訪問団、大陸を訪問(～7-13)、団長郁慕明、広州・南京・大連・北京を訪問。7-6 スコットランドのグレンイーグルズでサミット開催。7-7 ロンドン同時多発テロ。7-16 台湾、国民党主席選挙で馬英九が当選。7-23 エジプト東部のシャルムエルシェイクで同時爆発テロ。7-26 スペースシャトル・ディスカバリー打ち上げ、野口聡一搭乗、8-9 帰還。	2-17 中部国際空港(セントレア)開港。2-21 日本政府、2005年度のり輸入枠を発表、年間総量4億枚。2-21 NTTドコモの3G(FOMA)サービス、契約1000万に達す。 3-3 コクド前会長堤義明、証取法違反容疑で逮捕。3-6 愛知県でリニモ開業、日本初の浮上式リニアモーターカー旅客線。3-16 島根県議会で「竹島の日」条例成立。3-25 日本国際博覧会(愛知万博)「愛・地球博」開幕(～9-25)、期間入場者2205万人。3-末 ブログ開設者335万人(総務省統計)。3-末 トヨタ自、当期利益1兆1712億円。 4-1 個人情報保護法施行。4-1 ペイオフ完全実施。4-1 テレビ・ラジオでタバコCM全面禁止。4-25 JR福知山線脱線事故、死者107人、負傷者555人、JR史上最悪事故。4- 韓国の東方神起、日本デビュー。 5-23 公正取引委員会、日本道路公団発注の鋼鉄橋梁工事で談合8社を刑事告発、5-27 14人逮捕、7-26 公団副総裁逮捕。5-29 三菱重工など5社連合、ドバイ都市交通システムを受注、Ⅰ期Ⅱ期合計で約3600億円、全自動無人運転鉄道システムとして中東初、世界で最長、8- 着工。 6-1 夏のビジネス軽装(クール・ビズ)始まる。6-1 狂牛病で1980～1996年英に1泊以上滞在者無期限で献血不可に。6-13 カネボウ、粉飾決算により東証上場廃止に、7-29 元カネボウ社長帆足隆元逮捕。6-22 改正介護保険法成立。6- 東洋運搬機、日立建機の子会社に、2009.12- 完全子会社化。

2005年（平成17年）乙酉（2/3）

日中交流・中国

7-1　長春一汽豊越汽車，四川一汽豊田長春工場に改組。8-3　プリウスのライセンス契約調印，12-15 生産開始。7-4　日中鉄鋼業環境保全・省エネ先進技術交流会（北京，～7-5）。7-5　三井造船，中国船舶工業・滬東重機と船用低速ディーゼルエンジン合弁契約調印，2006.9-16　上海中船三井造船ディーゼル設立，2009.7-22　200万馬力達成。7-20　井真成墓誌，東京国立博物館で展示。7-20　第4回日中治安当局協議（東京，～7-21），3年ぶり。7-21　中国，為替管理フロート制導入，固定レートから緩やかな変動制へ移行，対ドルレート8.28元から8.11元に切り上げ。7-30　新日中友好21世紀委第3回会議（昆明，～7-31）。7-　NEC，中国網通から海底光ケーブル（青島延長線）を受注，約2400万ドル。7-　広東省で資生堂製品の偽造工場を摘発，1700箱偽化粧品を押収。

8-8　国務院，非国有資本の文化産業参入に関する決定公布。8-11　日中韓投資取決第2回会合（ソウル）。8-11　日揮・丸紅など，浙江巨化からCO_2排出権4000万トン分取得，日本企業で初，約10億円でフロン分解装置を提供。8-13　鉄道部，南車青島四方機車車両・川重・三菱電機・株洲電力機車所・株洲機車電機・国祥運輸設備の6社と契約，MT205型モータ・ATM9型車両用FTを株洲南車電機でライセンス生産，2007.8-20　鉄道部検収合格。8-23　第1回北京・東京フォーラム，北京で開催（～8-24）。8-23　全人代第10期常務委第17回会議，治安管理処罰法・公証法・婦女権益保障法可決。8-26　日中B3G移動通信技術協力覚書調印（東京）。8-29　中古車流通管理方法公布，外資系も中古車の扱い可能に，10-1　施行。8-30　第11回日中科学技術協力委員会会議（北京）。

9-19　三井住友銀行など，外貨管理局より人民元先物予約業務取扱認可を取得，外銀として初めて。9-21　中央党校交流事業日本側第6回訪中。9-30　東シナ海問題第3回日中協議（東京，～10-1）。

10-1　臨時居民身分証管理方法施行，臨時身分証新版に更新開始。10-12　第3回（最終回）日中韓投資枠組み政府間協議（東京）。10-12　神舟6号有人宇宙船を打ち上げ，2人搭乗，10-17　帰還。10-14　第3回日中総合政策（戦略）対話，北京で開催（～10-17）。10-15　青蔵鉄道敷設完了，1956Km。10-22　全人代第10期常務委第18回会議（～10-28），個人所得税の納税基準改定，1600元以上に。10-27　中国建設銀行（股），香港に上場，初の国有商業銀行の本土外上場。10-28　中国工商銀行，股分有限公司に改組。

11-1　「伝銷」（ネズミ講）禁止条例施行。11-1　ファーウェイ・ジャパン，東京に設立（華為技術100）。11-2　第5回日中韓経済局長協議（北京）。11-4　日本特許庁－中国国家知識産権局定例会談，特許審査迅速化のため連携強化で一致。11-8　宝鋼新日鉄汽車板，自動車用板金ライン稼働，年170万トン。11-14　国華寧海石炭火力発電所2号機稼働，中国の発電容量5億kWに達す。11-15　前民主党党首岡田克也訪中。11-15　吉林市化学工場で爆発，ニトロベンゼン大規模汚染発生。11-16　上海環球金融中心大廈工事再開起工式。11-21　中央党校来日団来日（～11-30）。11-30　中国商標評審委員会，無印良品の主張認め，香港盛能投資の先行登録商標を取り消す。

2005年（平成17年）乙酉（2/3）

その他	日本（参考）
8-1　米中初の戦略対話（北京）。8-5　中国検索エンジン大手バイドゥ（1999.10-11 設立，本社北京），ナスダックに上場。8-29　ハリケーン・カトリーナ，ニューオーリンズに上陸。8-　米ヤフーとヤフーチャイナ，約10億ドルでアリババ・ドットコム株式40％を取得。8-　英ロイヤル・バンク・オブ・スコットランド（RBS），RBS CHINA を設立（RBS51.60，嘉誠基金傘下 Magnition HD24.20，他4社），中国銀行株式8.48％209億H株を30.48億ドルで取得。9-12　香港ディズニーランド開園。9-17　台湾大衆電脳蘇州Ⅳ期工場稼働，台湾のノートパソコン組立ライン，全て大陸に移転。10-1　バリ島で同時爆弾テロ。10-24　米 AMD，プロセッサー設計技術×86 アーキテクチャーを中国へライセンス供与発表。10-26　中国石油，ペトロカザフスタン（本社カナダ）を買収完了，41.8億ドル。10-27　パリで少年感電死事件，その後全土で騒乱発生，仏で非常事態宣言。10-29　インドのニューデリーで同時爆弾テロ。10-　シスコ中国R&Dセンター，上海で稼働。11-1　GE，鉄道部から南車戚墅堰機車経由で Evolution 型ディーゼル機関車300台受注。11-8　米中，紡織品と衣料品貿易諒解備忘録調印。11-18　第17回 APEC，釜山で開催（〜11-19）。11-20　米中首脳会談。11-22　メルケル，ドイツ首相に就任，ドイツ初の東ドイツ出身女性首相。11-22　デュポン中国R&Dセンター開業。11-　シーメンス，鉄道部から北車唐山軌道客車経由で高速車両60編成受注，総額6.69億ユーロ，2007.12-12 独で引渡式。	7-1　無印良品，海外40店舗目を上海にオープン。7-　丸紅，富士電機（タービン・発電機）と東方電気集団（ボイラー・周辺機器）製で，ベトナムハイフォン火力発電プラント（300MW×2）受注，約500億円。8-7　初回東京ガールズコレクション（TGC）。8-8　郵政民営化関連法案，参院で否決，小泉内閣，衆院を解散。8-15　首相小泉純一郎，終戦60周年談話を発表。8-17　国民新党結成。8-21　新党日本結成。9-11　第44回衆議院選で自民党圧勝，296議席獲得。9-14　最高裁，在外邦人の選挙を制限する公職選挙法に違憲判決。9-17　民主党代表選，前原誠司当選。9-21　第3次小泉純一郎内閣（第89代）発足（〜2006.9-26）。9-28　日通と三菱商事，中国の物流事業を統合，日通エム・シー中国投資を設立。9-29　東京高裁，首相小泉純一郎の靖国神社参拝に対し私的参拝と判断，9-30　大阪高裁，高裁として初の違憲判断，両高裁判断分かれる。10-1　国勢調査，日本人口 127767994 人。10-1　日本原子力研究開発機構発足。10-1　日本道路公団民営化。10-1　三菱東京フィナンシャルグループ，UFJ ホールディングスと合併，三菱UFJフィナンシャル・グループ（MUFG）発足，三大金融グループ時代に。10-1　日米社会保障協定発効。10-2　元日本留学生の集い，1974年以来各国から計1900名を日本に招待。10-14　郵政民営化関連法案成立。10-17　小泉純一郎，靖国参拝。10-18　トヨタ，127万台リコール，1969年制度発足以来最大。

2005年（平成17年）乙酉（3/3）

日 中 交 流・中 国

12-1 第4回日中経済パートナーシップ協議（東京，~12-2）。12-5 日中長期貿易協議委員長会議（東京），第6回日中長期貿易（2006~2010年）協定調印。12-5 中国全国政法会議（北京，~12-6）。12-6 広東省汕尾市の風力発電所建設現場で地元村民抗議。12-6 通化鋼鉄，東芝三菱電機産業システム納入の熱間圧延ライン稼働。12-7 日本社会党代表団訪中。12-8 日中軍縮・不拡散協議（北京）。12-10 上海洋山港開港，洋山保税区使用開始。12-10 中国の広告業，外資系に正式開放。12-10 全国組織部長会議（北京，~12-11）。12-11 民主党党首前原誠司訪中。12-12 浙江省工商局，ソニー製デジカメの基準値未達と指摘。12-15 広東省北江でカドミウム汚染発覚，12-20 韶関・清遠・英特市の水道水供給を停止，広州・仏山で緊急対策。12-22 村田（中国）投資設立，2006.4-3 開業。12-26 日中，国連改革協議（北京）。12-28 中央農村会議（北京，~12-29）。12-29 全人代第10期常務委第19回会議，農業税条例（全人代1958年6月3日可決）を2006年1月1日に廃止することを決定。12-29 国務院，中長期（2006~2020年）科学技術発展計画綱要を発布。12-31 明電舎（杭州）電気系統設立，PMモータと駆動システムの製造。12- 日立造船，上海環境投資から成都向けごみ焼却炉（400t×3基）受注。

年末

- 中国外貨準備高8189億ドル，前年末より2089億ドル増加，日本に次ぐ2位，香港の1243億ドルと合計で9432億ドルに達する。中国大陸の人口，13億756万人（国家統計局推定値），13億を突破。

2005年

- 日本の対中国投資額（実行ベース）65億2777万ドル，前年比7.9%増，各国投資総額の10.8%（商務部数値）。

- 中国国内総生産 18兆3217億元，成長率13.1%。歳入31627.98億元，前年比19.8%増，歳出33708.12億元，前年比18.3%増，財政赤字2080.14億元。中国の輸出7620億ドル（28.4%増），輸入6601.2億ドル（17.6%増），貿易黒字1019億ドル，初の1000億ドル台。上海港の貨物取扱量4億4300万トン（16.7%増），シンガポールを抜いて世界首位に。

- 中国の半導体IC年間生産量300億個（36.7%増），売上高750億元（37.5%）。中国の自動車販売台数572万余台（2006.1-18訂正値），米の1700万台と日本の585万台に次ぐ3位。中国の自動車輸出（シャーシー含む）17万2800台，輸入16万1900台，内独3万1200台，日本1万6500万台，初めて輸出が輸入を上回る。中国市場での日系自動車シェア23.94%，初めて独系を抜き外資系でトップに。

- 中国国内原油生産量1億8150万トン，前年比3.7%増，石油輸入依存度42.9%，前年比2.2ポイント減（国家発改委数値）。粗鋼生産量3億5324万トンに，前年比24.9%増。義烏小商品卸売市場（1982年発足），売買金額288億元に。中国の無免許違法融資，8000億元規模に。

2005年（平成17年）乙酉（3/3）

その他	日本（参考）
12-5 総理温家宝訪仏，金融・鉄道・航空・エネルギーなど16協定調印，エアバス150機購入基本合意。12-9 TCL集団，TCL国際電工とTCL楼宇科技を17億元で仏ルグランに売却。12-12 第9回アセアン＋3，12-14 東アジア16カ国サミット（EAS）初会合，クアラルンプールで開催。12-14 無錫サンテック，NYに上場。12-15 カザフスタン・アタス－中国新疆アラ峠石油パイプライン開通，962Km，20万バレル／日。12-22 北京ベンツ・ダイムラー・クライスラー自動車，中国製メルセデス・ベンツを発売。	11-4 米ウォルマート，西友に対し経営支援，株式56.56％を取得。11-9 総務省電波審議会，BBモバイル（ソフトバンクグループ）・アイビーモバイル・イーモバイル事業計画の認定発表。11-9 NTTドコモ携帯電話の契約件数5000万件に達す。11-15 米大統領ブッシュ来日。11-17 耐震強度偽装事件発覚。11-26 横綱朝青龍，11月場所で優勝，史上初の7連覇と年間6場所完全制覇。12-2 東証一部時価総額506兆4812億円，15年4か月ぶりに500兆円回復。12-8 みずほ証券，ジェイコム株誤発注，1株61万円を1円61万株で売り注文，12-10 非常時条項適用に，12-11 システム不具合によること判明。12-8 AKB48，秋葉原の劇場で初公演。12-13 BSE問題で輸入停止していた米国産牛肉の輸入再開。12-13 日本－マレーシア経済連携協定（EPA）調印，2006.7-13 発効。

年末
・世界の自動車保有台数8億9682万台（JAMA調査数値）

2005年
・中国の国別貿易額，EU2173.1億ドル（22.6％増）で最大，2位米の2116.3億ドル（24.8％増），日本3位で1844.5億ドル（9.9％増）。
・米貿易赤字額7257億5900万ドル（17.5％増），初めて7000億ドルを超える。日本の対米黒字額1141億7000万ドル（42％増），過去最高。
・世界の物の輸出総額10兆1210億ドル（13％増），初の10兆ドル台，内BRICsは12％（WTO統計）。
・米GM年間販売台数918万台，27年ぶり900万台超え，販売台数世界一。
・中国の携帯電話輸出2億2800万台（56％増），206億3500万ドル（45.7％増）（商務部集計）。
・中国への外国人入国者2055万5100人，前年比19.5％増，韓国1位，日本2位。

年末
・外貨準備高8468億9700万ドルで世界最多。

2005年
・国内総生産501兆7344億円，成長率名目0.7％，実質1.9％。
・日本の国際収支，所得収支11兆3000億円，貿易黒字の10兆3500億円を初めて上回る。
・薄型テレビ（液晶・プラズマ）出荷469万台，ブラウン管テレビの398万台を初めて上回る。
・ニート（教育・労働・職業訓練に参加していない35歳以下成人独身者）の人数，60万人を超える。
・宝くじ，販売金額1兆1047億円で史上最高。

2006年（平成18年）丙戌（1/3）

日中交流・中国

1-1 第11次5カ年計画(2006〜2010年)スタート。1-1 農業税全廃。1-1 再生可能エネルギー法施行。1-9 日中両政府，東シナ海資源開発につき北京で非公式協議。1-13 第7回日中漁業共同委員会会議北京で開催。1-17 外務副大臣塩崎恭久訪中。1-24 深圳市中級法院，大鵬証券(私営，1993年10月設立)に破産宣告，負債額60億1425万元，証券会社の倒産は大連証券と佳木斯証券に次ぐ3社目。1-28 春節期間中(〜2-4)，携帯電話メール数126億通に。1- 中国の姓約4100，トップ3が李王張，李が7.4%で最多，次に王の7.2%，張の6.8%。

2-7 国務院，中長期科学と技術発展計画綱要(2006〜2020年)を発表。2-10 第4回日中総合政策(戦略)対話(東京・新潟，〜2-11)，5-7 第5回対話(北京・貴陽，〜5-9)，9-23 第6回対話(東京，9-26)。2-19 第1回日中与党交流協議会(北京，〜2-23)。2-21 経済産業相二階俊博訪中(〜2-23)。2-末 中国，外貨準備高8537億ドル，日本の8500億ドルを上回り，世界最多に。

3-5 第10期全人代第4回総会(〜3-14)，議題農業近代化。3-6 第4回東シナ海等に関する日中協議(北京，〜3-7)，5-18 第5回協議(東京)。3-18 みずほコーポレート銀行上海支店・中国建設銀行湖北支店，共同で東風汽車(日産50)へ35億元即日引き出し可能な融資枠を設定。3-23 新日中友好21世紀委第4回会合(京都，〜3-24)。3-25 財務相谷垣禎一訪中(〜3-26)。3-25 総務相竹中平蔵訪中(廈門，〜3-26)，第4回日中韓情報通信相会議に出席。3-27 明電舎統括(上海)商貿設立，日系独資初のコンサル機能付きメーカ系内外商事会社。3-28 全国文化体制改革会議(北京)。3-29 国貿促(会長橋本龍太郎)・日中友好議員連盟(会長高村正彦)・日中友好協会(会長野田毅)・日本中国文化交流協会・日中経済協会・日中協会・日中友好会館7団体訪中, 3-31 胡錦濤と会談。

4-1 外務省アジア大洋州局中国課に日中経済室を設置。4-1 国際交流基金，日中交流センターを設置。4-2 財務省-中国海関総署，税関相互支援協定を調印，即日発効，偽ブランド品の密輸情報交換強化など。4-7 北京華糖ヨーカ堂望京店(6号店)オープン。4-10 上海中石化三井化工設立，三井化学とシノペックの合弁, 2008.12- 稼働。4-11 第5回日中韓投資に関する法的枠組み政府間協議及び同ビジネス環境改善政府間メカニズム会合(〜4-13), 12-4 第6回会合(〜12-5)。4-12 三菱自動車，東南汽車に資本参加，台湾中華汽車から87億5000万円で東南汽車株を取得，取得後の出資比率三菱25，中華汽車25，福建省汽車工業集団50に。4-12 三菱自動車，上海に研究開発拠点菱発自動車技術コンサルティングを設立(三菱自100)。4-14 中国人民銀行，中国内の銀行と保険会社の対外証券投資解禁を発表。4-17 日立金属，宝鋼工程技術と合弁合意, 9-1 宝鋼日立金属軋輥(南通)設立, 2008.10-24 稼働。4-20 上海日本人学校浦東校開校，小中学生 813 人入学，虹橋校と合計で 2401 人。4-20 中国検索エンジン最大手バイドゥ(百度)，バイドゥ・バイクー(百度百科)を新設。

2006年（平成18年）丙戌（1/3）

その他	日本（参考）
1-1 中国, CEPA(2003年締結)により, 香港マカオ生産品に対する関税全面撤廃。1-9 台湾UMC 董事長曹興誠, 中国への投資規制違反で検査当局から起訴される。1-10 吉利乗用車, 中国車として初の北米自動車ショー出展。1-12 中国, 初の対アフリカ政策を発表。2-15 華為技術, 英ボーダフォンと提携発表, 華為製3G携帯を21カ国向け最低5年供給合意。2-24 アルセロール, 中国莱蕪鋼鉄の株式38.41%を2億1800万ユーロで取得発表。2-25 世界人口, 推計で65億人突破。3-21 ロ大統領プーチン訪中（〜3-22）, 北京で首脳会談, 3-22 少林寺を訪問。3-23 EU, 中国製皮靴への反ダンピング措置を正式決定, 4-7 4.8%課税開始, 9-15 19.4%課税。3-29 中国長虹電器, チェコのヌンベックでテレビ工場起工式, 年100万台計画。4-11 米中合同商業貿易委員会会合, ワシントンで開催, 副総理呉儀出席, 160億ドル売買契約調印, ボーイング80機基本合意。4-14 大陸-台湾, 両岸経済貿易フォーラム, 北京で開催（〜4-15）。4-17 中国, 大陸住民の台湾への旅行観光管理方法を公布。4-20 ブッシュ-胡錦濤, ワシントンで米中首脳会談。5-12 米ベストバイ, 中国家電量販4位の江蘇五星電器51%株式を1.8億ドルで取得発表, 五星の全国店舗数293店。5-15 上海外為一時1ドル=7.9980元, 初めて7元台に。5-25 米エンロン不正会計事件で, 元会長のケネス・レイらに有罪判決。5-29 台湾, 中国本土製タオルに反ダンピング仮決定, WTO加盟後初。	1-1 三菱東京UFJ銀行発足。1-16 ヒューザ, マンション耐震強度偽装で営業停止, 4-26 姉歯秀次ら逮捕, 5-17 ヒューザ社長小嶋進ら逮捕。1-18 東証, 粉飾決算でランプドアの株式売買停止, 1-23 社長堀江貴文逮捕。1-20 成田空港検疫で, 米国産牛肉に輸入禁止脊椎混入発見, 再び輸入禁止に, 7-27 再開。1-23 ヤマハ発動機, 無人ヘリ不正輸出で家宅捜索。1-24 H-ⅡA, 8号機打ち上げ。2-6 日立造船, 中国成都向けごみ焼却炉400t×3基受注発表, その後厦門向け300t×2, 無錫向け500t×4, 海口向け600t×2受注。2-7 フィッシング詐欺初摘発, 千葉の無職がフィッシングで個人情報を入手, 商品だまし取り事件。2-10 石綿被害救済法公布施行。2-12 ミツトヨ製三次元測定機の対中不正輸出発覚, 2-13 強制捜査。2-27 日本, 欧州原子力共同体（ユーラトム）と原子力協定調印。3-7 日本の外貨準備高8500億5800万ドル（財務省数値）。3-17 ソフトバンク, ボーダフォンの日本法人を1兆7500億円で買収合意。3-27 2006年度予算成立, 一般会計総額79兆6860億円。3-末 2005年度日本の四輪メーカ海外生産1092万5918台, 初めて国内生産台数（1061万7038台）を上回る。3-末 日本のブログ利用者2539万人に達す（総務省発表）。4-1 トーメン, 豊田通商に合併。5-1 新会社法施行, 有限会社法廃止。5-17 在日大韓民国民団-在日朝鮮人総連合会, 和解声明発表。5-19 新司法試験開始。5-28 東京環状8号線全線開通。

2006年(平成18年)丙戌(2/3)

日中交流・中国

5-1 中国内居住者,年2万ドルまで両替可能に。5-10 外交部,1956～1960年外交資料25651件を公開。5-16 日中21世紀交流事業高校生交流スタート,中国高校生短期訪問団第1陣200名来日(～5-24),8-21 高校生第2陣250名来日(～8-29),9-7 長期(1年)1期生32名来日(2007.7-27帰国),10-10 高校生第3陣200名来日(～10-18)。5-18 第5回東シナ海日中協議(東京)。5-20 三峡ダム本体完成。5-23 第5回ACD(ドーハ)で日中外相会談。5-23 第12回日中文化交流政府間協議(東京),日本中国文化センター設立覚書調印。5-23 広州豊田汽車南沙生産基地でカムリ量産開始。5-25 上海京劇院来日公演(～6-14)。5-26 国務院,天津濱海新区の開発開放文書を配布。5-29 日中省エネルギー環境総合フォーラム(東京,～5-31)。5- 東洋電機製造・三井物産,北京市地下鉄向け車両電機品30億円受注。

6-8 日本対中国無償援助公文交換,人材育成・黄河中流域保全林に8億2100万円。6-8 外貨管理局,対外投資向け外貨割当制度廃止公布,7-1 実施。6-23 日本対中国有償資金協力(円借款)L/A調印,10件(貴州環境社会発展91.73億円・水環境整備雲南昆明市127億円・同ハルビン市73.98億円・同広西玉林市62.82億円・人材育成遼寧省57.75億円・同河北省57.75億円・同海南省31.50億円・億円・河南省植林74.34億円・フフホト市大気環境整備74億円・吉林市環境総合整備97.11億円)。6-26 天津石化100万トンエチレンプラント着工,中国最大。6-30 上海襄陽路市場閉鎖。

7-1 第7回日中民間緑化協力委員会会合(成都)。7-1 青蔵鉄道開通式典,ゴルムドからラサ1142Km,最高地点海抜5072m。7-4 民主党代表小沢一郎訪中,胡錦濤と会談。7-8 第6回東シナ海日中協議(北京,～7-9)。7-13 国家土地督察制度に関する通知。7-19 華為技術の基地局3G-HSDPA,イー・モバイルが東名阪以外のエリアで採用,華為技術の日本市場初参入,2009年にソフトバンクとNTTドコモが華為の基地局を採用,2010年にKDDIが華為の基地局を採用。7-20 国連に関する日中協議(北京)。7-21 第10回日中安保対話(北京)。7-27 クアラルンプールで日中外相会談。

8-27 全人代第10期常務委第23回会議,企業破産法可決,2007.6-1 施行。

9-3 日中経済協会会長千速晃・最高顧問名誉会長御手洗富士夫訪中,9-5 総理温家宝と会談。9-8 大江健三郎訪中(～9-15)。9-8 中国金融先物取引所(CFFE),上海に設立,上海先取・鄭州商取・大連商取・上海証取・深圳証取の共同出資。

10-1 邦人の中国長期滞在者124476人,米国の246988人に次ぐ2位(外務省統計)。10-8 首相安倍晋三訪中(～10-9),日中共同プレスを発表。10-19 新日中友好21世紀委員会第5回会合(青島,～10-21)。10-23 中央党校訪問団84名来日(～11-1)。10-27 中国工商銀行,香港・上海同時上場,191億ドル規模。10-31 中国,耕地面積18億2660万畝(2008.2-29発表),約1億2180万ha。10-末 外貨準備高1兆96億2600万ドル,初めて1兆ドル台に。10- 貿易黒字238億ドル,初の単月200億ドル超。

その他	日本（参考）
6-1 貨物専門の長城航空，上海-アムステルダム線運航開始，中国-シンガポールの合弁（長城工業 51, SIA カーゴ 25, テマセク HD 子会社 24）。6-6 東芝，ウエスチングハウスを 54 億ドルで買収発表。6-15 上海協力機構第 6 回首脳会議，上海で開催。 7-5 北朝鮮，日本海に弾道ミサイル連続試射。7-9 ムンバイ列車爆破テロ。7-15 第 32 回サミット，サンクトペテルブルグで開催，ロ初の議長国。7- 米月間新車販売，トヨタが初めてフォードを抜き，全米 2 位に。 8-21 中国内地-香港の租税回避と二重課税防止アレンジメント調印。 9-17 香港で唯一残っていた日系デパート三越閉店。9-19 タイで軍事クーデター，外遊中の首相タクシン帰国できず。9-22 ドイツのリニア試験線で衝突事故。9-28 上海外為，終値 1 ドル=7.8965 元，初めて 7.8 元台に。 10-9 北朝鮮，地下核実験発表。10-16 米ウォルマート，中国の小売大手トラスト・マート（好又多）を 10 億ドルで買収発表。10-17 中共中央台湾弁公室-台湾国民党国政研究基金会，海南島博鰲で農業問題を討論。10-17 米人口，3 億人に達する。10-23 ダウ・ケミカル上海 R&D センター着工，2009.6-3 開業。10-23 エンロン元 CEO スキリングに禁固 24 年 4 カ月の実刑判決。10-28 カルフール，北京通州に中国 84 番目の店舗開業，世界で 1000 店目。10-31 奇瑞-フィアット覚書調印，フィアットが奇瑞製エンジン採用，年 10 万台。10- 世界のウェブサイト数 1 億を超える。	6-1 改正道路交通法施行，駐車違反の取締を民間委託に。6-3 シンドラー製エレベータ圧死事故，後にソフトの不具合と判明。6-5 村上ファンドの村上世彰，日本放送株インサイダー疑惑で逮捕。6-29 首相小泉純一郎訪米（〜7-1）。 7-7 杉本信行《大地の咆哮》発行。7-8 TGC, パリ・ノール見本市会場で東京スタイルコレクションを開催，TGC 初の海外公演。7-14 日本銀行，ゼロ金利を解除，5 年 4 カ月ぶり。7-20 元宮内庁長官富田朝彦の昭和天皇靖国神社参拝中止の心情表わすメモ公開。7-25 イラク派遣の陸上自衛隊，最後の 280 名帰国。 8-14 クレーン船の接触事故で東京・神奈川・千葉 139 万戸停電。8-15 首相小泉純一郎，靖国参拝。 9-1 酒類販売自由化，コンビニでお酒の販売始まる。9-9 日本-フィリピン経済連携協定（EPA）調印，2008.12-11 発効。9-26 安倍晋三内閣（第 90 代）発足（〜2007.9-26）。 10-1 医療制度改革関連法一部施行，70 歳以上病院窓口での自己負担 3 割に。10-5 キッザニア日本，東京にオープン。10-6 日本国際石油開発，アザデガン油田の権利 65％をイラン側に譲渡し，10％に引き下げることでイラン側と合意発表。10-11 日本，北朝鮮の核実験に対し，経済制裁措置を発動。10-17 三井住友フィナンシャルグループ，国からの注入資金完済，三大金融グループの公的資金返済完了。10-24 携帯電話番号ポータビリティー制度（MNP）スタート。

2006年（平成18年）丙戌（3/3）

日中交流・中国

11-1　第2回日中鉄鋼業環境保全・省エネ先進技術交流会・同専門家交流会（別府，～11-2）。11-8　佳天美（上海）国際旅行社（JTB100），営業開始。11-14　日中21世紀文化交流事業中国高校生2006年度第4陣200名来日（～11-22），11-21　日本高校生第1陣50名中国へ出発（～11-27），12-19　第2陣50名中国へ出発（～12-25）。11-17　日本で中国文化フェスティバル開幕（～12-17）。11-18　APEC会期中，ハノイで日中首脳会談。11-18　北京で日本映画週間（～11-24），〈隠し剣鬼の爪〉・〈春の雪〉・〈椿三十郎〉・〈手紙〉など上映。11-28　第6回日中韓経済局長協議（ソウル）。11-　東レポリテック（南通）設立（東レ40，東レセハン50，東レ中国10），2008.10-21　開業式。

12-4　第6回日中韓投資法的枠組政府間協議（北京）。12-4　華電国際鄒県発電所7号機（火力超臨界）稼働，中国発電容量6億kWに。12-9　日中韓経済担当相会合，セブで開催。12-11　外資銀行管理条例施行，外銀人民元業務拡大。12-13　安徽海螺節能設備製造設立（カワサキプラントシステムズ50，海螺創業50），省エネボイラーなどの製造。12-16　日米中韓印エネルギー大臣会合（北京）。12-20　日本対中国無償資金協力，酸性雨及び黄砂モニタリング・ネットワーク整備に7億9300万円供与公文交換。12-20　第5回日中経済パートナーシップ協議（北京）。12-21　遺棄化学兵器第10回日中共同作業グループ会合（東京）。12-26　日中歴史共同研究委員会，北京で初会合（～12-27）。12-　TCM（安徽）機械設立（資本金35億円，TCM100），産業・建設車輌の製造。12-　広電日生人寿保険，杭州支店開設許可取得，日中合弁生保初の支店許可。

年末
- 外貨準備高1兆663億ドル，初の1兆ドル台，1990年末の111億ドルから16年。中国の国家機関・国有企業幹部職員数6170万人。私有企業数495万社，登記資本金7.5兆元，GDPの4割を産出。

2006年
- 日本の対中国投資額（実行ベース）47億5941万ドル，前年比▲27.1％，各国投資総額の7.2％（商務部数値）。中国の対外直接投資額211.6億ドル。
- 中国国内総生産21兆1924億元，成長率11.6％（国家統計局2008.4-10修正値）。輸出額9691億ドル，前年比27.2％増，輸入7916億ドル，前年比20.0％増。中国経常収支黒字額2499億ドル（中国国家外貨管理局SAFF数値），前年比42％増，日本を抜いて世界最大に。
- 中国の新車販売台数721万6000台，25.1％増，日本の574万台を抜き，世界2位に。中国の乗用車販売，法人別ではGMが1位413367台，日系ではトヨタが合計45万台でホンダの41万台を抜き，日系首位に。中国の自転車生産台数8500万台。
- ステンレス鋼生産量530万トン（前年比68％増），日本を抜き世界一に。
- 中国の航空会社，航空機1039機，国内線1068，国際線268。
- 上海浦東新区の生産高2365億元，財政収入587億元。

2006年（平成18年）丙戌 (3/3)

その他	日本（参考）
11-4 中国-アフリカ協力フォーラム（北京）。11-5 元イラク大統領フセイン死刑判決，12-30 執行。11-8 米国防長官ラムズフェルド辞任発表。11-9 中ロ首相会談，エネルギー・貿易分野で協力確認。11-9 前香港衛生署署長陳馮富珍，世界保健機関（WHO）事務局長に選出。11-18 第18回 APEC，ハノイで開催（〜11-19），会期中日米首脳会談。11-27 華晨汽車，独 HSO と欧州向け「中華」車輸出契約調印，5年で15万8000台，初のローカル系欧州向け10万台以上の一括契約。11-28 ソウルで第6回日中韓経済局長協議。 12-1 アルカテルとルーセント合併，アルカテル・ルーセント発足。12-1 アムウェイ中国，ダイレクト販売営業資格取得。12-14 米中戦略経済対話初会合，北京で開催（〜12-15）。12-15 中国銀行，シンガポール航空傘下の航空機リース会社シンガポール・エアクラフト・リーシング・エンタープライズ（SALE）を9億6500万ドルで買収。 年末 ・アジアの17証券取引所（日本・中国・オーストラリア・インド・東南アジアなど）の時価総額15兆7333億ドル，NY証券取引所の15兆4212億ドルを超える。 ・世界の失業者1億9520万人，過去最悪（国際労働機関 ILO 発表）。 2006年 ・世界の輸出総計11兆7620億ドル，内1位ドイツ1兆1120億ドル，2位米1兆370億ドル，3位中国9690億ドル，4位日本6470億ドル。	11-11 ソニー，プレイステーション3発売。12-3 日本語試験，世界で53万人受験，内中国211591人（前年比46%増）。12-8 宮崎県前知事安藤忠恕，競争入札妨害容疑で逮捕。12-13 貸金業規制改正法案成立，総量規制導入。12-15 教育基本法改正，59年ぶり，12-22 公布施行。12-15 防衛庁の防衛省へ昇格する法改正，参議院で可決，成立。 年末 ・外貨準備高 8953億2000万ドル。 ・日本から BRICs への株式投資残高，2兆1270億円，内中国へ1兆1700億円，インドへ4500億円。 ・日本の公務員 398.7 万人，内国家公務員 94.5 万人，地方公務員 304.2 万人。 2006年 ・国内総生産 507兆3648億円，成長率名目 1.1%，実質 2.0%，ドル換算 4兆3755億ドル，世界の9.1%，24年ぶり10%割る。 ・日本の年間貿易黒字7兆9019億円，経常収支黒字19兆8488億円。 ・日本の新造船建造量 1810万総トン，31年ぶり過去最高，韓国の1884万総トンに次ぐ2位。 ・日本の政府開発援助実績（ネット額），1兆2954億円（116億1000万ドル），前年比11.7%減，OECD 加盟22カ国総額1039億4000万ドルの11.2%，24年ぶり米・英に次ぎ3位に後退。 ・日本国内の自動車生産台数 1148万台（6.3%増），13年ぶり世界一，2位米1126万台（5.7%減），3位中国718万台（25.9%増），4位ドイツ518万台。

2007年(平成19年)丁亥(1/3)

日中交流・中国

1-1 財政部,企業会計準則・企業財務通則・金融企業財務通則施行。1-9 湖南湘電風能(原弘産と湘電集団の合弁,2006年設立),大唐電力グループから風力発電機13台受注発表,約30億円。1-14 首相安倍晋三,アセアン＋3 会期中フィリピンで温家宝と会談。1-15 日中交流機構中国訪日団来日(～1-20),団長王家瑞,民主党受け入れ。1-17 新日鉄エンジ・富士電機・三菱商事,酒泉鋼鉄向け亜鉛メッキ鋼板製造ライン 2 基受注発表,80 億円。1-17 広州-珠海鉄道(貨物線)工事再開。1-19 第 8 回日中漁業共同委員会会議(東京)。1-19 全国金融会議(～1-20)。1-25 第 7 回日中総合政策(戦略)対話(北京・杭州,～1-27)。1-25 日中刑事共助条約交渉第 1 回会合(東京)。1-29 ≪中国館蔵満鉄資料聯合目録≫(全30巻)完成出版。1-31 日中21世紀交流事業中国高校生中期招へい 40 名来日(～2-18),3-13 高校生2006年度第 5 陣250 名来日(～3-21)。

2-10 上海で初の神戸コレクション。2-14 広州本田,四輪車生産100万台達成,1999年3月生産開始から 7 年。2-15 外交部長李肇星来日(～2-17)。2- 無人ヘリ,北京必威易創基科技への不正輸出摘発。

3-5 第 10 期全人代第 5 回総会(～3-16),物権法・企業所得税法可決,内外企業所得税一本化。3-10 味千,香港に上場。3-13 日中文化スポーツ交流年「日中スーパーライブ in 北京」開幕。3-19 日中歴史共同研究委員会,東京で第 2 回会合(～3-20)。3-22 日中韓投資協定交渉初会合・第 7 回日中韓投資に関するビジネス環境改善政府間メカニズム会合(東京,～3-23),7-31 第 2 回投資協定交渉・第 8 回ビジネス環境改善政府間メカニズム会合(～8-1),11-5 第 3 回投資協定交渉・第 9 回ビジネス環境改善政府間メカニズム会合(～11-6)。3-27 日本最高裁,光華寮訴訟で台湾の中国代表権消滅で審理を地裁に差し戻す。3-28 「東京ガールズコレクション in 北京」,中国国際展覧中心で中国初の開催。3-29 第 7 回東シナ海等に関する日中協議(東京),4-6 同技術専門家会合(北京),5-25 第 8 回協議(北京),6-26 第 9 回協議(東京)。3-29 全国治安会議,戸籍制度改革を討論。3-30 日本対中国有償資金協力(円借款)L/A 調印,7 件(雲南昆明市水環境整備Ⅱ104 億円・寧夏水環境整備 84.32 億円・四川都市水環境整備 63 億円・安徽都市水環境整備 84 億円・松花江流域生態環境整備95億円・新疆都市環境整備129.59億円・フフホト市大気環境改善Ⅱ63億円),総額 623 億 3000 万円,前年比 17％減,2000 年度比 71％減。3-31 外資による中国不動産への投資,年初から 54 億ドル。

4-1 鉄道部,新鉄道技術管理規定を適用。4-11 総理温家宝来日(～4-13),6 年ぶりの中国首脳来日,4-12 衆議院で講演。4-18 中国鉄道第 6 次スピードアップ,北京上海間 9h59m に。4-22 国務院,行政機関公務員処分条例公布,6-1 施行。4-25 上海三菱エレベータ,北京国家図書館で1987年生産開始以来 15 万台目の引渡式。4-26 アジア・メディア(本社バミューダ),東証マザーズ上場,中国本土系企業初の日本上場。

2007年（平成19年）丁亥（1/3）

その他	日本（参考）
1-1 潘基文（パン・ギムン），国連第8代事務総長に就任。1-9 アップル，iPhoneを発表，6-29 米国で発売。1-11 人民元と香港ドル，初めて等価に。1-12 日本-中国-アセアンなど16カ国，日本提唱の東アジア・太平洋地域16カ国広域経済連携協定構想の検討開始合意。1-15 第2回東アジア16カ国サミット（EAS），フィリピンのセブ島で開催。1-16 中国石油（CNPC），ミャンマーのシュエ天然ガス田の探査権を取得。1-16 GE，北京オリンピック施設向け電力・照明・水処理など総額2億600万ドル受注発表。1-16 中国の家電量販大手美的電器のベトナム工場稼働，投資額2500万ドル，中国のベトナム投資で最大。1-26 DHL，中国国内貨物空輸を開始。2-13 北朝鮮問題6カ国協議共同文書採択。3-2 台湾高速鉄道，台北-左営（高雄）間正式開業，1h40mで350Km，6-1 1h36mに短縮，2010.8-3 開業3年5カ月で乗客数1億人に達す。3-13 米サブプライムローン扱い大手ニュー・センチュリー・ファイナンシャル上場廃止，4-2 連邦倒産法により資産保全を申請，3-20まで資産保全申請4社，業務停止20社以上。3-16 中国商務部，台湾産野菜11品目・水産品8品目ゼロ関税発表，3-20 実施。3-23 米アプライド・マテリアルズ（AMAT），西安グローバル開発センター開業。3-26 米インテル，大連に300mm-90n前工程工場建設を発表，投資額25億ドル，9-8 着工。4-2 匯豊銀行（中国）営業開始。4-25 NYダウ，初めて1万3000ドル超える。	1-9 防衛省発足。1-11 不二家製菓子の賞味期限偽り表示が発覚。1-12 宮崎県でH5型高病原性鳥インフルエンザ発生。1-15 動画共有サイトのニコニコ動画，サービスを開始。1-30 マイクロソフト，Windows Vistaを日本で発売。2-11 テレビ東京で＜李香蘭＞放送開始（～2-12），主演上戸彩。2-17 日本-チリ経済連携協定（EPA）調印，9-3 発効。2-21 日亜化学，青紫色レーザーを開発，次世代DVDの基幹部品。3-16 東京地裁，ライブドア前社長堀江貴文に懲役2年6か月の実刑判決。3-28 日本対インドネシア円借款公文交換，9件で総額998億1100万円。3-30 日本対インド円借款書簡交換，11件で総額1848億9300万円。3-末 消費者金融大手4社（武富士・アコム・アイフル・プロミス），最終赤字総額1兆7000億円に。3-末，新東京銀行（資本金1000億円），決算547億円の赤字， 849億円の累損。4-1 改正男女雇用機会均等法施行。4-3 日本-タイ経済連携協定（EPA）調印，11-1 発効。5-1 参画合併解禁，外国企業が日本の子会社を使って日本企業を買収することが可能に。5-9 日興コーディアル・グループ株式の61.08％，シティー・グループが取得，買収額9200億円，外資TOBで最大，2008.1-23 上場廃止，1-29 シティーの完全子会社に，5-1 吸収合併，日興シティーホールディングスに改名。5-14 国民投票法成立。5-28 ミスユニバースで日本代表森理世優勝。

2007年（平成19年）丁亥（2/3）

日 中 交 流 ・ 中 国

5-9　上海株価指数終値初めて4000台に。5-18　中国人民銀行, 為替レート変動幅を0.3％から0.5％に引き上げ, 5-21実施。5-19　日中韓外交当局間高級事務レベル協議（北京）, 10-28　第2回協議（ソウル）。5-28　日本対中国無償援助公文交換, 2010年度まで265名若手・中堅行政官留学計画に5億8500万円。5-28　一汽豊田天津第3工場稼働, トヨタの中国6番目完成車工場。5-30　日中21世紀交流事業, 21世紀東アジア青少年交流計画に拡大, 中国高校生第1陣200名来日（～6-7）, 6-12　日本高校生第1陣200名訪中（～6-18, 北京杭州武漢）, 7-11　中国高校生第2陣400名来日（～7-19）, 8-18　第3陣100名来日（～8-26）, 9-17　第4陣400名来日（～9-25）, 10-23　第5陣400名来日（～10-31）, 11-13　第6陣400名来日（～11-21）。5-30　中国, 株式取引印紙税を3倍に, 上海株価指数6.5％急落。

6-3　日中韓外相会議（済州）。6-8　首相安倍晋三, G8＋5会期中独で胡錦濤と会談。6-9　新日中友好21世紀委第6回会合（秋田県小坂町, ～6-10）。6-10　張娜, サントリーレディスで中国プロ選手の日本ゴルフツアー初優勝。6-12　日中韓青少年交流, 日本青年第1陣80名訪中（～6-18）, 9-21　第2陣100名訪中（～9-27）。6-14　日本1984年3000人訪中団OB200名訪中（～6-20）。6-17　第10回上海国際映画祭,〈眉山〉・〈武士の一分〉・〈大奥〉など上映。6-26　世界最長の海上橋杭州湾大橋完成, 2008.5-1　開通。6-末　中国のネット加入者1.62億人, 米の2.11億に次ぎ2位。

7-4　第8回日中民間緑化協力委会合（東京）, 2000年より26281ha中国植林を支援。7-4　対外友好協会会長陳昊蘇来日。7-5　国外投資管理方法実施, 中国の証券会社の資金公募と海外投資解禁。

8-2　東北地区振興計画許可。8-8　ボーチー・エンバイロメンタル・ソリューションズ・テクノロジー, 東証1部上場, 中国本土系企業として初。8-9　上海深圳証取時価総額21.15兆元, 中国GDPのレベルに。8-13　外貨管理局, 法人経常項目外貨口座の限度額を廃止。8-23　上海株価終値5000ポイント突破。8-23　中国外交部, 領事保護センターを設置。8-28　上海深圳香港上場の中国企業終値時価総額4.72兆ドル。8-29　国防部長曹剛川来日（～9-2）。

9-4　第7回日中環境保護合同委員会会合（東京）, 5年ぶり。9-4　松竹大歌舞伎近松座坂田藤十郎一座訪中（～9-22）。9-10　第1回笹川杯日本知識クイズ, 長春で開催。9-12　全国政協主席賈慶林来日（～9-18）。9-21　中国大使王毅離任, 9-23　帰国。9-22　AKB48, 北京で初の海外公演。9-27　第2回日中鉄鋼業環境保全省エネ先進技術専門家交流会・第2回日中省エネルギー環境総合フォーラム（北京, ～9-28）。9-28　三菱重工ーハルビン動力, 三門原発向けタービン・発電機（1200MW×2）受注, 2008.1-31　陽江原発向け（1200MW×2）受注。9-28　北京華糖ヨーカ堂右安門店（7号店）オープン。9-29　羽田-虹橋便就航。9-29　中国投資有限責任公司設立, 資本金2000億ドル, 中国中央匯金投資有限責任公司を100％子会社に, 12-19　モルガン・スタンレーへ50億ドル出資合意。9-末　日本で「銀聯カード」使用店舗7800店に。

2007年（平成19年）丁亥（2/3）

その 他	日 本（参 考）
5-5 アセアン＋3 財務相会議，主議題為替問題。5-6 仏大統領にニコラ・サルコジ当選。5-14 ダイムラー・クライスラー，クライスラー部門 81.1％の株式をサーベラスへ売却合意発表，8-3 売却成立。5-15 エアバス天津組立工場着工。5-20 中国，米投資会社ブラックストーン・グループに 30 億ドル出資。5-20 江城号，釜山港に入港，初の北朝鮮船の韓国港入港。5-22 第 2 回米中戦略経済対話（ワシントン，〜5-23）。6-19 第 3 回東アジア首脳会議エネルギー協力タスクフォース（EAS・ECTF）会合，東京で開催。6-22 米大手証券会社ベアスターンズ傘下ヘッジファンドのサブプライムローンへの投資失敗が明らかに。6-26 中国国家開発銀行，香港で50億元債券発行を発表，中国金融機関初の香港での人民元債券発行。6-27 発行（〜7-6）。6-28 エアバス（天津）最終組立合弁契約調印（エアバス 51，天津中天航空工業投資 49），11-16 商務部許可。7-12 NY 外為市場，1ユーロ=168円67銭，円対ユーロ史上最安値を記録。7-12 英豪資源大手リオ・ティント，カナダのアルキャンを買収，アルミ地金生産量 420 万トンで世界一に。7-23 中国工商銀行，時価 2540 億ドルで米シティグループを上回り，銀行で時価世界一に。7-24 米 WH，中国核電技術と三門・海陽向け原発 AP1000×4 基売買・技術供与契約調印。8-9 米FRB，緊急資金供給，8-23 まで約800億ドル。8-10 ニューヨーク株式，サブプライム問題で大幅下落。	6-18 日本-ブルネイ経済連携協定（EPA）調印，2008.7-31 発効。6-19 YouTube の日本語版サイト公開。6-20 改正公認会計士法成立。6-日本の家計金融資産1555兆3989億円で過去最高（日銀統計）。7-9 東京外為市場，1ユーロ=168円 40銭，東京外為市場円対ユーロ史上最安値。7-29 参院選，自民大敗，民主参院第 1 党に。8-7 第 167 臨時国会召集，議長に民主党江田五月が就任，1956 年以来 51 年ぶりに参院議長が自民党以外から就任。8-8 中央最低賃金審議会，最低賃金を 673 円より 14 円引上目安を決定。8-19 首相安倍晋三，インドネシア・インド・マレーシアを訪問（〜8-25），8-20 日本-インドネシア経済連携協定（EPA）調印，2008.7-1 発効。9-1 東京有楽町にザ・ペニンシュラ東京開業。9-26 福田康夫内閣（第 91 代）発足（〜2008.9-24）。9-26 生保大手4社（日生・第一・住友・明治安田）の保険金不払い・支払漏れ公に，100 万件で約 400 億円。9-30 金融商品取引法施行。10-1 郵政民営化により，持株会社の日本郵政（株）とその傘下の郵便事業・郵便局・ゆうちょ銀行・かんぽ生命保険の 4 株式会社，独立行政法人郵便貯金・簡易生命保険管理機構発足。10-1 改正雇用対策法施行。10-1 BS アナログハイビジョン放送終了。10-1 東京都人口 1275.8 万人，28 年ぶり全人口の 10％（総務省数値）。10-1 日本，国際刑事裁判所（オランダ・ハーグ）に加盟。

2007年（平成19年）丁亥（3/3）

日中交流・中国

10-1　中国在留邦人（3カ月以上）127905人，海外総数1085671人の11.8％。10-5　中国大使崔天凱着任，11-2　信任状提出。10-11　第10回東シナ海等に関する日中協議（北京），11-14　第11回東シナ海等に関する日中協議（東京）。10-12　第6回日中経済パートナーシップ協議（東京）。10-15　中国共産党第17回全国代表大会（～10-21），10-22　第17期中央委第1回全体会議，総書記・軍事委主席共胡錦濤を選出。10-24　月探査衛星嫦娥1号打ち上げ。10-30　中国遺棄化学兵器問題に関する日中共同作業グループ第11回会合（北京，～10-31）。

11-5　ペトロチャイナ，上海証取上場，40億A株，終値43.96元，時価総額で世界一に。11-20　アセアン＋3 会期中，シンガポールで日中首脳会談。11-30　外相高村正彦訪中，12-1　日中刑事共助条約調印，円借款書簡交換，第1回日中ハイレベル経済対話，12-3　胡錦濤と会談。11-　北京イオン設立。

12-1　杭州電子科技大学日中マイクログリッド実証プロジェクト着工，清水建設がNEDOから受注，装置明電舎，2009.12-3 完成。12-6　民主党訪中団435人訪中，団長小沢一郎。12-6　国電泰州発電所1号機稼働，中国発電容量7億kWに。12-7　上海海事法院，商船三井に賠償命令，戦前の徴用船賃料未払いで船主の孫へ。12-14　中日友好協会会長宋健来日。12-21　日本対中国有償資金協力L/A調印，6件（湖南省都市廃棄物処理105億円・安徽省都市廃棄物処理68億円・青海省生態環境整備63億円・蘭州市大気環境改善74億円・新疆地方都市環境整備Ⅱ38.02億円・河南省南陽市環境整備115億円），対中円借款最終回。12-27　首相福田康夫訪中（～12-30），12-28　胡錦濤と会談。12-末　中国銀行，サブプライムローン関連で引当損失13億ドルを年度決算に計上。

年末

- 中国の外貨準備高1兆5282億ドル，前年末比43.3％増。外資独資企業比率，78％まで上昇。
- 中国の発電容量7億1329億kW，内火力77.7％，水力20.4％，原子力1.2％，新エネルギー0.7％，会社別で華能10.0％，大唐9.1％，華電8.4％，国電8.4％，中電投6.0％（5大集団41.9％），国華電力2.7％，国投電力2.0％，華潤電力2.9％，中国三峡2.4％，その他41.0％。
- 中国のネット人口2億1000万人，米の2億1600万人に接近。

2007年

- 日本の中国との貿易額27兆8745億円，戦後初めて米国との貿易額（25兆2449億円）を上回る。日本の中国向け査証発給654205件，内団体観光261972件。
- 中国国内総生産25兆7306億元，成長率11.9％（国家統計局2008.4-10修正値）。歳入5兆1304億300万元，前年比32.4％増，初めて5兆元台に。輸出1兆2180億ドル，前年比25.7％増，輸入9558億ドル，前年比20.8％増，出超2622億ドル。
- 海外から中国への直接投資額，前年比13.6％増の747億6800万ドルで過去最高。

2007年（平成19年）丁亥(3/3)

その他	日本（参考）
9-8 第19回APEC（シドニー，～9-9）。9-27 米FRB，短期金融市場に80億ドル供給。10-4 ダイムラー・アーゲー発足。10-9 NYダウ，一時14166.97ドル，終値14164.53ドル，共に史上最高値を記録。10-23 香港金融管理局（HKMA），7億7500HKドルのHKドル売り介入を実施，。10-31 鉄道部，青島四方ボンバルディア鉄路輸送設備(BST)へ高速車両CRH1B型40編成を発注，2010.4-納入完了。11-6 米グーグル，携帯市場に参入，携帯ソフトを無償提供。11-6 中国ネット商取引最大手アリババ・グループ（1999.3-設立，本社杭州市），香港に上場。11-21 第3回東アジア16カ国サミット（EAS），シンガポールで開催。11-21 OECD，サブプライムローン問題で，機関投資家の損失最大で3000億ドルと発表。11-26 広東核電-アレヴァ，台山向け原発EPR×2基を80億ユーロで契約調印。11-27 中東和平会議，米で開催。12-19 米大統領ブッシュ，エネルギー独立・安全保障法案に署名，法案成立。12-19 韓国大統領選，李明博（イ・ミョンバク）当選。	11-1 東京証券取引所自主規制法人スタート。11-14 第39回技能五輪国際大会，日本で開催。11-19 日本-アセアン，経済連携協定（EPA）合意。11-21 京都大学の研究チーム，ヒト人工多機能性幹細胞樹立成功発表。11-28 最低賃金法改正案・労働契約法案成立。12-5 米ウォルマート，西友株95.1％保有に。12-17 社会保険庁，年金加入者・受給者に保険料納付記録を知らせる「ねんきん特別便」の発送開始。12-19 改正貸金業法施行，日本貸金業協会設立。

2007年（その他）
・世界（67カ国）粗鋼生産13億2198万トン，前年比7.3％増．BRICsは6億4808万トン，前年比12.9％増（国際鉄鋼協会2008.1-23発表）。
・世界での携帯販売台数11億4410万台，前年比12.4％増，1位ノキア4億3710万台，シェア38.2％(IDC数値)。
・イスラム金融，規模1兆ドル超える。

年末
・日本国債務（国債・借入金・政府短期証券）残高849兆2396億円，国民1人当たり665万円。

2007年
・国内総生産515兆5204億円，成長率名目1.6％，実質2.4％，ドル換算4兆3850億ドル，1人当り34326ドルで世界19位。日本の貿易黒字額10兆8249億円，前年比37.0％増。
・国内出荷液晶TV 741万1000台(32.5％増)，プラズマ96万6000台，前年比25.6％増（JEITA数値）。携帯電話・PHS国内出荷，5168万8000台，前年比4.6％増（(JEITA数値)。
・日本国内広告費7兆191億円，内インターネット媒体向け6003億円（24.4％増），雑誌を抜きテレビ・新聞に次ぐ3位に。
・全国百貨店売上高7兆7052億円，前年比0.5％減，11年連続の減少。
・日本のゲームソフト（新品・中古）販売金額，5167億円で史上最高，以後減少傾向。
・日本の海外渡航者数17294935人（入管数値）。

2008年（平成20年）戊子（1/3）

日 中 交 流・中 国
1-1　物権法・企業所得税法・労働契約法・有給休暇条例施行，清明・端午・中秋が休日に。1-5　日中歴史共同研究委員会，北京で第3回会合（～1-6）。1-17　第9回日中漁業共同委員会（上海）。1-23　中国検索サイトのバイドゥ，日本に進出。1-27　新日中友好21世紀委員会第7回会合（北京，～1-28）。1-28　中国国家質量検験検疫局・国家認証監督管理委員会，IT製品の強制認証を2009年5月1日から実施すると通達，9-18公布。1-30　中国製冷凍ギョーザにメタミドホス混入発覚。1-　中国で大雪災害発生，鉄道・道路・電力に大きな影響，2-5　日本政府，5700万円相当物資を援助。
2-20　国務委員唐家璇来日（～2-24）。2-22　第8回日中総合政策（戦略）対話（北京，～2-23）。2-26　自衛隊統合幕僚長斎藤隆訪中。2-28　第12回日中科学技術協力委員会会合（東京）。2-29　北京首都空港第3ターミナル使用開始。
3-5　第11期全人代第1回総会（～3-18），国務院機構改革を採択，国家主席・中央軍事委主席に胡錦濤，全人代委員長に呉邦国，国務院総理に温家宝，習近平を国家副主席に，李克強を国務院副総理に選出。3-10　日中青少年友好交流年スタート，日本青少年代表団約1000名訪中（～3-16），最高顧問小林陽太郎，3-15　北京人民大学で開幕式，両国青年約2000名参加。3-12　第4回日中韓投資協定交渉会合・第10回日中韓投資に関するビジネス環境改善政府間メカニズム会合（東京，～3-13），11-25　第5回投資協定交渉・第11回ビジネス環境改善政府間メカニズム会合（釜山，～11-26）。3-26　上海浦東空港第2ターミナル使用開始。
4-15　中国高校生第1陣200名来日（～4-23），5-13　第2陣400名来日（～5-21），6-10　第3陣250名来日（～6-18），6-24　第4陣250名来日（～7-2），10-14　第5陣397名来日（～10-22），11-11　第6陣398名来日（～11-19）。4-17　外交部長楊潔篪，初の来日（～4-20）。4-18　北京-上海高速鉄道全線着工，建国以来最大投資プロジェクト。4-22　第一中央汽船，宝山鋼鉄と豪州産鉄鉱石20年長期輸送契約調印。4-25　日中メコン政策対話（北京）。4-25　中国の動向集団，スポーツウェアのフェニックスを約5億円で買収。4-28　済南-青島鉄道で脱線衝突事故，死者72人。4-30　ソフトバンク，中国ネット大手オーク・パシフィック（OPI）を100億円で株式14%取得，筆頭株主に。
5-4　日本政府，中国青年200名を日本に招待（～5-10），内1985年訪日団OB 50名，7-23　第2陣330名来日（～7-30），11-10　第3陣280人来日（～11-18）。5-6　国家主席胡錦濤来日（～5-10），10年ぶりの国家主席来日，戦略的互恵関係推進で一致，5-9　平成天皇を訪問，5-10　奈良訪問，松下電器訪問。5-6　坂東玉三郎，北京で牡丹亭を公演（～5-7）。5-7　日中両政府，日本から中国へコメ輸出全面解禁合意。5-8　日中青少年友好交流年日本側開幕式，早稲田大学で開催，福田康夫・胡錦濤出席，胡錦濤講演。5-12　四川省汶川大地震，死者69227人，行方不明者17923人，5-13　日本，5億円相当物資を援助，5-20　日本医療チーム，成都に到着，最初に被災地入りの国際救援隊，6-2　帰国。5-24　中国電信体制改革発表，移動通信大手5社から3社体制へ移行開始。

2008年（平成20年）戊子(1/3)

その他	日本（参考）
1-2 NY原油先物1バレル＝100ドルを突破。1-24 仏大手銀ソシエテ・ジェネラル、内部不正で49億ユーロ損失、金融機関不祥事で最大。2-17 米カリフォルニア州食肉会社でBSE感染の恐れがある牛肉の不正処理明るみに。2-18 パキスタン総選挙、大統領派大敗、8-18 ムシャラフ、大統領を辞任。2-18 新日鉄など、ブラジルのヴァーレ（旧リオドセ）と2008年度鉄鉱石価格前年比65％引上で合意。2-19 NY原油終値、1バレル＝100ドルを突破。2-25 李明博、韓国第17代大統領に就任。3-3 メドベージェフ、ロ大統領に当選、5-7 就任。3-18 日本-アセアン賢人会議初会合（東京）。3-19 VISAカード、NYに上場、調達予定179億ドルで米史上最大新規株式公開。3-25 インドのタタ自動車、米フォード傘下の英ジャガーとランドローバーを26億ドルで買収。3-末 フォルクスワーゲン、第1四半期中国の新車販売268204台、初めて独を上回る。4-7 中国、ニュージーランドとFTA調印。4-9 人民元為替レート6.9907元まで上昇、初の6元台。4-14 スウェーデン-中国、曹妃甸エコ工業パークに関する協定調印。4-14 航空業界3位のデルタ航空と6位の米ノースウエスト、合併合意発表、世界最大航空会社に、10-29 認可。4-29 台湾国民党栄誉主席連戦、大陸を訪問、胡錦濤と会談。5-20 馬英九、台湾国府総統に就任。5-28 台湾国民党主席呉伯雄、大陸を訪問、胡錦濤と会談。5-28 ネパール、王制廃止、共和制へ。	1-7 NTTドコモ、PHSサービスを終了。1-11 新テロ対策措置法案、参院で否決後、衆院で再審議、2/3賛成多数で可決、成立。1-27 大阪府知事選、弁護士の橋下徹当選。2-1 日本入国の際、全旅客から通関申告書提出義務化。2-10 沖縄県で、米海兵隊員による少女暴行事件。2-15 文部科学省、新学習指導要領を発表、小学5年から英語必修に。2-19 東芝、HD-DVDからの撤退正式発表、ソニー陣営のブルーレイ・ディスク(BD)に統一へ。2-27 シャープの太陽光電池、1963年量産開始以来全世界での生産累計2GW達成、メーカとして世界初。3-1 労働契約法施行。3-3 三菱電機、携帯事業から撤退発表。3-13 東京為替市場でドルレート12年ぶりに100円を割る。3-26 日本-アセアン包括的経済連携協定(AJCEP)、シンガポール署名、3-28 日本署名、3-31 インドネシア署名、4-1 ベトナム署名、4-2 フィリピン署名、4-3 ブルネイ署名、4-4 ラオス署名、4-7 カンボジア署名、4-10 ミャンマー署名、4-11 タイ署名、4-14 マレーシア署名。3-28 2008年度予算案成立、一般会計83兆613億円。3-31 日銀、短期金融市場で3兆円資金供給。3-末 日本の外貨準備高、1兆155億8700万ドルに達し、前年度末比1066億2900万ドル増、過去最高を更新（財務省数値）。3-末 携帯電話契約数1億733万9800件。3-末 2007年度の東証一部株式売買代金の累計額、史上最高の700兆円に達し、以後減少に。

2008年（平成20年）戊子（2/3）

日中交流・中国

6-2 中国聯通のCDMAネットは中国電信に，それ以外は中国網通へ合併手続開始。6-6 原子力平和利用日中協力協定に関する公文交換（北京）。6-8 中国，林地請負期間を70年に。6-10 日本高校生第1陣100名訪中（～6-16），10-7 第2陣100名訪中（～10-13）。6-14 日中韓外相会議（東京），高村正彦・楊潔篪出席。6-18 第12回東シナ海等に関する日中協議，共同開発で合意。6-23 第9回日中民間緑化協力委員会会合（北京），2000年から中国の植林緑化支援累計30500haに。6-25 中国人民銀行，預金準備率を史上最高の17.5%に。6- シャープ，中国携帯市場に参入。6- 日本の株式会社MSK（1967.7-1 設立），無錫サンテックパワーの傘下に，2009.6-1 サンテックジャパンに社名変更。

7-7 中国主席胡錦濤，洞爺湖サミット出席のため来日（～7-9）。7-10 映画〈赤壁〉（レッドクリフ），中国で公開，1ヵ月で興行収入3億200万元，中国映画で最高を記録。7-22 東京海上日動火災保険（中国），上海に設立（東京海上100），上海支社（1994.9-設立）の業務を引き継ぐ。7-27 四川省災害復興視察団来日。

8-1 中国，反独占法施行。8-8 第29回オリンピック北京大会（～8-24），開幕式に首相福田康夫出席。8-13 国務院，耕地面積保持目標を18億畝に決定。8-16 外相高村正彦訪中（～8-18）。8-28 上海グローバル・フィナンシャル・センター（SWFC，上海環球金融中心）完成，8-30 開業，地上101階492m。

9-2 中国高校生（長期）第3期26名来日（～2009.7-）。9-2 日立造船ディーゼルアンドエンジニアリング，上海舟基集団と合弁契約調印発表，日立側25，舟基側75。9-11 石家荘三鹿集団毒粉ミルク発覚。9-15 中国人民銀行，基準貸出金利を引き下げ年7.20%に，預金準備率は16.5%に引き下げ。9-17 第2回日中韓青少年交流，中国から100名来日（～9-23）。9-20 中国本土系企業アジア・メディア，東証マザーズ上場廃止。9-22 第12回日中情報サービス産業懇談会（南京），日本からJISAが出席，IT製品強制認証に懸念表明。9-25 中国，有人宇宙船神舟7号を発射，翟志剛搭乗，9-28 帰還。

10-10 日本文化センター（北京）設立。10-13 東京国際映画祭で陳凱歌に黒沢明賞。10-15 八王子保健所で中国製冷凍いんげんからジクロルボルを検出。10-15 新中国聯通発足。10-17 磐田市で中国から輸入したつぶあんからトルエンと酢酸エチルを検出。10-17 第8回日中環境保護合同委員会会議，北京で開催。10-17 2008年F1中国グランプリ，上海で開催（～10-19）。10-22 中央党校訪日団90名来日（～10-31）。10-24 首相麻生太郎訪中，アセアン＋3首脳非公式朝食会，第7回ASEM会議（～10-25），10-25 日中領事協定調印，日中平和友好条約締結30周年記念レセプションに出席。10-26 第7回日中経済パートナーシップ協議（～10-27），上海で開催。10-29 三峡水力発電所全26機稼働，総容量1820万kW。

2008年（平成20年）戊子（2/3）

その他	日本（参考）
6-6　中国鉄道科学研究院-長春軌道客車，中国初の高速総合検測列車（Doctor Yellow）を完成，アルストム技術供与，CRH5型車両をベース，原価約3億元，7-1　北京-天津高速鉄道で試走行。6-11　台湾海峡交流基金会代表団，大陸を訪問，団長江丙坤，中国海峡両岸関係協会会長陳雲林と会談，チャーター便・大陸住民の台湾観光など合意，7日後発効。 7-3　ロンドン金属取引所（LME），銅価格8985ドル/トン，史上最高値，12-　3105.10ドル/トンに下落。7-4　初の北京住民訪台観光団週末チャーター便，台湾桃園空港に到着。7-11　NY原油先物，史上最高の1バレル=147.27ドル。 7-14　ベルギーのインベブ，米アンハイザー・ブッシュを520億ドルで買収，アンハイザー・ブッシュ・インベブ発足，世界ビール消費量25%の会社に。7-17　米AIG，力帆の株式13%を9000万ドルで取得調印，2位の株主に。7-21　中ロ外相会談（北京），東部国境線補充議定書調印，4300Kmの国境線全線確定。 8-1　北京-天津高速鉄道開業，シーメンスのシステムを採用，投資額133.24億元，最終約200億元。 9-15　米大手証券会社リーマン・ブラザーズ，経営破綻。9-16　米FRB，保険大手AIGに対し850億ドル限度融資承認発表。9-26　米バフェット，ミッド・アメリカン・エナジーを通じて中国比亜迪（BYD）株式9.89%の2.25億株を18億ドルで取得合意。9-28　エアバス天津組立工場稼働。9-末　米国債保有，中国5850億ドル，日本の5732億ドルを抜いて世界最多に，米国以外の国保有額合計2兆8605億ドル。	4-1　後期高齢者医療制度発足。4-1　三越伊勢丹ホールディングス発足。4-18　JFEエンジ，Yongnam社とのJVで，米ラスベガス・サンズ傘下のマリナ・ベイ・サンズからシンガポールの空中庭園スカイパーク受注発表。4-20　韓国大統領李明博来日（～4-21）。4-末　トヨタ自動車のプリウス，世界での累積販売台数100万台に達す。 5-1　日本の大学に在学する留学生123829人で過去最高，中国からの留学生59%。5-4　日本，アセアン・中国・韓国とアジア債務市場向け保証機構設置で合意。5-19　フェイスブック（日本語版）公開。 6-1　首相福田康夫，ドイツ・イギリス・イタリアを訪問（～6-5）。6-30　日本国内の外国籍会社員338813人，内中国籍149876人，ブラジル籍70809人。 7-5　東海北陸自動車道全線開通。7-7　北海道洞爺湖で第34回主要国首脳会談開催（～7-9）。7-11　アップルiPhone3G，日本を含む22ヵ国で発売，日本はソフトバンクが扱い。7-31　日雇い派遣大手グッドウィル廃業。 9-16　リーマン・ブラザーズ証券，東京地裁に民事再生法の適用を申請，負債額3兆円規模，協栄生保（4兆5000億円）に次ぐ2番目。9-16　日銀，総額12兆5000万円を短期金融市場に供給（～9-22），9-24　1兆5000億円追加，9-30　3兆円を追加。9-24　麻生太郎内閣（第92代）発足（～2009.9-16）。9-29　三菱UFJ，米モルガン・スタンレーに90億ドル出資決定，10-13　株式21%を取得。

2008年（平成20年）戊子（3/3）

日 中 交 流 ・ 中 国

11-5　元国家計画委員会主任陳錦華(79歳)に旭日大綬章授章，廖承志・谷牧に次ぐ3人目。11-5　国務院常務会議，国際金融危機対策10カ条を決定。11-9　国務院，4兆元景気対策を発表，11-27　国家発展改革委員会，各事業分野の概要を発表。11-12　日中青少年友好交流年日本側閉幕式(東京)，日中青少年歌合戦。11-25　日中韓投資協定交渉第5回会合(釜山)。11-28　第3回日中省エネルギー環境総合フォーラム(東京)。

12-5　新日中友好21世紀委員会第8回会合(軽井沢，～12-8)，最終報告を発表。12-9　第3回日中韓外交当局間高級事務レベル協議(東京)。12-13　第1回日中韓サミット，福岡太宰府で開催，麻生太郎議長，温家宝・李明博出席，3国間パートナーシップに関する共同声明を発表。12-18　日中青少年友好交流年日中青少年訪中団約1000名訪中(～12-24)，12-20　最高顧問福田康夫・総団長高村正彦渡中(～12-22)，12-20　北京で中国側閉幕式，両国青少年2008名出席。12-25　中国における遺棄化学兵器問題に関する第12回日中共同作業グループ会合(東京)。12-31　国務院常務会議，3Gライセンス交付を決定。

年末
- 中国進出の日系企業25796社，前年比12%増，中国外資系企業の6%，米系28000社に次ぐ2位。
- 中国の外貨準備高1兆9460億ドル，前年比4178億ドル増。
- 中国の対外債務残高3746.6億ドル，過去最多，内外国政府借款324.7億ドル，国際金融機関資金270.5億ドル，民間金融機関融資2020.3億ドル，貿易クレジット1141.0億ドル，長期43.7%，短期56.3%。
- 中国全国最低生活保障対象者，都市1110.5万戸，2334.8万人，農村1982.2万戸，4305.5万人。

2008年
- 中国国内総生産30兆670億元(約4兆4016億ドル)，成長率実質9.0%(中国国家統計局，2009.12-25に31兆4045億元，成長率9.6%に修正)，1人当り3266ドル。対外貿易総額2兆5616億ドル，内輸出1兆4285億ドル，前年比17.2%増，輸入1兆1331億ドル，前年比18.5%増，貿易黒字2954億ドル(海関総署数値)。発電量34510億kWh，粗鋼生産量5億0092万トン，初めて5億トン超える。中国都市部賃金所得者平均年間給与29229元，前年比17.2%増，物価上昇織込実質11.0%増(人力資源部数値)。
- 中国市場の日系自動車シェア30.83%で，史上最高を記録。
- 来日中国人観光客46万人，来日外国人観光客605万人の7.6%，海外渡航した中国人4000万人の1.2%。
- 国際特許取得件数，華為が1737件で初の首位，2位は松下電器の1729件(2009年に1891件で首位に復帰)，3位フィリップの1551件(WIPO発表)。

2008年（平成20年）戊子(3/3)

その他

10-3 米下院，金融安定化方案を可決。10-7 IMF，サブプライムローン問題で世界の金融機関の損失見通し1兆4500億ドルと発表。10-13 NYダウ，前日比936ドル42セント上昇，上げ幅11.08%で史上最大。10-17 日本，国連総会で非常任理事国に選出。10-23 スペイン風力発電ガメサの中国生産拠点ガメサ風電（天津）工場完成（2006年設立，ガメサ100）。

11-3 中国海峡両岸関係協会協商代表団（団長陳雲林），初の台湾訪問。11-4 米民主党オバマ，第44代大統領に当選。11-15 中国主席胡錦濤，ワシントンで開催したG20金融サミットに出席。11-22 第20回APEC，リマで開催（～11-23）。11-25 ペトロチャイナ，ロイヤル・ダッチ・シェルからのLNG長期供給契約調印公に，年200万トン20年。11-26 ムンバイで大規模テロ。

12-10 日中韓中央銀行総裁，3カ国中央銀行総裁会合の立上を発表，2009.7-23 深圳で初会合。12-15 アセアン憲章発効。12-16 米FRB，政策金利誘導目標を1.0%から0～0.25%に引き下げ，事実上のゼロ金利スタート，同時に量的緩和を実施。12-17 ラテンアメリカ・カリブ首脳会議，サルバドル宣言を採択。12-19 NY原油先物1バレル=32.40ドル，最高値以来の安値。12-26 中国海軍艦艇，ソマリア海域に向け三亜港を出発，初の海外護衛派遣。

2008年

・世界の粗鋼生産13億733万トン，前年比1.5%減，1998年以来のマイナス。

日本（参考）

10-1 国際協力銀行の国際金融部門を日本政策金融公庫に，海外経済協力部門をJICAに統合。10-1 観光庁，国土交通省の外局として発足。10-1 松下電器，パナソニックに社名変更。10-7 日立，北京和利時系統工程と共同で，広州-深圳-香港鉄道向け列車制御システムの一括受注発表。10-28 日経平均株価一時6994円90銭，バブル崩壊後最安値。

11-1 映画〈レッドクリフ〉，日本で封切り。

12-1 日本-アセアン，包括的経済連携協定(AJCEP)，日本-シンガポール-ラオス-ベトナム-ミャンマー間で発効，2009.1-1 ブルネイと発効，2-1 マレーシアと発効，6-1 タイと発効。12-6〈男装の麗人-川島芳子の生涯〉，テレビ朝日で放送。12-11 第1回対外投資戦略会議，外務・経産省共催。12-19 日銀，政策金利を0.3%から0.1%に引き下げ，同時に長期国債とCP買取方針を発表。12-25 日本-ベトナム経済連携協定(EPA)調印，2009.10-1発効。

年末

・日本の対外純資産225兆5080億円，前年比9.9%減少，世界一を維持。

2008年

・国内総生産504兆3776億円，成長率名目▲2.2%，実質▲1.2%，ドル換算1人当り38371ドル，OECD30カ国中19位，世界全体のGDPに占める比率は2位で8.1%，中国は3位で7.1%。

・トヨタの世界販売台数，897万2000台，GMの835万5947台を抜き，世界一に。

2009年(平成21年)己丑(1/3)

日中交流・中国

1-1　中国, 都市不動産税暫定条例廃止, 不動産税統一, 中国内資と外資に対する税制一本化完了。

1-7　工業と情報化部, 中国移動に TD-SCDMA, 中国電信に CDMA2000, 中国聯通に WCDMA の 3G ライセンスを交付。1-9　第 9 回日中総合政策(戦略)対話(東京), 6-24　第 10 回対話(北京)。

1-9　中国 70 都市の不動産価格, 前年比 0.4% 下落, 2005 年 7 月監視開始以来初の下落。1-14　国務院常務会議(〜2-25), 鉄鋼・自動車・紡織・船舶・装備製造・電子情報・軽工業・石化・物流・有色金属の 10 大産業振興計画を審議。1-16　中国農業銀行, 股分有限公司に改組。1-19　下関市立大学の中国留学生劉頴, 福岡県の親善大使として NHK 新年特番に出演。1-21　国務院常務会議, 医薬衛生体制の改革を審議。1-23　アサヒビール, 米アンハイザー・ブッシュ・インベブ(ABI)保有の青島啤酒股分有限公司(青島ビール)の 261577836 株(19.99%)を 6 億 6650 万ドルで取得合意, 契約調印, 筆頭株主青島啤酒集団(31.41%)に次ぐ第 2 株主に, ABI は 7.01% で 3 位, 4-30　取得手続完了, 8-27　青島啤酒集団と戦略協定調印。

2-12　第 10 回日中漁業共同委員会会議(東京)。2-28　外相中曽根弘文訪中(〜3-1)。2-28　全人代第 11 期常務委第 7 回会議, 食品安全法・保険法・刑法修正案を可決。

3-5　第 11 期全人代第 2 回総会(〜3-13), 金融危機対策などに予算 7 兆 6000 億元・景気対策 4 兆元決定, 3-12　地方政府の公債発行解禁。3-11　曹妃甸エコ工業パーク正式着工。3-12　第 3 回日中鉄鋼業環境保全省エネ先進技術専門家交流会(幕張・鹿島, 〜3-13)。3-13　坂東玉三郎, 蘇州で昆劇〈牡丹亭〉を共同公演。3-27　第 12 回日中安保対話(東京)。3-　中国全国で食品添加剤の違法使用と濫用を取り締まり。

4-14　第 6 回日中韓投資協定交渉・第 12 回日中韓投資に関するビジネス環境改善政府間メカニズム会合(昆明, 〜4-15), 7-21　第 7 回投資協定交渉・第 13 回ビジネス環境改善政府間メカニズム会合(東京, 〜7-23), 9-15　第 8 回投資協定交渉・第 14 回ビジネス環境改善政府間メカニズム会合(ソウル, 〜9-17), 12-21　第 9 回投資協定交渉・第 15 回ビジネス環境改善政府間メカニズム会合(上海, 〜12-24)。4-15　中国「未来を創る教員交流イニシアティブ」第 1 陣 28 名来日(〜4-22)。4-15　青海拉西瓦水力発電所稼働, 中国発電容量 8 億 kW に達す。4-16　三菱重工−バルチラ−中国船舶工業合弁の青島 QMD 生産開始, 船用低速ディーゼルエンジンの製造。4-27　三井住友銀行(中国)開業, 法人代表正木浩三。4-29　首相麻生太郎訪中(〜4-30), 総理温家宝と会談。4-29　中国, IT 製品技術の開示義務化, 2010 年 5 月 1 日まで実施延期と政府調達品に限ると表明。

5-6　国務院, 深圳市綜合改革全体案を許可。5-15　野村万作, 北京で狂言を公演。5-22　政治局会議, 党幹部問責暫定規定を決定。5-28　新疆特変電工, 国家電網公司と直流送電変流変圧器 28 台 11.9 億元で契約, 変圧器契約として最高額。5-29　中国, 輸出支援策策定, 840 億ドル輸出保険・100 億ドル低利融資枠など。

2009年（平成21年）己丑(1/3)

その他	日本（参考）
1-9 上海汽車傘下の韓国双竜自動車，法定管理を申請。1-17 上海市，米ウォルト・ディズニーと上海ディズニー建設で基本合意。1-27 総理温家宝，独英など訪問（～2-3)。1- 英ロイヤル・バンク・オブ・スコットランド傘下のRBS CHINA，中国銀行の株を香港市場で売り出し，中国銀行との戦略提携解消。 2-17 アジア株式市場全面安。2-17 米，景気対策法案成立, 7800億ドル支援可能に。 3- シーメンス，鉄道部からCRH3D型高速車両100編成受注，内70編成は北車唐山軌道客車で製造，30編成は長春軌道客車で製造。 4-1 ロンドンG20, 胡錦濤出席。4-9 東南アジア5カ国で総額8兆円規模の内需拡大策。4-12 第4回東アジア16カ国サミット(EAS)，タイのパタヤで開催。4-24 メキシコで豚インフルエンザ発生。4-26 中国海峡両岸関係協会会長陳雲林-台湾海峡交流基金会董事長江丙坤，南京で会談，金融協力・空輸（補充)・犯罪取締及び司法互助協議書を調印。4-28 米商務省，中国製油井パイプに対しダンピング調査を開始。4-30 クライスラーLLC倒産，サーベラス保有株式失効，全米UWA55, フィアット20, 米政府8, 加政府2を保有，実質フィアットの傘下に。4- カタール，グローバル債30億ドルを発行, 11- 70億ドル発行。 5-9 川崎重工-南車青島四方機車車輌，シンガポール向け地下鉄車両132両受注発表，総額3.68億Sドル。5-18 エアバス天津組立工場，A320型1号機完成, 6-23 引渡し。5-25 台湾国民党主席呉伯雄，大陸を訪問（～6-1)。	1-1 株券電子化実施。1-23 三井住友海上・あいおい損保・ニッセイ同和損保，経営統合発表(2010.4-1 統合), 3-13 損保ジャパン・日本興和損保，経営統合発表(2010.4-1 統合)，東京海上と三大損保体制へ。 2-13 日本, IMFへ最大1000億ドル支援正式合意。2-19 日本-スイス経済連携協定(EPA)調印, 9-1 発効。 3-3 東京地検，民主党代表小沢一郎の公設第一秘書を政治資金規正法違反で逮捕。3-10 日経平均株価終値7054円98銭, バブル崩壊後終値の最安値。3-14 自衛隊護衛艦，呉基地を出港，ソマリア沖日本関係船警護に向かう。3-28 海外投資家による日本株売越, 2008年11月30日から17週連続，売越額4兆8127億円。3-末 2008年度輸出額71兆1435億円(16.4%増)，輸入額71兆8688億円(4.1%減)，貿易赤字7253億円, 1980年度に次ぐ史上2番目の赤字。3-末 日本国債残高681兆7000億円，内海外投資家保有分43兆7000億円。3-末 トヨタ自連結決算で営業利益4610億円の赤字, 71年ぶりの赤字。3-末 電通決算，純利益204億円の赤字，創業以来107年ぶり初の赤字決算。 4-1 ニチユMHIフォークリフト発足。4-8 投資会社ジェイ・ブリッジ元会長逮捕，初の国際株取引での摘発。4-18 NHK, 〈遥かなる絆〉を放送（～5-23, 6回)，原作城戸久枝，日本の女子大生が中国残留孤児であった父の足跡を辿る物語。4-28 ルネサステクノロジーとNECエレクトロニクス，経営統合合意発表。

2009 年（平成 21 年）己丑（2/3）

日中交流・中国

6-4 日本対中国無償資金協力公文交換，人材育成奨学に 5 億 5600 万円。6-7 第 2 回日中ハイレベル経済対話（東京）。6-8 東方航空，上海航空の吸収合併手続き開始，2010.1-28 完了。6-15 1000MW 級原子力発電圧力容器，広州で完成出荷。6-18 第 13 回日中文化交流政府間協議（北京）。6-24 第 10 回日中総合政策（戦略）対話（北京）。6-25 中国家電量販店 2 位の蘇寧電器の 100％孫会社 Granda Magic 社（登記ケイマン諸島），ラオックスの株式取得を発表，8-3 約 8 億円でラオックスの株式 27.36％取得，筆頭株主に。6-26 広東省韶関玩具工場でウィグル族従業員 2 名死亡事件。6-26 中国，国内外の金融機関に消費者金融の設立を解禁，上海北京天津成都 4 都市で認可。6-末 中国の外貨準備高 2 兆 1316 億ドル，初めて 2 兆ドルを突破。

7-1 日本，4 名以上グループに添乗員同行を条件に，中国個人観光客に査証発給開始，7-8 第 1 陣来日。7-5 ウルムチで民族争乱。7-15 外務大臣表彰，大連市中日友好協会名誉会長郭永泊・日本僑報編集長段躍中に授与。7-22 皆既日食が中国を横断。7-27 21 世紀東アジア青少年大交流計画に基づき，中国青少年代表団第 1 陣 500 名来日（～8-3）。7-29 三菱電機，北京地下鉄 8 号線向け車両用電機品約 40 億円受注。7-31 北京-天津高速鉄道，運営 1 年で乗客 870 万人。7-末 中国が保有する米国債，9399 億ドルで史上最多を記録。

8-16 常州住電東海今創特殊ゴム合弁契約調印（資本金 3000 万元，住友電工 27.5，東海ゴム 27.5，今創集団 45），鉄道車両用空気バネ・防振ゴムの製販，2010.3-16 開業。

9-5 北京華糖ヨーカ堂北苑店（8 号店）オープン。9-8 中国財政部，香港で人民元建て国債 60 億元を発行，中国本土以外初の元建て国債発行。9-14 三菱電機-北京広利核系統工程，広東核電集団から陽江原発向けデジタル計装制御システム 1000MW×2 基分受注発表，約 100 億円。9-21 首相鳩山由紀夫，NY 国連で胡錦濤と日中首脳会談。9-28 外相岡田克也訪中，日中韓外相会議（上海）に出席。

10-10 第 2 回日中韓サミット，北京で開催，議長温家宝，鳩山由紀夫・李明博出席，持続可能な開発に関する共同声明を発表。10-15 三菱商事と医薬品卸国内最大手メディパル HD，中国最大手の国薬（上海）と提携。10-31 上海長江トンネル上海–崇明間開通（2004.12-28 着工）。

11-3 政治局委員・広東省書記汪洋来日（～11-8）。11-4 第 10 回中央党校訪問団 90 名来日（～11-13）。11-8 第 4 回日中省エネルギー環境総合フォーラム（北京）。11-15 21 世紀東アジア青少年大交流計画日中 21 世紀交流事業 2009 年度中国高校生第 5 陣 400 名来日（～11-23）。11-18 日中交流協議機構中国訪問団来日（～11-12），団長王家瑞，民主党受け入れ。11-19 外交部長楊潔篪来日（～11-22）。11-24 成都イトーヨーカ堂建設路店（4 号店）オープン。11-26 国防部長梁光烈来日（～12-1）。11-27 中国財政部，香港で期間 50 年の超長期国債を発行，200 億元。11-29 倉木麻衣，初の上海公演。

2009年（平成21年）己丑

その他	日本（参考）
6-1 米GM破綻，負債額1728億ドル，米製造業史上最大の破産，事実上国有化。6-1 米財務長官ガイトナー訪中。6-12 米，ATSCデジタル放送へ全面移行。6-16 BRICs4カ国，ロシアのエカテリンブルグで初の公式首脳会議。6-30 台湾，大陸企業の台湾への直接投資一部開放。6-30 イラクで初の油田入札，BP-ペトロチャイナ連合，ルメイラを落札。6-末 世界の外貨準備，米ドル占める比率62.8％。6- 中国で運航中民用航空機計1383機，内ボーイング736機(53％)，エアバス500機(36％)，その他147機(11％)（中国民航総局数値）。 7-1 IMF，初の債券発行を決定，SDR建て，中ロ伯が最大700億ドル購入意向。7-末 時価総額，中国石油が世界首位(3978億ドル)，2位エクソンモービル(3434億ドル)，3位中国工商銀(2592億ドル)（野村証券金融研）。 8-13 アセアン-インド，自由貿易協定(FTA)調印。8-18 エクソンモービル，中国石油と豪ゴーゴン産LNG供給契約調印，20年で225万トン。8- コーヒーとココア価格高騰。 9-5 G20財務相・中央銀行総裁会議，ロンドンで開催。9-9 ドバイメトロ，レッドライン開通。9-11 米，中国製タイヤへの特別セーフガード(緊急輸入制限)を発表，9-14 中国，WTOに提訴，2011.9-5 WTO，中国の上訴を退ける。9-18 IMF，金403.3トンの売却を決定，約130億ドル相当。9-25 G20サミット(ピッツバーグ)。9-末 2008年10月から1年の金需要量，インド855.8トンで世界首位，中国526.8トンで2位。	5-1 三井住友FG，米シティグループから日興コーディアル証券と日興シティグループ証券の一部買収合意発表。5-6 三越池袋店閉店。5-11 小沢一郎，民主党代表を辞任。5-21 裁判員制度スタート。5-21 ライブドア元社長堀江貴文らに，東京地裁が76億円損害賠償命令。5-22 うなぎの卵，初めてマリアナ海溝西側で発見。 6-3 改正独占禁止法成立。6-4 三菱自動車，電気自動車i-MiEV量産開始，世界初の商業ベース量産車，ドライブユニットは明電舎製，リチウム電池はGSユアサと共同開発，7-1 発売。6-11 NTTドコモの3G(FOMA)サービス契約，5000万を超える。6-17 改正農地法成立，企業の農業参入促進。 7-2 天野之弥，国際原子力機関(IAEA)事務局長に当選。 8-2 日産，電気自動車「リーフ」を発表。8-8 酒井法子，覚醒剤使用容疑で逮捕。8-30 第45回衆院選，民主党大勝，308議席に。 9-1 消費庁発足。9-16 鳩山由紀夫内閣(第93代)発足(～2010.6-8)。9-25 ブロードバンド契約，光ファイバー回線が51.4％で半数を超える。9-28 武富士破綻。 10-14 第50回海外日系人大会，東京で開催(～10-15)。10-15 内村航平，世界選手権で優勝，日本人最年少で体操3冠王。10-26 全日空，那覇空港を拠点に，日本と東アジア8都市を結ぶ深夜貨物便の運行開始，那覇空港のハブ化始まる。10-29 日本航空，企業再生支援機構に支援を要請，公的管理下に。

2009年（平成21年）己丑（3/3）

日 中 交 流 ・ 中 国

12-10　民主党訪中団訪中（〜12-13），名誉団長小沢一郎。12-14　副主席習近平来日（〜12-16），12-15　平成天皇を訪問。12-16　寧波韻昇，日興電機工業の買収を発表，2010.1-　株式79.13%を11億7000万円で取得。12-18　第11回日中漁業共同委員会議（北京）。12-21　日中韓投資協定交渉（上海，〜12-24）。12-24　中国，外資系銀行の元建て金融債発行解禁，三菱UFJ銀が初の発行認可取得。12-24　日中歴史共同研究委員会第4回会議，東京で開催，共同研究終了。12-26　武漢-広州高速鉄道開業，3h8mで1068.8km，投資総額1166億元。12-　中国国家開発銀行，1994年設立以来金融債発行総額5兆元に，発行残高3.2兆元で中国債券市場の約1/4。

年末
- 中国の外貨準備高2兆3992億ドル（23.3%増），日本2位で1兆493億9700万ドル。米国債保有残高，中国8948億ドル，日本7657億ドル（米財務省修正値）。
- 中国の発電容量8億7400万kW，内火力75%，水力22%。
- インターネット利用者，中国3億8400万人で世界最多に，米2億3989万人で2位，日本9914万人で3位。

2009年
- 中国国内総生産34兆507億元，成長率9.1%（国家統計局2010.7-2修正値）。上海のGDP 14900.93億元，香港の16061.55HK$（約14334.27億元）を超える。
- 原油海外依存率50%。年間造船受注350万CGT，2009年末受注残5320万CGT，両者とも韓国を抜いて首位。新車販売台数，中国1364万4800台，米の1042万9553台を上回り，初の首位。中国の生産台数1379万1000台，同じく世界最多。中国鉄鋼業界順位，1位河北鋼鉄4020万トン，2位宝鋼集団3890万トン，3位武漢鋼鉄3030万トン，4位江蘇沙鋼2639万トン，5位山東鋼鉄2638万トン。
- 中国の年間エネルギー消費量，石油換算で22億トン（IEA数値，中国国家エネルギー局の発表値は21億3200万トン）。中国，初めて石炭純輸入国に転落。
- 年間株式売買代金，上海証取5兆619億ドル（95.7%増）で世界3位，1位米ナスダック28兆9513億ドル（20.6%減），2位NY証取17兆7845億ドル（47.1%減），東証4位3兆9877億ドル（28.6%減）。
- 中国の年間輸出1兆2016億ドルで独8032億ユーロ（1兆1213億ドル）を抜き，初めて世界一に。中国の輸入1兆55億ドル，貿易黒字1960億6100万ドル（34.2%減）。日本の中国向け輸出10兆2356億円（21.0%減），戦後初めて米国向け（8兆7334億円，38.6%減）を上回る。
- 海外からの年間直接投資受入額，中国2.6%減の900億ドル，世界全体で1兆403億ドル，米1位で1359億ドル（57.0%減），日本は114億ドル（53.4%減）（UNCTAD数値）。
- 中国の銀聯カード，日本での利用額240億円，前年比85%増。来日中国団体観光客378914人，個人観光客7688人，年間中国人へのビザ発給754817件。

2009年（平成21年）己丑

その　他	日　本　（参考）
10-5 デンマーク風力発電のヴィスタス，天津風力発電工場完成（2006年進出，新工場投資18億元）。10-9 米 GM，ハマーを中国建機メーカ四川騰中重工機械に売却正式合意発表。10-15 上海大衆(VW)，累計500万台完成。10-24 第12回アセアン＋3，タイのチャム・ホアヒンで開催。10-27 米商務省，中国鉄鋼製品2品目の対米輸出を中国政府が不当支援との仮判定。10-29 米 FRB，国債買切終了，上限3000億ドルに到達。10- 米国債，中国保有7989億ドル，日本保有7465億ドル。11-5 米商務省，中国製油井管の反ダンピング課税適用を仮決定。11-6 中国商務省，米国製セダンなどを対象に，反ダンピング補助金調査開始を発表。11-14 第21回 APEC，シンガポールで開催（〜11-15）。11-17 GE，南車戚墅堰機車と合弁合意（資本金9000万ドル，GE50，戚墅堰50），機関車用ディーゼル発動機の製造，2010.9-9 設立，2011.7-29 稼働。11-18 オバマ，北京で温家宝と会談。11-18 NY 金先物，12月物一時1トロイオンス1151.0ドルまで上昇，初の1100ドル台。11-25 ドバイ政府系ドバイワールドと傘下の不動産開発会社ナキール，債務590億ドルの返済繰延要請を発表，ドバイショック。12-21 台山核電合営設立（資本金167億元，広東核電70，仏 EDF30），台山原発起工式。12-22 海協会-海基会，ECFA 交渉開始で合意。12-27 UAE，原発を韓国連合へ発注決定，200億ドル。12- ココア・砂糖・オレンジ果汁の国際価格高騰。	11-1 家庭太陽光発電買取制度スタート。11-10 日本対ベトナム2009年度円借款契約調印，1197億9100万円。11-13 鳩山由紀夫，オバマと首脳会談。11-末 外貨準備高1兆737億1200万ドル，過去最高を記録。12-1 日銀，10兆円の量的緩和を決定。12-11 日本石油資源開発-ペトロナス（マレーシア），イラク油田第2次入札でガラフを落札。12-15 NEC エレクトロニクスとルネサステクノロジー合併契約調印，2010.4-1 ルネサスエレクトロニクス発足。12-25 閣議，2010年度予算案決定，一般会計92兆2992億円，新規国債発行44兆3030億円，共に過去最大規模。12-28 日本，チェンマイでアセアン・中韓香港と緊急時に外貨を融通する通貨交換協定調印，規模1200億ドル。12- 国会図書館，蔵書の大規模電子化作業開始。 **年末** ・日本の対外純資産残高266兆2230億円，前年比18.1％増。19年連続世界一。日本，国の債務残高882兆9235億円。 ・日本の労働力人口6617万人(0.5%減)で，全人口の59.9%。在日外国人登録者数2186121人，前年比1.4%減，48年ぶり前年より減少。内中国籍680518人，前年比3.8%増。 **2009年** ・国内総生産470兆9367億円，成長率名目▲6.6％，実質▲6.3％。 ・海外現法から日本への配当3兆1432億円。 ・トヨタのハイブリッド車プリウス，初の国内新車販売台数で1位，208876台。

2010年（平成22年）庚寅（1/3）

日中交流・中国

1-1　農民土地請負経営紛争時調停仲裁法施行。1-1　都市企業従業員基本養老保険関係移転接続暫定方法施行，加入者が他の省に移すこと可能に。1-4　外国企業常駐代表機構登記関する通知。1-12　東レポリテック（南通），PPスパンボンドに50億円追加投資。1-17　日中領事協定，東京で批准書交換。1-18　東芝三菱電機産業システム，ペトロチャイナから「西気東輸」Ⅱ線向け電機品12セット初受注発表，40億円。1-22　国家税務総局，研究開発機関による中国製設備購入の税金還付管理方法を公布。1-24　NTN-LYC（洛陽）精密軸承設立（NTN50, LYC50）。1-27　新日鉄の子会社日鉄鋼管，無錫梯斯迪汽車部件（2004.8-設立，トシダ工業65.2）を買収，無錫日鉄汽車配件に改名。1-27　楽天，バイドゥとITショッピングモール事業合弁合意（楽天51，バイドゥ49）。

2-1　第4回日中韓高級事務レベル協議（北京），4-2　第5回協議（済州）。2-6　鄭州-西安高速鉄道開業，505Km。2-7　新・新日中友好21世紀委第1回会合（北京・揚州），日本側座長西室泰三，中国側座長唐家璇。2-28　駐日中国大使程永華着任，3-23　信任状提出。

3-26　天洋食品廠冷凍ギョーザ中毒事件容疑者呂月庭逮捕。3-27　BYD汽車，金型大手オギハラの館林工場を買収。3-末　中国の日系企業従業員数約118万人。3-末　味千，中国店舗数395。

4-6　麻薬密輸罪で日本人死刑執行（大連），国交正常化後初の日本人処刑。4-12　首相鳩山由紀夫，ワシントンで胡錦濤と会談。4-12　国家発展改革委員会副主任解振華来日（～4-15）。4-27　第5回日中鉄鋼業環境保全省エネ先進技術交流会（鞍山，～4-28）。

5-1　上海万博開幕（～10-31），期間入場者数7308.44万，海外から425万，日本から53.4万人，日本館入場者数542万人。5-6　日中韓自由貿易協定（FTA）産官学共同研究第1回会合（ソウル，～5-7），9-1　第2回会合（東京，～9-3），12-1　第3回会合（威海，12-3）。5-11　北京で高級夜総会取り締り，天上人間など手入れ。5-15　日中韓外相会議（慶州）。5-18　21世紀東アジア青少年大交流計画日中21世紀交流事業，2010年度中国高校生第1陣300名来日（～5-26），6-8　第2陣400名来日（～6-16），9-7　第3陣400名来日（～9-15），10-12　第4陣400名来日（～10-20），10-26　第5陣300名来日（～11-3），11-9　第6陣400名来日（～11-17）。5-22　中国の繊維大手山東如意集団，40億円でレナウンの40％筆頭株主に。5-26　青年代表団第1陣500名来日（～6-2），9-6　第2陣500名来日（～9-13）。5-29　第3回日中韓サミット（済州島），事務局常設で一致。5-30　総理温家宝来日（～6-1），5-31　鳩山由紀夫と会談。5-　中国のファンド，単月で日本国債買越7352億円。

6-6　春秋航空，上海-茨城チャーター便就航覚書調印。6-8　日本映画祭，北京で開催（～6-13），6-13　上海で開催（～6-19）。6-14　日立造船，大連向けごみ焼却炉500t×3基受注発表，8-24　上海向け750t×4，9-16　天津向け500t×2，2011.1-25　南充向け400t×2受注発表。6-27　菅直人，トロントで胡錦濤と首脳会談。6-29　中国国家行政学院公務員来日研修団52名来日（～7-6）。6-末　中国対外債務残高5138.10億ドル，内円建て債務10.11％，ドル建て72.10％，ユーロ建て4.51％。

2010年（平成22年）庚寅(1/3)

その他	日本（参考）
1-1 中国-ASEAN, FTA発効, 19億人の貿易圏発足。1-4 ドバイのブルジュ・ハリファ開業, 828m。1-12 ギリシャ債務問題表面化。1-19 中国CACC, 中国製ジェット航空機ARJ21-700をラオス航空が2機購入発表, 中国製ジェット旅客機初の輸出契約。1-28 アップル, iPadを発表。 2-5 G7, カナダのイカルウットで開催。2-6 中国電力国際発展, 豪リソースハウスと石炭購入契約調印, 年3000万トン, 690億豪ドルで2014年以降20年, 豪史上最大の石炭輸出契約。2-9 台湾行政院, ハイテク産業を含む対中投資解禁を承認, 液晶パネル第6世代以上原則解禁。2-12 米大統領オバマ, 連邦政府の債務上限を14兆2940億ドルにする法案に署名, 法案成立。 3-22 グーグル, 検索エンジンを中国本土から香港に移転。3-23 米医療保険改革法案成立。3-24 ブラジル資源大手バーレ, 鉄鉱石価格に新方式を導入。3-28 吉利, 米フォードからボルボ買収合意と発表。 4-2 バンコク中心部をタクシン支持派が占拠, 4-10 治安部隊と衝突, 5-19 収束。4-14 アイスランド火山噴火, 20カ国空港閉鎖。4-15 BRICsブラジルで首脳会議。4-20 米ルイジアナ州沖のBP石油掘削施設で爆発, 原油大量流出。4-末 中国が所有する米国債残高9002億ドル, 1位維持, 日本7955億ドルで2位, 海外全体で3兆9574億ドル。 5-9 EU財務相会議, ユーロ圏向け7500億ユーロ支援で一致。	1-19 日航, 東京地裁に会社更生法の適用を申請, 負債総額は子会社2社含め2兆3221億円, 事業会社として過去最大。 2-26 ロシア東シベリア産原油10万トン, コジミノ港を出港, 初の日本への輸入。2-28 家電量販店さくらや閉店, 開業から64年。 3-9 外務省有識者委員会, 日米間で核搭載艦船一時寄港などで三つの密約の存在を認定。3-11 茨城百里空港開港。3-26 足利事件再審判決公判で, 菅家利和無罪に。3-31 高校無償化法成立, 4-1 試行。3-末 日本全国発電容量2億8110万kW（電力事業便覧数値）。 4-1 第一生命, 東証上場。4-16 ヤマダ電機, 新宿東口に大型店LABIをオープン, 売場面積約8000㎡。4-19 大阪維新の会結成, 代表橋下徹。4-27 改正刑事訴訟法衆院可決, 凶悪犯罪の時効廃止に。 5-6 高速増殖炉「もんじゅ」, 14年ぶりに運転を再開。 6-8 菅直人内閣（第94代）発足（～2011.9-2）。6-11 ワールドカップ南アフリカ大会（～7-11）, 日本サッカーチーム, ベスト16に進出。6-13 宇宙航空研究開発機構小惑星探査機「はやぶさ」, 7年ぶりの帰還, 移動距離60億Km, 月以外の天体に着陸した探査機の帰還は世界で初めて。6-18 改正貸金業法完全施行。6-末 国の借金904兆772億円, 初めて900兆円台に, 地方自治体の債務と合計1035兆2060億円, 民間企業債務（金融機関除く）1000兆2518億円を初めて上回る。6-末 家計保有金融資産残高1445兆250億円。

2010年(平成22年)庚寅(2/3)

日 中 交 流 ・ 中 国

7-1 日本,中国人個人観光ビザ緩和,取扱旅行社48社から290社に。7-1 上海−南京高速鉄道開業,300km。7-5 中国社会科学院青年研究者第1陣51名来日(〜7-11),9-13 第2陣50名来日(〜9-19)。7-6 上海東海大橋100MW海上風力発電所送電開始,中国シノベル・ウィンド製3MW×34基,中国初の大型海上風力発電所。7-13 中国大公国際資信,各国債券初格付け。7-15 中国,406品目の増値税還付撤廃実施。7-15 天津視覚障害者日本語研修学校理事長青木陽子,外務大臣表彰受賞。7-22 外相岡田克也,ハノイで外交部長楊潔篪と会談。7-27 日中東シナ海ガス田共同開発第1回交渉(東京)。7-28 春秋航空,茨城空港チャーター便就航。7-31 中国駐在日本国大使丹羽宇一郎着任。7-末 中国のファンドによる日本国債買越額,年初より2兆3157億円。

8-22 日中韓観光担当相会合(杭州)。8-25 日本対中国無償資金協力公文交換,若手行政官の日本留学に4億9200万円。8-26 外相岡田克也訪中(〜8-29),8-28 第3回日中ハイレベル経済対話,北京で開催(〜8-29)。

9-1 中国携帯電話実名制スタート。9-7 尖閣諸島で中国漁船と海上保安庁巡視船と衝突事件。9-9 中国,外資系IT通信販売解禁。9-10 日中青年交流協会設立,理事長鈴木英司。9-20 フジタ社員4名,石家荘で遺棄化学兵器調査中に拘束,9-30 内3名釈放,10-9 残り1名保釈,2011.10-8 保釈解除。9-21 富通住電光繊(杭州)開業(住友電工51,富通集団49),日系初の光ファイバー母材の現地生産。9-27 上海外為,終値1ドル=6.6923元,初めて6.7元を突破。9-29 広州テレビ塔使用開始,高さ610m。9- 年初から来日の中国人観光客117.8万人。

10-5 首相菅直人,ASEM会期中ブリュッセルで温家宝と会談。10-18 中共第17期中央委第5回全体会議,習近平を中央軍事委副主席に選出。10-18 全人代第11期常務委第17回会議で社会保険法可決,2011.7-1 施行,社会保険が初めて外国籍従業員にも適用。10-22 トヨタ自動車研究開発センター(中国)(資本金2.34億ドル,トヨタ100),常熟市で起工式,トヨタ自社長豊田章男出席。10-24 第5回日中省エネルギー環境総合フォーラム(東京)。10-29 外相前原誠司,ハノイで外交部長楊潔篪と会談。10-30 首相菅直人,東アジア首脳会議(EAS)会期中ハノイで温家宝と会談。10-31 新日中友好21世紀委員会第21回会合,新潟で開催。

11-1 中国第6回全国人口普査,1339724852人,男女比率51.27:48.73(2011.4-28発表)。11-10 中国人民銀行,預金準備率を17.5%に。11-12 第16回アジア大会,広州で開催(〜11-27)。11-13 首相菅直人,APEC会期中横浜で国家主席胡錦濤と会談,11-14 外相前原誠司,横浜で外交部長楊潔篪と会談。11-17 中国青年メディア関係者80名来日(〜11-23)。11-19 外国企業常駐代表機構登記管理条例公布,2011.3-1 実施。11-25 JFEエンジニアリング,上海金山バイオマックス・グリーン・エナジー向けごみ焼却炉400t×2基を受注。11-末 6月の元建て決済地域拡大から6カ月,元建て決済額3400億元に達す。

2010年（平成22年）庚寅（2/3）

その　他	日本（参考）
6-7　アルストムとシュナイダー，アレヴァの送配電事業を買収完了，2/3 はア社，1/3 はシュ社へ移管，総額 22 億 9000 万ユーロ。6-25　第 36 回 G8 サミット，カナダでで開催（～6-26），6-26　第 4 回 G20（トロント，～6-27）。6-29　中台経済協力枠組協定（ECFA）調印，2011～2013 年に中国 539 品目，台湾 267 品目段階的関税撤廃，9-12 発効。6-末　1968 年より，韓国の対米投資 301 億 5824 万ドル，同時期，対中投資 301 億 623 万ドル。 7-19　光明乳業，ニュージーランド・シンレート買収決定，中国乳業初の海外企業買収。7-21　米金融規制改革法成立。 8-5　米ウォルマート，中国の 20 の省の 101 都市に 189 店舗，従業員 5 万人超。8-6　米英仏大使と国連事務総長，初の広島市平和記念式典出席。 9-27　ハルビン動力-GE，風力発電で提携発表。9-28　NY 金先物，12 月物終値 1 トロイオンス 1308.30 ドル，終値で初の 1300 ドル台。 10-1　米ユナイテッドとコンチネンタル合併完了，世界一の航空会社に。10-3　米不良債権救済プログラム TARP 終了，資本注入総額約 4000 億ドル。10-6　韓国-EU，FTA 正式調印。10-8　中国風力発電機メーカのゴールド・ウィンド，香港に上場，4.5 億株で約 80 億 HK ドル。10-11　生物多様性条約第 10 回会議（COP10），10-29　名古屋議定書を採択。10-13　アルストムの提携先北車集団長春軌道客車（股），北京鉄路局から高速車両 20 編成を受注，約 27 億元。10-22　G20 財務相・中央銀行総裁会議，慶州で開催。	7-11　第 22 回参院選，与党民主党過半数割れ。7-14　日本振興銀行前会長木村剛，銀行法違反容疑で逮捕。7-16　外相岡田克也，来日中の仏首相フィオンと会談。7-17　改正臓器移植法施行，本人の意思不明でも家族の同意で臓器の提供可能に。7-27　電子出版制作・流通協議会発足。7-28　東京都で戸籍上 111 歳男性の死亡確認，その後所在不明の高齢者相次ぐ。 8-24　住友信託銀行-中央三井トラストホールディングス，経営統合最終合意。8-30　ザッケローニ，サッカー日本代表監督就任。 9-10　日本振興銀行破産申請，金融庁初のペイオフ発動。9-10　閣議で 2010 年防衛白書決定，中国の軍事力増強に懸念。9-14　民主党代表選，首相菅直人当選。9-15　政府・日銀，2 兆 1249 億円の円売ドル買市場介入，1 日の規模過去最大。9-17　菅内閣（第 1 次改造）発足（～2011.1-14）。9-23　イチロー，米マリナーズで 10 年連続 10 回目のシーズン 200 安打達成。9-28　武富士，会社更生法の適用を申請。9-末　外貨準備高 1 兆 1181 億 2100 万ドル。 10-1　国勢調査結果，日本総人口 128057352 人。10-5　日銀，実質ゼロ金利を復活，4 年 3 カ月ぶり。10-12　大証ヘラクレス市場とジャスダック証取の JASDAQ・NEO 統合，新 JASDAQ 市場発足。10-21　羽田空港国際線ターミナル開業，10-31　国際定期便本格就航，32 年ぶり。10-25　日米航空自由化（オープンスカイ）協定調印。10-25　日本，インドと経済連携協定合意。

2010年（平成22年）庚寅（3/3）

日 中 交 流・中 国
12-1 都市維持建設税・教育費付加, 外資系と外国人にも適用, 外資に対し税制上の除外税優遇措置なくなる。12-1 日本人山崎宏, 中国済南で死去（102歳, 1908.11-岡山県生れ）。12-8 中国商務省, レアアースの2011年上半期輸出枠を1.44万トン（35%減）と発表。12-10 中央経済工作会議（〜12-12）, インフレ抑制を最優先, 金融引締へ方針転換決定。12-16 日中韓3者協力事務局設立に関する協定, ソウルで調印。12-24 日中「映画, テレビ・ドラマ週間」・「アニメ・フェスティバル」連絡協議会設立。12-29 三井住友銀行常熟支店開業, 中国初の県クラス市の外銀支店。12-末 中国系ファンド, NEC・日立・全日空・東京電力など東証1部85社の10位以内の大株主に, 保有株の時価総額1.5兆円規模に達す。

年末
- 中国の対外純資産1兆7907億ドル。外貨準備高2兆8473億ドル, 4年連続毎年4000億ドル以上増。中国の米国債保有高8916億ドル, 3年連続首位, 日本は8836億ドルで2位（米財務省数値）。上海香港など中国の証券取引所時価総額6兆7391億ドル（前年比14.6%増）。
- 地方政府の債務総額10兆7000億元（国家審計署数値）。

2010年
- 中国の国内総生産40兆1202億元（約5兆9259億ドル）, 成長率10.4%, 日本を抜いて米に次ぐ2位に。
- 中国の新規設立外資系企業27406社, 前年比16.9%増, 出資金額（実施ベース）1057億3500万ドル, 前年比17.4%増, 初めて1000億ドル台に, 香港が674.74億ドルで1位, 台湾が67.01億ドルで2位, シンガポールが56.57億ドルで3位, 日本は42.42億ドルで4位。中国から海外への直接投資, 590億ドル, 前年比36.3%増。
- 上海港のコンテナ取扱量2906.9万TEU（20フィート換算）, 前年比16%増, シンガポール抜いて世界一に。中国の原油海外依存率約54%。
- 中国の自動車販売台数1806万台, 前年比32.4%増。
- 日産, 中国での新車販売台数102万4000台, 前年比35.5%増, トヨタ84万6000台, 前年比19.4%増。ホンダの中国での新車販売台数65万5000台, 前年比13.0%増, 日本（64万7000台）を初めて上回る。
- 日本, 中国人団体観光査証発給件数653441, 前年比72%増, 個人観光査証発給件数51748件。日本在外公館の査証発給件数, 上海領事館428533件で最多, 全体1885584件の22.7%。
- 中国の風力発電年間新規設置16.5GW, 世界で1位, 世界合計35.8GW。
- 中国の金生産量340トン, 4年連続世界首位。
- 中国の空港数175, 内130が赤字, 赤字額約16.8億元。

2010年（平成22年）庚寅(3/3)

その他	日本（参考）
11-3 米FRB, 金融緩和第2弾(QE2)決定, 総額8500～9000億ドル。11-5 IMF理事会, 新興国出資比率拡大承認, 中国4.00%から6.39%に, インド2.44%から2.75%に。11-9 日本-香港租税協定調印, 2011.8-14 発効。11-12 G20 ソウル会議。11-18 GM, NY再上場。11-23 北朝鮮軍, 延坪島を砲撃。11-28 ネット内部告白サイトのウィキリークス, 米外交公電など25万通公表開始。11-末 米上場投資信託(ETF)急拡大, 運用残高9470億ドルに。12-6 米グーグル, 電子書籍の販売を開始。12-17 チュニジアで少年焼身自殺, 反体制行動勃発, 多くの中東国家に波及。12-20 中国ゴールドウィンドの子会社 Shady Oaks, 米イリノイ州で風力発電70基落札。12- インドのマヒンドラ&マヒンドラ, 韓国双竜自動車の70%株式(3.77億ドル)と債券(0.86億ドル)取得を発表。	11-7 APEC横浜会議(～11-14)。11-9 日本香港租税協定調印。12-4 東北新幹線八戸-新青森間開通, 全線開業。12-7 日本, ベトナムに対し年度内に円借款1800億円実施すると発表, 過去最大。12-9 日本の航空市場にマレーシアエア・アジアX, LCC参入, 羽田-クアラルンプール線就航。12-10 根岸英一と鈴木章, ノーベル賞受賞。12-25 西武有楽町店閉店。
年末	年末
・世界の風力発電設備容量 197.0GW, 内中国44.7GWで1位, 米40.2GWで2位, 独27.2GWで3位(世界風力エネルギー協会速報値)。	・一般文化無償資金協力, 1975年度から計1392件628億3780万円, 草の根文化無償資金協力, 2000年度から実施321件20億7483万円。
2010年	・日本の対外資産総額555兆4210億円, 対外純資産251兆4950億円。
・特許の国際出願件数, 米1位44855件, 日本2位32156件, ドイツ3位17171件, 中国4位12337件。	・東京・大阪証券取引所時価総額4兆995億ドル(前年比16.0%増)。
・香港ディズニーランド, 年間入場者数523万人, 7億2000万HKドルの赤字。	・「国の借金」919兆1511億円, 前年末比1年で47兆6407億円増, 1人当りの借金722万円に。
・即席めん需要, 1位中国423億食, 2位インドネシア144億食, 3位日本52.9億食, 世界全体で953.9億食(世界ラーメン協会推定値)。	2010年
	・日本国内総生産479兆1791億円(約5兆4736億ドル), 成長率2.3%, 実質4.4%。
	・日本の対外貿易総額128兆416億円, 前年比21.2%増, 内アジアとの貿易総額65兆3028億円(前年比24.8%増)で全体の51.0%占め, 初めて5割を超える。国別比率で, 中国が20.7%で最大, 米は12.7%に減少。
	・国際収支(経常)17兆801億円の黒字。
	・デジタル家電, 輸入額が輸出額を上回り, 初の輸入超過。

2011年（平成23年）辛卯（1/3）

日 中 交 流・中 国
1-1 第12次5ヵ年計画(2011～2015年)スタート。1-6 第1回日中テロ協議(北京)。1-7 明治安田生命,ハイアール人寿保険へ25％出資合意。1-14 第10回日中軍縮・不拡散協議(東京)。1-20 第12回日中安保対話(北京)。1-20 中国の公務員 678.9 万人(人力資源社会保障部)。1-21 国務院,国有土地上家屋収用及び補償条例公布,都市家屋立退移転管理条例廃止。1-23 南方電網深圳宝清電力貯蓄所稼働,中国初のMW級電力貯蓄所。1-24 21世紀東アジア青少年大交流(日中21世紀交流事業)中国青年メディア70名来日(～1-30),6-28 行政学院24名(～7-5),6-29 青年315名(～7-6),7-24 青年研究者50名(～7-30),7-31 青年メディア100名(～8-6),8-24 青年425名(～8-31),9-11 高校生397名(～9-19),9- 長期招聘第6期32名,10-17 青年メディア95名(～10-23),10-18 高校生400名(～10-26),11-8 高校生400名(～11-16),それぞれ来日。1-24 キリン,華潤創業と清涼飲料事業で提携発表。1-27 NEC,レノボGとパソコン事業合弁発表,7-1 レノボNECホールディング発足(NEC49,レノボ51),登記オランダ,本社東京。
2-1 パナソニック,科力遠新能源に自動車用ニッケル水素電池事業を売却と発表。2-9 中国人民銀行,3年半ぶりの利上げを実施。2-10 曹妃甸官民検討グループ発足,日本関係省庁・機関・経済界参加,7-21 第2回会合。2-16 第6回日中韓高級事務レベル協議(東京)。2-21 中国からパンダ2頭(中国名比力・仙女),上野動物園に到着,3-10 名前リーリーとシンシンに決定。2-25 鉄道部部長劉志軍解任,後任盛光祖。2-28 第11回日中総合政策(戦略)対話(東京)。2-28 ローソン,上海での出店数315に,日本国内は9994店。
3-13 中国救援隊,羽田経由で岩手県大船渡市に到着,3-14 救援活動開始。3-14 中国,東日本大震災に3000万元相当物資援助。3-17 第1回日中韓テロ協議(済州島,～3-18)。3-30 日中韓自由貿易協定(FTA)産官学共同研究第4回会合(韓国,～4-1),6-27 第5回会合(北九州市,～6-28)),8-31 第6回会合(長春,～9-2)。3-末 中国の外貨準備高3兆447億ドルに,前年比24.4％増,初めて3兆ドルを突破。3-末 中国系ファンドOD05オムニバス,日本株2兆円以上保有。
4-21 国務院,食品違法添加物管理強化通知。4-21 第7回笹川杯日本知識クイズ決勝,中国の58大学200名参加。4-末 中国の携帯契約者9億38万9000人。4-末 中国保有の日本国債残高,推計で5兆7680億円,英米に次ぐ3位。
5-3 日中友好議員連盟高村正彦訪中(～5-5),5-4 副主席習近平と会談。5-11 日本経団連代表団訪中(～5-14),団長米倉弘昌,総理温家宝と会談。5-19 みずほ銀行,中国の銀行間債券市場への投資認可を取得,邦銀で初。5-20 日中原子力専門家意見・情報交換会合(東京)。5-21 第4回日中韓サミット,東京で開催(～5-22),温家宝来日,福島市を訪問,5-22 首脳宣言(原子力安全協力・再生可能エネルギー・防災協力など)を発表。5-23 中国国家観光局,JTB現法と欧米系2社に中国人の海外旅行業務取扱資格を初の授与。

2011年（平成23年）辛卯（1/3）

その他	日本（参考）

その他

1-1 IMF, SDR 通貨構成比変更，円 1.6 減って 9.4 に（2010.11-15 決定）。1-14 チュニジア大統領ベンアリ国外へ脱出，23 年にわたる統治に終止符。1-18 主席胡錦濤訪米，1-19 米大統領オバマと会談，期間中 450 億ドル商談合意。1-25 中国-アセアン外相会議（昆明）。1-25 エジプト各地で反体制デモ，2-11 大統領ムバラク辞任。1-27 ルサール，ロシア企業として初の香港上場。

2-3 アセアン・日中韓，基金7億ドルの信用保証機構設立合意。2-15 LME, 銅価格10190ドル／トン，史上最高値を記録。2-22 米ベストバイ，中国家電量販から撤退。

3-11 中国保監会，中美大都会人寿保険と聯泰大都会保険の合併を認可，中国初の外資系生命保険会社の合併。3-11 ユーラスエナジーホールディングス（東京電力 60，豊田通商 40），中国 JA ソーラーの韓国太陽光事業者ジンドサンパワーの全株式を買収。

4-26 米連邦公開市場委員会（FOMC），追加金融緩和（QE2.5）を決定。

5-1 米，パキスタンのアボタバードでビンラディンを銃殺。5-10 米マイクロソフト，約 70 億ドルで IT 電話サービスのスカイプを買収と報道。5-末 中国が保有する米国債 1 兆 1598 億ドル（米財務省数値），中国外貨準備高の約 1/3。

6-4 李娜，全仏オープンで優勝，4 大大会シングルスでアジア初。6-6 独，2022 年まで脱原発を閣議決定。6-14 イタリアで国民投票，原発反対 94.05％。6-28 仏のラガルド，IMF 専務理事に選出。

日本（参考）

1-29 サッカーアジアカップ（カタール）で日本チーム優勝，通算 4 回で最多。1-31 検察審議会の議決により，小沢一郎を強制起訴，議決による国会議員の強制起訴は史上初。

2-2 相撲力士野球賭博調査で八百長メール発覚，2-6 三月場所開催見送り決定。2-16 日本-インド経済連携協定(EPA)調印，8-1 発効。2-17 日本対インド円借款書簡交換，464 億 100 万円。2-18 外交資料館，沖縄関係書類を一般公開。2-25 エルピーダメモリ，台湾証券取引所に預託上場，日本企業初の台湾上場。

3-11(pm.2:46) 東日本大震災，M9.0，大津波発生，東北太平洋沿岸に大きな被害，福島第 1 原発で放射能大量漏洩。3-12 九州新幹線全線営業運転開始。3-14 日銀，緊急オペを実施，短期金融市場に 7 兆円供給。3-17 為替レート一時 1 ドル=76.25 円，3-18 円売り協調介入。3-末 日本の上場会社130 社，3 月期の営業利益，アジア・オセアニアで 1 兆 2462 億円，日本国内の 7400 億円を大幅上回る。3- オリックス，香港で人民元建社債約 4 億元発行，香港で初の日本企業人民元建て社債。

4-1 住友信託-中央三井合併，三井住友トラスト発足。4-10 大阪維新の会，第 17 回統一地方選で大阪府議会過半数に。4-26 ソニーPS3 とビデオ配信ネットへ不正侵入（4-16〜4-19）発表。4-28 復旧・復興税制特別措置法成立，震災後初の関連法成立。4-28 株式会社国際協力銀行法成立，2012.4-1 国際協力銀行，日本政策金融公庫から分離して株式会社国際協力銀行に。

2011年(平成23年)辛卯(2/3)

日 中 交 流 ・ 中 国
6-8 日中映像交流事業「映画, ビデオ週間」・「アニメ・フェスティバル」開幕式(北京), 総理特使麻生太郎と監督山田洋次・小林政弘・俳優仲代達矢・松坂慶子・桜庭ななみ出席, 6-11 上海で日本映画週間(～6-17)。6-20 中国人民銀行, 預金準備率を0.5％引き上げて21.5％に, 年初来6回目で過去最高に。6-30 北京-上海高速鉄道営業運転開始, 4h48mで1318Km。6-末 鉄道部の負債総額2兆907億元, 負債資産率58％。
7-1 沖縄訪問の中国個人観光客に対し, 数次ビザを発給開始。7-3 外相松本剛明訪中(～7-4)。7-11 工業信息化部, 鉄鋼・セメントなど18行種2255社に旧型設備廃棄命令。7-16 経産相海江田万里訪中(～7-18), 7-17 武漢でJETRO中国7番目の事務所開所式に出席, 7-18 商務部長陳徳銘と会談。7-18 北京-那覇直行定期便就航。7-23 温州近くで高速鉄道追突事故, 死者40人。7-28 パナソニック, 傘下の三洋電機白物家電をハイアールに売却すると発表。
8-9 三菱電機捷敏功率半導体(合肥)設立, 資本金4.25億円, 三菱電機70・捷敏電子20・三菱電機(中国)10。8-10 国務院常務会議, 高速鉄道のスピードダウンを決定, 時速350Kmを300Kmに, 250Kmを200Kmに。8-12 日本対中国無償資金協力公文交換, 人材育成に3億8300万円。8-13 インドネシア・マナドで16カ国経済担当相会議, 日中共同で経済連携作業部会新設を提案。8-17 IHI・丸紅, 中海油傘下の中海油海南ガスからLNG受入ターミナルのEPC受注発表。8-19 中国日本語教学研究会, CASIO 電子辞典を公式指定辞書に認定。8-24 京都観光・伝統文化・伝統工芸産業展, 北京日本文化センターで開催。8-25 違法伐採対策に関する日中協力覚書調印。8-29 蘇寧電器, ラオックスの持株比率51％に。8-31 ファミリーマート, 中国店522に, 日本国内7916, 韓国6215, 台湾2744, タイ653, 米9, 越8店, 世界店舗総数18858。8- 吉野家の中国店舗数239店に, 日本国内1186, 米99, 台湾54, 香港52, 北京吉野家は香港洪氏集団経営で別会社。
9-1 中国個人観光客ビザ発給要件緩和, 資格を「一定の経済力を有する者」に, 滞在期間15日から30日に。9-4 日中経済協会183人訪中(～9-10), 団長張冨士夫, 最高顧問米倉弘昌, 9-6 北京で副首相李克強と会談。9-5 天聞角川動漫(湖南天聞動漫51, 角川HDチャイナ49), 月刊漫画誌《天漫》を創刊。9-8 NTN, 南京NTN精密機電設立調印(資本金約100億円), 風力発電機用軸受など。9-16 SMAP 北京公演, 結成以来初の海外公演。9-20 東芝三菱電機産業システム, 中国石油から「西気東輸」II線(東側)向け電機品12セット受注発表, 40億円。9-22 外相玄葉光一郎, NYで外交部長楊潔篪と会談。9-26 寧波杉井アウトレット開業(三井不動産・杉杉集団など), 営業面積2.6万㎡130店舗。9-28 三菱電機, 上海中心大厦(632m)のエレベータ106台受注発表, 内3台分速1080mで世界最速。9-29 中国初の宇宙ステーション無人試験機天宮1号打ち上げ, 11-1 無人宇宙船神州8号打ち上げ。9-29 中国のインターネット利用者, 5億人に。9-29 中国電力建設集団設立。9-30 孫文・梅屋庄吉銅像, 長崎歴史文化博物館で除幕式。

2011年（平成23年）辛卯（2/3）

その他	日本（参考）
7-1 韓国，EUとのFTA発効。7-3 タイ下院総選挙，貢献党大勝，8-8 インラックがタイ初の女性首相に就任。7-8 姚明，NBA引退表明。8-3 米連邦政府債務上限法成立，上限は14.3兆ドルから16.4兆ドルに。8-10 アップル，NY証取終値で初めて時価総額世界一に。8-15 グーグル，米モトローラ・モビリティーを125億で買収発表。8-17 米副大統領バイデン訪中（〜8-22），8-22 来日（〜8-24）。8-22 COMEX，金先物価格終値1トロイオンス=1891.90ドル，電子取引で1904.00ドル，共に史上最高値を記録，8-24 104.00ドル安の1757.30ドル，史上2番目の下幅。8-23 GE，中国華電集団とガスタービン合弁調印。8-23 リビア国民評議会，トリポリを制圧，10-20 カダフィ射殺。9-8 ツイッター利用者，世界で1億人に達す。9-9 ドバイメトロ，グリーンライン開通。9-16 米，改正特許法案成立，先発明主義から先願主義に移行することに。9-17 NYのウォールストリートで若者を中心に抗議行動，11-15 排除。9-18 シーメンス，原発製造から撤退を発表。9-21 米，台湾へ総額58億5200万ドル相当の武器販売契約調印を中国へ通知。10-4 タイ大雨により工業団地浸水（〜11-初），日系450社に被害。10-5 米ナスダック上場の中国系ネット会社中華ネット，米アトランタで破産法適用申請。10-11 シノペック，カナダの石油会社ディライト・エナジー買収発表，22億カナダドルで全株取得。10-11 プーチン訪中（〜10-12）。10-20 第7回海協会-海基会会談（天津）。10-31 世界の人口70億人に。	5-2 2011年度補正予算，第1次復興事業などで約4兆円，7-25 第2次被災者支援と地方交付税などで約2兆円，11-21 第3次復興経費と防災対策費などで約9.5兆円。5-31 日本-ペルー経済連携協定(EPA)調印，13番目のEPA調印。6-20 復興基本法成立。6-24 東京証取とロンドン証取共同で設立したTOKYO AIM，メビオファームの上場を認可，7-15 上場，TOKYO AIM上場第1号。6-24 小笠原諸島，世界自然遺産登録決定，日本で4件目，6-25 平泉，世界文化遺産登録決定，日本で12件目。7-7 アデン湾ジブチ自衛隊哨戒機拠点開所式，自衛隊初の海外拠点。7-17 女子ワールドカップドイツ大会，日本女子代表優勝。7-24 テレビ地上波アナログ放送終了，地上デジタルへ移行。7- 生活保護者数2050495人，1951年度通年平均人数を上回り，戦後最多に。8-7 ユーラスエナジーHD，米カルフォルニア州でメガソーラ発電所を完成，45MWで加州最大。8-9 東京市場金価格，プラチナより高価に。8-26 再生可能エネルギー特別措置法・特例公債法成立。9-2 野田佳彦内閣（第95代）発足。9-6 東京工業品取引所金先物1グラム=4749円で史上最高値を記録，9-26 前営業日比509円安で3870円に。9-15 東京ゲームショー，幕張メッセで開幕（〜9-18），約22万2600人入場の盛況。9-22 交流協会，台湾亜東関係協会と日台民間投資取決を調印。9-29 東京で第2回アジア・ビジネス・サミット開催。

2011年（平成23年）辛卯（3/3）

日中交流・中国

10-1　上海 NC network China, ファクトリーネットワークチャイナに社名変更。10-3　三菱重工環境・化学エンジ(MHIEC)-同方環境と共同で首鋼生物質能源科技向け3000トン/日ごみ焼却設備受注発表、中国で最大級。10-10　発改委、宝鋼集団の香港での債券発行を許可、65億元、香港で初の本土企業人民元債券発行。10-14　経産相枝野幸男、第110回広州交易会に出席、温家宝と会談。10-14　国境越え人民元直接投資(FDI)管理方法公布、海外で得た人民元で対中国投資が可能に。10-14　松山バレエ団、北京で白毛女第13回訪中公演（〜10-15）。10-17　A380旅客機、南航北京-広州線で初就航。10-18　中国水電、A株に上場、総額135億元で年初来最大。10-20　福岡市一家4人殺害事件実行犯魏巍、上告審判決で死刑確定。10-23　新日中友好21世紀委員会第3回会合（北京・長沙、〜10-26）。

11-3　天宮1号と神州8号、軌道でドッキング。11-3　首相野田佳彦、G20会期中カンヌで国家主席胡錦濤と会談。11-4　長崎県寄贈の梅屋庄吉銅像、上海紹興公園で除幕式。11-11　第一生命、華電集団と生命保険合弁設立許可と発表、（資本金10億元、第一50）。11-11　第3回日中書道交流会、北京で開催。11-12　野田佳彦、APEC期間中ハワイで胡錦濤と会談。11-15　第16回中国教育関係者代表団30名来日（〜11-22）。11-19　日中韓首脳会談（バリ島）、FTA交渉早期開始で一致。11-21　外相玄葉光一郎、来日中の対外友好協会会長李小林と会談。11-23　外相玄葉光一郎訪中、温家宝・楊潔篪と会談、日本アニメ・フェスティバルに出席。11-24　第7回日中人権対話（東京）。11-30　中国人民銀行、預金準備率を0.5％引き下げ、2000年12月以来の引き下げで21％に。11-末　米国債保有高、中国1位で1兆1326億ドル、日本1兆389億ドル、初めて1兆ドル突破、英3位で4294億ドル。

12-15　サッカー日本元監督の岡田武史、中国スーパーリーグの杭州緑城監督に就任。12-16　コマツ、無錫地下鉄向けシールドマシンを中鉄17局より受注発表、コマツの中国地下鉄向け100台目。12-19　海自護衛艦「きりさめ」、青島港を訪問、2007年相互訪問開始以来4回目。12-25　首相野田佳彦訪中、温家宝と会談、人民元建て国債購入で一致、12-26　主席胡錦濤と会談。12-31　ラオックス中国1号店、南京でオープン。

年末

・中国の外貨準備高3兆1811億ドル、前年比11.7％増。

2011年

・中国のGDP成長率9.2％（国家統計局速報値）。貿易額3兆6000億ドル（推定値）、輸出額1兆8986億ドル、前年比20.3％増。

・財政収入10兆3740億元(24.8％増)、財政支出10兆8930億元(21.2％増)、財政赤字5190億元。

・自動車販売台数1850万5100台(2.45％増)。食糧生産5億7121万トン(4.5％増)。

2011年（平成23年）辛卯（3/3）

その他	日本（参考）
11-1 丸紅，中国の石炭輸入大手ウィンズウェー・コーキングコール（WCC）と共同でカナダの炭鉱買収することで合意，10億カナダドル規模。11-4 カンヌでG20サミット，欧州債務危機対策。11-10 APEC閣僚会議，ハワイで開催（～11-11），11-12 APEC首脳会議（～11-14）。11-12 ソニー，英音楽大手EMIの音楽事業買収で米シティグループと合意，22億ドル，音楽出版首位に。11-18 バリ島でアセアン＋日中韓開催，11-19 東アジアサミット，米ロ初めて正式に出席。11-20 第22回米中商業貿易連合委員会，成都で開催（～11-21），知的財産・ハイテク貿易など協議。11-22 韓国国会，米韓FTAを可決，11-29 大統領李明博署名。11-29 アメリカン航空，連邦破産法11条適用を申請，負債額296億ドル。12-11 国連気候変動枠組条約第17回締約国会議（COP17，ダーバン）。12-17 北朝鮮金正日死去（70歳），12-19 発表。12-18 米軍，イラクから撤退完了。12-22 台湾金融監督管理委員会，中国銀行・交通銀行に支店開設許可公表。12-30 丸紅，シノペックGと共同でカザフスタンのアティラウ製油所設備を受注発表，1300億円。12-30 ユーロ，1ユーロ=99円47銭まで下落。 **2011年** ・GM販売台数902万5900台（7.6％増），4年ぶり世界一，VW816万台，トヨタ790万台。 ・韓国の貿易額，1兆ドルを超える。仁川空港乗換旅客566万人（9.0％増），成田空港の529万人を上回る。	10-1 東京都と沖縄県，暴力排除条例を施行，全国全ての都道府県で同種の条例出揃う。10-14 オリンパス，社長を解任，その後10年以上の損失隠しが明るみに。10-18 首相野田佳彦訪韓。10-31 野田佳彦，来日中のベトナム首相グエン・タン・ズンと会談，円借款6件926億円調印，衛星輸出合意。10-31 為替市場一時1ドル=75円32銭の戦後最高値，円売介入後一時1ドル=79円55銭に，11月28日までの1カ月で9兆916億円の為替介入を実施，月間介入額で過去最大。11-2 理化学研究所・富士通，スーパーコンピュータ「京」で世界最速の毎秒1京回計算速度達成発表。11-4 経産省，東電・原子力損害賠償機構の緊急特別事業計画を認可，1兆109億円交付決定。11-4 横浜ベイスターズ，TBSからDeNAに譲渡決定。11-27 大阪府知事・大阪市長選で，橋下徹が大阪市長に，松本一郎が大阪府知事に当選。11-29 丸紅，カナダのアロエッテアルミ精錬所を1.8億ドルで6.66％の権益を取得合意，13.33％に。12-3 J1昇格1年目の柏，優勝。12-21 東京海上，米デルファイ・フィナンシャルGを買収発表，2050億円。12-22 日本外交文書，日中国交正常化など1970年代初期資料公開に。 **年末** ・日本の外貨準備高，1兆2958億ドル。 **2011年** ・輸出65兆5547億円，輸入68兆474億円，入超2兆4927億円，31年ぶりの貿易赤字。 ・国内新車販売台数421万220台（15.1％減）。

付録1．略年表　1945年〜1972年9月

1945年(昭和20年)乙酉

日中交流・中国

4-23 中国共産党第7回全国代表大会,延安で開催(～6-11)。

5-5 中国国民党第6回全国代表大会,重慶で開催(～5-21)。

6-19 中共第7期中央委第1回全体会議,延安で開催,毛沢東を主席に,毛沢東・朱徳・劉少奇・周恩来・任弼時を書記に選出。6-30 秋田県花岡鉱山事件。

8-12 関東軍司令部・満洲国政府,通化に移転。8-12 蒋介石,周仏海を上海行動総隊総指揮に任命,上海の治安維持を委任。8-17 国民党軍,北平に入城。8-19 愛新覚羅・溥儀,ソ連軍が逮捕。8-25 陳公博,日本に逃亡。8-28 毛沢東・周恩来,国民党と談判のため,重慶に到着。8-30 日本人民解放連盟,延安より帰国開始。8-31 中国国民政府代表団,横浜に到着。8-31 興国丸を引揚船に指定,博多・仙崎－釜山間を往復,往航は在日韓国人の帰国輸送,復航は日本人の引揚輸送に従事。8- 戦時中(1943年4月より)中国からの連行労働者38935人,内6839人死亡。

9-3 中国で戦争終結とされる。9-4 共産党軍,錦州を攻略。9-6 国民党軍湯恩伯部,上海に到着。9-6 共産党軍,瀋陽に入城。9-9 中国派遣軍司令官岡村寧次,南京で降伏文書に署名。9-12 何応欽,岡村寧次を中国戦区日本官兵善後連絡部長官に任命。9-21 満鉄大連本社解体。9-27 国党軍海軍総司令部,上海・厦門・青島の日本軍降伏を受理。9-28 国民政府,中央儲備銀行紙幣収還方法を公布,法幣と日本軍政下紙幣の回収レートを1=200と発表。

10-1 陳公博,東京で逮捕。10-10 国民党-共産党,重慶で会談議事録(双十協定)を調印,10-11 政治協商会議召集決定。10-11 毛沢東,重慶から延安に戻る。10-12 強制連行の中国人労働者3000余名帰国,塘沽に到着。10-14 国民党軍,米軍艦艇輸送により台湾に上陸。10-24 台湾省行政長官兼警備司令陳儀,台北に到着。10-24 国民党軍と共産党軍,邯鄲地区で激戦。10-25 前台湾総督安藤利吉,投降文書に署名。10-30 国民党軍,秦皇島に上陸。10-下 国民政府,行政院接収委員会を設置,日本軍政及び関係者の資産接収を開始。10- 東北人民自治軍,東北地区で帰国待ちの日本人医師・看護師・パイロット・鉄道技師など2万人以上を「留用」。10- 国民党中宣部所属の中央電影撮影所(中電),満洲映画株式会社(満映)を接収,長春電影製片廠を設立,共産党東北局も満映の一部を接収し,東北電影公司を設立。

11-11 共産党軍,塩城を攻略,江蘇北部を支配。11-14 国民党第8軍,青島に上陸。11-16 国民党軍,山海関を占領,関外へ進軍。11-22 国民政府,法幣と聯銀券の両替レートを1=5と発表。11-23 国民政府,日本軍政下の産業処理方法を公布。11-27 国民党軍,錦州を占領。11-28 川島芳子(本名愛新覚羅・顕玗,漢名金璧輝),北平で逮捕,1948.3-25 死刑執行。

12-4 上海から日本人引揚者第1陣2185人,明優丸に乗船し帰国。12-6 国民政府,漢奸懲罰条例(改定)を公布。12-15 中国戦犯調査委員会,岡村寧次など日本軍戦犯リストを発表。12-22 米第七艦隊,国民党軍を葫蘆島まで輸送。12-25 宝鶏－天水鉄道開通,多数の日本人技師が設計建設に従事。12-30 中国民主促進会,上海で結成。

1945年（昭和20年）乙酉

その他	日本（参考）
2-4 ヤルタ会談（～2-11），2-11 秘密協定調印。2-19 米軍，硫黄島に上陸，3-17 占領。	3-9 東京大空襲（～3-10），死傷12万人，焼失23万戸，被災100万人以上。
4-12 米大統領ルーズベルト逝，後任にトルーマン。4-25 国連総会，サンフランシスコで開催，50カ国出席（～6-26）。4-25 米ソ英軍，エルベ川で合流。	4-1 沖縄本島に米軍上陸，6-23 全島，米軍占領。4-7 鈴木貫太郎内閣（第42代）発足（～8-17）。
5-2 ソ連軍，ベルリンを占領。5-7 独軍，無条件降伏。	6-22 戦時緊急措置法公布，内閣に独裁的権限を授与。
6-26 国際連合憲章，50カ国で調印。	8-6 (am.8:15) 広島に米軍機が原爆を投下，死者約14万人（年末までの死者），8-9 (am.11:02) 長崎に投下，死者約7万人（同前）。8-15 日本，ポツダム宣言受諾，終戦。8-17 東久邇宮稔彦王内閣（第43代）発足（～10-9）。8-28 厚木に米軍到着。8-28 戦後通貨対策委員会設置。8-30 連合国最高司令官マッカーサー，厚木に到着。
7-17 米軍機，上海の日本軍を空爆，7-25 再度空爆。7-25 米大統領トルーマン，原爆投下を承認。7-26 米英中，ポツダム宣言発表。	
8-8 ソ連，対日宣戦布告，8-9 関東軍へ攻撃開始。8-14 中国国民政府，ソ連と友好同盟条約を調印。8-16 インドネシア共和国独立。8-18 米軍，上海・広州・天津・青島に上陸。8-19 関東軍，ソ連軍に降伏。8-20 ソ空挺部隊，長春・瀋陽・ハルビンを占拠。8-22 ソ空挺部隊，旅順・大連に進駐。	
9-2 ベトナム民主共和国独立。9-9 朝鮮半島38°線以南を米軍，以北をソ連軍が降伏を受理。9-11 米ソ中英仏外相ロンドン会議（～10-2）。9-22 米政府，対日方針を発表。9-30 米海兵隊1万8000人，天津塘沽に上陸。	9-2 ミッスーリ号で降伏文書調印式。9-18 経済団体連合委員会発足。
	10-1 全国銀行協会連合会設立。10-2 連合軍最高司令官総司令部（GHQ），東京に移設。10-9 幣原喜重郎内閣（第44代）発足（～1946.5-22）。10-11 GHQ，民主主義化の5大改革を指令。10- 第1回宝くじ発売，1等10万円。
10-24 国連憲章，20カ国批准完了，国連正式に成立。	11-1 全国人口調査，71998104人。11-2 日本社会党結成。11-6 GHQから持株会社解体覚書（財閥解体）。11-9 日本自由党結成。11-16 日本進歩党結成。
11-20 ニュールンベルク国際軍事裁判開始。	
12-15 米政府，国民政府全面支持の声明。12-16 米英ソ外相モスクワ会議（～12-27），極東委員会と対日理事会の設立を正式決定。12-27 ブレトン・ウッズ国際通貨協定（1944.7-締結）発効，金1オンス＝35ドルに固定。	12-9 GHQから農地改革に関する覚書。12-17 衆議院議員選挙法改正，大選挙区・婦人参政権実施。12-22 労働組合法公布，1946.3-1施行。12-29 農地調整法公布（第1次農地改革）。

1946年(昭和21年)丙戌

日中交流・中国

1-3 国民党-共産党,第3回談判開始。1-7 張群-周恩来-米特使マーシャル軍事3人委員会設置,停戦協議開始。1-10 国共両軍の停戦協定成立,政治協商会議開催。1-14 東北人民自治軍,東北民主聯軍に改称。1-19 台湾日本軍捕虜管理処報告,在台湾日本軍人168476人。

2-3 通化事件。2-25 軍事3人委員会,国民党軍対共産党軍比率50:10で合意。2-25 国民党国防最高委員会,外貨市場を開放,1ドル=2020元に指定。

2-28 山口淑子(中国名李香蘭,1920.2-12撫順生れ),引揚船乗船の際,国民政府出入国担当官に止められ,3-末 引揚船で帰国。2- 東亜同文会解散,東亜同文書院大学廃校。

3-20 中国東北銀行,東北地方流通券を発行,ソ連軍票と同価格で流通すると発表。

4-9 国民政府,新公司法を公布,外資企業と中国企業の権利同等。4-12 日本軍政時代の国民政府主席・行政院長陳公博に死刑判決,6-3 執行。4-21 東満鉄道管理局設立。4-29 国民政府,土地法・土地法施行法を公布。

5-4 中共中央,解放区土地改革運動に関する「5・4指示」を発布。5-5 国民政府,重慶から南京に還都。5-7 葫蘆島から引揚船2隻,中国東北地区在留日本人2489人を乗せて帰国の途に発つ。5-7 上海綿布商店数千店,中紡公司独占反対スト。5-20 国民党軍,公主嶺を攻撃,東北で共産党軍に対する本格的進攻始まる。

6-1 東北民主聯軍航空学校設立,日本人パイロット多数が教官に。6-19 国民政府行政院,戦前の公債を額面で償還すると発表。6-22 毛沢東,米国の国民政府への軍事支援反対声明。6-26 国民党軍30余万人,中原解放区に進攻,全面内戦の様相呈す。

7-12 国民党軍,共産党支配の蘇皖解放区へ進攻開始,全面内戦勃発。

9-4 葫蘆島から日本人引揚者15908人,4隻に分乗し出港,1日の引揚人数で最多。9-7 上海証券取引所設立,理事長杜月笙。9-14 中国東北在留日本人引揚者30万人に達す。9-20 日本軍戦犯9名,中国で処刑に。9-22 日本政府,国民政府が日本から機関車300両,車両3000両を購入する代わりに,中国から銑鉄6万トン,コークス20.3万トン購入を提案。

10-10 国民政府,徴兵制度を再開。10-11 国民党軍,張家口を攻略。

11-7 日本軍政時代の上海市長周仏海に死刑判決。11-15 南京で国民大会(～12-25),共産党・民主同盟は不参加,中華民国憲法を採択,大会期間中金価格暴騰。11-19 中共代表団周恩来ら,南京から延安に引き揚げ。11- 愛知大学設立,東亜同文書院を引き継ぐ。

12-3 大連から引揚第1船永徳丸出港,12-8 3028人佐世保に帰国。12-24 米軍兵士,北京大学女子学生沈崇暴行事件。12-25 葫蘆島から1946年最後の引揚者3659人乗船。12-28 国民政府国防委員会会議,1947年度予算を可決,歳入7万余億元,歳出9万余億元,軍事費約40%。

1946年

・外務省,「華人労務者就労事情調査報告」を作成。

1946年（昭和21年）丙戌

その他	日本（参考）
1-5 国民政府公告，モンゴル独立を承認。1-10 国連第1回総会，ロンドンで開催（〜2-14）。1-13 国連安保理成立，米英ソ中仏が常任理事国に。1-15 ソ連軍，中国東北地区から撤退開始。1-19 米ソ英中等11カ国，極東裁判所を設置。	1-1 天皇，神格化否定詔書。1-4 GHQ，軍国主義者の公職追放など指令。1-29 GHQ，北緯30°以南の島嶼管轄権を日本から分離。2-1 第1次農地改革実施。2-17 金融緊急措置令公布，2-25 新旧円の交換開始，3-3 旧円流通禁止。2-28 アメリカ映画〈キュリー夫人〉上映。
2-8 北朝鮮臨時人民委員会成立，主席金日成。2-16 カナダ，中国へ6000万カナダドル借款。2-18 インド水兵，ボンベイで対英反旗。2-26 極東委員会，ワシントンで第1回会議。	3-3 物価統制令公布，価格等統制令廃止。3-14 GHQ管理下で輸出再開。3-22 GHQ，伊豆諸島の管轄権を日本に返還。
3-6 ベトナム-仏，暫定協定調印。	4-10 第22回衆議院選挙，自由党140，進歩党94，社会党92。4-22 幣原内閣総辞職。4-30 経済同友会結成。
4-22 米占領軍，沖縄の琉球軍政府下に民政府設ける。	
5-3 ソ連軍，旅順・大連以外の中国東北地区から撤退完了。	5-1 メーデー復活。5-3 極東軍事裁判所開廷。5-22 第1次吉田茂内閣（第45代）成立（〜1947.5-24）。
6-3 李承晩，南朝鮮政府樹立を宣言。6-12 米海兵隊，青島に上陸。6-14 国連原子力委員会第1回会議。	6-20 貿易等臨時措置令公布，民間の貿易を禁止。
7-1 米，ビキニ原爆実験。7-4 フィリピン共和国独立宣言。7-28 北朝鮮労働党結成。7-29 パリ21カ国和平会議（〜10-15）。	8-1 日本労働組合総同盟結成。8-9 持株会社整理委員会設立，財閥解体本格化。8-16 経済団体連合会（経団連）結成。
8-10 北朝鮮臨時人民委員会，産業国有化法を公布。	10-21 農地調整法改正・自作農創設特別措置法公布，第2次農地改革実施。
9-24 南朝鮮でゼネスト。	
10-1 ニュールンベルク国際軍事裁判判決，10-16 執行。10-3 在日朝鮮人居留民団結成。	11-1 第1回国民体育大会開催。11-3 日本国憲法公布。11-16 当用漢字表（1850字）・新かなづかいを告示。11-20 日本商工会議所設立。
11-4 国民政府，米と中米友好通商航海条約を調印。	12-5 樺太引揚第1船，函館に入港，12-8 シベリア引揚第1船舞鶴に入港。12-16 東京銀行設立，横浜正金銀行の事業を引き継ぐ（1947.1-4 開業）。12-30 GHQ，日本の綿工業復興の6億円融資を許可。
12-3 インド-英円卓会議。12-14 国連総会，軍縮憲章を採択。12-19 仏軍，ベトナム軍に進攻，第1次インドシナ戦争勃発。	

1947年（昭和22年）丁亥

日中交流・中国

1-1 中華民国憲法公布。1-8 東北行政委員会，満洲国百円札・十円札・五円札の使用停止を発表，1-15 使用停止。1-30 国民党-共産党-米特使3人委員会解散。1- 国民党支配地域で金融危機起こる（〜2-）。

2-1 中国共産党，1946年1月10日以降国民政府と外国政府間締結の条約・協定は承認しないと声明。2-6 国民政府，谷寿夫に死刑判決。2-17 国民政府，経済緊急措置法案を公布，金の売買と外国紙幣の使用を禁止。2-17 共産党，南京・上海・重慶駐在の連絡代表全員撤退開始。

3-2 周仏海の死刑，無期に変更。3-13 国民党軍，延安を空爆（〜3-14）。3-20 国民党軍胡宗南部，延安を攻略。3-30 大連の日本人引揚最終船恵山丸出港，1946年12月から76船203765人。

4-19 国民政府，商震を対日委員会代表兼駐日中国代表団団長に任命。4-24 戦時文物損失整理委員会主席杭立武，日中戦争期間中の文物損失額9885546元と発表。4-28 国民政府，金・外貨売買処罰条例を公布。

5-13 共産党軍，中国東北で夏季攻勢を展開（〜7-1），42都市を攻略，6-25 戦略要衝四平を占拠。5- 国民党支配地域で飢饉発生，各地で米屋を襲う事件起こる（〜6-）。

6-4 国民政府対日賠償委員会，日中戦争による中国側直接損害は約319億ドルと試算。6-13 共産党軍，本渓を攻略。6- 上海〈大公報〉で張楽平の漫画〈三毛流浪記〉連載開始，1948年末まで続く。

7-3 日本賠償の軍艦8隻，上海に到着。7-3 中国輪船商業同業公会聯合会設立，理事長杜月笙。7-7 中共中央，民主連合政府の樹立と土地改革実施に関する「7・7宣言」を発表。7-14 中国全国人口461006285人，内男性241485555，女性219520730（国民政府内政部人口局数値）。7-16 国民政府，対日貿易を開放。

8-7 国民政府行政院，中央銀行外貨管理方法・輸出入貿易方法を公布。8-13 対日貿易指導委員会を南京に設置。8-18 中国中央銀行，新外貨管理方法に基づき為替レートを公示，1ドル=3.9万元。8-19 日本賠償の軍艦7隻，青島に到着。8-20 共産党軍，西北戦場で反攻に転じる。8-20 国民政府，対日貿易の輸出入許可品目を公布，日本から紡績，合繊などの輸入を許可。8-27 国民政府対日講和代表団結成，主席代表朱世明。

9-13 国民政府，南京緊急戒厳令を発す。9-18 国民政府国防部軍法部，王兆銘政権の陸軍部長葉蓬に死刑判決，即日執行。9-24 中共中央東北局，軍隊の商業経営禁止を決定。9-26 中央銀行，為替レートを1ドル=4.6万法幣に変更。

10-9 解放軍，威海衛を攻略。10-10 中国共産党，土地法大綱を公布，地主の土地没収を定める。

11-6 解放軍晋察冀野戦軍，石家荘を進攻，11-12 占領，解放軍初の大都市攻略。

12-13 国民党支配区域の闇為替レート，1ドル=16万元に。12-23 国民政府行政院，金融管理強化を決定。12-25 国民政府，中華民国憲法の施行を宣言。12-25 中共中央，陝北楊家溝で会議（12月会議），全国政権取得綱領と政策を決定。

1947年（昭和22年）丁亥

その他	日本（参考）
1-3 米軍，華北から撤退開始。1-8 米特使マーシャル帰国。 2-3 米の延安駐在連絡団，延安から撤退。2-28 台湾で反国民党政府蜂起（2・28事件），3-11 蒋介石，白崇禧・呉鉄城・朱紹良部を台湾に派遣，蜂起を鎮圧（～3-17），3万人以上を殺害。 3-12 米大統領，トルーマン・ドクトリンを宣言。 5-15 新華通訊社香港分社設立。5-31 中-米，定期航空便就航。 6-5 米国務長官，ヨーロッパ復興計画（マーシャル・プラン）を発表。6-5 中国とモンゴル，新疆北塔山で激戦（北塔山事件）。 7-15 国民政府，米から159隻船舶を譲り受ける。7-17 モンゴル，国連加入を申請，国民政府反対。 8-14 パキスタン独立。8-15 中国-香港経済協定正式調印。8-15 インドとパキスタン，分割独立。 9-1 米海兵隊，天津から撤退。9-11 米軍顧問団，国民政府内で執務開始。 10-30 国際貿易会議で関税・貿易に関する一般協定（ガット）調印。 11-10 国民政府，米と米国在中国教育基金協定を調印。11-12 台湾民主自治同盟，香港で結成。 12-8 国民政府，米と中米海軍協定・中米海軍艦艇譲渡協定を調印，米から艦船236隻を譲り受ける。12-23 米AT&Tベル研究所でトランジスター開発成功。12-26 カナダ政府，国民政府支援政策を変更，兵器の中国向け出荷を停止。	1-4 改正公職追放令を公布，追放範囲拡大。1-16 内閣法公布，5-3 施行。 2- 日本鉄道技術協会（JREA）設立，8- 社団法人許可。 3-31 旧衆議院解散，帝国議会に幕。 4-1 教育基本法・学校教育法施行，6・3・3・4制スタート。4-5 第1回知事・市長・村長選挙。4-7 労働基準法公布，9-1 施行。4-14 独占禁止法公布，7-20 施行。4-20 第1回参院選挙，社会47，自由37，民主28，国民協9，共産4。4-25 第23回衆議院選挙，社会143，自由131，民主121，国民協29，共産4，社会第1党に。4- 小学校4年からローマ字教育スタート。 5-3 日本国憲法施行。5-19 経営者団体連合会発足。5-24 片山哲内閣（第46代）発足（～1948.2-10）。 6-3 文部省，宮城遙拝・天皇神格化表現の停止を通達。6-8 日本教職員組合結成。 7-1 公正取引委員会発足。7-3 GHQ，三井物産と三菱商事解体指令。 8-4 最高裁判所発足。8-15 GHQ，制限付民間貿易再開。 10-1 臨時国勢調査，人口78101473人。10-21 国家公務員法公布。10-26 改正刑法公布，不敬罪・姦通罪廃止。 11-30 職業安定法公布。 12-1 100万円宝くじ発売，即日売り切れ。12-18 過度経済力集中排除法公布。12-22 改正民法公布（1948.1-1 施行），家制度廃止。12-29 戸籍法施行規則により，出生届の名前，当用漢字に限定される。12-31 内務省解体。

1948 年（昭和 23 年）戊子

日中交流・中国

1-1　中国東北民主聯軍，東北人民解放軍に改称。1-10　晋冀魯豫辺区政府，汚職懲罰条例公布。1-16　初の日本対中国賠償物資（機器 2600 トン，453 箱），横須賀から中国へ出港，1949 年 9 月まで 2250 万ドル・3.59 万トン・22 隻分。1-　瀋陽・天津・上海・南京・北平などで物価暴騰（～2-）。

2-28　周仏海，南京の監獄で死去（51 歳）。

3-8　国民党軍，小豊満発電所から撤退時，発電所爆破を命令，3-9　解放軍，小豊満を攻略，発電所を支配下に。3-9　国民党支配地域の物価引き続き暴騰，闇為替レート 1 ドル=42 万元，金価 1 両=2480 万元に。3-13　解放軍，東北地区の要衝四平衝を攻略，3-15　長春・瀋陽・錦州以外の東北地区をほぼ制圧。

4-5　解放軍，洛陽を攻略。4-19　蒋介石，国民政府総統に当選。4-21　共産党軍，延安を奪還。4-29　李宗仁，国民政府副総統に当選。

5-4　陝甘寧辺区政府，無金利で 38 億元融資，生産活動を支援。5-6　国民党支配地域，物価再度急騰，闇為替レート 1 ドル=120 万元，金価 1 両=5800 万元に，5-11　闇為替レート 1 ドル=130 万元，金価 1 両=6300 万元に。5-26　中共中央，河北省平山県西柏坡に移転。

6-4　中国東北地区在留日本人 3871 人，帰国のため空路で瀋陽から錦州に移動，9-20　葫蘆島で乗船，最後の在留日本人集中引揚，1946 年 5 月 7 日から葫蘆島経由で帰国の中国東北地区在留日本人引揚者 1051047 人に。6-9　国民党支配地域，物価再度急騰，闇為替レート 1 ドル=160 万元，金価 1 両=8000 万元に達す。6-15　中共華北中央局機関紙《人民日報》創刊。6-15　国民党支配地域，闇為替レート 1 ドル=210 万元，金価 1 両=1 億 100 万元に。6-　年初以来，長春・瀋陽・北平・天津・青島・南京・漢口・西安・成都・重慶など大都市の資金，大量に香港・上海・広州に移る。

7-19　GHQ，中国銀行・中国航空・招商局に日本で営業を許可。7-21　元泉馨，中国の内戦に参加，晋中戦役で捕虜に。7-　東北財政経済委員会設立，主任陳雲。

8-1　中国第 6 回全国労働大会，ハルビンで開催（～8-22），中華全国総工会章程を採択，中華全国総工会発足。8-21　国民政府張群，日本を訪問。

9-10　王揖唐，北平で処刑。9-12　遼瀋戦役（～11-2），国民党軍 47 万人消滅，東北全域共産党の支配下に。9-24　解放軍，済南を攻略。

10-初　国民党統治下の上海・南京・杭州・無錫などで買占騒動起こる。10-6　華北・華東・西北解放区の通貨統一。10-19　解放軍，長春を攻略。10-　生活・読書・新知三聯書店設立。

11-6　淮海戦役（～1949.1-10.），国民党軍 55.5 万人消滅。11-18　中国人民銀行発足，総経理南漢宸。11-21　中共中央，国民政府への援助は敵対行為と声明。11-29　平津戦役（～1949.1-31），1949.1-15　解放軍，天津を攻略，1-31 北平平和入城，国民党軍 52 万人消滅または改編。

12-1　華北銀行・北海銀行・西北農民銀行，北平で中国人民銀行に併合。12-1　人民解放軍，徐州を攻略。12-10　蒋介石，全国戒厳令を発布。

1948年(昭和23年)戊子

その他	日本（参考）
1-4 ビルマ民主共和国独立。1-30 ガンジー、暗殺される。	1-7 財閥同族支配力排除法公布。1-26 帝銀事件。
2-4 セイロン，英連邦自治領として独立。2-20 戦後の米対国民政府援助資金，14.09億ドルに達す（マーシャル国会報告書数値）。	2-15 法務庁を設置，司法省廃止。
3-15 終戦後米対国民政府援助資金・物資合計4640498223ドル（新華社数値）。3-17 西欧5カ国，西欧連合条約（ブリュッセル条約）を締結。	3-10 芦田均内閣（第47代）成立（～10-15）。3-15 民主自由党結成，総裁吉田茂。3-（財）霞山倶楽部設立，東亜同文会を引き継ぐ。
4-1 ソ連，ベルリンへの陸上輸送を制限（ベルリン封鎖），6-24 陸上輸送を完全遮断，6-26 西側諸国による大空輸開始，1949.5-12 封鎖解除。4-3 米議会，対中援助法を可決，4億6300万ドル援助を決定。4-7 世界保健機構（WHO）発足。4-16 マーシャル・プラン参加17カ国，欧州経済協力機構（OEEC）条約を調印。	4-27 海上保安庁設置法公布（5-1 施行）。4-28 夏時刻法公布，5月第1土曜日～9月第2土曜日にサマータイムを実施（～1952.4-11）。
5-14 イスラエル建国宣言。5-15 パレスチナ戦争勃発（～1949.1-8）。	5-1 美空ひばり，横浜国際劇場でデビュー。5-日本電機工業会（JEMA）発足，1954年社団法人に改組。
6-28 コミンフォルム，ユーゴを除名。	6-5 国立国会図書館開館。6-23 昭和電工事件，昭和電工社長日野原節三，贈賄容疑で逮捕。
7-17 大韓民国憲法公布，8-13 大韓民国建国，大統領李承晩。	7-6 GHQ，軍票の対円レートを1=270に設定。7-7 国有鉄道運賃法公布，国鉄運賃設定の根拠に。7-10 建設省設置。7-15 GHQ，新聞検閲を緩和。7-29 政治資金規正法公布。
9-9 朝鮮民主主義人民共和国建国，首相金日成。	8-17 プロ野球，初のナイター試合。
10-7 米国家安全保障会議，対日政策を転換。10-19 国民党軍，澎湖で略奪，住民2000余名を殺害。10-28 日本対同盟11カ国への賠償金540億ドルで仮合意。	9-1 取引高税実施。9-23 本田技研工業設立，社長本田宗一郎。
11-12 極東国際軍事裁判判決，東条英機ら7人に絞首刑，12-23執行。	10-1 警視庁，110番電話を設置。10-19 第2次吉田茂内閣（第48代）発足（～1949.2-11）。
12-10 国連総会，「世界人権宣言」を採択。12-10 米韓援助協定締結。12-26 ソ連軍，北朝鮮から撤退完了。	11-30 国家公務員法改正成立公布。
	12-18 GHQ，経済安定9原則発表。12-20 日本専売公社法・日本国有鉄道法・公共企業など公布，1949.4-1 施行。12-24 岸信介らA級戦犯容疑者釈放。
	1948年
	・魚群探知機普及。
	・ストリップショー流行，地方に波及。

1949年（昭和24年）己丑

日中交流・中国

1-15 人民解放軍，第1～第4野戦軍を編成。1-20 天津市人民法院，戦時中の駐日大使徐良を逮捕，1-22 戦時中の天津市長温世珍を逮捕。1-26 国民政府国防部軍事法廷，岡村寧次に無罪判決，1-31 岡村寧次ら260名日本に送還。

2-16 中共中央，対外貿易に関する決定・対外貿易方針問題に関する指示を配布。

3-5 中共第7期中央委第2回全体会議，西柏坡で開催（～3-13）。3-15 華北人民政府，中国銀行を外貨及び対外貿易専業銀行に指定。3-25 中共中央・解放軍総部，北平に移る。

4-21 人民解放軍，長江を渡る，4-23 南京入城，4-27 蘇州を攻略。

5-4 中日貿易促進会結成。5-4 中華全国青年代表大会，北平で開催（～5-11），中華全国民主青年聯合総会設立。5-12 解放軍，上海進攻開始，5-27 完全支配，上海市人民政府設立，市長陳毅。5-16 解放軍，漢口を攻略。5-24 日中貿易促進議員連盟結成。5-26 解放軍，鉄道兵団を設立。5-30 中国人民銀行上海分行開設。5-31 上海市軍管会，輸出入貿易開放を決定。

6-1 解放軍，青島を攻略。6-4 中共中央，上海・南京・漢口・九江に対外貿易管理処設置を指示。6-5 上海中国銀行営業再開。6-11 上海市政府，金銀管理暫定方法を頒布。6-18 瀋陽で米スパイ摘発，佐々木弘経・伯彦蒼・呉人傑逮捕。6-28 鞍山鋼鉄公司，銑鉄高炉再開。

7-10 北平－上海鉄道営業再開，全国統一鉄道運賃実施。7-17 解放軍，福州を攻略。7-23 中華全国文学工作者協会，北平で結成，主席茅盾（1953年中国作家協会に改組）。

8-16 国民党軍が日本で募集した空軍応募者300名，広州と台湾に到着，9-14 広州と台湾で活動開始，蒋介石から1200万ドル経費を支給。8-28 北京－瀋陽直行列車営業開始。

9-7 国民政府，広州から重慶に移転。9-21 全国政治協商会議第1回総会（～9-30），9-27 首都・国旗・国歌・年号を決定，北平を北京に改名，共同綱領を採択。9-末 中国の発電容量約185万kW。

10-1 中華人民共和国成立，主席毛沢東。10-14 解放軍，広州を攻略，10-17 厦門攻略，10-20 迪化（ウルムチ）に進駐。10-20 中国人民保険公司設立。10-21 政務院発足，10-22 最高人民法院・法制委員会・華僑事務委員会・民族事務委員会・財政経済委員会を設置。10-24 解放軍，金門上陸失敗（～10-26）。10- 日本中国友好協会準備会発足。

11-1 中国科学院設立。11-7 宝鶏－連雲港鉄道（隴海鉄道）全線開通。11-29 国民政府，成都に移転。11-30 解放軍，重慶を攻略。

12-27 成都攻略。12- 黒龍江・新疆・江蘇・寧夏・山東に軍墾農場を設立。

年末
- 中国大陸人口5億4167万人。鉄道営業区間2.18万Km，自動車保有台数7万6800台。
- 上海市人口502万9200人，年間総生産20億2800万元。

1949年
- 中国の生産高，粗鋼16万トン，石炭3200万トン，セメント66万トン，原油12万トン。

1949 年（昭和 24 年）己丑

そ の 他	日 本 （参 考）
1-6 国連，中国内戦不介入を決議。1-25 ソ連・東欧 5 カ国，コメコン設立を発表。 2-24 イスラエル-エジプト停戦協定調印。2-28 廖文毅・廖文奎，台湾独立を主張。 3-8 仏，ベトナムのバオ政権独立を承認。 4-4 北大西洋条約調印，8-24 発効，NATO 発足。4-20 第 1 回世界平和擁護大会，パリで開催。 5-6 ドイツ連邦共和国（西独）臨時政府成立。5-12 米政府，1947 年 4 月の日本仮賠償計画を取り消し，日本対中国・フィリピン・オランダ・英国の戦争賠償中止す。5-18 韓国政府，統一派逮捕開始。5-20 台湾，戒厳令を実施。 6-15 台湾，幣制改革，新台幣を発行。6-25 南北朝鮮政党・団体代表，平壌で祖国統一民主主義戦線を結成。6-27 ソ連からの引揚再開，第 1 船高砂丸が舞鶴に入港。 8-30 上海市軍管会，上海の外国通信社に業務停止命令。 9-25 ソ連，原爆保有を発表。 10-2 ソ連，中国を承認，10-3 国交樹立。10-7 ドイツ民主共和国（東独）成立。 11-2 インドネシア，オランダと協定調印，12-27 主権移譲。11-8 カンボジア，仏と独立協定調印。11-10 米原子力委員会，医療・科学研究用放射性物質を日本へ輸出許可。11-22 日英通商協定調印。11-24 英，鉄鋼業国有化法成立。11-30 対共産圏輸出統制委員会（ココム）設立。 12-7 国民政府，台北に移る。12-16 中国主席毛沢東，ソ連を訪問，1950.3-4 北京に帰着。12-30 インド，中国を承認。	1-14 GHQ 外国人の対日投資を条件付で許可。1-23 第 24 回総選挙，民自 264・民主 69・社会 48・共産 35。 2-12 東京証券取引所設立。2-16 第 3 次吉田茂内閣（第 49 代）発足（～1952.10-24）。 3-7 GHQ 経済顧問ドッジ，経済安定 9 原則実行につき声明（ドッジライン）。3- 東洋運搬機，日本で初めてフォークリフトを完成。 4-23 GHQ，1ドル=360 円の単一為替レートを決定，4-25 実施。 5-14 東京・大阪・名古屋証券取引所開業。5-24 年齢のとなえ方に関する法律（満年齢）公布。5-25 通商産業省発足。5-31 教育職員免許法・同施行法公布。 6-1 郵政省・電気通信省・法務省・地方自治庁・国税庁・日本国有鉄道・日本専売公社発足。6-10 社会教育法公布。6-11 東京都で失業対策，日当 245 円に決定。 7-4 国鉄第 1 次人員整理発表。7-5 下山事件。7-12 国鉄第 2 次人員整理発表。7-15 三鷹事件。 8-17 松川事件。 9-8 在日朝鮮人連盟に解散命令。 10-1 日本の人口 8178 万人。10-28 GHQ，民間貿易全面許可，12- 民間輸出再開，1950.1- 輸入再開。 11-1 道路交通法により，「車は左，人は右」を実施。11-26 プロ野球，2 リーグ制発足。 12-1 外国為替及び外国貿易管理法公布施行。 12-1 お年玉付き年賀はがき発売開始。12-15 私立学校法公布，1950.3-15 施行。12-20 GHQ，重要物資の統制大幅緩和。

1950年(昭和25年)庚寅

日 中 交 流・中 国

1-1 北京-武漢, 武漢-広州鉄道全線再開。1-14 北京市内にある米・仏・蘭の軍隊駐屯用地を接収, 1-16 接収完了。1-27 政務院, 関税と税関につき決定, 3-7 公布。1-31 政務院, 全国税政実施要則・工商業税暫定条例・貨物税暫定条例を公布。

2-24 政務院, アヘン毒品禁止を通達。2- 日中友好協会準備会機関紙〈日本と中国〉, 東京で創刊。

3-5 解放軍, 海南島に上陸, 4-30 全島支配。3-29 中国民間文芸研究会成立。3-30 毎年の6月1日を児童節に規定。3- 解放軍西南軍区部隊, チベットに進軍開始。

4-2 中央戯劇学院設立。4-22 政務院財政経済委員会, 国家機関・軍隊の商業経営を厳禁。

5-1 婚姻法公布施行。

6-6 中共第7期中央委第3回全体会議(〜6-9)。6-19 中国政府, 周士第を対日理事会代表・中国代表団団長に任命したとGHQに通知。6-19 全国税関会議, 北京で開催(〜7-17), 税関法(草案)を制定。6-29 工会(労働組合)法公布。6-30 土地改革法公布施行。

7-6 第1回全国治安会議, 北京で開催(〜8-12)。7-8 解放軍, 長江沖の嵊泗列島を攻略, 8-4 万山群島を攻略, 珠江沖島嶼を支配下に。7-11 文化部映画指導委員会設立, 主任沈雁氷(茅盾)。7-13 貿易部, 全国進出口貿易会議を開催(〜7-25)。7-26 第1回全国司法会議, 北京で開催(〜8-11)。7-28 商標登記暫行条例公布。

8-1 中国民航, 営業開始。8-20 政務院, 農村階級確定基準を公布。

9-1 財政経済委員会, 商標登記暫定条例施行細則などを公布。9-6 中国紅十字会会則公布。9-6 中国初の公費留学生, ポーランド・チェコスロバキア・ルーマニア・ハンガリー・ブルガリアに出発。9- 国慶節に天安門城楼の中央指導者砲撃容疑で山口隆一(日本人, 47歳)とアントニオ・リヴァ(イタリア人, 中国名李安東, 56歳)ら7人逮捕される。

10-1 日中友好協会設立。10-29 政務院, 労働保険条例草案を公布。10- 日本赤十字社長島津忠承, モナコ・モンテカルロの第21回赤十字連盟理事会で, 中国紅十字会会長李徳全と中国「留用」日本人医師と看護婦の帰国につき話し合う。

12-4 中国外交部長周恩来, 対日講和につき声明(8カ条)。12-6 日本政府, 中国向け要許可品目の禁輸を発表。12-9 通産省, 日本船舶の中国向け就航を禁止。12-9 政務院, 対外貿易管理暫定条例を公布。12-28 政務院, 貨幣管理実施方法などを公布。12-30 政務院, 私営企業暫定条例を公布。

年末
・中国人口5億5196万人。

1950年
・中国の輸出額5.5億ドル, 輸入額5.8億ドル, 入超0.3億ドル。
・中国初の財政年度, 歳入62億1700万元, 歳出68億500万元。

1950年（昭和25年）庚寅

その他	日本（参考）
1-6 英，中国を承認，台湾国府対英断交。1-13 香港の招商局船舶13隻，中国に帰属。1-17 在香港の中国銀行・交通銀行・中国農民銀行・中央信託局の分行・局，中国に帰属。1-26 米韓相互防衛援助協定調印。 2-6 国民党軍機，上海を13回空爆（～2-13），以後南京・杭州・青島・広州・福州・南昌などを空爆。2-14 中ソ友好同盟互助条約調印（4-1発効），期限30年。 3-15 米国政府，軍事品以外対中国貿易は妨害しないと声明。 4-1 中国，インドと国交樹立。4-25 中国，ソ連と共同で長春鉄道公司を設立。 5-9 中国，スウェーデンと国交樹立。5-11 中国，デンマークと国交樹立。5-12 国際赤十字連盟，中国紅十字会の加盟を承認。 6-8 中国，ビルマと国交樹立。6-9 中国，インドネシアと国交樹立。6-25 朝鮮戦争勃発。6-27 米第七艦隊，台湾海峡に出動。 8-1 米台協定締結声明。8-5 米第13航空隊，台湾に進駐。8-23 日本，台湾国府と新日中貿易協定を調印。8-28 米大統領トルーマン，台湾関係声明を発表。 9-14 中国，スイスと国交樹立。 10-8 中国，彭徳懐を中国人民義勇軍司令に任命，朝鮮戦争参戦決定。10-17 米－タイ軍事援助協定調印。10-19 中国人民義勇軍，朝鮮戦争に参戦。 12-6 米国政府，中国向け全面禁輸を発表。12-8 米極東軍司令部，沖縄に民政実施。12-16 米国政府，中国資産凍結を発表。12-28 中国政府，米国資産凍結を発表。	1-1 〈朝日新聞〉・〈毎日新聞〉，名古屋で発行再開。 2-10 GHQ，沖縄に恒久基地建設を声明。2-16 韓国大統領李承晩来日（～2-18）。 3-18 興安丸，朝鮮郵船（後東京郵船）に払い下げ。3-31 日本勧業銀行法など廃止法公布，特殊銀行制度終了。3- 〈産業経済新聞〉，東京で発行開始。 4-22 山本富士子，第1回ミス日本に選出。4-25 資産再評価法公布。 5-1 北海道開発法公布。5-2 放送法・電波法・電波監理委員会設置法（電波3法）公布，6-1施行。5-6 住宅金融公庫法公布，6-6 発足。5-10 外資法・商法改正公布。5-26 国土総合開発法公布。5-31 商工会議所法公布。 7-2 金閣寺焼失。7-6 日経平均株価終値85円25銭，史上最安値。7-11 日本労働組合総評議会（総評）結成。7- 特需ブーム，12月まで契約額約1.82億ドル。 8-10 警察予備隊令公布施行。 10-1 国勢調査，総人口83199637人，内東京6277500人。10-18 GHQ，日本の在外商社への制限を解除。 11-24 電気事業再編成令公布。 12-15 日本輸出入銀行法公布，12-28 発足。 1950年 ・日本の製造業生産指数，戦前のレベルに回復（1934～1936年=100，1950年=101.5）。 ・日本の輸出額2980億円，輸入額3482億円，502億円の赤字。 ・日本人の平均寿命，初めて60歳を超える（女61.4歳，男58.0歳）。

1951年(昭和26年)辛卯

日中交流・中国

1-4 中国，綿紗の買上統制を実施。1-15 貿易部，全国対外貿易会議を開催。1-20 北京協和医学院を接収。

2-1 中国電影片公司設立，映画事業を管理。2-4 政務院，戦犯・漢奸・官僚資本の財産没収を指示。2-21 懲治反革命条例公布施行。2-23 新華書店本店設立。

3-6 政務院，国家貨幣出入国禁止を公布。3-23 政務院，暫定税関法を決定。3-30 財政経済委員会，私営企業暫定条例施行方法などを公布。

5-10 政務院，税関輸出入税則暫定実施条例・税関輸出入税則を公布。5-23 中央政府-チベット間協定，北京で調印。

6-8 居住民登録法公布。6-15 中国，天津にポーランド政府と中波輪船股分有限公司を設立，中国建国後初の中外合弁社，後上海に移転。6-17 中国僑務委員会第1回会議，議題華僑所有の土地・帰国華僑・華僑学校など。6- 山口隆一妻(四王天延孝長女)帰国。

7-1 鉄道・輪船・航空旅客強制保険制度発足。7-16 公安部，都市戸籍管理暫定方法を公布。7-18 上海市軍管会，上海の米スタンダードオイル・テキサコ・中米石油の資産を収用。

8-2 公安部，香港・アモイ往来旅客管理に関する規定・華僑出入国暫定方法を公布。8-17 天安門城楼の中央指導者暗殺容疑で逮捕されていた山口隆一とアントニオ・リヴァ，北京天橋で処刑，終戦後初の外国刑事事件での日本人処刑，冤罪説も。8-24 日中貿易促進労組協議会設立。

9-1 中国海関総署，全国税関密輸調査会議を開催(～9-17)。9-14 政務院会議で外国と条約・協定・契約・議定書調印に関する決定を可決。9-17 GHQ，軍需品以外対中国輸出を許可。9-18 外交部長周恩来，単独講和反対の声明。9-19 通産省，中国と鉄鉱石など重要物資のバーター貿易承認の基本方針決定。9-20 通産省，軍需物資を除く繊維製品の対中国輸出許可権限をGHQから受継と発表。

10-12 《毛沢東選集》第1巻出版発行。10-26 解放軍，ラサに進駐。

11-22 中央財政委員会，商品検験暫定条例公布。11-28 政務院，外国僑民出入国及び居留暫定規則を公布。

12-1 中共中央，「整兵簡政・増産節約」と「汚職・浪費・官僚主義反対」を指示。12-7 政務院会議，汚職・浪費・官僚主義反対の三反運動開始を決定。12-26 中国文字改革研究委員会設立。

年末
・3億人以上の農村地域で土地改革完了。

1951年
・中国の歳入124億9600万元，歳出122億700万元，財政収支初めて黒字，輸出7.6億ドル，輸入12.0億ドル。
・日中学院，東京で設立。

1951年（昭和26年）辛卯

その他	日本（参考）
1-10 米大統領トルーマン，対日講和交渉代表にダレスを任命。1-16 中ソ連合委員会，長春鉄道・旅順口・大連市及び東北地区全域日本からの接収資産を中国へ移管完了と発表。 2-1 国連総会，中国を朝鮮戦争侵略者と決議。2-10 台湾国府，米と連合防衛互助協定を締結。 3-4 ニューデリーで第1回アジア競技大会。3-14 中ソ鉄道連営協定，北京で調印。3-15 イラン国民議会，石油国有化法案を可決。3-24 国連軍最高司令官マッカーサー，中国本土攻撃辞さないと声明。 4-11 トルーマン，マッカーサーを解任，後任にリッジウェイ。4-18 仏・西独・伊・蘭・ベルギー・ルクセンブルグなど西欧6カ国，欧州石炭鉄鋼共同体条約調印，1952.7-23 発効。4-21 米国防省軍事顧問団，台湾に到着。 5-18 国連総会，中国向け戦略物資輸出禁止決議。5-18 ココム，傘下にチンコムを設ける。5-21 中国，パキスタンと国交樹立。 6-4 台湾農地払下・自耕農育成実施方法公布。6-21 ユネスコ，日本の加盟正式承認。 7-10 朝鮮休戦会談，開城で開く（〜8-23）。 8-30 米比相互防衛条約調印。 9-4 サンフランシスコ対日講和会議開催。9-8 サンフランシスコ講和条約調印，日米安全保障条約調印。 10-25 朝鮮休戦会談，板門店で再開。 11-23 朝鮮休戦協定基本合意。 12-2 日本政府，台湾政府と台北で経済円卓会議，蒋介石出席。12-30 マーシャル・プラン終了，総額約120億ドル支出。	1-3 NHK，第1回紅白歌合戦を放送。1-15 民営米屋の登録開始。 2-1 日本輸出銀行開業。 3-31 日本開発銀行法公布，4-20 設立。 4-3 宗教法人法公布。4-21 電波管理委員会，民間放送16社に予備免許。4-21 国際捕鯨取締条約に加入。 5-1 電力再編成，9電力会社体制発足。 6-1 東京証券取引所，信用取引を開始。6-7 日本信販設立，日本初の消費者信用販売会社。6-8 住民登録法公布，1952.7-1 実施。6-11 東洋レーヨン（後東レに改称），米デュポン社からナイロン生産技術導入契約調印（4-12 政府から内諾），12- ライン竣工。6-20 第1次公職追放解除，石橋湛山ら2958名。 7-31 日本航空設立，戦後初の企業としての航空会社，会長藤山愛一郎，10-25 東京・大阪・福岡間就航。 8-6 第2次公職追放解除，13904名。8-14 旧呉海軍工廠造船設備，米NBC社に譲渡。 9-1 民間ラジオ放送開始。9-10 黒沢明の〈羅生門〉，ベニス国際映画祭で大賞を受賞。 10-1 日本石油精製設立（資本金40億円，日本石油50，米カルテックス50）。10-4 出入国管理令・入国管理庁設置令公布，11-1 施行。10-26 衆議院，講和・安保両条約を批准，11-18 参議院批准，11-19 認証。 12-5 GHQ，北緯29〜30°の7島の管轄権を日本に返還。 1951年 ・東京で小型タクシー急増。 ・モデル業盛ん。名古屋からパチンコ流行る。

1952 年（昭和 27 年）壬辰

日 中 交 流・中 国

1-16　首相吉田茂のダレス宛書簡公表，国府と関係維持を表明．1-23　中国，吉田茂の書簡に反対の声明．1-26　中国，五反運動（賄賂・税金逃れ・国家財産窃盗・手抜き製品・国家経済情報窃取反対）開始．

2-1　最高人民法院臨時法廷，汚職幹部薛昆山（元中国畜産公司業務処副処長）・宋徳貴（元公安部行政処処長）に死刑判決．2-10　河北省法院，汚職幹部劉青山・張子善に死刑判決．

4-10　《毛沢東選集》第2巻出版発行．4-21　政務院，汚職懲治条例を公布．

5-1　中国の日本向短波放送開始（〜1955.12-31）．5-5　外交部長周恩来，対日講和条約・日台条約反対声明．5-14　中国国際貿易促進委員会設立．5-22　日中貿易促進会議，東京で設立，議長平野義太郎．5-25　参議院議員高良とみ・衆議院議員宮腰喜助・帆足計訪中，衆参議員初の訪中，中国残留日本人の帰国など話し合う．

6-1　高良富・帆足計と中国国際貿易促進委員会主席南漢宸間で第1次日中民間貿易協定調印（北京），バーター貿易額輸出入各3000万ポンド．6-18　教育部，常用漢字を発表，1500字．6-30　三反運動・五反運動終了．

7-1　政務院，給与体制（29級）を決定，7-　施行．7-1　成都-重慶鉄道開通（1950.6-16起工）．7-17　公安部，反革命分子管制暫定方法を公布．

8-1　人民解放軍電影制片廠（後八一廠）設立．8-9　中央政府，民族区域自治実施要綱を発表．8-21　中国民航，上海-漢口-重慶航路を開設．8-25　青年団第1期中央委第3回総会，北京で開催（〜9-4），胡耀邦・廖承志など書記に当選．

9-14　中国新聞社，北京に設立．9-24　中国の大学，学院・学部調整完了．9-29　中共中央，彭徳懐が中央軍事委員会日常業務を担当することを決定．9-29　天水-蘭州鉄道開通（1950.5-2起工）．

10-2　アジア太平洋平和会議，北京で開催，日本代表団団長南博，団員亀田東伍ら7名出席．10-17　天津新港開港．10-26　中国民航，広州-南寧-昆明線を開設．

11-15　中央政府委員会第19回会議，国家計画委員会・体育運動委員会・高等教育部設置を決定．11-28　第1次日中民間貿易協定に基づき，北京で日本から中国への輸出契約調印，日中間戦後初の公式貿易物件．

12-1　中国政府，在中国邦人の帰国を支援すると発表．12-1　公私合営銀行連合会，上海で設立，銀行業界公私合営完了．

年末
・中国の金準備高500万オンス，外貨準備高1億3900万ドル．
・中国全国（新彊・チベット除く）で土地改革完了．

1952年
・中国の国内総生産679億元，一人平均119元．輸出額8.2億ドル，輸入11.2億ドル．

1952年(昭和27年)壬辰

その他	日本（参考）
1-18 日本-インドネシア賠償中間協定仮調印。1-19 李承晩ライン宣言。1-28 日比賠償会議開催。 2-15 第1次日韓会談(～4-26)。2-24 米・西欧10カ国，対共産国戦略物資の禁輸協定調印。2-28 日米行政協定調印。 4-5 高良とみ，モスクワ国際経済会議に出席，戦後初の議員のモスクワ入り。4-12 中-英間1000万ポンド貿易協定合意。4-18 日本-西独，国交樹立。4-18 台湾国府地政局，「地籍帰戸」完了と発表。4-28 対日講和条約・日米安全保障条約発効。4-28 日台平和条約，台北で調印(8-5 発効)，台湾国府と日本の戦争状態終結，国府は対日賠償を放棄。 5-2 ロンドン-ヨハネスブルク間，初のジェット旅客機就航。5-7 済州島事件。5-27 欧州防衛共同体条約(EDC)調印。5-29 国際通貨基金(IMF)・国際復興開発銀行(IBRD)，日本の加盟承認，8-14 正式加盟，9-11 常任理事に選出。 6-9 日印平和条約調印，8-26 発効。 7-23 エジプトでナセルら自由将校クーデター。 8-2 米，日本の紡績機械・毛製品・紙・染料の対中国輸出を了解。 9-16 中ソ，旅順口海軍基地返還延期で合意。 10-2 英，初の原爆実験。10-10 国民党第7回代表大会，台北陽明山で開催(～10-20)，総裁蔣介石続行。 11-1 米，水爆実験成功。11-4 アイゼンハワー，米大統領に当選。11-14 ココム，日本の加入を決定。 12-17 NATO，インドシナ戦争で仏支援再確認。12-31 ソ連，長春鉄道を中国へ返還完了。	1-16 公益事業委員会，電源開発5カ年計画を発表。 3-10 GHQ，航空管理権を日本に返還。3-14 企業合理化促進法公布。3-17 輸出貿易管理権，GHQより日本に返還。3- 本田技研，自転車の補助エンジン開発完了。 4-1 琉球中央政府発足。4-1 日本輸出銀行，日本輸出入銀行に改称。4-22 日銀，外貨貸付制度を決定。4-26 海上保安庁法改正。4-28 GHQ，外資管理権を日本に返還。4-28 GHQによる郵便物・電報・電話の検閲終了。 5-1 メーデー事件。5-7 財閥商号使用禁止終了。 6-7 会社更生法公布。 7-1 東京国際空港(羽田)開業。7-15 農地法・同施行法公布，10-21 施行。7-15 航空法公布。7-21 破壊防止法公布。7-31 電源開発促進法公布。 8-1 法務省・自治省・電電公社発足。8-8 義務教育費国庫負担法公布。8- ラジオ受信契約数1000万件超える。 9-1 東京銀行ロンドン支店開業，戦後初の外為銀行海外支店。9-16 電源開発促進法に基づき電源開発株式会社発足。 10-30 第4次吉田茂内閣(第50代)発足(～1953.5-21)。 11-20 電気事業連合会設立。 12-1 長期信用銀行設立。12- 日本機械輸出組合(JMC)設立。 1952年 ・スクーター流行る。

1953年(昭和28年)癸巳

日 中 交 流・中 国

1-1　中国第1次5カ年計画(1953～1957年)スタート。1-26　日本赤十字社・日中友好協会・平和連絡会3団体代表団, 北京に出発, 団長日赤社長島津忠承, 2-15　中国紅十字と在中国邦人帰国につき協議, 3-7　合意。1-30　通産省, 中国向け輸出禁止93品目解除。

2-11　中央人民政府委員会, 全国人民代表大会・地方人民代表大会選挙法を採択(3-1公布), 劉少奇を中央選挙委員会主席に選任。2-17　中国捕虜殉難者慰霊実行委員会, 東京で設立, 会長大谷瑩潤。

3-23　中国残留日本人引揚再開第1船2009人, 興安丸で帰国, 高砂丸の1959人続く。

4-10　《毛沢東選集》第3巻出版発行。4-27　日本船籍貨物船, 中国向け出港, 引揚船以外の日本船初の中国向就航。

5-2　中国工会(労働組合)第7回全国代表大会, 北京で開催, 新会則を採択。5-5　中国民航, 北京-西安-重慶航路就航。5-23　財団法人善隣学生会館, 元財団法人満州国留日学生補導協会の残余財産(土地2080坪, 建物約2000坪)を引き継ぎ, 東京に設立。5-30　中国仏教協会成立大会, 北京広済寺で開催(～6-3), 会長圓瑛。

6-1　《人民中国》日本語版, 北京で発行。6-30　中国第1次人口「普査」, 601938035人(1954.11-1国家統計局発表)。

7-2　中国人遺骨560体, 中国に返還開始。7-15　第一汽車製造廠起工。7-20　中国人民救済総会, 九州水害のため日本国民救援会に12億元(旧幣)を寄付。

8-31　中国人遺骨, 日本から中国へ返還, 第2次578体。

9-8　政治協商会議全国委員会第49回常務委拡大会議(～9-11)。9-9　解放軍, 鉄道兵団を鉄道兵に改組増強。9-14　中央政府, 陳雲の財政経済報告を許可。9-28　参議員大山郁夫訪中, 総理周恩来と会談。

10-4　中国作家協会発足, 10-9　茅盾, 主席に当選。10-10　食糧の買上販売統制スタート。10-14　日本共産党書記長徳田球一, 北京で死去(59歳)。10-23　中華全国工商業聯合会代表大会, 北京で開催, 同聯合会正式設立, 主任委員陳叔通。10-27　鞍山鋼鉄公司でシームレスパイプ製造開始。10-29　第2次日中民間貿易協定, 北京で調印。10-　東工物産(準備), 中国進出口公司から金額150万ポンドの受注決定, 仮契約(No.CJP002)調印。

11-3　中国人遺骨, 日本から中国へ第3次返還。11-23　瀋陽変圧器廠, 20MVA変圧器を完成。

12-5　政務院, 国家建設土地徴用方法を公布。12-15　鞍山鋼鉄, 大型圧延工場完成。12-　上海電影制片廠, 越劇映画<梁山泊と祝英台>を完成, 中国初のカラー映画。12-　日中貿易専門商社東工物産株式会社, 東京に設立。

1953年
・国内総生産824.2億元, 一人平均142元。輸出額10.2億ドル, 輸入額13.5億ドル。

1953年（昭和28年）癸巳

その他	日本（参考）
1-10 ベトナム・ラオス・カンボジア，日本と国交回復。1-12 ユーゴ，新憲法を採択，1-14 チトー，初代大統領に選出。 2-4 韓国，「李ライン」を越えた日本漁船を拿捕。2-5 米大統領アイゼンハワー，第七艦隊に中国大陸封鎖命令。 3-5 ソ連書記長スターリン死去(74歳)，後任にマレンコフ。3-26 中ソ間で1953年度貿易・借款・発電所建設支援3協定調印。 4-2 日米友好通商航海条約調印，10-30発効。4-15 第2次日韓会談（～7-23）。 5-15 ソ連対中国経済援助協定調印，1959年まで141プロジェクト援助決定。 6-5 中仏間で1000万ポンド貿易協定調印。6-13 台湾国府，日本と1億4900万ドル貿易成約。 7-12 韓国，竹島近くで日本海上保安庁巡視船に発砲。7-27 朝鮮休戦協定調印。 8-5 朝鮮戦争捕虜，板門店で交換。8-8 米韓相互安全保障条約調印。8-11 中国人民義勇軍司令彭徳懐帰国。8-20 ソ連，水爆実験を発表。 9-10 台湾裕隆機器製造設立。9-12 ソ連共産党第1書記にフルシチョフ就任。 10-1 米韓相互防衛条約調印，1954.11-17発効。10-6 第3次日韓会談（～10-16）。 11-2 朝鮮首相金日成訪中（～11-26）。11-15 米副大統領ニクソン訪日。11-23 中国-朝鮮，経済文化協定調印。11-23 台湾国府，奄美大島の日本返還に反対声明。11-30 ソ連引揚再開，帰国第1船興安丸，舞鶴に入港。11-31 インド政府代表団訪中，北京で会談。	1-9 通産省，電力使用制限を実施，3-3 解除。 2-1 NHK，東京地区でテレビ本放送開始，契約件数866。 3-3 三菱造船・富士電機・三井造船，それぞれスイスのエッシャーウィスからのガスタービンの技術導入許可。3-5 東京証券市場暴落。 4-1 保安大学校開校，1954.9- 防衛大学校に改称。 5-21 第5次吉田茂内閣（第51代）発足（～1954.12-10）。 7-16 伊東絹子，ミス・ユニバース3位入選。 8-1 金の自由売買再開，15年ぶり。8-5 港湾整備促進法公布。8-17 農産物価格安定法公布。8-27 農業機械化促進法公布。8-28 日本テレビ，民放で初の本放送開始。 9-1 独占禁止法改正公布。9-18 国際理論物理学会議，京都で開催，戦後初の国際学術会議。9-29 日米行政協定改定調印，公務外犯罪を日本裁判権へ切り替え，10-19 公布，10-29 発効。 10-15 中部・関西・九州電力，世銀から4020万ドル融資受入れ，世銀加入後初の長期借款。 12-9 旧三菱系4商社合併契約調印。12-15 初の水俣病患者発生。12-24 奄美群島返還の日米協定調印，12-25 発効。12- 紀ノ国屋，日本初のスーパーマーケットを開店。 **1953年** ・日本の貿易額1兆3264億1285万円，輸出額8674億6944万円，輸入額4589億4341万円。 ・粗鋼生産高674.1万トン。 ・大学受験校盛ん。 ・蛍光灯普及。店頭テレビ人気。

1954（昭和29年）甲午

日中交流・中国

1-3 政務院，輸出・輸入商品検験暫定条例を公布。1-4 中共中央，従業員10人以上私営企業の公私合営推進を決定。1-16 通産省，ゴム製生地など中国向け禁輸解除を発表。

2-1 新疆迪化市，ウルムチ（烏魯木斉）市に改称。

3-12 中国内務部・労働部，農民工の都市への流入を止めるよう指示。3- 東工物産，苛性ソーダを中国向け輸出，日中間で初。

4-25 内蒙古帰綏市，フフホト（呼和浩特）市に改称。

5-3 中国人民対外文化協会設立，会長楚図南。5-28 国営企業内で工場長責任制実施を決定。5- 東工物産，中国産大豆を日本に輸入，日中間で初。

6-4 通産省・農林省，中国産米輸入方針を決定，6-18 中国産米5500トン輸入入札実施。6-25 長江中下流大洪水（～10-3），5省123県被害，死亡3万人以上。

7-20 鞍山鋼鉄公司第2薄板廠稼働，中国初の自動薄板圧延工場。7-26 中国，初の国産航空機試験飛行式。

8-1 経緯紡織機械製造廠，山西楡次で竣工稼働，中国初の近代的紡績機械工場。8-10 公安部，外国人の居留・査証・国内旅行・出入国方法を公布。8-19 中国軍事委員会，元日本軍人417名に特赦命令。

9-3 金門島・馬祖島へ砲撃開始。9-5 政務院，公私合営工業企業暫定条例を公布。9-7 台湾国民党軍機，厦門を空爆。9-15 第1回全国人民代表大会，北京で開催（～9-28），憲法を採択，国家主席に毛沢東，全人代常務委員会委員長に劉少奇，総理に周恩来を選出，9-20 憲法公布，政務院を国務院に改称。9-28 中共中央政治局，中央軍事委員会設置を決定，主席毛沢東。9-28 日本学術文化視察団15名訪中（～10-27），団長安倍能成。

10-1 中国人民建設銀行設立。10-1 綿布配給制スタート，「布票」使用開始。10-7 建国前の銀銭業預金，各銀行を通じて払戻完了。10-11 日本国会議員訪中団，北京で国務院総理周恩来と会談。10-28 日中・日ソ国交回復国民会議結成，理事長風見章。10-30 日本赤十字の招きで，中国紅十字代表団来日（～11-12），団長中国紅十字総会会長李徳全，副団長中国紅十字総会顧問廖承志，実質中国政府から初の訪日団。

11-8 紅楼夢研究批判開始。11-12 北京-瀋陽鉄道複線開通。11-13 日中漁業協議会結成。11-20 中国銀行第1回株主総会。

12-20 全人代第1期常務委第3回会議，1955年に建設公債発行を決定。12-23 中国文字改革委員会設立。12-25 青蔵道路（西寧-ラサ，全長2100Km），康蔵道路（雅安-ラサ，全長2255Km）開通。12-31 都市居民委員会組織条例公布。

1954年

・中国の輸出額11.5億ドル，輸入額12.9億ドル。

1954（昭和29年）甲午

その他	日本（参考）
1-4 ガット加盟21カ国，日本に最恵国待遇。1-21 米原子力潜水艦ノーチラス号進水。1-31 北京－モスクワ直行列車運行開始。3-1 米，ビキニで水爆実験，第5福竜丸被曝。3-8 日米相互防衛援助協定（MSA）調印。3-13 ベトナム，ディエンビエンフーの戦い（～5-7）。3-14 台湾国府内政部，台湾山地九族名称公表，泰雅・賽夏・布農・曹・魯凱・排湾・卑南・阿美・雅美。4-15 日本対比賠償覚書調印，総額4億ドル。5-14 日米艦艇貸与協定調印。6-17 中国，英と大使代行級外交関係を樹立。6-24 日本，極東経済委員会（ECAFE）に加盟。6-28 周恩来-ネール，平和5原則共同声明を発表。7-21 ジュネーブ協定調印，仏軍，インドシナから全面撤退へ。9-8 東南アジア条約機構（SEATO）結成。9-29 ソ連第一書記フルシチョフ訪中。10-5 中国，ノルウェーと国交樹立。10-12 中ソ共同声明，対日関係正常化など8項目，5億ルーブル借款協定調印。10-14 中国-インド，初の貿易協定，ニューデリーで調印。10-23 西側9カ国パリ協定調印，西独主権回復，NATOに加入。11-1 アルジェリア民族解放戦線蜂起。11-5 日本-ビルマ，平和条約・賠償・経済協力協定調印，1955.4-16発効。12-3 台湾国府，米と共同防御条約調印。12-4 国連，原子力平和利用決議。年末・台湾人口874万人（内政部数値）。	1-12 平城宮跡発掘開始。1-20 営団地下鉄丸ノ内線，池袋-御茶ノ水間開通，戦後初の地下鉄再開。3-16 第5福竜丸の水揚げマグロから高濃度放射線検出。4-1 衆議院，原子力の国際管理を可決，4-5 参議院可決。4-10 第1回日本国際見本市，大阪で開催。4-10 世界卓球選手権で団体男女とも日本が優勝。4-20 第1回全日本自動車ショー，東京日比谷で開催。6-8 改正警察法公布，7-1 施行。6-9 防衛庁設置法・自衛隊法公布。6-19 名古屋テレビ塔完成。6- 外国為替収支，単月黒字実現。7-1 防衛庁・自衛隊発足。7-1 三菱商事・不二商事・東京貿易・東西交易4商社合併，新三菱商事発足。7- 国立東京第1病院，人間ドックを開始。8-16 ソ連圏向け貿易緩和，170品目禁輸解除。9-22 日本国際貿易促進協会創立，会長村田省蔵，輸出促進を図る。9-26 青函連絡船洞爺丸遭難，死者行方不明1000人超え，日本史上最大海難事故。10-1 沖縄初の民放琉球放送開局。11-13 日本国際貿易促進協会関西総局創立，総局長菅野和太郎。11-24 日本民主党結成，総裁鳩山一郎。12-10 鳩山一郎内閣（第52代）発足（～1955.3-19）。12- 神武景気始まる（～1957年前半）。 1954年 ・パチンコ全盛期，全国で29416店，1097544台，売上3292億6320万円。

1955年(昭和30年)乙未

日中交流・中国

1-18 解放軍, 国民党軍支配下の一江山島を攻略。1-22 解放軍幹部, 供給制から賃金制に移行, 兵士は供給制を維持。1- 東北電影制片廠, 長春電影制片廠に改名。

2-2 中国文字改革委員会〈漢字簡化方案(草案)〉を発表。2-13 解放軍, 国民党軍支配下の大陳島・漁山列島・披山島を攻略。2-23 国務院, 華僑送金保護政策の徹底を命令。

3-1 中国人民銀行, 新紙幣を発行, 新紙幣1元=旧紙幣1万元。3-5 日本政府関係者, 米より非公式に日中貿易拡大に対する警告があったことを業界に伝える。3-25 中国農業銀行設立。3-29 中国通商代表団来日, 団長雷任民, 初の中国経済代表団。3-末 1953年3月から中国残留日本人帰国約2万6000人, その後の帰国1958年まで断続的に続く。

4-15 日中漁業協会, 北京で中国漁業協会と黄海・東海漁業協定を調印, 戦後初の合意, 6-14 発効。

5-4 第3次日中民間貿易協定, 東京で調印。

7-5 第1期全人代第2回総会, 第1次5カ年計画と義務兵役法を可決。7-30 石油工業部発足。7- 国家機関幹部職員, 賃金制に移行。

8-19 都市交通規則公布施行。8-25 国務院, 市鎮食糧定量供給暫定方法・農村食糧統購統銷暫定方法を公布, 全国都市部で「糧票」による糧食定量供給制と農村部での買上販売統制制度スタート。

9-1 北京百貨大楼完成, 営業面積1.06万㎡。9-27 元帥・大将の階級授与・授勲式。9-30 新彊省撤廃, 新彊ウイグル族自治区設置。

10-1 人民解放軍, 階級制スタート。10-4 中共第7期中央委第6回全体会議(〜10-11), 農業合作化を決議。10-8 核物理学者銭学森, 中国に帰国。10-15 全国文字改革会議, 北京で開催(〜10-23),「普通話」普及を決定。10-18 初の中国商品展示会, 東京で開幕。10- 日中・日ソ国交回復促進国民大会代表団訪中, 団長会長久原房之助, 北京で毛沢東と2回会談。

11-1 全国で「通用糧票」・「地方糧票」使用開始。11-10 全人代第1期常務委第26回会議, 建設公債発行を決定, 総額6億元, 10年償還。11-15 日本憲法擁護国民連合代表団訪中, 団長片山哲, 総理周恩来と会談, 11-28 毛沢東と会談。11-24 日本日中輸出入組合設立, 12-16 業務開始。11-27 日中文化交流協定, 北京で調印。11-末 農業生産社139.7万社, 入社農民4940万戸。

12-1 中国科学院代表団来日, 団長郭沫若。12-12 青海ツァイダム盆地で石油試掘に成功。12- 上海で初の歌舞伎公演。12- 中国映画〈白毛女〉, 日本で上映。12- 全国500人以上の大型私営工場, 公私合営に移行完了。

年末

- 1945年8月以降邦人引揚者, 中国から2802213人, 台湾499527人, 香港19336人, 海外から合計6282529人。

1955年

- 食糧生産量1億1950万トン, 綿花(皮棉)生産量約2850万担。

1955年（昭和30年）乙未

その他	日本（参考）
1-1 中国とソ連の合弁会社、中ソ民用航空・中ソ石油・中ソ有色及び稀有金属・中ソ造船のソ連側持株全数中国側に譲渡。1-2 中国、ユーゴスラビアと国交樹立。 2-3 八幡製鉄など、フィリピンのアイアンマインズ社と鉄鉱石開発で合意、投資額180万ドル。 2-8 ソ連、首相マレンコフ辞任、後任ブルガーニン。 4-18 バンドンでアジア・アフリカ会議開催（～4-24）、中国代表団周恩来出席。4-22 中国、インドネシアと二重国籍に関する条約を調印。4-29 ソ連、中国と原子炉供与協定調印。 5-14 ソ連と東欧8カ国、ワルシャワ条約調印。5-24 中ソ、旅順の施設を中国側に移管する共同声明を発表、5-26 旅順駐在のソ連軍撤退完了。5-26 在日本朝鮮人総連合会結成。5-31 日米余剰農産物協定調印。 6-1 日ソ交渉、ロンドンで開始、9-21 領土問題対立で休止。 7-9 日本、タイと戦時中の「円」問題解決協定を調印。 8-1 米中大使級会談、ジュネーブで開始、米国代表チェコスロバキア大使ジョンソン、中国代表ポーランド大使王炳南。 10-25 八幡製鉄、厚板圧延設備輸入のため世銀より530万ドル融資、初の世銀からの鉄鋼借款。 11-14 日米原子力協定調印、12-27 発効。11-25 日本、玄奘三蔵遺骨を台湾へ返還。 12-13 台湾国府、モンゴルの国連加盟案に拒否権を行使。12-14 ソ連、日本の国連加盟案に拒否権を行使。	2-4 日本航空、那覇経由香港航路就航。2-14 日本生産性本部発足。 3-19 第2次鳩山一郎内閣（第53代）発足（～11-22）。 4-1 富士重工業、富士工業等5社を吸収合併。 5-5 第1回東京国際見本市開幕（～5-18）。 6-7 日本、関税及び貿易に関する一般協定（GATT）加入議定書、ジュネーブで調印、9-10加盟発効。6-23 全国軍事基地反対連絡会議結成。 7-8 日本住宅公団法公布、7-25 日本住宅公団、資本金60億円で設立。7-9 後楽園遊園地開場。7-20 経済企画庁発足。7-25 過度経済力集中排除法等廃止法公布。 8-6 第1回原水爆禁止世界大会。8-7 東京通信工業（後ソニー）、初のトランジスタラジオ発売。8- 森永粉ミルクでヒ素発見、100人以上死亡。 9-1 日本輸出プラント技術協会設立、1957.6-日本プラント協会（JCI）に改称。9-3 米兵による沖縄「由美子ちゃん事件」。9-19 原水爆禁止日本協議会（原水協）結成。 10-1 第8回国勢調査、人口89275529人。10-13 社会党統一大会。 11-14 日米原子力協定調印。11-22 第3次鳩山一郎内閣（第54代）発足（～1956.12-23）。 12-15 三菱重工横浜造船所で自衛艦「つがる」竣工、戦後初の国産自衛艦。12-19 原子力基本法・原子力委設置法公布、1956.1-1施行。 1955年 ・国内総生産8兆4623億円。 ・後半から神武景気。街頭テレビ流行る。

1956 年（昭和 31 年）丙申

日 中 交 流・中 国

1-1 中国主要新聞紙，縦書きから横書きに変更。1-25 最高国務会議，1956～1963 年全国農業発展綱要（草案）（農業 40 条）を採択。1-28 国務院会議，漢字簡体字と普通話普及を決定。

2-1 中国文字改革委員会，「簡化漢字」230 字を発表，即日使用開始，「漢語ピンイン案」（草案）同時発表。2-10 「普通話」普及委員会設立。

3-19 日中・日ソ国交回復全国大会。3-23 日本中国文化交流協会，東京で設立，理事長中島健蔵。3-末 中国農民の 9 割，農業生産合作社に加入。

4-2 東京で第 23 回世界卓球選手権大会（～4-11），中国卓球代表団来日，団長栄高棠。4-24 第 4 次日中民間貿易協定交渉開始，5-18 協定 1 年延長決定。4-25 全人代第 1 期常務委第 34 回会議，旧日本軍戦犯につき決議。4-25 毛沢東，〈十大関係を論ずる〉を発表。

5-2 毛沢東，「百花斉放，百家争鳴」を提唱。5-8 日中漁業協定 1 年延長決定。5-26 中国京劇代表団来日公演，団長梅蘭芳，滞在 53 日間，公演 32 回。

6-9 最高法院特別法廷，瀋陽・太原で元日本軍戦犯 17 名に判決（～6-20）。6-21 全人代常務委，旧日本軍戦犯処置に関する決定発表。6-21 最高検察院，元日本軍戦犯 335 名を釈放。6-28 日本国鉄労組代表団訪中。6- 北京で日本映画週間，木下恵介・杉村春子・乙羽信子ら開幕式に出席。6- 長江・黄河・淮河・珠江・銭塘江で洪水，被災民 7000 万人に。

7-1 最高人民法院特別法廷，瀋陽で 28 名元日本軍戦犯に判決（～7-21）。7-13 長春第一汽車製造廠で解放牌トラック製造開始。7-15 最高検察院，元日本軍戦犯 328 名免訴，7-18 全員釈放。7- 新疆クラマイーで石油量産開始。

8-21 最高検察院，元日本軍戦犯 354 名免訴，釈放。8- 中国劇作家代表団来日，団長曹禺。

9-4 日本旧軍人代表団訪中，団長遠藤三郎，北京で主席毛沢東と会談。9-15 中国共産党第 8 回全国代表大会，北京で開催（～9-27）。9-28 中共第 8 期中央委第 1 回全体会議，主席に毛沢東，副主席に劉少奇・周恩来・朱徳・陳雲，総書記に鄧小平を選出。9-29 西北棉紡四廠稼働，西北地区で最大。9- 日本文化人中国訪問団 21 名訪中，団長田邉尚雄。

10-5 帰国華僑第 1 回代表大会，北京で開催，全国帰国華僑聯合会設立，主席陳嘉庚。10-6 日本商品展覧会，戦後初めて北京と上海で開催（～12-26）。10-6 国務院，農業生産合作社の食糧の売買統制を発表。10-14 長春第一自動車廠竣工，10-15 稼働式典。10-15 北京電子管廠稼働，中国初の大型電子管工場。

11-7 中国総工会代表団訪日，団長董昕。11- 青野季吉ら日本作家代表団 11 名訪中。

1956 年

- 中国国内総生産 1029 億元，初めて 1000 億元超え，一人平均 166 元。輸出 16.5 億ドル，輸入 15.6 億ドル，建国後初の出超。粗鋼生産 447 万トン，石炭 1.10 億トン，初めて 1 億トン超え，原油 116 万トン，初めて 100 万トン超える。

1956年（昭和31年）丙申

その他	日本（参考）
1-31 日本，オランダと戦時補償合意。 2-9 世銀，アスワンダム融資決定。2-14 ソ連共産党第20回大会開催（―2-25），2-24 第1書記フルシチョフ，秘密会議でスターリン批判演説。2-26 台湾国府，台北で日本と貿易計画会議を開催。 4-17 コミュンフォルム解散。4-24 中国-ベトナム航空便就航。4-28 日本，万国著作権公約加盟発効。4-29 日ソ漁業交渉開始。 5-1 エジプト-イスラエル停戦協定発表。5-9 日本，フィリピンと賠償協定調印，7-23 発効。5-15 日ソ漁業協定・海難救助協定調印，12-12 発効。 6-2 チトー，ソ連を訪問（―6-20）。6-13 英軍，エジプトから撤退完了。6-23 マニラ駐在日本大使館開設。6-25 ナセル，エジプト初代大統領に就任。 7-18 チトー・ネール・ナセル3首脳会談。7-26 ナセル，スエズ運河国有化を宣言。 8-16 第1次スエズ運河問題国際会議，ロンドンで開催（―8-23）。 10-10 香港九竜事件。10-19 日ソ国交回復に関する共同宣言。10-23 ハンガリー事件，首都ブダペストで反政府蜂起，10-24 ソ連軍出動。10-29 イスラエル軍，エジプトに侵入，第2次中東戦争勃発，スエズ運河閉鎖。10-31 台湾の人口9874450人。 11-5 エジプト-イスラエル停戦。11-23 日米ウラン貸与協定調印。 12-18 国連総会，日本の国連加盟承認。12-26 シベリヤ抑留者最後の集団帰国者1025人，引揚船興安丸で舞鶴入港。	1-1 日本原子力研究所法・核原料物質開発促進臨時措置法・原子燃料公社法（原子力3法）公布施行，原子力委員会発足。 2-19 《週間新潮》創刊，出版社初の週刊誌。 3-10 羽田など4空港管制権，米側から日本側へ移管。 4-1 医薬分業制度発足。4-2 東京・大阪証券取引所と債券市場再開。4-16 日本道路公団発足。4-21 水俣の病院で5歳の女児患者から水俣病正式発見。4-26 首都圏整備法公布。 5-19 科学技術庁発足。5-24 売春防止法公布，1957.4-1 施行。 6-11 工業用水法公布，地盤沈下防止のため地下水揚水を制限。6-15 機械工業振興臨時措置法（機振法）公布。 7-1 中央気象台，気象庁に昇格。7-8 第4回衆議院選挙，自民61，社会49，緑風5，創価学会初当選3。 8-8 呉造船所（米NBC社）で大型タンカー進水，83900トンで世界最大。 9-17 経団連，東南アジア開発のため日本技術協力株式会社を設立。 10-30 外国人による日本法人の株式取得制限大幅緩和。 11-19 東海道本線全線電化完成。 12-23 石橋湛山内閣（第55代）発足（―1957.2-25）。 1956年 ・国内総生産9兆5267億円，成長率名目12.6％，実質7.5％。神武景気持続。 1955.10―1956.9― 日本の船舶建造高，世界で最多。

1957年（昭和32年）丁酉

日中交流・中国

1- 日本アイスホッケー選手団17名訪中，団長鬼鞍弘起。

2-16 瀋陽変圧器廠，154kV-40.5MVA変圧器を製造。2-27 毛沢東，最高国務会議第11回拡大会議で「人民内部矛盾」につき講演，6-18公表。2- 日本映画人代表団訪中，団長牛原虚彦。

3-13 交通部，外国籍船舶出入港管理方法を公布。

4-12 鷹潭-厦門鉄道開通，全長697.72Km。4-15 第1回中国輸出入商品交易会（広州交易会）開幕（〜4-30），以後毎年春秋開催。4-22 日本社会党訪中団浅沼稲次郎，中国人民外交学会会長張奚若と共同声明。4-27 整風運動開始。4- 日本考古学者視察団訪中，団長原田淑人。

5-13 日本政府，中国政府へ3567名未帰還者名簿を送付，調査を要請，7-25 在ジュネーブ中国総領事沈平，日本総領事佐藤正二に書簡で返事。5-26 胡耀邦，中国共青団第一書記に。5- 興安丸，中国向け舞鶴出港，最終回。5- 日本物理学者代表団訪中，団長朝永振一郎。

6-8 〈人民日報〉，反右派社説を発表，反右派運動開始。6-26 第1期全人代第4回総会（〜7-15），6-28 会議で右派を批判，7-3 馬寅初，「新人口論」を発表，人口急増対策の必要性講じる。6- 日本バレーボール選手団19名訪中，団長岡田英雄。

7-1 武漢鋼鉄，1号高炉稼働。7-1 北京で初のワイドスクリーン映画館営業開始。7-16 日本，チンコム会議で対中国禁輸緩和を発表。7-25 包頭鋼鉄廠起工。7-27 日中国交回復国民会議発足，理事長風見章。

8-2 国務院，華僑から国営華僑投資公司への投資に対する優遇措置を公布。8-22 通産省，中国を含む共産圏向け禁輸リスト222品目を発表。8- 北京でアジア映画週間。

9-19 元首相片山哲訪中，総理周恩来と会談。9-24 中国帰還者連絡会（中帰連）設立。

10-8 中国初の石油基地玉門油田全面稼働。10-15 武漢長江大橋開通，全長1670m。10-22 中国治安管理処罰条例公布。10-28 日中友好協会，中国人民対外文化協会などと共同で声明発表。10- 北京の32大学で知識人4874名を「右派」に指定。10- 日本サッカー選手団22名訪中，団長竹腰重丸。10- 第2回日本作家代表団井上靖・堀田善衛・山本健吉ら訪中。

11-6 中国最大新聞紙製紙工場広州で稼働。11-13〈人民日報〉，大躍進を提起。11- 日本橋高島屋で中国書道展。11- 日中文化交流協会理事長中島健蔵訪中。

12-6 中国紅十字会代表団2回目の来日，団長中国紅十字総会会長李徳全，副団長同顧問廖承志。12-10 学習院大学文学部在学中の愛新覚羅・慧生（愛新覚羅・溥傑と嵯峨浩の長女），伊豆天城山で級友大久保武道と心中発見。12-23 国境衛生検疫条例公布。12-28 上海内燃機配件廠，国産三輪自動車を完成，中国初。12- 日本演劇家代表団訪中，団長久保田万太郎。12- 中国放送技術代表団来日，団長盧克勤。12- 中国敦煌芸術展代表団来日，団長常書鴻。

1957年
・中国国内総生産1069.3億元。粗鋼生産535万トン，初めて500万トン超える。

1957年（昭和32年）丁酉

その他	日本（参考）
1-7 周恩来，ソ連・東欧を訪問（〜1-19），1-18 モスクワで中ソ共同宣言を発表。 2- 日産，台湾裕隆と技術提携。 3-21 日台協力委員会設立。 5-15 英，クリスマス島で初の水爆実験。5-22 北京-ウランバートル-モスクワ直通列車営業開始。5-24 台北で「劉自然事件」により反米暴動発生，米大使館を占拠。5-30 英，チンコムリストを解消。 6-2 首相兼外相岸信介，初の台湾訪問（〜6-6），6-3 蔣介石と会談，大陸反攻に同感表明。6-4 日-ブラジル，ミナス製鉄所合弁契約調印。6-16 岸信介訪米，6-21 日米共同声明を発表。6-21 電力9社，サウジアラビアの油田開発に出資決定，総額10億円。6-27 IMF，対日借款1億2500万ドルを承認。 8-1 米国防総省，在日地上部隊撤退を発表。8-16 日銀，米ワシントン輸出入銀行から1億1500万ドル商品代金借款。8-26 ソ連，大陸間弾道ミサイル（ICBM）実験成功発表。 10-4 ソ連，初の人工衛星スプートニク1号打ち上げ。10-10 国民党第8回全国代表大会，台北で開催，総裁蔣介石，副総裁陳誠。 11-9 ソ連，インドに5億ルーブル借款供与。11-14 社会主義12カ国共産党・労働党会議，モスクワで開催（〜11-16）。11-16 64カ国共産党・労働党会議，モスクワで開催（〜11-19），11-23 平和宣言を発表。11-18 毛沢東，共産党・労働党モスクワ会議で演説。 12-6 日ソ通商条約，東京で調印。12-26 アジア・アフリカ連帯会議，カイロで開催（〜1958.1-1），45カ国参加，カイロ宣言を発表。	1-30 南極予備観測隊，オングル島に上陸，昭和基地と命名。1-31 首相石橋湛山，病気のため外相岸信介を首相代理に指名。 2-7 電力9社，原子力発電事業開始を決定。2-25 岸信介内閣（第56代）発足（〜1958.6-12）。 3-7 第24回世界卓球選手権大会（ストックホルム），日本5種目で優勝。3- 井上靖〈天平の甍〉発表（《中央公論》，〜8-）。 4-16 国土開発縦貫自動車道建設法公布。 5-27 準備預金制度に関する法律公布。 6-1 合成ゴム製造事業特別措置法公布，日本の合成ゴム事業育成図る。6-15 水道法公布，12-14 施行。6- インフルエンザ流行，患者数百万人規模に。 8-1 水俣病患者互助会結成。8-27 原研第1号実験原子炉，東海村で点火。8- 興安丸，東京湾周遊船となり，人気を博す。 9-20 国産ロケット1号機発射成功。 10-1 日本，国連安保理非常任理事国に当選。10-1 5千円札発行。 11-1 日本原子力発電株式会社設立。 12-1 日本ヘリコプター輸送，全日本空輸に改称。12-11 100硬貨使用開始。12-17 閣議，新長期経済計画を決定。12-28 NHKと日本テレビ，カラーテレビ試験放送。 1957年 ・後半から「なべ底不況」開始（〜1958年後半）。 ・国内総生産10兆9787億円，成長率名目15.2%，実質7.8%。 ・年間貿易収支，5132億円の赤字。 ・米生産高7641万7660石。

1958 年（昭和 33 年）戊戌

日 中 交 流・中 国
1-1 中国第 2 次 5 カ年計画(1958～1962 年)スタート。1-1 宝鶏-成都鉄道開通, 全長 668.36Km。1-5 中国敦煌芸術展, 日本橋高島屋で開幕。1-6 国務院, 国家建設土地徴用方法を公布。1-9 戸籍登記条例公布。1-24 アジア太平洋平和連絡会副秘書長西園寺公一, 北京に着任(－1970 年)。
2-1 広州で日本商品展覧会。2-8 劉連仁, 北海道石狩郡の山中で発見, 4-15 中国に帰国。2-26 日中鉄鋼貿易協定調印, 日本から中国へ鋼材, 中国から日本へ石炭・鉄鉱石貿易合意。2- 日中交換書道展, 北京北海公園で日本書道展, その後済南・蘇州で開催, 日本で同時に中国書道展。
3-2 北京首都空港開港。3-5 第 4 次日中民間貿易協定, 北京で調印。3- 松山バレエ団 46 名訪中, 顧問土方与志, 団長清水正夫, 副団長松山樹子, 北京・重慶・武漢・上海で公演。
4-1 郭沫若寄贈の書籍などで, 三鷹にアジア文化図書館開館。4-1 武漢で日本商品展示会。4-10 天津で 40 馬力のディーゼルエンジン・トラクターを開発。4- 中国歌舞団 58 名来日, 団長呂驥, 東京・名古屋・大阪・神戸・福岡・北九州で公演。
5-2 長崎の切手展で中国国旗引降事件発生, 外交問題に。5-10 国旗事件により, 中国, 対日輸出許可証の発行停止。5-12 国産「東風」乗用車, 長春第一汽車で開発完了。5- 日本書道家代表団訪中, 団長豊道春海。
6-1 中共中央機関誌《紅旗》創刊。6-4 日中貿易 6 団体, 日中経済関係打開業者協議会に結束することで一致。6-15 宝鶏-鳳州間電化鉄道工事起工, 中国初の電化区間。6-23 最高法院・司法部第 4 回全国司法会議, 司法への党指導を確認。6- 花柳徳兵衛日本舞踊団 46 名訪中, 団長花柳徳兵衛, 北京・天津で公演。
7- 東京で中国写真展, その後静岡, 仙台, 大阪で開催。
8-1 包頭-蘭州鉄道開通, 1000Km。8-1 初の国産高級乗用車「紅旗」, 長春第一汽車で完成。8-23 金門・馬祖両島で砲撃戦, 10 月 5 日まで計 50 万発, 10-6 解放軍, 砲撃を一時中止, 10-20 再開。8-29 中共中央, 人民公社設立方針を決定。8- 太原市工事現場で旧日本軍化学兵器発見。
9-2 中国初のテレビ放送, 北京で開始。9-4 中国, 領海 12 海里を宣告。9-13 国務院, 工商統一税条例(草案)を発布, 商品流通税・貨物税・営業税・印花税一本化。9-13 武漢鋼鉄公司全面稼働。9- 北京中国美術館で尾形光琳記念展, 出展代表団訪中, 団長中川一政。
10-12 国務院, 国家基本建設委員会を設置, 主任陳雲。
11-27 大連造船廠で中国初の国産万トン貨物船「躍進号」進水, 排水 22100 トン, ソ連設計。11-28 中共第 8 期中央委第 6 回全体会議, 武昌で開催(－12-10), 人民公社の行過を懸念, 毛沢東の次期国家主席立候補辞退を確認。
1958 年
・中国国内総生産 1308.2 億元, 一人平均 200 元。石炭 2.7 億トン, 原油 226 万トン, 粗鋼 800 万トン, セメント 930 万トン。輸出 19.8 億ドル, 輸入 18.9 億ドル。

1958年（昭和33年）戊戌

その他	日本（参考）
1-1 欧州経済共同市場（EEC）発足。1-20 日本-インドネシア，平和条約・賠償協定調印。1-31 米，人工衛星エクスプローラ1号打ち上げ。 2-4 日印通商協定・日印円借款協定調印。2-8 在日米軍地上部隊引揚完了。 3-27 ソ連第1書記フルシチョフ，首相を兼任。 6-13 ソ連の援助により，中国初の試験用重水型原子炉点火。 7-5 日本アラビア石油，クウェートと油田開発協定調印。7-14 イラクで軍事クーデター，共和国樹立。7-19 中国-カンボジア，国交樹立。7-31 ソ連フルシチョフ訪中（～8-3），期間中毛沢東と会談。 8-8 中ソ，モスクワでソ連対中国援助協定調印，発電・冶金・化工・石炭・製造業に亘る。8-19 中国，国際オリンピック委員会の台湾との関係維持方針に抗議，JOCと断交声明。8-23 米，沖縄の通貨を軍票からドルへ切り替えると発表（9-16～9-20 実施）。8-27 ソ連，犬2匹を乗せたロケットの打上と回収に成功。 9-13 ソ連，中国へ実験用原子炉供与を公表。 10-1 米 NASA 活動開始。10-4 日米安保条約改定交渉開始。10-5 仏，新憲法公布，第5共和国発足。10-26 中国人民志願軍，朝鮮から撤退完了。 12-4 日ソ貿易協定調印。12-8 第1回アジア・アフリカ経済会議，カイロで開催（～12-11）。12-18 米，大陸間弾道ミサイル試射成功。12-21 仏大統領選でドゴール当選。12-29 欧州通貨協定（EMA）発足。12-29 中国-モンゴル経済援助協定調印，中国からモンゴルへ1億ルーブル長期借款実施。	2-5 アラビア石油設立，資本金100億円。 3-9 関門国道トンネル開通。3-18 倉石武四郎・西尾実・中島健蔵ら，言語政策を話し合う会を結成。3-26 通産省，ソ連から石油輸入を決定。 4-1 売春防止法刑事処分適用開始。4-24 改正下水道法公布，1959.4-23 施行。 5-15 外国為替・外国貿易管理法改正公布。5-16 テレビ受信契約数100万件超える。 6-6 固定電話，東京で50万台超える。6-12 第2次岸信介内閣（第57代）発足（～1960.7-19）。6-18 日銀，公定歩合を0.2%戦後初の引き下げ。 7-6 大相撲，年6場所制になる。7-11 通産省，円借款構想を発表。7-25 特殊法人日本貿易振興会（JETRO）設立，資本金20億円，全額政府出資。7- 井上靖〈楼蘭〉，《文芸春秋》に掲載開始。 8-25 日清食品，初のインスタントラーメン発売。 11-1 国鉄，東京-神戸間特急運行開始，東京-大阪6時間50分。11-30 ラジオ受信契約数ピーク，1481万3101件，普及率82.5%，以後減少に転じる。 12-1 1万円札発行。12-19 財団法人アジア経済研究所設立認可。12-23 東京タワー完工式。12-25 工場排水等規制法公布。12-27 国民健康保険法公布。 1958年 ・後半より岩戸景気始まる（～1961年後半）。 ・国内総生産 11兆6662億円，成長率名目 6.3%，実質 6.2%。 ・米生産高 7995万石。 ・霞山倶楽部，財団法人霞山会に改称。

1959年（昭和34年）己亥

日中交流・中国

2-3 国営企業の流動資金，人民銀行の管理下に。2-7 貴陽－柳州鉄道開通，全長605Km。2-20 通産省，中国からのウルシ輸入窓口として総評に承認。2-21 日中文化関係懇談会，東京で設立，発起人に《文学》・《学術》・《婦人》・《演劇》・《映画》・《美術》・《写真》・《書道》・《音楽》・《宗教》・《出版・報道》関係者数十名。2-21 文学座・俳優座・民藝三劇団，〈関漢卿〉を東京で公演。2-23 日本共産党総書記宮本顕治訪中。

3-9 日本社会党書記長浅沼稲次郎訪中，外交学会会長張奚若と共同声明，3-18 主席毛沢東と会談。3-10 チベットで反旗（→4-23），3-31 ダライ・ラマ，インドに亡命。3-28 中央政府，チベット地方政府を解散，チベット自治区準備委員会を設置，バンチェン・ラマを委員長代理に任命。

4-5 容国団，中国初の世界卓球チャンピオン。4-18 第2期全人代第1回総会（～4-28），国家主席を毛沢東が辞退，劉少奇を選任，委員長に朱徳，国務院総理に周恩来。

5-14 中国初の72.5MW水力発電機，ハルビン電機廠で完成。5-17 北京大学など16校を重点大学に指定。

6-8 日中文化交流協会・日中友好協会代表団訪中，中国人民対外文化協会と共同声明。

7-2 廬山で政治局拡大会議と第8期中央委第8回全体会議（～8-16），中ソ対立・大躍進・人民公社を議論，7-14 彭徳懐，毛沢東へ大躍進批判の書簡，7-23 毛沢東，彭徳懐を批判。

8-18 中央軍事委，北京で拡大会議，彭徳懐・黄克誠を批判。8-26 全人代第2期常務委第5回会議，国務院に農業機械部設置を決定。

9-6 大慶油田で石油試掘成功。9-9 石橋湛山訪中（～9-20），9-20 周恩来と政経不可分の共同声明発表。9-13 中国第1回全国運動会（～10-3）。9-13 北京駅使用開始。9-17 全人代第2期常務委第9回会議，彭徳懐国防部長解任，林彪就任。9-26 明十三陵の定陵開放。9- 日本70余の民間団体訪中，団長片山哲，中国側7団体と共同で声明，10-1 主席毛沢東・総理周恩来と会談。9- 首都十大建築（人民大会堂・北京駅・全国農業展覧館・中国歴史博物館など）竣工。

10-1 東京都体育館で日中国交回復実現中央集会，64団体共催，約6000人参加。10-15 包頭鋼鉄廠第1高炉稼働。10-15 中国国産ヘリコプター「旋風25」量産開始。10-20 日本共産党野坂参三訪中。10-21 自民党顧問松村謙三訪中，10-25 総理周恩来と会談。

11-1 洛陽第1トラクター廠稼働。11-12 青島四方機関車両廠，新型ディーゼル機関車開発完了。

12-4 最高人民法院，初の内戦戦犯特赦，33名，以後全国で特赦を実施，12-8 まで計12082名。12-13 国防工業委員会設立，主任賀龍。

1959年
・農業大幅減産，食糧生産1.7億トン（計画調整値の62％），前年比13.6％減。綿花3418万担（計画調整値の74％）。粗鋼1387万トン，セメント1227万トン，共に初の1000万トン台，石炭3.69億トン，原油373万トン。

1959年（昭和34年）己亥

その他	日本（参考）
1-2 カストロ指揮のキューバ革命軍，首都ハバナに入城，バチスタ政権を打倒。1-8 ドゴール，仏大統領に就任。2-7 中ソ経済援助協定調印，ソ連から中国へ1967年まで78プロジェクト50億ルーブル援助決定。2-16 カストロ，キューバ首相に就任。2-18 中国-ベトナム経済援助協定調印。3-2 日本-カンボジア，経済技術協力協定調印，賠償請求権放棄。5-10 ソ連人口2億880万人。5-13 日本，南ベトナムと賠償協定調印。5-16 日本-カンボジア，経済協力協定施行覚書調印。6-3 シンガポール，英連邦自治国として独立。6-15 韓国，在日朝鮮人の北朝鮮帰還反対で対日通商一時断絶。6-20 ソ連，中国への原爆見本提供と技術供与協定を破棄。8-7 中国とインド両軍，国境地帯で衝突（8-25, 10-20も衝突）。8-12 第4回日韓会談再開。8-13 日朝両国赤十字社，在日朝鮮人帰国に関する協定，カルカッタで調印。8-29 日本-ハンガリー，国交回復調印。9-1 日本-ルーマニア，国交回復調印。9-12 日本-ブルガリア，国交回復調印。9-30 ソ連フルシチョフ訪中（～10-3），毛沢東と会談，中ソ対立激化。10-29 台湾国府，原子力委員会設置を決定。12-14 北朝鮮帰還第1船（ソ連籍船），新潟から出港，975人乗船。 1959年 ・日本から北朝鮮への帰還事業で約9万人の在日朝鮮人と6000人余りの日本人配偶者，北朝鮮に渡る（～1984.）。	1-1 新国民健康法施行。1-1 メートル法実施。2-15 第一物産・三井物産合併，新三井物産発足。2-17 政府，米ファーストボストン社と外債発行契約調印，ニューヨークで中・長期債各1500万ドル公募，戦後初。3-18 原子力燃料公社，国内で初めてウラン生産に成功。3-28 千鳥ケ淵戦没者墓苑完成。3-28 プラント輸出促進臨時措置法公布，1963年3月31日までの時限立法。4-1 京都セラミック設立（後京セラに改名）。4-9 国民年金法成立，11-1 実施。4-10 皇太子結婚パレード。4-13 特許法・実用新案法・意匠法・商標法各改正公布。4-14 首都高速道路公団法公布。4-15 最低賃金法公布，7-10 施行。6-30 沖縄の小学校に米軍機墜落，死者21人。7-1 琉球立法院，主席公選・日本復帰要請など決議。7-10 文部省，新送りがなのつけ方を発表。7-29 経企庁，初の《世界経済白書》を発行。9-1 八幡製鉄所で日産1500トン溶鉱炉に火入式，日本最大。9-12 大蔵省，ドル為替自由化実施。11-5 国鉄，コンテナ輸送開始。12-3 東京，173人に初めて個人タクシー免許。12-22 日本原子力発電，英GE社から原発購入契約調印。 1959年 ・国内総生産13兆3365億円，成長率名目14.3%，実質9.4%。 ・輸出1兆2443億円，輸入1兆2958億円，貿易赤字515億円円。 ・1958年下期-1961年下期，岩戸景気。

1960年（昭和35年）庚子

日中交流・中国

1-1　蘭州-新彊鉄道，ハミまで開通，1315Km。1-21　全人代第2期常務委第12回会議，対外経済連絡総局設置を決定。1-27　初の長江横断220kV送電線，武漢で送電開始，鉄塔高さ146.75m。

2-2　国務院，帰国華僑の受入と定住につき指示。2-6　劇団前進座67名訪中出発，団長河原崎長十郎，滞在45日間，〈鳴神〉・〈俊寛〉・〈佐倉宗吾郎〉・〈勧進帳〉を公演。2-20　大慶油田本格開発始動。2-　北京民用電器廠，洗濯機商品化，中国で初めて。

3-8　中国初のテレビ大学北京電視大学放送開始。3-　中国映画〈青春の歌〉，日本で上映。3-　中国文字改革視察学術代表団訪中，団長土岐善麿。

4-11　全国農業発展綱要（1956～1967年）公布。4-21　鄭州黄河鉄道大橋竣工。4-22　《紅旗》・〈人民日報〉で対ソ連共産党批判開始。4-　北京・上海・青島・済南で日本書道展。

5-15　農村地区で「三反運動」を展開。5-30　初の囲碁親善使節団訪中（～6-22），団長瀬越憲作，対戦結果32勝2敗1ジゴ。5-　日本作家代表団訪中，団長野間宏団長。

6-　宝鶏-鳳州電化鉄道完成，93Km，AC25kV方式，中国初の交流電鉄。6-　日本橋白木屋で中国現代版画芸術展。6-　北京故宮文華殿で日本現代画展，日本美術家代表団出席，団長前田青邨。

7-1　保定化繊聯合廠稼働，中国初の大型合繊工場。7-29　中国代表団，総評成立10周年・第15回代表大会・第6回原水爆禁止世界大会出席のため来日（～8-13），団長劉寧一。7-30　北京の飲食業で「糧票」使用開始。7-　日中文化交流協会理事長中島健蔵訪中。

8-16　日中文化交流協会，中国人民対外文化協会と共同声明。8-18　日本国民救援会代表団，中国人民救済総会と共同声明。8-27　日中貿易促進会常務鈴木一雄，総理周恩来と会談，周恩来「貿易3原則」を提起。

9-18　日中友好協会，中国人民対外文化協会と共同で声明。9-　日本新劇団70名訪中，団長村山知義・副団長杉村春子，俳優座・文学座・民藝・ぶどうの会・東京芸術座5劇団合同で〈女の一生〉・〈夕鶴〉・〈死んだ海〉を公演。9-　日中交換書道展，日本橋で現代中国書道展，その後大阪で開催。9-　黄河三門峡ダム貯水開始。

10-10　高碕達之助，バンドン会議出席の帰途訪中，10-11　周恩来と会談，周恩来から「政治3原則」・「平和共存5原則」提示。10-19　全人代第2期常務委第32回会議，満洲国戦犯特赦を可決，国家主席劉少奇，特赦令を発布。

11-17　国務院会議，全国重点文物保護単位及び入国旅客所持品・郵送品輸入税徴収方法を決定。

12-16　通産省，日中貿易規制改正・強制バーターの緩和・ポンド決済の片道輸入承認などを告示。

1960年

・全農地半分以上の9億畝農地で大規模自然災害，農業大幅減産，食糧1億4385万トン，前年比15.2％減，綿花106.3万トン，前年比37.8％減，共に1952年以来最低，油料194.1万トンで52.7％減，建国以来最低。生活用品綿布・食用油・主食など配給基準引き下げ。粗鋼生産量1845万トン。

1960年（昭和35年）庚子

その他	日本（参考）
1-19 日米相互協力及び安全保障条約（新安保条約）・米軍地位協定調印。1-28 中国-ビルマ相互不侵犯条約調印。 2-13 仏、初の核実験成功。2-29 インドネシア華僑帰還第1船、2100余名中国に帰国。 3-1 日ソ貿易長期協定調印。 4-26 韓国国会前10万人デモ、4-27 李承晩大統領辞任、5-28 ハワイに亡命。 5-1 ソ連、米U2機を撃墜。5-24 チリ地震による津波、日本に到着、北海道南岸・三陸海岸被害家屋46214戸に。5-31 中国-モンゴル友好互助条約調印。 7-16 ソ連、中国に9月1日まで専門家1390名全員撤退を通知、343の契約・補足契約と257の技術協力プロジェクト廃棄。7-23 中国、キューバと貿易・科学技術・文化協定調印。 9-8 日米第1回安保協議委員会会議。9-14 石油輸出国機構（OPEC）設立。9-28 中国、キューバと外交関係樹立。 10-1 中国-ビルマ、国境条約調印、中国初の隣接国との国境画定。10-25 第5回日韓会談開始（～1961.5-）。10-27 日朝赤十字、北朝鮮帰還協定延長に合意。 11-8 米大統領に民主党のケネディ当選。11-10 81カ国共産党・労働者党代表会議、モスクワで開催（～12-1）。 12-14 国連総会、植民地独立宣言を採択。12-14 西側20カ国、経済協力開発機構（OECD）条約調印。12-20 南ベトナム民族解放戦線結成。 1960年 ・世界人口30億人超える。アフリカ17カ国独立。	1-12 政府、貿易為替自由化基本方針決定。 2-10 東証ダウ1000円を突破。 3-17 道路公団、名神高速道路建設費として、世銀から初の道路借款4000万ドル。 4-28 沖縄県祖国復帰協議会結成。4-30 ソニー、トランジスターテレビを発売、世界で初。 6-4 安保改定阻止ストに560万人参加。6-18 安保改定阻止デモ隊33万人、国会を包囲（～6-19）。6-19 新安保条約自然承認、6-23 批准書交換、発効。 7-1 自治省発足。7-19 池田勇人内閣（第58代）発足（～12-8）。 9-5 通産省、257品目の輸入自由化を発表。9-10 カラーテレビ本放送開始。 10-1 国勢調査、人口93418501人。10- 日本交通公社・富士銀行、日本ダイナースクラブを設立、クレジットカードを発行。 11-20 第29回総選挙、自民296、社会145、社民17、共産3、諸派・無所属6。 12-1 石川島と播磨造船所合併、石川島播磨重工業発足。12-8 第2次池田勇人内閣（第59代）発足（～1963.12-9）。12-20 道路交通法施行。12-20 住金、NYで初の民間債券発行。12-27 閣議、所得倍増計画を決定。12-27 海外経済協力基金法公布。 年末 ・外貨準備高18億2400万ドル。 1960年 ・国内総生産16兆1872億円、成長率名目21.4％、実質13.1％。 ・2輪生産台数149万台、世界最多。テレビ生産357万台、米に次ぐ2位。電気冷蔵庫普及。

1961年（昭和36年）辛丑

日中交流・中国
1-14 中共第8期中央委第9回全体会議（～1-18），「調整・巩固・充実・提高」の経済方針を決定。1-15 農産品買上価格大幅引き上げ。1-20 国営企業管理体制見直し，内部保留比率を13%から6.9%へ引き下げ。1-24 日中友好協会会長黒田寿男訪中，1-26 毛沢東・周恩来と会談。
2-7 食糧輸入400万トンと肥料輸入拡大を決定。2-17 北京工人体育館竣工。2-25 日本経済友好訪中団訪中，団長山本熊一，総理周恩来と会談。2-下 中国工会代表団来日，団長李頡伯。
3-15 広州で中央工作会議（～3-23），農村人民公社工作条例（草案）（農業60条）を制定。3-17 中国婦人代表団14名来日，団長許広平（魯迅夫人）。3-中 中国法律代表団来日。3-28 中国作家代表団，第2回アジア・アフリカ作家会議出席のため来日，団長巴金。
4-1 中国遠洋運輸総公司設立。4-4 第26回世界卓球選手権（北京，～4-14），中国が男子団体・男子個人・女子個人で優勝。4- 舞踊家花柳徳兵衛訪中。4- 日本書道代表団訪中，団長西川寧。
5-15 春季広州交易会開幕，日本の商社約40社参加。5-23 日本中国殉難者名簿捧持団訪中，団長大谷瑩潤。5-25 中共中央，農村での華僑親族・帰国華僑財産侵害制止・賠償を通知。
6-16 中共中央，都市部人口を1960年末より2000万人減少させることを決定。6- 日本作家代表団12名訪中，団長江口渙。6- 日本作家代表団訪中，団長亀井勝一郎，団員井上靖・有吉佐和子など。
7-14 日本政府，彭真の日本入国を却下。7-16 中共中央，原子力工業の強化を決定。7-25 中国宗教代表団13名，世界宗教者平和会議（京都）出席のため来日，団長趙撲初。
8-8 京劇芸術家梅蘭芳逝去（67歳）。8-14 中国新聞工作者代表団来日，団長鄧崗。8-15 中共中央，教育部直属高等学校暫行工作条例（草案）（高校60条）の試行を決定。8-23 中共中央，廬山で会議を開催（～9-16），工業70条・高等教育60条を制定。
9-13 第2回日本囲碁親善使節団訪中，団長有光次郎，対戦結果21勝4敗。
10- 日本民間教育代表団訪中，団長三鳥一。10- 日中文化交流協会理事長中島健蔵訪中。
11-13 中共中央，農村地区社会主義教育を指示。11-20 中国文化友好代表団来日，団長楚図南。11- 日本作家代表団訪中，団長堀田善衛。
12-11 唐城発掘隊，唐代長安城遺跡を発掘完了（1957年より発掘），唐時代の長安城，現在西安旧城の約5倍が明らかに。12-12 文字改革委員会，簡化漢字総表を完成。12-16 全人大第2期常務委第47回会議，満洲国戦犯特赦決定を採択，国家主席劉少奇，特赦令を発布。

1961年
- 中国経済大幅後退，国内総生産1220.9億元，一人当り185元。歳入356億600万元，前年比37.8%減，歳出356億900万元，前年比44.7%減。石炭2.78億トン，前年比30.0%減，粗鋼870万トン，前年比53.4%減，セメント621万トン，前年比60.3%減。輸出14.9億ドル，輸入14.5億ドル。基本建設総投資額127.42億元，前年比67.2%減。
- 中国旅券所持者の日本入国数10262，中国建国後初めて1万人を超える。

1961年（昭和36年）辛丑

その他	日本（参考）
1-1 台湾第3次4カ年計画スタート。1-3 米, キューバと国交断絶。1-17 日ソ民間文化協定調印。 4-7 中ソ貨物交換協定調印, 中国から鉱石・羊毛・茶など, ソ連から発電機・機械・車両など。 4-12 ソ連, 有人人工衛星船ボストーク1号を打ち上げ, ガガーリン乗船, 地球を一周。4-17 米援助の転覆軍, キューバのヒロン海岸に上陸, 4-19 全滅。4-19 米駐日大使ライシャワー着任。4-25 中国-ラオス, 国交樹立。4-26 中国-モンゴル, 通商条約を調印。 5-1 カストロ, ハバナ宣言。5-16 韓国で軍部によるクーデター。 6-3 ケネディ-フルシチョフ, ウィーンで会談（〜6-4）。6-13 インドネシア大統領スカルノ訪中（〜6-15）。6-23 池田-ケネディ共同声明。 7-3 朴正熙, 韓国国家再建最高会議議長就任。7-6 ソ朝友好協力及び相互援助条約調印。7-10 朝鮮首相金日成訪中（〜7-15）, 7-11 中朝友好合作互助条約調印。 8-13 東独政府, 東西ベルリン境界封鎖。8-15 東京で初のソ連工業見本市（〜9-4）。 9-1 第1回非同盟諸国首脳会議, ベオグラードで開催（〜9-6）, 26カ国参加。9-30 国際協力開発機構（OECD）発足。 10-17 ソ連共産党第22回大会開催（〜10-31）, 10-23 中国共産党代表団途中で帰国。10-20 第6次日韓会談開始（〜1964.4-）。 11-2 日米第1回貿易経済合同委員会開催。 12-15 国連総会で中国代表権問題を重要事項とする決議案可決。12-19 インド, ゴアを武力でポルトガルから接収。	1-1 裏日本, 大雪で列車が立往生, 乗客15万人が車内で越年。 2-1 大蔵省, 戦前株式配当金の外貨送金完全自由化を実施。 3-16 日本海外経済協力基金（OECF）発足, 政府出資金54億4448万円。 4-1 国民皆保険制度発足。4-1 1961年度予算成立, 1兆9527億円, 前年比24.47%増, 大型積極予算。4-27 西日本貿易設立, 中国貿易専門商社。4-29 農業基本法, 衆議院で可決, 6-6 参議院で可決, 成立, 6-12 公布。 6-12 本田チーム, 英マン島オートレースで125cc・250ccの2クラスで優勝。6-17 原子力損害賠償法・原子力損害賠償補償契約法公布, 1962.3-15 施行。 7-18 東証ダウ1829円74銭, 以後反落。7-18 第2次防衛力調整計画決定。 9-25 日本航空, 東京-札幌間でジェット機就航, 日本国内線で初。 10-2 東京・大阪・名古屋の証券取引所で株式市場第2部を新設。10-2 大鵬と柏戸が横綱に同時昇進, 柏鵬時代到来。10-15 日紡貝塚女子バレーチーム, ヨーロッパ遠征帰国, 24連勝, 「東洋の魔女」全盛時代始まる。 11-1 国立国会図書館新築開館。11-10 農業近代化資金助成法公布。11-13 水資源開発促進法公布, 1962.2-16 施行。11-27 公明政治連盟結成。 1961年 ・国内総生産19兆5509億円, 成長率名目20.8%, 実質11.9%。貿易赤字5669億円。 ・四日市で大気汚染によるぜん息患者多発。

1962年（昭和37年）壬寅

日 中 交 流 ・ 中 国

1-11　中央拡大会議，北京で開催（～2-7），全国から約7000人出席（七千人大会）。1-13　社会党代表団訪中，団長鈴木茂三郎，中国人民外交学会張奚若と共同で声明。1-13　東方歌舞団設立。

2-14　中共中央，都市部住民を上半で700万人農村地区に移住を決定，6-9　1961～1962年移住目標2000万人と定める。2-21　劉少奇，政治局常務委拡大会議を開催（西楼会議，～2-23）。2-　日本橋高島屋で中国現代版画展。2-　日中交換書道展を開催，東京都美術館で現代中国書道展。

3-10　中共中央，紙幣発行管理の強化を指示。

4-17　国務院，緊急経済対策として，国家機関・国営企業の預金を凍結。4-19　陳雲を中央財経チーム長に任命，財政経済全般を担当。4-21　中共中央・国務院，財政の厳格管理を通知（財政6条）。4-23　中国電影（映画）代表団来日，団長司徒慧敏，副団長袁文殊，団員秦怡・趙丹など。4-　財団法人善隣学生会館，後楽寮を開設，第1期生27名入寮。

5-15　日本政府，対中輸出促進のため5年以内の延払輸出を承認する方針決定。5-　日本書道代表団訪中，団長山田正平，日本書道展を開催。

6-16　彭徳懐，中央に「8万字書簡」を送る。6-　日本卓球選手団訪中，団長柴田百門・監督森武。

7-7　鄧小平，青年団第7期第7回会議で「ネズミを捕まえる猫はよい猫」発言。7-8　中国囲碁代表団初来日，団長李夢華。

8-19　古籍目録書《中国叢書綜録》完成，書目史上最多。8-　第8回原水爆禁止世界大会参加のため中国代表団来日，団長巴金。

9-13　自由民主党松村謙三訪中（～9-24），9-16　周恩来・陳毅と3回会談。9-24　中共第8期中央委第10回全体会議（～9-27），階級闘争を強調。

10-　中国演劇家代表団来日，団長朱光。10-　中国卓球選手団来日，団長栄高棠。10-　日中文化交流協会理事長中島健蔵訪中。

11-9　高崎達之助-廖承志，北京で日中長期総合貿易覚書を調印，LT貿易開始。

12-15　日本貿易3団体訪中，12-27　北京で日中民間貿易議定書調印。12-30　国務院，工商企業登記管理試行方法を頒布。12-　中国美術史研究日本学術代表団訪中，団長米沢嘉圃。

年末

・中国人口6億7295万人。国家機関・国営企業の幹部職数員3309万人，前年比20.7%減少。

・正貨準備，金300万オンス，外貨1億3800万ドル。

1962年

・中国経済引き続き後退，国内総生産1151.2億元，一人平均173元。石炭2.2億トン，20.9%減，粗鋼667万トン，前年比23.3%減，セメント600万トン，前年比3.34%減。輸出14.9億ドル，輸入11.7億ドル。歳入313億5500万元，前年比11.9%減，1960年の54.8%，歳出294億8800万元，前年比17.2%減，1960年の45.8%。国家機関・国営企業幹部職員年間平均賃金592元。

1962年(昭和37年)壬寅

その他	日本（参考）
1-16 北京-ウランバートル直行列車営業開始。2-20 米, 初の有人衛星フレンドシップ7号打上成功。3-2 ビルマでネ・ウィンによる軍部クーデター。3-6 日米ガット関税取決調印。3-18 仏-アルジェリア停戦協定調印。4-8 仏で国民投票, アルジェリア独立を承認。4-16 新疆イリ・塔城地区, 7万人ソ連に越境。5-12 日ソ漁業交渉, 漁業AB区割で妥結。6-11 ラオス3派, 連合政府樹立協定調印, 6-23 連合政府成立。6-21 日本-EEC, 関税相互引下協定調印。7-3 アルジェリア独立, 9-25 共和国宣言。7-11 米英仏, 初の大陸間衛星中継成功。7-23 ジュネーブ会議, ラオス中立平和協定調印。8-21 日本経済使節団訪ソ, ソ連向け船舶輸出で合意, 金額9600万ドル。9-2 ソ連-キューバ軍事経済援助協定調印。9-9 台湾U-2偵察機, 大陸で撃墜。10-20 インド軍, 国境地帯で中国軍と大規模軍事衝突, 11-22 停戦。10-22 米大統領ケネディ, ソ連がキューバにミサイル基地を建設と非難, キューバ危機勃発, 10-28 ソ連, キューバよりミサイル撤去を表明, 11-20 米, 海上封鎖を解除。11-5 中朝通商航海条約調印。11-14 日英通商航海条約調印。11-14 米印軍事補助協定調印。11-27 英印長期軍事援助協定調印。12-3 日米第2回貿易経済合同委員会会合。12-5 中越通商航海条約調印。12-26 中国-モンゴル国境条約調印。12-26 韓国, 第三共和国憲法公布。	1-18 自衛隊8師団発足。1-19 日本, IMFから3億500万ドル借款確定。2-1 東京, 世界初の1000万人都市となる。2-27 日本電気, 日本初の大型電算機NEAC2206を発表。3-1 テレビ受信契約1000万件超える, 普及率48.5％。3-31 義務教育諸学校教科書無償法公布。5-4 家庭用品品質表示法公布。5-11 石油業法公布。5-23 国立がんセンター設立。6-1 自動車の保管場所確保に関する法律公布, 1963.5-31 施行。6-2 ばい煙排出規制法公布, 12-1 施行。7-3 日本男子団体, 第15回世界体操選手権大会(プラハ)で初優勝。7-10 佐世保重工で13万トンタンカー日章丸進水, 世界最大。8-30 日本航空機製造, YS-11の初飛行に成功。9-2 国産第1号研究用原子炉点火。9-5 運輸省, 臨海工業地帯開発計画を発表(1963－1970年), 31080万㎡造成を計画。10-1 石油など輸入品230品目自由化, 自由化率88％に。10-1 財団法人日本船舶振興会設立, 会長笹川良一。10-19 東京-新潟天然ガスパイプライン開通。10-25 日紡貝塚女子チーム, 世界バレー選手権大会で完全優勝。11-1 防衛施設庁発足。12- 東京でスモッグ公害頻発。 1962年 ・国内総生産22兆1860億円, 成長率名目13.5％, 実質8.6％。 ・機械類輸出, 輸出総額の29.2％に, 戦後初めて繊維類輸出の27.3％を上回る。 ・大都市で住宅難深刻化。

1963年(昭和38年)癸卯

日中交流・中国

1-14 北京雑技団59名来日公演, 団長丁波。1-22 日中漁業協議会代表団訪中, 中国漁業協会・中国人民対外文化協会と黄海・東シナ海漁業に関する覚書を交わす。1- 舞踊家花柳徳兵衛訪中。

2- 竹内好・尾崎秀樹ら中国の会, 雑誌《中国》を創刊。2- 中国スケート選手団来日, 団長万思元。

4-10 国務院, 商標管理条例を公布。4-29 中国蘭の花代表団来日, 団長張兆漢, 副団長孫平化。

5-1 中国初の国産万トン級貨物船躍進号, 日本向け航行中済州島沖で沈没。5-2 政治局・大区書記会議, 杭州で開催,「前10条」を制定,「四清運動」始まる。5- 中国仏教代表団来日, 団長趙樸初。

6-29 西日本貿易, 北京向けビニロンプラント契約調印, 73.58億円, 中国向けプラント日本輸出入銀行バンクローン第1号。6-30 全国国家機関・国営企業幹部職員, 1960年末の5043.8万人から3183万人に, 約1860万人減少, 都市部人口2年半で2600万人減少。6- 日本美術家代表団訪中(〜7-), 団長中川一政。6- 日本作家代表団訪中(〜7-), 団長木下順二。

7- 日本舞踊家代表団訪中, 団長花柳寿応。7- 北京で現代日本油絵展。

8-20 倉レの中国向けビニロンプラント輸銀延払輸出認可内示, 8-23 正式認可。8- 日本バレーボール男女選手団訪中, 団長前田豊。8- 日本橋白木屋で中国永楽宮壁画展, 王冶秋来日。

9-6 中共中央, 北京で会議(〜9-27), 農村問題「後10条」を制定。9-11 中国芸術団34名来日公演, 団長林林, 滞在期間約2カ月。9-16 日本貿易代表団訪中(〜9-23), 団長岡崎嘉平太, 盧緒章とLT貿易につき会談。9-21 わらび座公演訪中, 北京に到着, 団長原太郎。

10-1 石橋湛山訪中, 北京で毛沢東と会談。10-4 鑑真和尚円寂1200周年記念式典, 北京で開催, 日本文化界代表団出席, 団長安藤更生, 団員井上靖ら。10-4 中日友好協会設立, 名誉会長郭沫若, 会長廖承志。10-5 日本工業展覧会, 北京で開催。10-7 周鴻慶事件, 1964.1-9 日本から出国, 大連に向かう。10- 松山善三・高峰秀子夫妻訪中, 深尾須磨子訪中, 杉村春子・長岡輝子訪中。

11-9 日中漁業協議会, 北京で中国漁業協会と黄海・東シナ海漁業協定正式調印。11-12 中国農業銀行, 北京で設立。11-13 初の中国製捕鯨船, 上海で完成。11- 中国作家代表団来日, 団長巴金, 団員謝冰心・厳文井ら。11- 中国書道代表団来日, 団長陶白。

12-24 外文書店, 北京に設立。12-25 新華社, 石油製品ほぼ自給自足と報道。12- 日中文化交流協会理事長中島健蔵訪中。12- 日本写真家代表団訪中, 団長木村伊兵衛。

1963年

・LT貿易初年, LT貿易の日本対中国輸出3668万ドル, 輸入2759万ドル, 輸出入合計6427万ドル, 日中間貿易総額の46.9%占める。

・中国経済, 最悪状況からやや好転, 国内総生産1236.4億元, 一人平均181元。

・食糧1億7000万トン, 綿花120万トン, 粗鋼762万トン, 石炭2.17億トン, 原油648万トン。輸出入85.7億元(29.2億ドル相当), 歳入342.25億元, 歳出332.05億元, 10.2億元の黒字。

1962.〜1963. 中国6大都市約10万人の知識青年, 農村に移住。

1963年(昭和38年)癸卯

その他	日本(参考)
1-10 NATOから日本に対ソ油送管輸出自粛要請，日本協力。1-20 中国-ネパール，国境議定書調印。 2-5 日ソ貿易協定調印。2-8 イラク，バース党クーデターで政権交代。2-20 日本，ガット11カ国への移行をIMFへ通知，国際収支を理由とする貿易制限禁止に。 3-2 中国-パキスタン，国境条約調印。3-29 日本-ビルマ，経済技術協力公文調印，無償1.4億ドル，借款0.3億ドル。 4-30 台湾国府秘書長張群来日。 5-14 日仏通商協定調印。5-21 日米綿製品交渉妥結。 6-10 日ソ昆布協定調印。6-20 米ソ間で直通電話(ホットライン)を設置。 7-5 中ソ両共産党会談(〜7-20)，対立顕著。7-9 マレーシア連邦協定調印。7-25 米英ソ，部分的核実験停止条約仮調印。 8-5 日豪通商協定調印。8-21 南ベトナムに戒厳令。 10-15 韓国大統領選，朴正熙当選。10-17 香港中文大学創立。10-30 自民党副総裁大野伴睦，首相特使として訪台。10-31 日銀，NY連邦準備銀行と双務通貨協定調印。 11-12 国民党第9回代表大会，台北で開催，総裁蒋介石，副総裁陳誠。11-20 国連総会，人種差別撤廃宣言を採択。11-22 米大統領ケネディ，テキサス州ダラスで射殺される。11-22 中国-アフガニスタン，国境条約調印。11-23 日米間でテレビ衛星中継受信成功。 12-13 総理周恩来，アフリカ諸国訪問(〜1964.2-5)。	1-1 アニメ〈鉄腕アトム〉(第1作)，フジテレビで放送(〜1966.12-31)。 3-30 新幹線スピード試験で時速256Kmを記録。3-31 外貨公債発行法公布。3-末 発電容量，火力が53.5％占め，日本の発電設備「火主水従」時代に。 5-26 大鵬，初の6場所連続優勝。 6-5 黒部川第4発電所完工，ダム高186m。6-29 外国為替管理令改正公布(7-1施行)，資本自由化。 7-8 職業安定法・緊急失業対策法改正公布。7-10 近畿圏整備法公布。7-12 閣議，新産業都市13，工業整備特別地域6を指定。7-15 名神高速道路，尼崎-栗東間開業。7-20 中小企業基本法公布。7-26 日本の経済協力開発機構(OECD)加盟申請，理事会で承認。 8-15 政府主催の第1回全国戦没者追悼式典。 9-1 国鉄，列車自動停止装置(ATS-S)初採用。 10-26 日本原子力研究所・東海研究所の試験炉(JPDR)発電成功。10-28 三菱系3重工，合併文書調印。 11-2 大蔵省，貿易外取引管理令公布，貿易・為替自由化。11-9 三池三川炭鉱で爆発事故，死者458人。11-21 第30回衆議院選，自民283，社会144，民社23，共産5。 12-8 力道山，赤坂で刺され，12-15 死去(39歳)。12-9 第3次池田勇人内閣(第60代)発足(〜1964.11-9)。 1963年 ・国内総生産25兆3916億円，成長率名目14.4％，実質8.8％。 ・半導体生産額339億円で世界2位。

1964年(昭和39年)甲辰

日中交流・中国

1-27 日中貿易促進会鈴木一雄訪中, 毛沢東と会談。1- 中国京劇院63名来日, 団長張東川, 団員楊秋玲・劉長瑜ら, 東京など8都市で〈西遊記〉・〈水滸伝〉・〈三岔口〉・〈秋江〉を公演。

2-5 中国,「工業は大慶に学ぶ」を展開, 2-10「農業は大寨に学ぶ」を呼び掛け。

3-6 中国, 旧日本軍戦犯最後3名釈放, 4-7 日本に帰国。3-18 中国バレーボール選手団来日, 団長趙斌。3-27 中国第二歴史檔案館開館。3- 日本作家代表団訪中, 団長亀井勝一郎。

4-8 中国経済友好代表団来日(~5-21), 団長南漢宸。4-10 中国経済貿易展, 東京晴海で開催(~4-30), 6-13 大阪で開催(~7-5)。4-12 自民党松村謙三訪中, 4-19 廖承志と覚書調印, LT貿易連絡事務所設置と記者交換合意。4-23 関西経済訪中代表団訪中。4- 中国印刷代表団来日, 団長王益。4- 日中版画交流展, 両国で同時開催。4- 中国卓球選手団来日, 団長陳先。4- トヨタの乗用車クラウン, 初の中国向け輸出。

5-9 通産省, ニチボーの中国向けビニロンプラント延払輸出年内不許可を決定。

6-5 現代京劇演出大会, 北京で開幕(~7-31), 29の劇団参加。6-21 燎原号, 門司に入港, 中国籍船の日本初入港。6- 中国放送代表団来日, 団長梅益。

7-1 第2次全国人口「普査」, 7億2307万人。7- 東京で現代中国画30展。7- 北京で豊道春海書道展。7- 東京で玄奘三蔵円寂1300年記念集会, 世話人代表亀井勝一郎, 趙樸初出席。

8-17 中央書記処会議(~8-20), 沿海工業の内陸移転を決定。8-21 北京科学シンポジウム開幕(~8-31), 日本から62名出席, 団長坂田昌一, 毛沢東と会談。8- 東京白木屋で呉昌碩書画篆刻展。

9-18 農村問題「後10条」(修正案)配布。9-20 日中旅行社, 東京で設立。9-29 日中交換記者, 相手国に入国, 日本側共同通信山田礼三・朝日松野谷夫・読売西村忠郎・毎日新井宝雄・日経鮫島敬治・産経菅榮一・西日本宮田弘司・NHK小林一夫・東京放送大越幸夫, 中国側新華社丁拓・人民日報李紅・大公報劉宗孟・北京日報田家農・光明日報劉徳有・文匯報劉延洲・中国新聞社李国仁。9- 松山バレエ団訪中, 団長清水正夫, 〈祇園祭〉・〈赤い陣羽織〉を公演。9- 日中文化交流協会代表団訪中, 団長土岐善麿, 中島健蔵はプノンペン経由で北京入り。9- 中国映画視察団来日, 団長蘇雲。

10-15 社会党成田知巳訪中。10-16 中国, 初の原爆実験。10- 日本卓球選手団訪中, 団長長谷川喜代太郎。10- 日本民族芸能家代表団訪中, 団長小生夢坊・副団長岡本文弥。

11-19 中国人遺骨護送団訪中, 団長黒田寿男。11- ニチボー貝塚バレーボール選手団訪中, 団長大松博文。11- 東京白木屋で紅楼夢展。

12-15 政治局会議(~1965.1-14), 農村「四清」の内容を規定。12-21 第3期全人代第1回総会(~1965.1-4), 国家主席劉少奇, 副主席宋慶齢・董必武, 委員長朱徳, 総理周恩来を選出。

1964年

・中国国内総生産1455.5億元, 1959年のレベルに回復。粗鋼964万トン, 石炭2.15億トン, 原油848万トン。財政歳入399.54億元, 歳出393.79億元。輸出19.2億ドル, 輸入15.5億ドル。

1964年(昭和39年)甲辰

その他	日本（参考）
1-10 台湾国府，周鴻慶の中国帰還に抗議，政府機関，日本からの買付を停止。1-27 中国，仏と国交樹立。 2-23 元首相吉田茂訪台（〜27），中国向け資金不使用を約束した書簡（吉田書簡）を渡す。 3-23 国連貿易開発会議開催（〜6-16）。 4-1 日本，IMF8条国に移行，円交換可能な通貨に，国際収支を理由とする為替制限を禁止。4-27 高玉樹，台湾市長に当選。4-28 日本，経済協力開発機構（OECD）に正式加盟。4-29 中国ーパキスタン，直行便就航。 5-14 ソ連最高会議議員団来日（〜5-27）。 6-2 日本大蔵省，ドイツ銀と2億マルク公債発行契約調印と発表，初のマルク建て国債。6-3 韓国，非常戒厳令を発動。 7-2 米で人種差別撤廃の公民権法成立。7-3 外相大平正芳訪台（〜7-5），国民政府，周鴻慶事件以来の対日買付停止措置を解除。 8-2 トンキン湾事件，ベトナム戦争勃発，8-3 米爆撃機64機，北ベトナムを大規模空襲。8-20 日本，世界商業通信衛星組織（INTELSAT）暫定協定・特別協定に加盟。 9-2 日本，三井グループのソ連向け尿素プラント8年延払輸出を許可，9-4 米遺憾表明。9-4 日本国会議員団，ソ連を訪問（〜9-16）。9-7 IMF・世界銀行・国際開発協会・国際金融公社，東京で第19回合同年次総会。 10-15 ソ連共産党中央委員会・最高会議，フルシチョフ第1書記兼首相を解任，ブレジネフ第1書記就任。10-15 英総選挙で労働党勝利。 11-3 米大統領選挙，民主党ジョンソン当選。 12-3 第7回日韓会談開始。	1-20 証券不況に対応し，日本共同証券を設立，市銀14行・大手証券4社出資，12-4 日銀から低利融資400億円。 2-23 国鉄，座席自動予約システム運用開始。 3-23 日本鉄道建設公団発足。 4-1 日本人の海外観光渡航条件付自由化，年1回で所持金500ドル以下。 5-15 太平洋横断海底電話線敷設完了。 6-1 三菱重工業発足，資本金791億円。6-15 通産省，新ココムリスト発表，輸出禁止品目162から155に。6- ビール・酒の価格自由化。 7-11 電気事業法公布。 8-6 東京水不足深刻，17区で1日15h断水。 9-14 富山化学で塩素ガス漏洩，531人中毒の産業事故発生。9-17 浜松町-羽田空港間モノレール開業。 10-1 東海道新幹線開業，東京-大阪間で4h。10-10 第18回オリンピック東京大会開催（〜10-24）。 11-9 佐藤栄作内閣（第61代）発足（〜1967.2-17）。11-12 全日本労働総同盟（同盟）発足。11-17 経済審議会，中期経済計画の答申案を決定，1964－1968年度の所得倍増計画のひずみを是正，高度安定成長目指す。11-17 公明党結成。 年末 ・外貨準備高19億9900万ドル。 1964年 ・国内総生産29兆8688億円，成長率名目17.6%，実質11.2%。 ・輸出2兆4023億円，輸入2兆8575億円。 ・粗鋼生産高3979万トン，世界で3位。

1965年（昭和40年）乙巳

日中交流・中国

1-14 農村問題の「23条」を配布。1-17 自民党議員宇都宮徳馬訪中。1-21 通産省，ニチボーのビニロンプラント対中輸出を許可，輸銀延払は不可，5-7 中国側，契約取消を通知。1- 日本演劇家代表団訪中，団長久板栄二郎。1- 日本工芸美術家代表団訪中，団長松田権六。

2-8 通産省，日立造船貨物船対中輸出を許可，輸銀延払は不可，4-6 中国側，契約取消を通知。

3-24 中国作家代表団来日，団長老舎。3- 日本美術活動家代表団訪中，団長松山文雄。

4-21 大松博文，上海で約1カ月四川省女子チームを指導。4- 日本男子ハンドボール選手団訪中，団長高嶋洌。4- 中国宋代定窯発見者小山冨士夫訪中。4- 日本新劇15劇団72名訪中，団長滝沢修・副団長兼秘書長杉村春子，文学座・俳優座・劇団民藝・東京芸術座・劇団青年座・劇団仲間・新人会・劇団三期会・泉座・劇団青俳・新劇場・青年芸術劇場・東演・稲の会・人形劇団プーク参加。

5-22 全人代第3期常務委第9回会議，解放軍軍服階級制を廃止，6-1実施。5- 日本映画人代表団訪中，団長岩崎昶。5- 作家有吉佐和子訪中。

6-4 中国民族歌舞団来日，団長李淦，日本各地で公演。6- 日本化学工学者代表団訪中，団長水科篤郎，団員渡辺伊三郎（日揮）・北脇金治（出光）・浜井専蔵（不二エンジ）・俵田三郎（宇部興産）。

7-1 中国初の地下鉄，北京で起工。7-21 第3次5カ年計画見直し，国防中心に。7-22 中国代表団，第11回原水爆禁止世界大会出席のため来日。7- 日本スポーツ代表団訪中，団長保坂勇助。7- 日本書道家代表団訪中，団長西川寧。7- 日本卓球選手団訪中，監督四十栄伊久治。

8-24 第1回日中青年交流第1陣訪中（〜9-15），23団体271人，11-15 第2陣訪中（〜12-13）。

9- 銀座松屋で「中国二千年の美」展。9- 関西文化界代表団訪中，団長塚本善隆。

10-4 日本工業展示会（北京，〜10-20），12-1 上海（〜12-22）。10- 体育代表団来日，団長張聯華。10- 画家青木大乗訪中。10- 舞踊家代表団来日，団長陳錦清。10- 書道家村上三島訪中。

11-10 姚文元，上海〈文匯報〉で呉晗の歴史劇〈海瑞罷官〉を批判，文化大革命の伏線となる。11-13 毛沢東，山東・安徽・江蘇・上海を視察（〜11-19）。11-18 林彪，政治突出五原則を提唱。11- 日中文化交流協会理事長中島健蔵訪中，主席毛沢東・総理周恩来と会談。11- 中国音楽家代表団来日，団長李煥之。11- 日本バレーボール選手団訪中，団長前田豊。

12-1 上海タービン廠で，6MWガスタービンを開発，中国初。12-8 政治局常務委拡大会議（上海，〜12-15），羅瑞卿の審査を決定。12-17 日中漁業協会，中国漁業協会と東シナ海・黄海漁業協定改定調印。12- 蘭州-ウルムチ鉄道営業開始（1952.10-1.起工，1962.12-開通），全長1892Km。12- 日本写真家代表団訪中，団長木村伊兵衛。12- 日本美術家代表団訪中，団長鶴田吾郎。

1965年

・1960年から約5年間の経済調整期を通じ回復基調に。国内総生産1717.2億元，一人平均240元。石炭2.32億トン，粗鋼1223万トン，原油1131万トン，初めて1000万トン超える。食糧1億9453万トン，綿花209.8万トン。

1965年(昭和40年)乙巳

その他	日本(参考)
1-8 韓国, ベトナムへ派兵発表。1-18 日韓会談本会議開催。1-22 サイゴンで大規模反米デモ。1-28 中国-インドネシア, 経済技術協力協定・借款協定調印。 2-7 米軍機, 北爆開始。2-16 タンザニア大統領訪中, 2-20 国交樹立, 友好条約調印。2-17 外相椎名悦三郎訪韓。2-20 日韓基本条約仮調印, 共同声明を発表。 3-1 モスクワで19カ国共産党会議, 中国欠席。3-4 中国, ベトナム支持声明。 4-26 日本政府, 台湾国府にダム建設・肥料工場など15件540億円資金供与, 初の円借款。 6-17 米軍B-52爆撃機, グアム島から初のベトナム空爆。6-22 日韓基本条約正式調印, 6-24 日韓共同声明発表, 12-18 条約発効。6-30 米, 台湾への経済援助を打ち切り, 1950年6月より累計14.8億ドル。 7-20 元国民政府総統代行李宗仁, 北京に到着。7-29 沖縄の米軍B-52爆撃機, サイゴン南東地域を空爆。 8-9 シンガポール, マレーシアから独立。8-24 日本政府, 訪ソ経済使節団を派遣, 戦後初。8-31 台湾国府, 米と地位協定を調印。 9-1 インド-パキスタン両軍, カシミールで衝突, 印パ戦争開始。9-30 インドネシア, ウントン中佐らのクーデター失敗(9・30事件), 10-3 陸軍, 共産党と中国系住民の逮捕殺害始める。 10- 中国軍, ベトナムに派遣開始(～1968.3- 延べ32万人)。10- 北ベトナム正規軍と米軍, プレーメで激戦(～11-19)。 12-4 アジア開発銀行設立協定調印。12-10 日本, 国連安保理非常任理事国に当選。	1-22 閣議, 中期経済計画を決定, 実質成長率8.1%, 物価上昇率2.5%, 5-7 内容を改定。 2-22 北炭夕張炭鉱でガス爆発事故, 死者61人。 3-18 愛知県犬山市に明治村開村。 5-5 国立こどもの国(横浜)開園。 6-1 公害防止事業団法公布。6-1 山野炭鉱でガス爆発事故, 死者237人。6-2 新東京国際空港公団法公布, 1966.7-29 公団設立。 7-1 名神高速道路全線開通。7-1 電気事業法施行。7-16 日銀, 預金準備率引き下げ。7-23 都議会選で社会党第1党になる。 8-19 首相佐藤栄作, 初の首相沖縄訪問。 9-3 日本の国産航空機YS-11, フィリピンへの輸出契約調印, 戦後初の国産旅客機輸出。9- 社団法人海外鉄道技術協力協会(JARTS), 運輸省外郭団体として設立。 10-1 国勢調査, 人口98274961人, 内東京都10869244人。10-1 電源開発の佐久間周波数変換所運転開始。10-1 乗用車輸入自由化。 11-10 東海村原子力発電所本格稼働, 50MW, 送電開始。11-19 閣議で年度内2000億円国債発行を決定, 戦後初の赤字国債発行。 12-29 石油ガス税法公布。 1965年 ・国内総生産33兆2304億円, 成長率名目11.3%, 実質5.7%。消費者物価上昇率7.4%, 物価問題深刻化。戦後最大証券不況。 ・後半より, 「いざなぎ景気」始まる(～1970年後半)。 ・大学生108.5万人, 初めて100万人超え, 内私大生72%。

1966年（昭和41年）丙午

日中交流・中国

1-1　第3次5カ年計画(1966～1970年)スタート。1-1　商業企業，全国範囲で貸借記帳法を廃止，増減記帳法を採用。1-22　日中貿易促進会訪中，中国国際貿易促進会と北京で会談。

2-28　日本共産党代表団訪中，団長宮本顕治，3-3　北京で劉少奇・鄧小平・彭真と会談，3-29　杭州で毛沢東と会談，意見対立。

3-29　中国人民外交学会代表団の来日却下。3-29　全人大，中国内戦の戦争犯罪者特赦を決定。

4-19　中国電影(映画)代表団来日，団長岳林。4-28　中国写真家代表団来日。

5-3　長春第一汽車廠で「紅旗」高級車を製造開始。5-4　政治局拡大会議(～5-26)。5-16　中共中央「5・16通知」，文化大革命始まる。5-17　松村謙三，周恩来と会談，5-19　第5次LT貿易協定調印。5-26　広東省代表団来日。5-28　中共中央，文化革命小組を設置，組長陳伯達。5-29　清華大学付属中学に初の紅衛兵組織結成。

6-1　毛沢東，北京大学「大字報」の全国放送を指示，全国で文化大革命展開。6-1　北京放送局代表団来日。6-6　自民党考察団訪中，団長小坂善太郎，団員古井喜実ら，外交部長陳毅と会談。6-25　中国青年代表団来日，団長文遅。

7-6　中国囲碁代表団来日，団長仰柱。7-24　中共中央・国務院，大学入試を廃止，推薦制を採用。7-27　第12回原水爆禁止世界大会出席の中国代表団(団長劉寧一)の来日却下。

8-1　中共第8期中央委第11回全体会議(～8-12)，「文化大革命16条」を決定。8-14　中国青年代表団来日，団長銭大衛。8-18　紅衛兵100万人，天安門で集会。8-20　紅衛兵，各地で「掃四旧(旧思想・旧文化・旧風俗・旧習慣)」，略奪と破壊始まる。

9-6　自民党代表団訪中，団長小坂善太郎，団員古井喜実・江崎真澄他，陳毅と会談。9-13　天津歌舞団来日公演，団長顧毅然。9-23　中共中央，公私合営企業を国営企業への改組を通達。

10-1　中国経済貿易展，北九州市で開幕(～10-21)，156万人入場。10-7　中国紅十字会，日本人遺骨899体を日本に返還。10-9　中共中央会議(～10-28)，劉少奇・鄧小平を批判。10-11　北京歌舞団来日公演，団長王前。10-12　日中友好協会代表団，北京で中日友好協会と共同声明，政治三原則・貿易三原則・政経不可分原則を提起。10-26　日中友好協会分裂，日中友好協会(正統)発足。10-27　中国，ミサイル発射による核実験。10-　北京師範大学紅衛兵，孔府を破壊。

11-19　中国経済貿易展，名古屋で開催(～12-11)，217万人入場。

年末
- 正貨準備，外貨4億2000万ドル，金500万オンス。
- 国家機関・国営企業の幹部職員数3934万人。

1966年
- 中国国内総生産1873.1億元，一人平均255元。石炭2.52億トン，原油1455万トン，天然ガス13.40億m³，銑鉄1334万トン，粗鋼1532万トン。

1966年（昭和41年）丙午

その他	日本（参考）
1-10 インド-パキスタン，停戦合意。1-15 外相椎名悦三郎訪ソ，戦後初の外相訪ソ，1-21 日ソ航空長期貿易協定調印。 3-11 陸相スハルト，インドネシアの実権を掌握，3-12 共産党を非合法化。 5-17 マルコス大統領，日本商社のフィリピンでの事業活動を認める指令を出す。5-28 日本，インドネシアへ3000万ドル円借款供与を決定。 6-27 日本輸出入銀行，米ワシントン州開発銀行へ36億円借款契約調印，初の国際金融機関への円資金供与。 7-1 仏，NATOから脱退。7-5 インドネシア暫定国民協議会，スハルトを大統領代行に指名。7-12 米大統領ジョンソン，対アジア長期政策を発表。7-15 日本政府，化学繊維プラント輸出で北朝鮮技術者にビザ発行を決定，その後韓国抗議，日本人の韓国入国査証停止，8-5 日本政府，北朝鮮技術者へビザ不発行を決定，7-20 呉造船所，北朝鮮技術者受入問題で北朝鮮向けプラントを辞退，8-16 東邦ベスロン，北朝鮮技術者受入問題で北朝鮮向けアクリルプラントを辞退。 8-11 インドネシア-マレーシア，平和協定調印。8-22 アジア開発銀行設立協定発効。 9-28 インドネシア，国連に正式復帰。 11-1 南ベトナム解放戦線，サイゴンを初砲撃。11-24 アジア開発銀行（ADB）設立，21カ国出資，本店マニラ，資本金10億ドル，12-19 開業式。11-29 国連総会，前年に続き中国代表権重要事項指定議決案可決。 12-1 西独，キーシンガー連立内閣発足。12-2 米軍機，ハノイ市内を空爆。	3-5 国鉄運賃大幅値上げ，旅客31％，貨物12.3％。3-31 日本の人口，1億人を超える。 4-20 大蔵省，赤字国債1400億円を発行，以後国債発行続く。 5-30 横須賀に米原潜初の入港。 6-25 国民祝日法改正公布，敬老の日・体育の日・建国記念日を新設。6-30 借地法・借家法改正，借地・借家人の権利を保障。 7-4 閣議，新東京国際空港の建設地を千葉県成田市三里塚に決定。7-25 原子力発電東海発電所，営業運転開始。 8-6 ニチボー貝塚，世界バレーボール代表選考会でヤシカに敗れ，連勝記録258で絶える。8-10 関西電力で初めて夏季最大電力が冬季を上回る。 9-7 石川島播磨重工業横浜造船所，20万4000トンタンカー出光丸進水式。 10-1 東京・大阪両証券取引所，戦後初めて国債上場，初値98円45銭。 11-13 全日空YS-11型機，松山空港で海に墜落，50名全員死亡，戦後初の国産機墜落事故。 1966年 ・国内総生産38兆5932億円，成長率名目6.1％，実質10.2％。消費者物価上昇率5.1％。 ・交通事故死亡者13904人，史上最多。 ・流行語に「新三種の神器」（カラーテレビ・カー・クーラー）。 ・5歳児の幼稚園就園率44.3％。 ・「丙午（ひのえうま）」年のため，出生数が前年比25％減少。

1967年(昭和42年)丁未

日 中 交 流 ・ 中 国

1-3 張春橋・王洪文,上海市を掌握。2-5 上海市人民公社設立。2-14 上海市革命委員会に改称,主任張春橋。1-13 中共中央・国務院,公安6条を通達。1-18 日中友好協会(正統)代表,北京で中日友好協会と会談。1-23 中共中央・国務院・中央軍事委・中央文革,解放軍の文革介入を布告。1-24 日本共産党,中国共産党と対立,文革を批判,3-15 再度批判。1-31 黒竜江省革命委員会設立,以後各地に波及,2-3 山東省,2-13 貴州省,4-20 北京市,8-12 青海省,11-1 内蒙古自治区で革命委員会設立。

2-10 日中文化交流協会,北京で中国人民対外文化協会民間文化交流備忘録を調印。2-11 北京市公安局,軍事管制下に。2-14 中南海懐仁堂会議(2-16, 2-25～3-18),中央主要幹部と中央文革小組対立,譚震林・李富春・李先念ら批判受ける。2-17 日中貿易6団体,北京で中国国際貿易委員会と貿易議定書調印。2-28 善隣学生会館事件,中国文革の影響を受け暴力事件発生。

3-8 中国,大学・中学・小学校の高学年に対し軍事訓練実施を決定。3-16 中共中央,薄一波・劉瀾濤・安子文・楊献珍ら61人を自首・裏切者とする。

4-1 第二汽車廠,工場建設開始。4-6 劉少奇,中南海内で見せしめ批判受ける。4-20 北京市革命委員会設立,主任謝富治。

5-29 日中友好宗教者懇話会,東京で設立。5- 北京で現代京劇〈紅灯記〉・バレー〈白毛女〉等公演。

6-4 日本科学技術展覧会,天津で開幕(～6-17)。6-17 中国,初の水爆実験。

7-20 武漢事件,中国各地で「武闘」起こる。7-23 はぐるま座訪中公演(～11-30)。7-24 第一通商北京駐在員1名と進展実業1名,当局が拘束,1969.11-5 国外退去,1978年誤認と認め,名誉回復。7-25 林彪,解放軍内で文革を展開,約8万人批判を受け,1000人以上迫害により死亡。

8-3 北京空港事件,日本共産党紺野純一・砂間一良,北京から出国時日本人留学生から暴行。8-7 公安・検察・法院で文革を展開。8-11 中日友好協会代表団(団長周培源)の入国却下。8-16 中国外交部,文革の影響受ける。8-17 鞍山製鉄所,軍事管制下に。8-22 在北京英大使代行公館焼打事件。

9-10 中国,〈毎日新聞〉・〈産経新聞〉・〈東京新聞〉の北京駐在記者に強制退去を通告。

10-9 中国東方紅雑技団来日公演(～12-8),団長利化。10-17 「ラスト・エンペラー」愛新覚羅・溥儀,北京で逝去(61歳)。

11-29 羽田事件で日中友好協会(正統)など強制捜査。

12-9 中国全国の公安機関,軍事管制下に。12-13 光華貿易柿崎進と娘,当局が1532日拘束,1978年誤認と認め,名誉回復。

1967年
・経済,文革の影響受ける。国内総生産1780.3億元,5年ぶり再びマイナス成長に。歳入419.4億元,前年比24.9%減,財政赤字20.48億元。

1967年（昭和42年）丁未

その他	日本（参考）
1-6 米海兵隊、ベトナムに上陸。1-27 米英ソ、宇宙平和利用条約調印。 2-1 台湾国府、国家安全会議を設置。 3-6 日ソ貿易協定調印、4-18 漁業協定調印。 5-15 日米英とEEC、関税交渉ケネディ・ラウンド妥結、関税30～35％引き下げ、6-30 調印。 6-5 イスラエル、第3次中東戦争（6日戦争）を発動、シナイ半島・ガザ・ヨルダン西岸・ゴラン高地を占領、スエズ運河閉鎖、6-29 東エルサレム併合。6-30 佐藤栄作、現職の首相として初訪韓、朴正熙大統領就任式に参加。 7-1 欧州石炭鉄鋼共同体（ECSC）・欧州経済共同体（EEC）・欧州原子力共同体（EAEC）統合、欧州共同体（EC）発足。7-23 米デトロイトで暴動。 8-5 中国-ベトナム、経済技術援助協定調印。 8-8 フィリピン・マレーシア・インドネシア・タイ・シンガポール5ヵ国、東南アジア諸国連合（アセアン）を結成。8-9 日韓第1回定期閣僚会議開催（～8-11）、対韓2億ドル民間借款合意。8-26 先進10ヵ国蔵相・中央銀行総裁会議、SDR創設で合意。 9-5 中国-タンザニア-ザンビア、鉄道協定調印。9-7 首相佐藤栄作訪台（～9-9）。 10-8 ゲバラ、ボリビア政府軍に射殺される。 10-21 ワシントンで10万人反ベトナム戦争集会。10-30 台湾国府秘書長張群来日、吉田茂の葬儀に参列。 11-18 英、ポンドを14.3％切下げ発表。 12-3 南アで初の人間心臓移植手術。12-7 米国の金準備、125億ドルを割り、1937年7月以来の低水準に。	2-2 日銀、初の国債買オペ発動、653億円。2-4 厚生省、1965年11月1日現在の原爆被爆者29万8500人と発表。2-17 第2次佐藤栄作内閣（第62代）発足（～1970.1-14）。 3-17 三井物産、比政府から事業活動許可、日本企業で初。3-30 日本の楽器メーカ、フィリピンに合弁会社設立、初の日系合弁社。 4-15 東京都知事選、美濃部亮吉当選。 6-6 閣議、資本取引自由化基本方針を決定。6-自動車保有台数、1000万台を超える。 7-1 第1次資本自由化を実施。7-25 住民基本台帳法公布。7-28 ラジオ受信料廃止を決定（1968.4-1実施）。 8-3 公害対策基本法公布。8-27 ユニバーシアード東京大会（～9-4）。8-29 外資審議会、米リーバス・インターナショナル社100％出資の日本法人設立を許可。 10-2 動力炉・核燃料開発事業団設立。10-18 英国モデル、ツィッキー来日、以後ミニスカートとダイエットが流行る。 11-13 国際電信電話、通信衛星用標準地上局を茨城に設置、世界初。11-15 小笠原諸島1年以内の返還、日米首脳会談で合意。11-20 東京-大阪-マニラ航路就航。11-30 旭精機のフィリピン向け銃弾製造プラント輸出承認、戦後初の武器製造プラント輸出。 12-31 テレビ受信契約数20016119件、初めて2000万件を超える。 1967年 ・国内総生産45兆2264億円、成長率名目17.2％、実質11.1％。ドル換算1140億ドル。 ・ベトナム特需5億585万ドル、前年比7.9％増。

1968年(昭和43年)戊申

日 中 交 流・中 国

1-5 江西省革命委員会設立，その後各省・自治区で革命委員会設立，1-24 甘粛省，1-27 河南省，2-3 河北省，2-5 湖北省，2-21 広東省，3-6 吉林省，3-23 江蘇省，3-24 浙江省，4-8 湖南省，4-10 寧夏自治区，4-18 安徽省，5-1 陝西省，5-10 遼寧省，5-31 四川省，8-13 雲南省，8-19 福建省，8-26 広西自治区，9-5 チベット自治区で革命委員会設立。1-8 東風号国産貨物船，江南造船所で進水，17182トン。1-31 山東勝利油田，石油採掘正式開始。

2-6 中共中央，鉄道安全維持命令を発す。2-8 日本日中覚書事務所代表古井喜実・岡崎嘉平太・田川誠一訪中(〜3-6)，中国中日備忘録貿易弁事処代表劉希文・王暁雲・孫平化と会談，3-6 岡崎嘉平太−劉希文，日中覚書貿易取極を調印，1968年度からLT(廖−高碕)貿易をMT(覚書)貿易に改称し継続することで合意。2-24 日華貿易北京駐在員鈴木正信，当局が拘束，1973.4-14 釈放，1978年誤認と認め，名誉回復。

3-19 日本の国際貿易6団体，中国国際貿易促進委員会と会談，貿易議定書を調印。3-22 解放軍総参謀長代行楊成武解任。

4-4 運輸相中曽根康弘，閣議で首相佐藤栄作に〈吉田書簡〉を超えるよう進言。4-10 日中友好協会(正統)，北京で中日友好協会と会談。

5-12 体育関連機構，軍事管制下に。5-13 東風号貨物船，初の日本航路就航，横浜・大阪・神戸港などに入港。

6-7 鮫島事件，〈日本経済新聞〉北京特派員鮫島敬治，当局が拘束，1969.12-20 釈放，国外退去，1977.9− 中国政府，無実と認め，名誉回復。6-18 黒竜江生産建設兵団設立。

7-25 日中輸出入組合解散。7-27 教育部，軍事管制下に。

8-10 国家計画委員会・国家物価委員会・国家統計局，軍事管制下に。8-25 各大学に工人宣伝隊・解放軍宣伝隊を派遣，軍事管制下に置く。

9-30 南京長江大橋完成，全長6700m，10-1 開通。

10-5 〈人民日報〉で「五七幹部学校」報道，以後各地に「五七幹部学校」を設置。10-13 中共第8期中央委第12回全体会議，北京で開催(〜10-31)，劉少奇を党から除名。

12-21 日中漁業協定，1年延長。12-22 〈人民日報〉，毛沢東が提唱する知識青年農村移住を呼び掛け，その後全国範囲で「上山下郷」運動開始，文革終了まで1000万人以上移住。12-25 富春江水力発電所稼働。12-29 南京長江大橋開通(1960.1-18 起工)，全長6.7Km。

年末
・中国人口7億8534万人。正貨準備，外貨3億3200万ドル，金700万オンス。

1968年
・中国国内総生産1730.2億元。一人当り223元。歳入361.25億元，前年比13.9%減，歳出357.84億元，前年比18.6%減。粗鋼904万トン。

1968年(昭和43年)戊申

その他	日本（参考）
1-1 米大統領ジョンソン、ドル防衛策発表。1-9 アラブ石油輸出国機構(OAPEC)発足。1-30 南ベトナム解放民族戦線軍・北ベトナム軍、南ベトナム全土で大攻撃(テト攻勢)。2-26 日米新原子力協定調印。3-16 米軍兵士による南ベトナムソンミ事件。4-4 米黒人指導者キング牧師暗殺。5-13 ベトナム和平パリ会議開催。5-27 日米第1回沖縄返還協議開始。7-1 核拡散防止条約、ワシントン・モスクワ・ロンドンで調印、62カ国参加、日本と西独は署名保留、1970.2-3 日本サイン。7-27 日本－インドネシア、漁業協定調印、初めて入漁料方式を採用。7-29 日ソ、シベリア森林開発協定調印。8-16 米、初の多核弾道ミサイルと大陸間弾道弾の試射に成功。8-20 ソ連・東欧5カ国軍、チェコに侵入。8-20 台湾国府、第5次4カ年計画を発表。8-24 仏、南太平洋で水爆実験、9-8 ムルロア環礁で第2回実験。8-29 非核保有国会議(ジュネーブ)、86カ国参加。9-1 台湾、9年義務教育制度を実施。10-8 東京銀行、パリに邦銀初の現法を設立。10-31 米、北ベトナム空爆を停止。11-5 米大統領選挙、ニクソン当選。11-20 国際通貨危機、仏英などで為替市場閉鎖、11-25 再開。11-22 先進10カ国蔵相会議、ボーンで開催。12-26 中国－パキスタン、経済技術協力協定調印。12-27 ADB、台湾の中国石油向け1020万ドル資金供与。12-31 ソ連、超音速旅客機TU144型機の試験飛行成功。	1-22 日本宗教連盟、靖国神社法案反対声明。2-26 成田空港阻止集会。3-9 富山県神通川流域イタイイタイ病患者、三井金属鉱業に損害賠償訴訟、10-8 第2次訴訟、5-8 厚生省、イタイイタイ病は三井金属神岡鉱業所による公害と公式発表。4-5 日米小笠原諸島返還協定調印、6-26 返還。4-15 ソニー、電子銃1本化のカラーテレビを発表。4-17 八幡・富士製鉄、合併計画発表。4-25 霞が関ビル完成、日本初の超高層ビル。4- 全国加入電話1000万超える。5-15 日商と岩井産業合併契約調印、10-1 日商岩井発足。5-30 消費者保護基本法公布。6-10 大気汚染防止法・騒音規制法公布。6-17 東大紛争始まる。7-1 郵便番号制と交通反則通告制度スタート。7-23 全国で夏季最大電力が冬季を上回り、夏季ピーク時代に入る。8-8 日本初の心臓移植手術、患者83日生存。9-1 日本郵船、初のコンテナ船就航、16306トン、三菱重工業製造。9-17 種子島宇宙センター、初のロケット打上成功。9-26 政府、水俣病と阿賀野川流域の水銀中毒を正式に公害病と認定。11-10 琉球政府首席、初の公選。年末 ・外貨準備高28億9100万ドル。1968年 ・国内総生産53兆5622億円、成長率名目18.4％、実質11.9％、ドル換算1428億ドル、米に次ぐ2位となる。国際収支(経常)黒字10億4800万ドル、内対米黒字5億5900万ドル。

1969年（昭和44年）己酉

日中交流・中国

1-1　邯鄲水泥廠稼働，中国初の近代的セメント工場。1-18　公明党，中国承認の声明。1-26　首相佐藤栄作発言，中国の国際社会参加を歓迎。

2-4　文革で凍結預貯金額，70億元に達する。2-23　自民党代表団（団長古井喜実），訪中に出発，2-26　北京到着。

3-19　岡崎嘉平太訪中。3-22　日本工業展覧会，北京で開幕（〜4-11）。

4-1　日中学院，東京で設立，第1期生25名入学。4-1　中国共産党第9回全国代表大会（〜4-24），林彪を毛沢東の後継者に指定。4-2　中国国産1.5万トンタンカー大慶27号進水。4-4　日中覚書貿易（MT貿易）議事録調印，1969年度日本から中国へ4000万ドル輸出，中国から3000万ドル輸入で合意。4-6　日本工業展覧会団長宇都宮徳馬・自民党代表団団長古井喜実，周恩来・李先念・賈石・劉希文と会談。4-28　中共第9期中央委第1回全体会議，主席に毛沢東，副主席林彪，政治局常務委員毛沢東・林彪・陳伯達・周恩来・康生，軍事委主席毛沢東，副主席林彪・劉伯承・陳毅・徐向前・聶栄臻・葉剣英を選出。

5-11　中国，内外債償還完了と発表。5-15　春季広州交易会閉幕，日本から230社参加，中国向け輸出成約9000万ドル。5-21　〈北京日報〉記者王泰平，東京に着任。

6-9　元中央軍事委副主席・元帥賀龍，迫害を受け死去（73歳）。

7-6　河南省林県紅旗用水路完成，長さ102Km。7-29　歴史学者範文瀾逝（75歳）。

8-1　医薬品大幅値下げ，平均37％ダウン。8-27　中共中央・中央軍事委，各省・自治区・直轄市に防空組織を設けるよう指示，以後各地で防空施設建設ラッシュ。8-　日本教職員訪中団訪中，団長大広直。

9-21　明石丸，東シナ海で中国漁船と衝突。

10-1　初の地下鉄，北京で完成（1965.7-1起工），23.6km。10-28　第二汽車，20.9億元投資計画決定。

11-5　国務院・中央軍事委，電信と郵便改革を実施，両者を分割。11-12　前国家主席劉少奇，迫害を受け開封で逝去（71歳）。11-15　秋季広州交易会閉幕，日本の中国向け輸出成約1億3800万ドル。11-20　国家民航総局，解放軍の傘下に。

12-22　国務院・中央軍事委，国防工業指導チームを設置。

年末

・中国人口8億671万人。国家機関・国営企業の幹部職員数4335万人，再び増加傾向に。

・正貨準備，外貨4億9800万ドル，金700万オンス。

1969年

・中国国内総生産1945.8億元，一人平均244元。食糧生産2億1097万トン，粗鋼1333万トン，石炭2.66億トン，原油2174万トン。輸出22億ドル，輸入18.3億ドル。歳入526億7600万元，歳出525億8600万元，共に大幅増。

1969年（昭和44年）己酉

その他	日本（参考）
1-11 台湾人口1201万6000人。1-20 ニクソン, 米大統領に就任。 2-3 アラファト, PLO議長に就任。 3-2 英仏共同開発の超音速旅客機コンコルド初飛行。3-2 中ソ両軍, ウスリー川国境珍宝島（ダマンスキー島）で武力衝突, 3-15 両軍再度衝突（〜3-17）, 7-8 黒竜江の八岔島（ギルジンスキー島）で武力衝突。3-29 国民党第10回代表大会, 台北陽明山で開催（〜4-9）, 総裁蒋介石。 6-8 南ベトナム臨時革命政府樹立。6-25 蒋経国, 台湾国府行政院副院長に就任。 7-20 米アポロ11号, 人類初の月面着陸。 8-8「朝鮮の舞姫」崔承喜, 北朝鮮で死去（57歳）。8-12 北アイルランド紛争激化。 9-1 リビアのカダフィ, クーデターで政権を掌握, 革命評議会議長に就任。9-3 北ベトナム大統領ホー・チ・ミン逝（79歳）。9-11 ソ連首相コスイギン, ハノイから帰途, 北京空港で総理周恩来と会談, 4年ぶりの中ソ首脳会談。9-29 西独, 為替変動相場制に移行。 10-27 西独, マルクを9.29%切上実施。 11-14 中国ータンザニアーザンビア, 鉄道補足協定調印。11-15 米ワシントンで25万人反戦集会。11-17 首相佐藤栄作訪米, 羽田から出発, 11-19 ニクソンと会談, 1972年沖縄返還の共同声明発表。11-25 仏議会代表団訪台（〜12-4）。11- 日本から台湾へ2.5億ドル円借款。 12- 日本企業の台湾現法260余社。 1969年 ・AT&Tベル研究所がUNIXを開発。	1-18 機動隊, 東大安田講堂占拠学生を排除。 2-10 東京駅八重洲地下街オープン。 3-28 厚生省, ガドミウム汚染対策を決定。3-末 1968年度国民総生産51兆920億円, 西独を抜き世界2位となる（経済企画庁6-10発表）。 4-15 日本消費者連盟結成。4- 山口淑子, フジテレビ「3時のあなた」を司会（〜1974.3-）。 5-16 公務員総定員法成立。5-23 政府, 初の公害白書発表。5-26 東名高速道路, 全線開通。 6-12 初の原子力船「むつ」進水。6-23 宇宙開発事業団法公布。 8-27 松竹映画〈男はつらいよ〉第1作封切り。 10-9 閣議, ココムリスト改正を決定, 戦略物資79品目緩和, 23品目追加。 11-26 初の公害被害者全国大会（〜11-27）。 12-1 東京都, 老人医療費無料化を実施。12-1 住友銀行, 日本で初の現金自動支払機を新宿支店などに設置。12-10 BHCとDDTの製造中止決定。12-20 厚生省, 公害病対象地域を指定（水俣市・四日市市・川崎市・大阪市など）。12-30 IMF増資決定, 日本の出資額12億ドルで第5位に, 任命理事国に昇格。 年末 ・外貨準備高34億9600万ドル。 ・商船保有量2399万総トン, リベリアに次ぐ2位。 1969年 ・国内総生産62兆9188億円, 成長率名目17.5%, 実質12.0%。輸出5兆7564億円, 輸入5兆4085億円, 3479億円の出超。 ・日本の年間テレビ生産台数1269万台, 世界で1位。

1970 年（昭和 45 年）庚戌

日中交流・中国
1-11 国務院，東北電力網を解放軍沈陽軍区に移管。1-26 全国綿花会議（～2-14）。1-31 中共中央，反革命破壊活動打撃を指示。
2-5 中共中央，汚職窃盗・投機転売・贅沢浪費反対を指示，以後「一打三反」運動を各地で展開，11月までに184万人の「反革命分子」を摘発，28万4800人余りを逮捕。2-12 華東電力網を上海市に移管。
3-5 衆議員古井喜実，訪中の途に，3-7 北京到着，3-10 劉希文と会談。3-5 国務院，大慶油田・長春一汽・開灤炭鉱など2600の中央直轄機関・企業を地方に移管。3-17 毛沢東，中央工作会議で国家主席職の撤廃を提議。3-22 松村謙三・藤山愛一郎など訪中，北京に到着。
4-3 日本国際貿易促進協会など7団体訪中，北京に到着，4-14 中国国際貿易促進委員会と共同で声明，4-15 松村謙三-周恩来会談，4-19 日中覚書貿易年度協定を調印，前年同様総額6700万ドル（ポンド決済），松村謙三，周恩来・李先念・郭沫若と会談，中国側から貿易4条件（親台企業とは取引せず，ダミー会社は認めないなど）の提示あり。4-24 中国，初の人工衛星打ち上げ。
5-2 春季広州交易会，「4原則」で日本企業に圧力，5-12 通産省，企業に対応委ねる方針を決定。5-12 国務院，中国人民銀行軍代表からの華僑系投資会社撤廃報告を許可。
6-8 日本漁業協議会代表団訪中（～6-27），6-20 日中漁業協定調印，6-22 李先念と会談。6-27 大学入試制度廃止，「工農兵学員」入学制度スタート。
7-1 成都-昆明鉄道開通（1958.7-起工），全長1085Km，総投資額33億元。
8-12 日本友好訪中団訪中，団長佐々木更三。8-18 西園寺公一，北京を出発，帰国の途に，8-22 日本に帰国。8-23 中共第9期中央委第2回全体会議（廬山会議）（～9-6）。
9-26 日本共同通信社特派員，中国から強制出国。9-27 日中文化交流協会中島健蔵訪中。9- 攀枝花鋼鉄公司1号高炉点火。
10-12 社会党訪中団・日中友好協会（正統）代表団訪中。10-24 社会党訪中使節団訪中（～10-30），団長成田知巳。
11-8 倪志欽，走り高跳び世界記録（2.29m）。11-16 中共中央，陳伯達批判を開始。11- 上海初の黄浦江横断トンネル完成。
12-9 超党派の日中国交回復促進議員連盟発足，会長藤山愛一郎，参加議員379人。12-13 日中国交正常化国民協議会発足。12-16 日中漁業協議会代表団訪中，12-31 合意。12-25 葛洲壩水力発電所プロジェクト許可，12-30 Ⅰ期工事起工。12-26 中国初の国産原潜進水。12-28 上海電子光学研究所，40万倍の電子顕微鏡完成。
1970年
・中国国内総生産2261.3億元，一人当り276元。食糧2億3996万トン，粗鋼1779万トン，石炭3.54億トン，原油3065万トン。歳入662.90億元，歳出649.41億元，共に初めて600億元台に。

1970年（昭和45年）庚戌

その他	日本（参考）
1-10 ワシントンで日米繊維交渉開始（→6-24）。 2-18 ニクソン・ドクトリン発表。2-20 アジア開発銀行，台湾南北高速道路建設に1780万ドル資金供与。 3-18 カンボジアでクーデター，ロン・ノルが実権掌握，5-5 シハヌーク，北京でカンボジア王国民族連合政権を樹立。 4-7 周恩来訪朝，金日成と共同声明。4-16 米ソ戦略兵器制限交渉（SALT）本会議，ウィーンで開催（→8-14）。4-29 米軍・南ベトナム軍，カンボジアを進攻。 5-1 米軍，北爆を再開。 7-21 アスワン・ハイ・ダム完成，総工費約10億ドル。7-22 台湾行政院，大陸の「貿易4原則」を受け入れた日本企業とは取引中止を決定。 7- 中国，ベトナム支援部隊撤退完了。 8-12 ソ連-西独，武力不行使・欧州の現状承認などで条約締結。 9-8 非同盟諸国会議，ルサカで開催，54カ国参加。9-16 ヨルダン軍，国内パレスチナ武装勢力を弾圧。9-28 ナセル急死（52歳）。 10-13 中国-カナダ，国交樹立。 11-6 中国-イタリア，国交樹立。11-10 パキスタン大統領訪中，ニクソン親書を中国側に渡す。11-27 アジア開発銀行，第1回円貨債発行契約調印，発行額60億円，外国法人による戦後初の円貨債発行。 12-21 日本-台湾国府-韓国連絡委員会，東京で会議，海洋開発研究連合委員会を設置，日本近海・東シナ海の調査・開発を決定。 年末 ・世界の人口，36億3200万人。	1-2 日銀，国際決済銀行（BIS）への正式加盟を発表。1-14 第3次佐藤栄作内閣（第63代）発足（→1972.7-7）。 2-11 初の人工衛星「おおすみ」，打上成功。 3-14 大阪万国博覧会開幕（～9-13），入場者数6422万人。3-26 住商機電貿易設立（住商100）。3-31 八幡製鉄・富士製鉄合併，新日本製鉄発足，粗鋼生産量世界一に。3-31 日航機「よど号」事件。 4-22 三菱自，三菱重工業から独立。 5-1 沖縄・北方対策庁設置法公布。5-19 筑波研究学園都市建設法公布。 7-18 東京杉並区で光化学スモッグ発生。9-1 第3次資本自由化実施。 9-17 ソニー，ニューヨーク証券取引所に上場，日本企業として初。 10-1 第11回国勢調査，人口104665171人。 10-20 初の防衛白書発表，専守防衛を強調。 10- 興安丸，広島県三原市木原町沖で解体。 11-25 三島由紀夫，自衛隊で割腹（三島事件）。 12-18 公害罪法・農用地土壌汚染防止法・水質汚染防止法・海洋汚染防止法等公害関連14法案成立，米に含まれるガドミウム基準規定。 1970年 ・国内総生産74兆1581億円，成長率名目17.9%，実質10.3%。後半いざなぎ景気終了。 ・国際収支（経常）19億7000万ドル。木材・石炭の輸入依存率50%超える。 ・山下年春（大洋レコード創業者），伴奏テープを発売，カラオケソフトの原型。 ・全国94万社，1970年決算期の交際費総額9155億円に達す。

1971年（昭和46年）辛亥

日中交流・中国

- 1-1 第4次5カ年計画(1971～1975年)スタート。1-4 首相佐藤栄作、対中輸銀ローンの使用はケース・バイ・ケースと表明。1-25 現代京劇〈紅灯記〉とバレエ〈紅色娘子軍〉映画化。
- 2-11 藤山愛一郎・岡崎嘉平太訪中(～3-6), 2-13 北京着, 2-23 総理周恩来と会談, 2-14 周恩来並びに全人代常務副委員長・中日友好協会名誉会長郭沫若と会談。2-16 日中国交回復国民会議再結成, 議長中島健蔵。
- 3-1 日中覚書貿易年度協定調印。3-2 神戸製鋼, 中国向け大型クレーン船2隻成約, 2.5億円。3-3 藤山愛一郎, 周恩来と会談。3-17 中国卓球団来日(～5-15), 第31回世界卓球選手権大会(名古屋)に参加, 団長趙正洪, 副団長王暁雲。3-18 広東省公安, 仲間茂・仲間武夫を釈放(1963.11-22夜, 小型船で台湾工作員を海上輸送したとして逮捕)。3-21 林立果ら, 「571工程紀要」を制定(～3-24)。3-31 日本友好海運訪中団訪中(一4-29)。
- 4-12 中共中央・国務院・中央軍事委, 国防工業管理体制に関する報告を許可。4-15 中共中央, 「批陳整風」報告会(～4-29)。
- 6-16 公明党代表団初の訪中(～7-4), 団長竹入義勝, 6-29 周恩来と会談, 7-2 共同声明を発表。6-27 中国国産初の2万トン級貨物船長風号, 上海で進水。
- 7-23 日中国交回復促進議員連盟議員238人, 促進議案を衆議院に提出, 本会議上程未了。7- 中国の一部新聞で日本の映画〈戦争と人間〉・〈ああ海軍〉を批判。
- 8-2 国務院, 国家地震局を設ける。8-24 中日友好協会代表団来日(一8-31), 団長協会副会長王国権, 8-25 松村謙三葬儀に参列。
- 9-13 林彪専用機, モンゴルで墜落(9・13事件)。9-15 関西財界代表団訪中, 団長佐伯勇。9-16 日中国交回復促進議員連盟訪中団訪中, 団長藤山愛一郎, 9-25 周恩来と会談, 10-2 共同声明。9-25 松山バレエ団訪中,〈白毛女〉を公演。
- 10-2 日中国交回復促進議員連盟訪中団訪中, 中国側が日中復交4原則を提起。10-3 中央軍事委弁公会議設置。10-16 日中友好協会(正統)代表団訪中。
- 11-2 日中国交回復国民会議訪中団訪中(一11-22), 団長横浜市市長飛鳥田一雄, 11-20 中日友好協会と共同声明。11-10 東京都知事美濃部亮吉訪中, 周恩来と会談。11-12 東京都経済人訪中団訪中, 団長東海林武雄。

1971年

- 中国国内総生産2435.3億元。食糧2億5014万トン, 粗鋼2132万トン, 石炭3.92億トン, 原油3941万トン, セメント3158万トン, 初めて3000万トン超える。国家機関・国営企業職工数5318万人, 初めて5000万人を突破, 給与総額300億元を超える。歳入744億7300万元, 歳出732億1700万元。
- 中国の輸出額26.4億ドル, 日本の約1/10規模, 輸入22.0億ドル, 4.4億ドルの出超。日本対中国輸出2019億円, 貿易黒字892億円。

1971年（昭和46年）辛亥

その他	日本（参考）
1-15 アスワン・ハイ・ダム完成式。 2-1 台湾人口 14781430 人。2-2 台湾初の工業用原子力炉完成。2-8 ナスダック発足。 3-26 澎湖大橋完成、全長 2260m。3- インテル、日本ビジコン向けに世界初の商用マイクロプロセッサを開発、後に販売権を取得、11-15 Intel4004 として出荷開始。 4-7 名古屋世界卓球選手権大会で、中国が米卓球チーム招待を発表（ピンポン外交）、4-10 米卓球チーム、北京に到着。4-14 米大統領ニクソン、非戦略物資直接貿易 5 項目対中緩和措置発表、米対中禁輸に幕。 5-5 西独、ドル大量流入のため為替市場を閉鎖、5-9 為替変動制へ。 6-17 日米沖縄返還協定、ワシントンで調印、12-30 中国、尖閣諸島を含むことに抗議。 7-9 米大統領国家安全事務補佐官キシンジャー、秘密訪中（〜7-11）、周恩来と会談。7-15 ニクソン、1972 年 5 月まで訪中と発表。 8-15 ニクソン、ドル防衛・インフレ対策などの新経済政策を発表（ニクソン・ショック）。8-16 中国、イランと国交樹立。 9-22 日ソ貿易支払協定、1975 年まで延長。 10-20 キシンジャー訪中（〜10-26）。10-25 国連総会、中国の国連復帰決議を可決。 11-15 中国代表団、国連総会に初出席、団長喬冠華、副団長黄華、代表符浩・熊向暉・陳楚。 12-17 印-パ戦争終結。12-26 米軍機 1000 機、ベトナム北部を大規模空爆（〜12-30）。 1971年 ・日本の対米貿易黒字25億1700万ドル、貿易摩擦激化。	3-11 第一銀行-日本勧業銀行、合併調印、10-1 第一勧業銀行発足。3-26 福島原子力発電所 1 号機稼働。3-29 東亜航空-日本国内航空、合併調印、5-15 東亜国内航空発足。 4-15 外務省外交資料館開館。 6-1 勤労者財産形成促進法公布、財形貯蓄制度発足。 7-1 一般投資家の外国証券取得・対外直接投資・対外不動産投資自由化実施。7-1 環境庁設置。7-20 日本マクドナルド1号店（銀座三越店）開業、ファーストフード時代始まる。 8-21 松村謙三逝（88 歳）。8-27 政府、翌28日より為替変動相場制に移行することを決定、8-28 円変動相場制スタート、1ドル360円時代終わる。 10-1 円の海外持出額、1 人 2 万円を 10 万円に。 11-14 青函トンネル起工式。 12-19 基準外国為替相場を1ドル=308円に決定（スミソニアン・レート）。 年末 ・外貨準備高 152 億 3500 万ドルに急増。 1971年 ・国内総生産 81 兆 5960 億円、成長率名目 10.0%、実質 4.4%。 ・日本対外輸出額 8 兆 3928 億円（約 240 億ドル相当）、初の 8 兆円台、世界 3 位に、貿易収支初めて 1 兆円超え 1 兆 4828 億円の黒字。国際収支（経常）57 億 9700 万ドルの黒字。 ・乗用車生産 372 万台、世界 2 位。 ・クレセント創業者井上大佑、録音伴奏テープをレンタル開始、業務用カラオケの始まり。 ・ボーリングブーム。

1972年（昭和47年）壬子（1月～9月）

日中交流・中国

1-6 国務院副総理・中央軍事委副主席陳毅逝(71歳), 1-10 追悼会に毛沢東出席。1-17 日本精密機器展, 天津で開催。1-21 総評・中立労連・社会党70年の会・沖縄訪中団, 北京で周恩来と会談。1- 国務院, 国家計画委員会・軽工業部・燃料化学工業部・商業部・対外貿易部共同で提出した合繊・化学肥料プラントの輸入に関する報告を許可, 軽工業部導入の合繊プラントは上海石油化学総廠・遼寧石油化繊総廠・四川ビニロン廠・天津石油化繊廠に, 燃料化学工業部導入のポリエステルプラントは北京石油化工総廠に立地すること決定。

2-5 国務院, 燃料化学工業部の大型合成アンモニア(年30万トン)・尿素肥料(年48万トン・52万トン)プラントの輸入計画を許可, 計13プラント約4億ドル, 遼寧省・黒竜江省・河北省・山東省・四川省・貴州省・雲南省・湖北省・湖南省・広東省・江蘇省・安徽省などに設置決定。2-15 バレエ〈白毛女〉映画上映。2-29 日本政府, 閣議で輸銀ローンを中国向け輸出に使用する方針を決定。

3-4 〈屈原〉, 日本で公演, 河原崎長十郎主演。3-6 日本工業機械展, 上海で開催(～3-23)。3-30 国務院, 工商税条例(案)を公布。

4-10 日本建設機械展, 天津で開催(～4-23)。4-11 日中国交回復促進連絡会議, 東京で結成。4-13 民社党代表団訪中, 団長春日一幸。4-13 自民党議員三木武夫訪中, 4-16 周恩来と会談。4-18 国務院, 建設銀行の再建を決定。

5-1 中共中央, 大学裏口入学禁止を通達。5-8 民営華僑送金扱い業者318社の接収を決定。5-11 公明党第2次訪中団訪中。5-19 自民党議員古井喜実訪中, 5-28 周恩来・廖承志と会談。

7-3 MT貿易東京連絡事務所首席代表肖向前着任。7-10 上海歌舞団訪日公演(～8-16), 団長孫平化, 8-16 羽田-上海直行便で帰国。7-16 日本男女バレーボール団, 中国を訪問。7-22 外相大平正芳, 中日友好協会孫平化と会談。7-25 公明党委員長竹入義勝訪中(～8-3)。7-28 中国政府, 林彪事件を公表。

8-3 総理周恩来, 首相田中角栄の訪中を招請。8-4 鄧小平, 毛沢東へ手紙, その後江西省での監視労働から解かれる。8-16 三菱グループ訪中(～8-26)。8-17 日航と全日空訪中団訪中。8-18 東京銀行-中国銀行, 円元決済に関する合意書調印, 9-12 円元決済開始。8-21 毛沢東・周恩来, 武漢鋼鉄廠の日本と西独製1.7m圧延設備導入を許可, 輸入品スコープ22.3億元, 1974.9-起工, 1978.12-完工, 1980.2-検収稼動。8-29 国務院, 日本から鋼材長期輸入を許可, 1973～1977年5年間, 年150-200万トン。8-30 日本経済人訪中団(団長稲山嘉寛)・日本国際貿易促進会(理事萩原定司)訪中, 周恩来と会談。

9-1 何香凝逝(93歳, 1903～1910年日本に留学・滞在)。9-9 自民党議員古井喜実と田川誠一訪中, 9-12 周恩来と会談, 9-20 第2回会談。9-14 自民党議員小坂善太郎訪中, 周恩来と会談。9-20 国家経済委員会, 輸入設備指導チームを設立。9-25 首相田中角栄訪中(～9-29), 総理周恩来と会談, 国交正常化で一致, 9-27 毛沢東と会談。

1972年（昭和47年）壬子（1月～9月）

その他	日本（参考）
1-1 ワルトハイム，第4代国連事務総長に就任。1-3 日米繊維協定，ワシントンで調印。1-12 バングラディッシュ独立。2-5 エドガー・スノー，ジュネーブで死去（67歳）。2-21 米大統領ニクソン訪中（～2-28），2-27 平和5原則合意，中米共同声明発表（上海コミュニケ）。3-13 中英両国，外交関係を大使級に昇格，在台湾英総領事館閉館。3-21 蒋介石，第5期総統に当選。3-30 南ベトナム軍，春季大攻勢を展開。4-10 日米英ソなど79ヵ国，生物兵器禁止条約を締結。5-9 米，北爆を全北ベトナムに拡大，スマート爆弾を使用。5-22 セイロン，国名をスリランカに改称。5-26 米大統領ニクソンとソ連書記長ブレジネフ，ABM 制限条約と第1次戦略兵器制限条約（SALT I）に調印。6-1 蒋経国，行政院長就任。6-20 キシンジャー訪中。6-23 英ポンド，変動相場制に移行。6-23 日本輸銀，台湾へ 2620 万ドル融資。7-5 米，中国向けボーイング 727 輸出を許可。7-8 米ソ穀物協定調印。7-18 エジプト大統領サダト，ソ連の顧問・技術者退去を命令。8-19 米大統領補佐官キッシンジャー，東京で首相田中角栄・外相大平正芳と会談。8- 香港島-九竜海底トンネル完成。9-5 ミュンヘンオリンピック選手村で，パレスチナゲリラによるイスラエル選手人質事件。9-17 自民党副総裁椎名悦三郎訪台，9-18 総統蒋介石と会談。9-23 フィリピン，戒厳令体制始まる。	1-7 日米共同声明，5月15日沖縄返還を発表。1-16 超党派議員団訪朝。2-19 連合赤軍軽井沢浅間山荘籠城事件。2-26 東証ダウ株価 3000 円台に，以後急騰。2-26 日仏原子力平和利用協力協定調印，9-22 発効。3-15 山陽新幹線，大阪－岡山間開業。3-21 通産省，不燃性絶縁油（PCB）使用製品の製造中止を通達。3-24 日銀，世銀への 1000 億円貸付契約調印。3-26 高松塚古墳で彩色壁画を発見。4-16 作家川端康成，逗子でガス自殺（72歳）。4-17 東京ドル・コール市場発足。5-8 外貨集中制度廃止。5-13 大阪千日デパートで火災，死者 118 人。5-15 沖縄施政権返還，沖縄県発足。6-11 田中角栄，日本列島改造論を発表。6-16 工業再配置促進法公布。6-22 自然環境保全法公布，1973.4-1 施行。6-24 公定歩合 4.25％に，1969 年 9 月以来最低。6-27 最高裁，初の日照権を認める判決。7-1 勤労婦人福祉法公布，即日施行。7-7 田中角栄内閣（第 64 代）成立（～12-22）。7-16 高見山大五郎，大相撲名古屋場所で外国人として初優勝。8-2 カシオ計算機，パーソナル電卓「カシオミニ」を発売，以後電卓ブーム。8-4 播磨灘に大規模赤潮発生，養殖魚大量死亡。8-16 東証ダウ株価，4000 円台を突破。8-31 スーパーダイエー，三越の売上を抜く。9-1 対米輸出黒字を配慮，米から 10 億 9600 万ドル分緊急輸入，日米間で合意。

付録 2. 略称一覧

A	ACD	=	アジア協力対話会議
	ACD	=	着信呼自動分配装置
	ADB	=	アジア開発銀行
	ADM	=	多重化装置
	AMD	=	Advanced Micro Devices
	APEC	=	アジア太平洋経済協力
	ASEAN	=	東南アジア諸国連合／アセアン
	ASEM	=	アジア欧州会合
B	B3G	=	Beyond 3G／(中国)超第3世代移動通信システム
	BIS	=	国際決済銀行
	BP	=	ビーピー・ピーエルシー／ブリティッシュ・ペトロリアム
	BYD	=	比亜迪股分有限公司／比亜迪自動車有限公司
C	CACC	=	中国民航空港建設集団公司／中国民航機場建設集団公司
	CCC	=	中国強制製品認証制度
	CDMA	=	符号分割多元接続
	CEPA	=	経済貿易緊密化協定
	CITIC	=	中国国際信託投資公司／中国中信集団公司／中信銀行
	COMEX	=	ニューヨーク商品取引所
	CP	=	輸出関連法規遵守基本方針
	CP	=	Charoen Pokphand グループ(タイ)
	CP	=	コマーシャル・ペーパー／無担保約束手形
D	DSB	=	(WTO) 紛争解決機関
	DSP	=	デジタル・シグナル・プロセッサー
	DSL	=	デジタル加入者線
E	EC	=	欧州共同体
	ECFA	=	中台経済協力枠組協定／両岸経済協力枠組協議／両岸経済合作架構協議
	EDF	=	フランス電力公社
	EPA	=	経済連携協定
	EPC	=	エンジニアリング・調達・現地据付込建設のプラント設備納入
	EU	=	欧州連合
F	FIFA	=	国際サッカー連盟
	FTA	=	自由貿易協定
G	GATT	=	関税及び貿易に関する一般協定
	GITIC	=	広東国際信託投資公司
	GTCC	=	ガスタービン・コンバインド・サイクル(発電)
H	HSBC	=	HSBCホールディングス／香港上海銀行／匯豊銀行

	HVDC ＝ 高電圧直流送電（給電）
I	IDA ＝ 国際開発協会
	IDC ＝インターネット・データ・センター／インターネット・データ・コーポレイション
	IMM ＝ 国際通貨市場
	INES ＝国際原子力事象評価尺度
	INF ＝ 中距離核戦力
	INTELSAT ＝ 国際電気通信衛星機構
	ISDN ＝ 総合サービス・デジタル網
J	JARTS ＝ 社団法人 海外鉄道技術協力協会
	JBIC ＝ 日本国際協力銀行
	JEITA ＝ 一般社団法人 電子情報技術産業協会
	JETRO ＝ 日本貿易振興機構
	JFEエンジ ＝ JFEエンジニアリング株式会社
	JICA ＝ 日本国際協力事業団／日本国際協力機構
	JISA ＝ 日本情報サービス産業協会
	JV ＝ 共同企業体／合弁会社
L	LA ＝ ロサンゼルス
	L/C ＝ 信用状／Letter of Credit
	LME ＝ ロンドン金属取引所
	LNG ＝ 液化天然ガス
	LYC ＝ 洛陽LYC軸承有限公司
M	MMSセンター ＝ マルチメディア・メッセージィング・サービス・センター
	MOSIC ＝ 集積回路（コンピュータのメモリーなどに使用）
N	NEDO ＝ 独立行政法人 新エネルギー・産業技術総合開発機構
	NGN ＝ 次世代ネットワーク
	NTN ＝ NTN株式会社
	NY ＝ ニューヨーク
O	OAPEC ＝ アラブ石油輸出国機構
	OECD ＝ 経済協力開発機構
	OECF ＝ 海外経済協力基金
	OEL ＝ 有機EL ＝ Organic Electroluminescence
	OPEC ＝ 石油輸出国機構
	OSF ＝ Open Software Foundation
P	PCC ＝ Power Corporation of Canada
	PLO ＝ パレスチナ解放機構
Q	QMD ＝ 青島斉耀瓦錫蘭菱重麟山船用柴油機有限公司

S	SALT ＝ 戦略兵器制限交渉	
	SMBC ＝ 三井住友銀行	
T	TARP ＝ 米不良資産救済プログラム	
	TD-SCDMA ＝ 時分割複信－符号分割多元接続（中国独自の3G方式）	
	TEC ＝ 東洋エンジニアリング株式会社	
	TGC ＝ 東京ガールズコレクション	
	TITIC ＝ 天津国際信託投資公司	
	TOB ＝ 株式公開買付	
	TPP ＝ 環太平洋戦略的経済連携協定	
U	UBS ＝ スイスUBS銀行	
	UMC ＝ 聯華電子股分有限公司／聯電（台湾）	
	UMTS ＝ Universal Mobile Telecommunications System(欧州の3G移動体通信システム)	
	UNCTAD ＝ 国連貿易開発会議	
W	W-CDMA ＝ ワイドバンド符号分割多元接続	
	WTO ＝ 世界貿易機関	
か	外管局 ＝ 中国国家外貨管理局	
	海基会 ＝ 台湾海峡交流基金会	
	海協会 ＝ 中国海峡両岸関係協会	
き	銀監会 ＝ 中国銀行監督管理委員会	
こ	公取委 ＝ 公正取引委員会	
	ココム ＝ 対共産圏輸出統制委員会(COCOM)	
	国貿促 ＝ 日本国際貿易促進協会／中国国際貿易促進委員会	
	コスコ ＝ 中国遠洋運輸(集団)公司(COSCO)	
し	シノペック ＝ 中国石油化工集団公司(CINOPEC)　注：中石化ともいう	
	証監会 ＝ 中国証券監督管理委員会	
せ	全人代 ＝ 全国人民代表大会	
た	大証 ＝ 大阪証券取引所	
ち	中海油 ＝ 中国海洋石油総公司(CNOOC)	
	中国石油 ＝ 中国石油天然ガス集団公司(CNPC)　注：ペトロチャイナの親会社	
	チンコム ＝ 対中国輸出統制委員会(CHINCOM)	
と	東芝三菱電機 ＝ 東芝三菱電機産業システム株式会社	
	東証 ＝ 東京証券取引所	
は	発改委 ＝ 国家発展改革委員会	
へ	ペトロチャイナ ＝ 中国石油天然ガス股分有限公司(Petro-China)　注：中国石油ともいう	
ほ	保監会 ＝ 中国保険監督管理委員会	
ゆ	ユネスコ ＝ 国連教育科学文化機関	

付録3．日本語と中国語で間違いやすい用語

日本語		中国語	
用　語	意味/使い方	用　語	意味/使い方
網	魚や鳥獣を捕るために糸や針金で編んだ道具，また人や物を捕まえる場合も比喩で使うこともある。	网	従来の意味は日本語と同じであるが，近年，「インターネット」の意味で使うことが多い。
〜以下	…より下。	〜以下	…より下，但し中国語の「以下」はその前の数値を通常含まない。日本語の「…未満」に相当する。
〜以上	…より上。	〜以上	…より上，但し中国語の「以上」はその前の数値を通常含まない。日本語の「…超」に相当する。
一層	本来は層をなしているものの一つの層の意味であるが，「更に」の意味で使うことが多い。	一层	ことの一端または一点，層をなしているものの一つの層を指すことも。「更に」の意味はない。
上回(る)	ある数量・数値よりも上になること。	上回	前回。
会合	集まり，会議。	会合	合流すること。
汽車	蒸気によって走る鉄道車両，広義で鉄道を指すことも。	汽车	自動車の意味，汽車は「火车」。
規制	通常は制約が含まれる決まりごと。	规制	規則と制度。
求人	雇用人員の募集。	求人	他人に助けを求めること。
近代化	社会・産業を近代的な制度・仕組みにすること。	近代化	中国でいう近代は，封建制度に対するもので、日本でいう近代化は「現代化」。
組合	一種の組織，一般的に労働組合を指す。中国語では「工会」になる。	组合	二つ以上のものを組み合わせること。
携帯	携帯電話の略。	携带	携帯する。持ち歩く。携帯電話は「手机」となる。
検討	調査して当否を判断すること。	检讨	自己反省することを指す。
合意	法務上，契約当事者間で意思が一致したことを指す。	合意	気に入る。
高校	高等学校の略，中学校卒業後に入る学校。	高校	大学の総称，高校卒業後に入る学校。日本でいう高校は「高級中学」または「高中」。
工作	器物を造ること。又はある目的（悪事が多い）を達成するために計画的に活動すること。	工作	通常仕事をすることまたは職業の意味で使う。否定的な意味はない。「ワーキング」に相当。

日本語		中国語	
用 語	意味/使い方	用 語	意味/使い方
工程	通常は作業の手順・段階をいう。中国語の「程序」・「工序」に相当。	工程	工事・エンジニアリング・プロジェクトの意味。
合同	二つ以上のものを一つに引き合わすこと。	合同	法律上の契約を指す。
公判	裁判所における刑事裁判で公訴した事件の一手続き。	公判	大衆の評判・評価。
個体	通常は哲学と生物学の表現に使うことが多い。	个体	経済活動では個人経営企業または店舗を指す。
裁判	裁判所で裁判官が訴訟を裁くこと。	裁判	スポーツ競技の審判。
先物	事前に決めた時期に受け渡す条件で売買契約を交わす物品または証券。	―	日本でいう先物は、中国語では「期貨」、または「期票」。
作業	仕事を進めること。	作业	作業以外に宿題という意味もある。
作成	書類などを作り上げること。	作成	あることがらを成功させること。
従業員	会社員または業務に従事している人。	从业员	一般的に商業などサービス業の従業員を指す。会社の従業員は「職工」。
下回(る)	ある数量・数値よりも下になること。	下回	次回。
失職	職を失うこと。	失职	職責を果たさなかったこと。
失脚	他力によって職または地位を失うこと。	失脚	足を踏み外す、滑らす。
質問	日本語の質問は中国語の「提問」に相当。	质问	詰問する。問いただす。
酒店	酒類を売る店、さかや。	酒店	高級ホテル。前に「大」が付くことが多い。
主任	通常課長の下で業務を担当している一定の経験がある課員を指す。一つの肩書。	主任	組織全体または一部の責任者、現場の長から政府機関のトップまで。
上場	証券取引所などで取引の資格を得ること。	上场	試合に出場すること。上場は「上市」。
承認	ある事柄を許可または認めること。	承认	通常は認めるという意味で使う。承認は一般的に「批准」を使う。

日本語		中国語	
用 語	意味/使い方	用 語	意味/使い方
常務	通常は常務取締役の略語として使う。	常务	日常業務の担当委員。
出力	機械装置から信号または動力を外部に出すこと。	出力	力を出す。出力は「輸出」。
処分	始末・処罰・処理・財産の分与・行政処分など幅広く使う。	处分	通常は処罰または行政処分の意味で使う。
情報	外部から得た様々な知識。	情报	一般的には機密性のある情報を指す。日本でいう情報は「信息」に当たる。
新聞	製本せずに紙に印刷した形で各種できごとを報道・解説・論評などで世に伝えるもの。	新闻	ニュースの意味,新聞は「報紙」。
水平	水面と同じ平面またはそれを保つこと。	水平	水平とレベル,二通り使えるが、レベルの意味で使うことが多い。
精算	細かく計算する。掛かった費用を計算し,不足分は支払い,立て替えていた分は請求すること。	精算	細かく計算すること。費用の精算は中国語で「報銷」になる。
専務	通常は専務取締役の略として使うことが多い。	专务	専任で一つの仕事に従事すること。
対応	相手の状況によって応じること。	对应	対応した事がらをいう時に使う。動詞で使う時は「応対」。
断路器	日本でいう断路器は中国の「隔離開関」に相当。	断路器	日本でいう遮断器。
通達	上級機関が所管組織または人員に対して発する通知。	通达	交通機関が通じていること。または人情や道理に通じていること。
定価	前もって決めてある販売価格。	定价	価格を決める。
提携	協力し合ってある事業または業務を進めること。	提携	後進を引き立てること。または世話をすること。
手形	通常はある期限をもって,一定の場所で,記載されている金額を支払われるべき有価証券を指す。	手形	手の形。手形は「期票」,小切手は「現金支票」。
出口	外へ出る門・扉など。	出口	出口と輸出,二通り使える。
電工	電気工業の略,または電気工事に従事する者を指す。	电工	通常は電気工を指すことが多い。

日本語		中国語	
用語	意味/使い方	用語	意味/使い方
電車	電気で走る車両。通常は鉄道車両を指す。	电车	一般的にはトロリーバスの意味，電車は通常「地鉄」・「火車」ともいう。
当面	目下直面していること。	当面	面と向かって、直に話しをすること。
都市	農村に対し、人口・建物・各種施設が密集しているエリアを指す。	都市	大都会，都市は通常「城市」という。
特許	法律に基づいて保護される発明など。	特許	特別に許可すること。特許は「専利」。
取決	決定，約束または協定。	取决(于)	…によって決まること。
納入	物・金銭などを納めること。	納入	…に取り入れる。…に織り込む。
販売	商品を売ること。	贩卖	否定的な売り込みに使うことが多い。日本でいう販売は「銷售」が一般的。
飯店	中国料理店。	饭店	ホテルの総称，各種ホテル。
批評	物事の善し悪しを評価し論ずること。	批評	「叱る」・「非難する」・「問題点を指摘する」意味で使う。
部長	部は組織の一部門，通常は課の上，局の下に位する。部長はその長。サークル名に付くことも。	部長	通常は国務院の部の長を指す。日本でいう大臣に相当。日本でいう部長は通常「処長」となる。
分配	配分，分け配ること。	分配	配分以外に，人員の配属・仕事の割振などの意味もある。
平和	戦争がない穏やかな世の中，またはおだやかで変わりのないこと。	平和	穏やかな。平和は「和平」となる。
引上(げ)	上にあげること。	引上	正しい方向に導く。
土産	通常は旅行から帰ってきた時，または訪問する際に持っていく贈り物を指す。	土産	その地方の特産品。土産は「礼物」。
問題	質問を要する問い，研究・論争または注目の対象。	問題	疑問または課題。
猶予	実行の時期を延ばすこと。	犹豫	ためらう，躊躇すること。
輸出	販売を目的に，国外に物品を送り出すこと。	輸出	中国語の「輸出」は出力のこと。輸出は「出口」。
輸入	国外から物品を買い入れ，国内に持ち込むこと。	輸入	中国語の「輸入」は入力のこと。輸入は「進口」。

編者紹介

加藤 隆三木

東京都生まれ，東京大学大学院人文科学研究科博士課程単位取得後満期退学。1980年代に総合商社で通訳とコンサルを務め，日中両国で数百の会社と工場を訪問，百以上の中国ミッションを受け入れ，多くの対中商談を成功させる。1990年代，大手メーカに入社，中国ビジネスを担当。2000年代に中国現地法人数社の副社長・董事・副董事長を兼任，多くの新規事業を育て，2年余りで10億円規模の事業を立ち上げる。現在，作家として日本と中国で活躍中。

加藤 安

東証一部上場会社国際部門主幹。

日中経済・人的交流年表

2012年3月14日　発行

　　著者　　加藤　隆三木・加藤　安
　　発行／発売　創英社／三省堂書店
　　　　　　　東京都千代田区神田神保町1―1
　　　　　　　Tel.　03―3291―2295
　　　　　　　Fax.　03―3292―7687
　　印刷／製本　日本印刷株式会社

Ⓒ Takamiki Katou 2012　　　不許複製　　　Printed in Japan